"十四五"职业教育国家规划教材

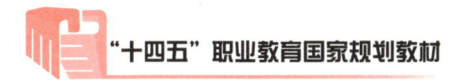

跨境电商 B2C 数据运营 1+X 证书制度系列教材

跨境电商 B2C 数据运营
（中级）

浙江中渤教育科技有限公司　　组　编
廖润东　肖　旭　张枝军　　　主　编
叶杨翔　郑辉英　陈竹韵　　　副主编

电子工业出版社
Publishing House of Electronics Industry
北京·BEIJING

内 容 简 介

本书是教育部第四批跨境电商 B2C 数据运营 1+X 证书系列配套教材之一，依据《跨境电商 B2C 数据运营职业技能等级标准》（中级）编制内容，同时配套开发了《跨境电商 B2C 数据运营实训》（中级）教材。

本书主要包括数据化运营概述、店铺数据分析（速卖通、亚马逊）、店铺视觉优化（速卖通、亚马逊）、店铺产品企划、站内营销推广和海外运营推广等工作领域对应的知识、技能和素养。每个工作领域包括学习目标、技能目标、素养目标、思维导图、引导案例、项目单元、敲黑板、想一想、术语解释、他山之石和练习题等内容。本书强调以工作过程为主线，采用工学结合、任务驱动、项目教学模式编写，该模式注重以学生为主体、以培养学生数字素养和数字技能为核心，以真实项目为载体，融"岗课赛证"为一体，以创新思维构建跨境电商 B2C 数据运营的核心知识和核心技能体系。本书配套有课件、习题答案、教学设计和微课等数字资源。与本书配套的在线开放课程"跨境电商 B2C 数据运营"可登录 www.51kjds.com 平台进行在线学习。

本书可以作为中职院校、高职和应用型本科跨境电子商务、国际经济与贸易、国际商务、商务英语、电子商务等相关专业学生为获取跨境电商 B2C 数据运营职业技能等级证书的培训教材，又可以作为相关专业实施"课证融合"的配套教材，还可提供给跨境电商相关从业者和社会人士阅读使用。

未经许可，不得以任何方式复制或抄袭本书之部分或全部内容。
版权所有，侵权必究。

图书在版编目（CIP）数据

跨境电商 B2C 数据运营：中级/浙江中渤教育科技有限公司组编；廖润东，肖旭，张枝军主编. —北京：电子工业出版社，2021.8
ISBN 978-7-121-41843-3

Ⅰ.①跨… Ⅱ.①浙… ②廖… ③肖… ④张… Ⅲ.①电子商务—运营管理—高等学校—教材 Ⅳ.①F713.365.1

中国版本图书馆CIP数据核字（2021）第 171250 号

责任编辑：贺志洪
印　　刷：三河市华成印务有限公司
装　　订：三河市华成印务有限公司
出版发行：电子工业出版社
　　　　　北京市海淀区万寿路173信箱　邮编　100036
开　　本：787×1092　1/16　　印张：21　　字数：537.6 千字
版　　次：2021年8月第1版
印　　次：2025年6月第10次印刷
定　　价：59.80元

凡所购买电子工业出版社图书有缺损问题，请向购买书店调换。若书店售缺，请与本社发行部联系，联系及邮购电话：（010）88254888，88258888。
质量投诉请发邮件至 zlts@phei.com.cn，盗版侵权举报请发邮件至 dbqq@phei.com.cn。
本书咨询联系方式：（010）88254609 或 hzh@phei.com.cn。

跨境电商 B2C 数据运营 1+X 证书制度系列教材编委会名单（中级）

主任委员

廖润东

副主任委员

章安平　姚大伟　张枝军　肖　旭　茹　宝　包发根　辛玉麟　操海国

主　编

廖润东　肖　旭　张枝军

副主编

叶杨翔　郑辉英　陈竹韵

编委会成员

洪华贝	叶杨翔	郑辉英	陈竹韵	李　姿	仇克利	胡　豪	徐　丹
徐　娜	张若洲	孟雯雯	王军海	刘　莎	王晴岚	朱杨琼	王瑞华
孙德营	丁明华	葛振林	陈博丽	姚　杰	陆金英	赵莺燕	宗胜春
亓春霞	张辛雨	董雨卉	房朔杨	王春丽	杨建辉	郑　航	李　融
徐　娜	柳国华	李中梅	赵　阔	李　卫	王春艳	杨楚婷	郭　炬
贾铁刚	蔡　健	肖离离	叶万红	郑军锐	水俊明	毕　波	吕世伟
林正渔	武　昊	杨　晨	牟艳红	熊梨杉	杨金坤	陈　黎	张　浩
张　琪	邓志超	杨翠香	陈海燕	陈德慧	张　慧	董萌萌	于　敏
陈　苾	刘　勇	陈志远	严美姬	朱　惠	范飞飞	李　琼	肖祥飞
龙国旗	张贵英	吴　波	张　璐	王立研	程　玛	陈　珏	庞霓红
胡玉婷	乐飞红	刘计育	侯海鹏	庄明星	刘　硕	赵海荣	王娅婷
包金龙	吴　雷	徐　辉	余苗苗	邱　洁	胡　娟	陈　念	刘建红
王　莉	尹顺丽	张占义	邓志新	刘红燕	楼　洁	肖　威	池潇潇
隆　婕	徐　锐	耿慧慧	窦　佳	耿翠花	张　琼	王源辉	陈霞芳
周庆元	张瑞夫	王　韦	胡　璇	徐锦波	赵明霞	何　伟	夏守慧
李　蕊	娄　珺	赵桂燕	张瑞珏	徐娟娟	李永兴	夏文彬	孙　秀
王　燕	潘斌彬	高雨可					

前　言

"1+X"证书制度（"1"指学历证书，"X"指若干职业技能等级证书）是贯彻落实《国家职业教育改革实施方案》的重要改革部署和重大创新。该项改革创新坚持以学生为中心，深化复合型技术技能人才培养培训模式和评价模式改革，提高人才培养质量，畅通人才成长通道，拓展就业创业本领，真正增强职业教育的适应性。

为积极推动"1+X"证书制度试点，进一步完善行业技术技能标准体系，为跨境电商数字技能人才培养培训提供科学、规范的依据，阿里巴巴（中国）网络技术有限公司联合浙江中渤教育科技有限公司，与我国跨境电商行业、企业、院校等一起，组织有关专家研发了《跨境电商 B2C 数据运营职业技能等级标准》，该标准紧扣跨境电商产业链发展前沿和国家对跨境电商发展的最新要求，对标跨境电商人才链最新需求，职业技能等级标准内容和要求先进、可操作性强，与跨境电商 B2C 数据运营岗位（群）精准匹配，是衔接跨境电商教育链、创新链、产业链和人才链的有效载体，符合行业发展需求，能有效服务跨境电商行业人才培养。

本教材依据《跨境电商 B2C 数据运营职业技能等级标准》（中级）编写，强调以工作过程为主线，采用工学结合、任务驱动、项目教学模式编写，该模式注重以学生为主体、以培养学生数字素养和数字技能为核心，以真实项目为载体，融"岗课赛证"为一体，以创新思维构建跨境电商 B2C 数据运营的核心知识和核心技能体系，为中职、高职和应用型本科跨境电商类专业"书证融通"人才培养模式改革和"课证融合"教学模式创新提供重要的载体。

本书的编写得到全国高等院校计算机基础教育研究会立项资助（编号：2019-AFCEC050）。本书由浙江中渤教育科技有限公司牵头编写，得到了评价组织阿里巴巴（中国）网络技术有限公司、浙江金融职业学院、浙江机电职业技术学院、浙江商业职业技术学院等院校的大力支持和电子工业出版社的悉心指导，对各位专家、老师卓有成效的工作表示衷心的感谢！

由于跨境电商数据化运营所涉及的知识和技能具有先进性和实效性，加之编写时间紧、任务重、编写团队水平有限，书中难免存在不足之处，真诚欢迎各界人士批评指正，以便再版时予以修正，使其日臻完善。

浙江中渤教育科技有限公司
2021 年 7 月 23 日

目　　录

模块一　数据化运营概述 ··· 1

　　单元一　跨境电商数据化运营认知 ··· 2
　　单元二　跨境电商数据化运营主要内容 ······································ 4
　　单元三　跨境电商数据化运营流程 ·· 6
　　单元四　跨境电商平台数据化运营思路与规则 ···························· 11
　　练习题 ·· 20

模块二　店铺数据分析（速卖通） ··· 22

　　单元一　行业数据采集与分析 ··· 25
　　单元二　竞品数据采集与分析 ··· 44
　　单元三　店铺数据分析 ·· 61
　　练习题 ·· 89

模块三　店铺数据分析（亚马逊） ··· 92

　　单元一　行业数据采集与分析 ··· 93
　　单元二　竞品数据采集与分析 ··· 97
　　单元三　运营数据采集与分析 ··· 104
　　练习题 ·· 116

模块四　店铺视觉优化（速卖通） ··· 118

　　单元一　产品主图优化 ·· 120
　　单元二　产品详情页优化 ··· 129
　　练习题 ·· 138

模块五　店铺视觉优化（亚马逊） ··· 141

　　单元一　产品主图优化 ·· 142
　　单元二　产品详情页优化 ··· 145

练习题 157

模块六　店铺产品企划 159

　　单元一　产品布局与打造 161
　　单元二　售后问题处理 182
　　单元三　产品及数据优化 212
　　练习题 227

模块七　站内营销推广 229

　　单元一　站内营销工具简介 230
　　单元二　站内营销工具选择 238
　　单元三　站内营销工具使用 250
　　练习题 273

模块八　海外运营推广 275

　　单元一　海外社交媒体营销介绍 276
　　单元二　海外社交媒体推广 281
　　单元三　海外视频营销 302
　　练习题 326

参考文献 328

模块一　数据化运营概述

【学习目标】

1. 了解跨境电商运营和跨境电商数据化运营的含义与区别；
2. 熟悉国内电商与跨境电商数据化运营的区别；
3. 熟悉跨境电商数据化运营的价值；
4. 掌握亚马逊和速卖通平台的数据化运营思路；
5. 了解亚马逊和速卖通平台运营相关规则。

【技能目标】

1. 能够掌握跨境电商数据化运营的流程；
2. 能够熟悉跨境电商数据化运营的主要内容。

【素养目标】

1. 培育和践行社会主义核心价值观；
2. 培养诚实守信、遵纪守法的职业道德；
3. 培养精益求精的工匠精神；
4. 强化数字素养，提升数字技能；
5. 培养互联网思维、创新思维和数据思维。

【思维导图】

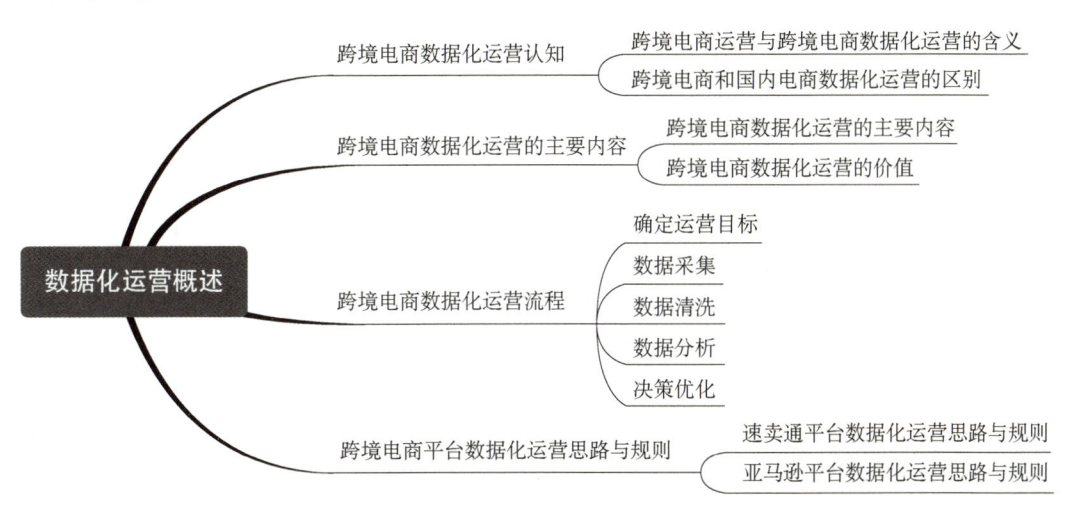

- 数据化运营概述
  - 跨境电商数据化运营认知
    - 跨境电商运营与跨境电商数据化运营的含义
    - 跨境电商和国内电商数据化运营的区别
  - 跨境电商数据化运营的主要内容
    - 跨境电商数据化运营的主要内容
    - 跨境电商数据化运营的价值
  - 跨境电商数据化运营流程
    - 确定运营目标
    - 数据采集
    - 数据清洗
    - 数据分析
    - 决策优化
  - 跨境电商平台数据化运营思路与规则
    - 速卖通平台数据化运营思路与规则
    - 亚马逊平台数据化运营思路与规则

引导案例

近年来"转型升级"成为传统外贸行业最热的词汇和时下最主流的趋势。不少传统制造厂商已经在转型的过程中，或是有转型的打算，而其转型的方向基本上也都是同一个，即跨境电商。

某企业是一家仪器仪表（万用表、环境测量仪）生产、销售型企业，至今已有20年的历史。从前接到的订单多是来自欧美经销商的大额订单，而近年来，随着欧美电商市场逐渐成熟，欧美的经销商数量逐渐在下降。很多欧美的小客户直接绕过经销商，找到该企业采购；原来大的经销商，其采购量在逐渐减少，订单呈碎片化趋势，所以近年来，该企业拓展了跨境电商平台销售的渠道。目前，该企业在亚马逊美国站、英国站、日本站、澳洲站都开设了店铺。

圣诞节临近，该企业要在跨境电商平台开展促销活动。在圣诞节大促过程中，眼看别家店铺的消费类产品销量都成倍增长，自家发了大批产品到海外仓，结果销售只比平时多了一点，大量库存积压，最后只得亏本清仓。

结合案例，思考并回答以下问题：
1. 从企业销售的产品入手考虑，说明企业大促失败的原因是什么？
2. 请思考传统电商转型跨境电商过程中需要注意的问题。

单元一　跨境电商数据化运营认知

一、跨境电商运营与跨境电商数据化运营的含义

（一）跨境电商与跨境电商运营的含义

跨境电子商务，简称跨境电商，是指分属不同关境的交易主体，通过电子商务平台达成交易、进行电子支付结算，并通过跨境电商物流及异地仓储送达商品，从而完成交易的一种国际商业活动。

运营是指对运营过程的计划、组织、实施和控制，是与产品生产和服务创造密切相关的各项管理工作的总称。对跨境电商企业来讲，运营涵盖的内容主要包括选品、供应链、销售和营销、资金、人力资源等。

（二）跨境电商数据化运营的含义

数据化运营是指通过数据化的工具、技术和方法，对运营过程中的各个环节进行科学的分析，为数据使用者提供专业、准确的行业数据解决方案，从而达到优化运营效果和效率、降低运营成本、提高效益的目的。

数据化运营通常有两种方式：辅助决策式数据化运营和数据驱动式数据化运营。辅助决策式数据化运营是指通过数据、模型、知识等进行业务决策，起到帮助、协助和辅助决策者的目的。数据驱动式数据化运营是指整个运营运作流程以最大化结果为目标，以关键数据为触发和优化方式，将运营业务的工作流程、逻辑、技巧封装为特定的应用，借助电脑技术并

结合企业内部的流程和机制形成一体化的数据化工作流程。个性化推荐是一种数据驱动数据化运营方式。辅助决策式数据化运营和数据驱动式数据化运营是两个层次的数据应用，数据驱动相对于辅助决策的实现难度更高，数据价值更大。

对跨境电商来讲，从市场分析、类目选择，到选品、定价、库存管理、广告优化等，都需要数据的驱动。跨境电商数据化运营包括用户体系数据化运营、运营体系数据化运营、市场体系数据化运营、产品体系数据化运营、营销体系数据化运营、库存体系数据化运营和管理体系数据化运营。

二、跨境电商和国内电商数据化运营的区别

（一）数据处理工具的精细化程度不同

在中国电商行业中，数据化运营代替了经验化运营，已成为主流运营模式。例如，淘宝可利用"生意参谋"进行市场需求、用户画像等的分析，页面如图1-1所示。

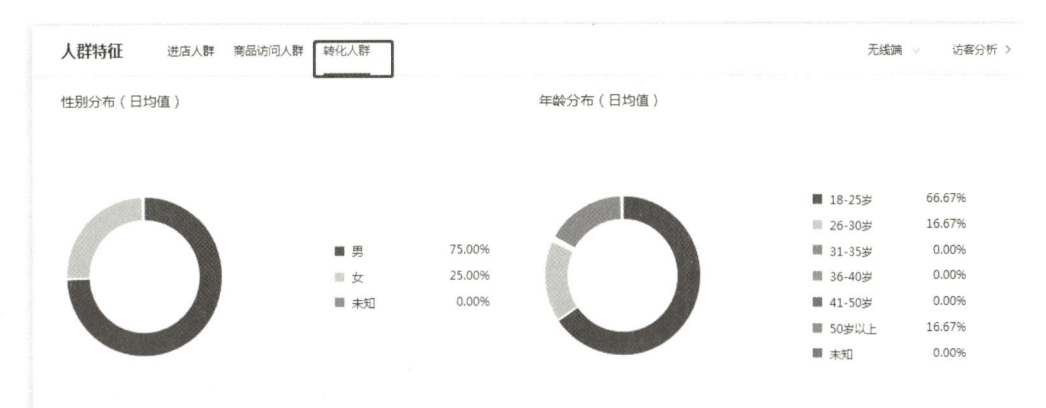

图 1-1　淘宝网某店铺"生意参谋"页面

从图1-1可以直观地了解到某店铺转化人群性别和年龄分布情况。可以看出，此店铺转化人群中，男性用户占比为75%，女性用户占比为25%；此店铺转化人群的年龄主要集中在18～25岁。

相比于国内淘宝的"生意参谋"数据分析工具，跨境电商平台的相关数据辅助工具则简单很多，很多工具只能帮助运营者抓取和分析基本的销售数据，如review波动、价格变化、排名波动等。亚马逊运营者可以使用"Google Trends"之类的工具评判一个大类关键字的流量变化，但其数据精准性不足，因此不能直接作为选品的依据。

（二）数据化运营的用途不同

在国内高强度竞争的大背景下，国内电商运营者除了要处理电商平台的数据外，还要关注很多站外流量的数据价值，即国内电商数据化运营除了要抓取各个电商平台的站内流量，还要通过内容平台（如知乎、百度、喜马拉雅等）获得站外流量。

与国内电商重营销的运营方式不同，跨境电商平台数据化运营更强调电商运营本身，如亚马逊平台，相比于Facebook、Google、YouTube高昂的推广成本，通过数据化运营掌握站内流量就已经可以获得丰厚的利润。

> **敲黑板**
>
> 本单元主要讲解了跨境电商数据化运营的基本概念,需重点理解与掌握以下内容:
> (1)对跨境电商来讲,从市场分析、类目选择,到选品、定价、库存管理、广告优化等,都需要数据的驱动,数据化运营已成为跨境电商运营的生命线。
> (2)跨境电商和国内电商数据化运营的主要区别在于:数据处理工具的精细化程度不同、数据化运营的用途不同。

单元二 跨境电商数据化运营主要内容

一、跨境电商数据化运营的主要内容

(一)用户体系数据化

数据化,首先从买家开始,每个买家都有对应的行为轨迹数据,这些数据是能够被捕捉和分析的,了解买家是谁?他从哪里来?又从哪里流失?这其中包括买家地区分布、价格敏感度计算、购物习惯分析及复购率推导等内容。用户体系数据化旨在搭建店铺卖家自己的用户画像体系,帮助卖家明确自己的店铺及产品定位,实现精准营销。

(二)运营体系数据化

运营体系数据化主要包括站内广告数据化运营、产品listing数据化运营等,具体包括站内广告优化、广告单次竞价优化、产品listing曝光优化、产品listing流量优化和产品listing转化率优化等。运营体系数据化旨在以"数据驱动"的理念理清跨境电商平台运营者的运营思路,帮助运营者解决经验化运营无法解决的诸多问题。

(三)市场体系数据化

市场体系数据化主要包括销售波动趋势与类目市场分析等,具体包括店铺销售波动趋势分析、类目淡旺季更替规律、类目市场容量、类目竞争度分析等内容。市场体系数据化旨在通过数据分析,帮助运营者对自身的销量做出合理的预测,能根据业绩的波动找出对应类目市场的规律。

(四)产品体系数据化

产品体系数据化主要包括产品定位与数据化选品等,具体包括产品类目选择、产品价格定位、产品图片分析、产品review数据化分析等内容。产品体系数据化旨在通过对某一类目竞争对手产品各个维度的分析,找出具有竞争性的产品的要素,作为选品的依据,并通过数据化选品的方式提升选品的效率。

(五)营销体系数据化

营销体系数据化主要包括营销渠道的对比选择、实体营销效果分析等,具体包括站内单

渠道数据分析、站外营销数据分析、实体营销效果分析等内容。营销体系数据化旨在帮助运营者以数据化运营的思维，对比各个不同渠道的流量成本及推广效果，帮助决策者选择合适的营销渠道。

（六）库存体系数据化

库存体系数据化主要包括仓储备货的数据化管理等，具体包括库存数据的量化及分析、仓储备货的数据化管理等内容。库存体系数据化旨在利用合理的供应链库存优化模型，尽最大可能降低库存风险。

（七）管理体系数据化

管理体系数据化主要包括店铺群管理、渠道管理和运营人员管理等，具体包括店铺群数据化管理、业务渠道数据化管理、业务饱和度数据分析等内容。管理体系数据化旨在通过可视化的方式将管理效果直观地展现出来，帮助运营者根据不同管理维度上的数据差异提升管理职能。

二、跨境电商数据化运营的价值

由于流量成本越来越贵、获客成本越来越高、产品同质化越来越严重、顾客忠诚度越来越低，这种形式下，只有精细化运营每一位客户、精细化运营每一个环节，品牌价值才能保持持续性增长。想要精细化运营，数据化是前提，只有数据才能衡量增长，因此，数据化运营首先需要的就是认同数据的价值。跨境电商数据化运营的价值主要体现在以下几个方面。

（一）辅助企业运营决策

跨境电商数据化运营可以辅助企业运营决策。例如，用户行为数据与静态数据分析的应用，通过分析用户来自哪些地区，可以实现有针对性的选品；通过分析用户购物习惯，可以了解到用户每日的购物峰值在哪里，据此可以优化广告的曝光时间（通过分析某地区某个时间段的订单量），也可以优化广告的单次点击竞价（通过分析某地区某个时间段的客单价）；通过分析用户价格偏好，可以了解到用户对价格的敏感度。

（二）降低企业运营成本

企业可以根据数据分析结果，优化业务流程，降低成本投入，优化企业资源配置。数据化运营在优化供应链方面有着广泛的应用，它可以帮助企业管理库存，并为用户提供更好的送货服务，以此提升用户体验；它也加强了仓库和物流中心的优化流程，产品采购基于采购历史和复杂的需求驱动材料需求计划，减少了运输成本和时间。

（三）优化企业市场竞争力

数字化已成为企业未来发展的必然趋势。企业要想在未来的市场有一定的竞争力，就需要对企业进行数据化管理。跨境电商数据化运营能帮助企业发现其在市场中所处的位置、发展趋势、竞争力等情况，数据化运营能帮助企业在比较短的时间内快速对业务、产品等做出调整，助力其市场竞争力的提升。

> **想一想**
>
> 结合自身体验，你还能想到哪些跨境电商数据化运营的价值？

> **敲黑板**
>
> 本单元主要讲解了跨境电商数据化运营的主要内容，需重点理解与掌握以下内容：
> （1）跨境电商数据化运营包括用户体系数据化运营、运营体系数据化运营、市场体系数据化运营、产品体系数据化运营、营销体系数据化运营、库存体系数据化运营和管理体系数据化运营。
> （2）跨境电商数据化运营的价值在于洞悉用户、利用数据分析结果进行预测和对运营过程进行数据化管理。

单元三　跨境电商数据化运营流程

跨境电商数据化运营的流程包括以下几个部分：确定运营目标、数据采集、数据清洗、数据分析和决策优化。这是一个借助数据分析方法和工具，发现问题，解决问题的过程，可有效提升工作效率，促进业务增长。

一、确定运营目标

同一个企业不同部门和不同人员的运营目标是不一样的。比如，决策层更关注订单数、用户数、收益情况等核心数据，运营人员则更关注流量转化、订单流失等数据。因此，面向不同部门或不同人员，需要确定不同的运营目标。

二、数据采集

进行跨境电商数据采集时，涉及的采集方法主要有三类：人工采集、报表采集和自动抓取采集。

（一）人工采集

人工采集是指运营者从各种跨境电商平台上通过复制粘贴的方式采集数据，一般平台的前台数据可以通过这种方式获取。如图1-2、图1-3所示的数据都可以通过人工采集的方式获得。

人工采集的优点是简单易上手；缺点是效率低下。但人工采集方式在跨境电商平台应用得却比较普遍。例如，通过人工采集方式采集竞争对手的产品数据，可以对产品有很好的把握，对样品评估、采购、改进等后续开发环节将会有很大帮助，图1-4所示的是人工采集的产品调研信息汇总。

图 1-2　listing曝光页面的标题、review评分、review数量、价格、短描内容

图 1-3　listing详情页的产品信息

图 1-4　人工采集的产品调研信息汇总

（二）报表采集

报表采集是指通过下载店铺后台的数据报表完成的数据采集。这种采集方式主要针对店铺的后台数据，如店铺流量数据、订单数据、广告数据等。图 1-5 所示的是后台生成的产品展位报告报表数据。

	A	B	C	D	E	F	G	H
1	Campaign Name	Bidding strategy	Placement	Impressions	Clicks	Cost Per Click (CPC)	Spend	7 Day Total Sales
2	MQ 抽绳裙	Dynamic bids - up and down	Product pages on Amazon	78143	127	$0.39	$50.13	$18.99
3	MQ 圣诞露肩	Dynamic bids - down only	Product pages on Amazon	23071	30	$0.29	$8.69	$0.00
4	LJJ-裹胸20.2.6	Dynamic bids - down only	Product pages on Amazon	61495	180	$0.15	$26.28	$0.00
5	Ljj-guoxiong	Dynamic bids - down only	Product pages on Amazon	49143	156	$0.30	$46.50	$346.86
6	MQ 抽绳裙	Dynamic bids - up and down	Rest of search on Amazon	22393	76	$0.52	$39.28	$39.98
7	MQ 圣诞露肩	Dynamic bids - down only	Rest of search on Amazon	3016	7	$0.33	$2.28	$0.00
8	LJJ-裹胸20.2.6	Dynamic bids - down only	Rest of search on Amazon	10855	96	$0.22	$20.77	$23.99
9	Ljj-guoxiong	Dynamic bids - down only	Rest of search on Amazon	6993	80	$0.37	$29.72	$23.99
10	MQ 抽绳裙	Dynamic bids - up and down	First page Top of Search on Amazon	1596	27	$0.66	$17.75	$39.98
11	MQ 圣诞露肩	Dynamic bids - down only	First page Top of Search on Amazon	349	4	$0.48	$1.92	$17.99
12	LJJ-裹胸20.2.6	Dynamic bids - down only	First page Top of Search on Amazon	597	16	$0.28	$4.46	$0.00
13	Ljj-guoxiong	Dynamic bids - down only	First page Top of Search on Amazon	309	7	$0.49	$3.41	$0.00

图 1-5　后台生成产品展位报告报表数据

（三）自动抓取采集

自动抓取采集是指通过爬虫工具或程序自动抓取平台数据，属于技术性的数据采集方式。自动抓取采集主要应用于数据量极大、重复性高的采集任务，如竞争对手的 listing 数据监控等。

自动抓取采集实现方式有多种，如自主编写采集程序、使用第三方数据抓取工具（如"八爪鱼"等第三方爬虫软件）、使用平台第三方数据插件。运营者可以根据自己的需求选择数据采集方式，建议体量较大的卖家组建自己的数据化团队，尝试根据自己的需求编写采集程序；体量较小的卖家可以尝试第三方数据抓取工具或平台第三方数据插件。

三、数据清洗

通常采集到的一手数据（原始数据）是无法直接使用进行数据分析的，需要先对数据进行清洗。数据清洗是指将数据表中重复的数据筛选出来并删除，将缺失、不完整的数据进行补充或填补，将内容、格式错误的数据进行纠正或者删除操作。数据清洗是对采集到的一手数据进行审查和校验的过程，目的在于提高数据的质量，避免后期在数据计算和数据分析时出现错误。

例如，在 Excel 中，使用"定位条件"可以一次性定位空值，然后进行去除或者填充空值处理，如图 1-6 所示；为了不出现计算错误，通常需要把文本型数值转换成数值型数值，如图 1-7 所示，可以使用"分列"功能进行相应的转换。

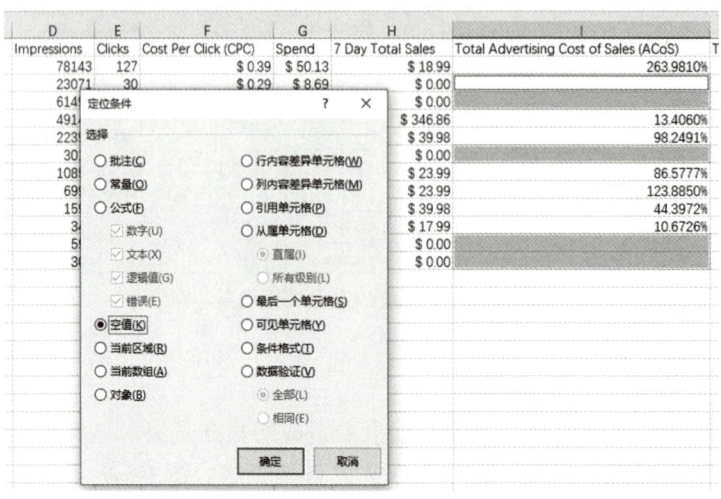

图 1-6　定位并删除或填充空值

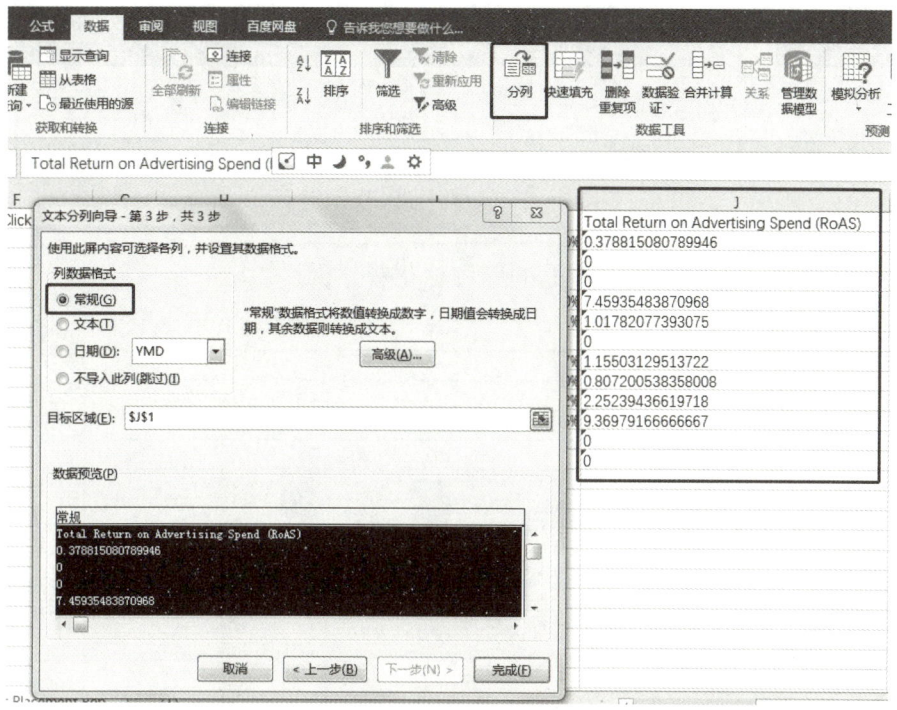

图1-7 文本与数值之间的转换

想一想

请举例说明还有哪些数据清洗的方法，如何操作？

四、数据分析

当运营者完成数据采集与清洗工作后，就需要对数据进行分析与处理。数据分析一般可以分为数值分析与可视化分析。

数值分析通常使用Excel中的数据透视表来实现，需要对数据进行一些计算、筛选、排序等操作，得到可以实现运营目标的数据结果，如图1-8所示。从平台上采集到广告展位报告后，可以利用数据透视表求得每种产品的广告总花费。

图1-8 使用数据透视表计算产品的广告总花费

可视化分析即制作可视化图表，在Excel中可使用数据透视图或者插入图表来实现，如图1-9所示。利用数据透视图可以将图1-8中的统计数据进行可视化显示，结果如图1-10所示。

图1-9　Excel中的插入图表示例

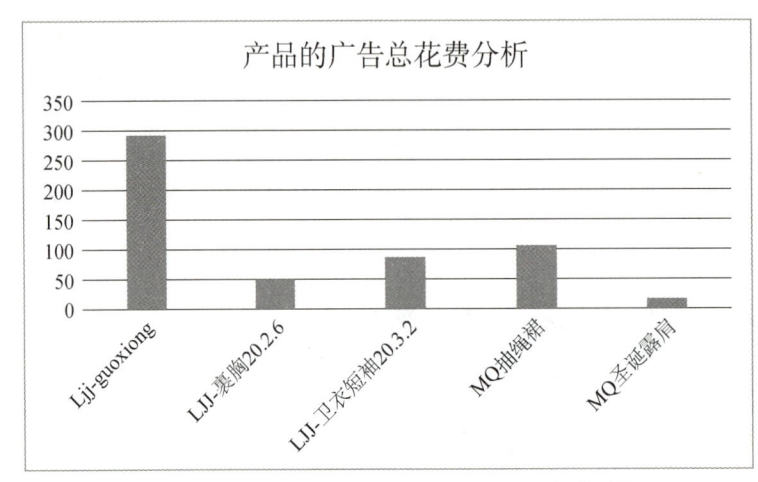

图1-10　Excel中使用数据透视图进行可视化分析

想一想

除了数据透视图和数据透视表外，还有哪些数据分析的方法？

五、决策优化

在完成了数据采集、清洗和分析后，就可以结合具体的可视化表格（仪表盘）进行决策和运营优化。例如，运营者采集了某年9月份客户的浏览量和收藏量数据后，首先进行数据清洗，然后进行可视化分析，可视化结果如图1-11所示，可以看出，9月浏览量和收藏量都有轻微波动，9月13日浏览量达到峰值，但收藏量处于最低值，后期情况有所改善。运营者可以根据可视化结果优化产品营销和推广的策略。

图1-11　客户浏览量与收藏量可视化图表

敲黑板

> 本单元主要讲解了跨境电商数据化运营的流程，需重点理解与掌握跨境电商数据化运营的流程，其包括以下几个部分：确定运营目标、数据采集、数据清洗、数据分析和决策优化。

单元四　跨境电商平台数据化运营思路与规则

一、速卖通平台数据化运营思路与规则

利用数据运营速卖通店铺，往往能达到事半功倍的效果。速卖通的数据纵横为卖家提供了丰富又实用的数据，为卖家数据化运营店铺奠定了质的基础。

下面，分别从选品和关键词优化两个环节分析速卖通平台数据化运营的思路。

1. 数据化选品思路

产品是速卖通店铺运营的核心，因此选品时要做好充分的数据分析，做到选品有据可依，避免盲目选品。我们可以通过速卖通平台"生意参谋"工具中（原数据纵横）的市场大盘、国家分析、选品专家、搜索词分析来了解行业情况，明确最近哪些产品的市场需求大，买家的搜索热度高，卖家的产品数量少的蓝海产品。通过数据圈定了目标品类后，接下来就是分析该品类的具体数据，包括平台前台的产品数据，以及近期该类产品的销量和评价情况。这个可以通过软件也可以通过手动的表格处理获得。

速卖通数据选品的思路一般是：首先利用速卖通"生意参谋"工具分析行业趋势和各个国家的买家需求情况，从而选择行业；然后通过分析关键词确定产品。

首先，利用速卖通"生意参谋"工具分析行业趋势、全球及各个国家的买家需求情况，根据访客指数、客单价、供需指数、商品加购指数、加收藏人数等指标分析各行业情况，选择行业。打开"生意参谋"工具，点击"市场大盘"，选择想了解的行业，比如"女装"，可以选择具体国家或全部国家查看该行业趋势数据（见图1-12），时间上可以选择"日、周、月"；对于女装行业构成数据（见图1-13），通过分析发现较上月"Dresses、Tops & Tees、Matching Sets、Swimwears"等类目在父类目金额占比高，且搜索指数、交易指数靠前；对女装行业国家构成分析（见图1-14），发现访客指数居前三位的国家是俄罗斯、西班牙、法国，同时这三个国家的供需指数也排在前三位，竞争较为激烈。打开"生意参谋"工具，点击"国家分析"（见图1-15），再点击"单国家分析"，就女装而言市场占比最高的国家是俄罗斯，为了进一步精准分析需求，我们利用单个国家分析来了解俄罗斯女装市场需求情况，购买最多的城市是莫斯科，商品单价集中于3.83～21.35美元的占比82.46%，年龄25～34岁的占比45.98%，女性购买占比85.65%。通过以上分析，我们了解全球女装市场各国总体情况及各个国家买家精准需求情况，对我们进一步选择产品提供了依据。

其次，根据关键词选择产品。运用关键词选品可以用两种途径精确选品，一是打开"生意参谋"工具，点击"搜索分析"，通过分析"热搜词"对应产品来选择产品（见图1-16）。进行数据分析时要重点关注搜索指数和支付转化率两个指标，热搜维度可以查看全球热搜关键

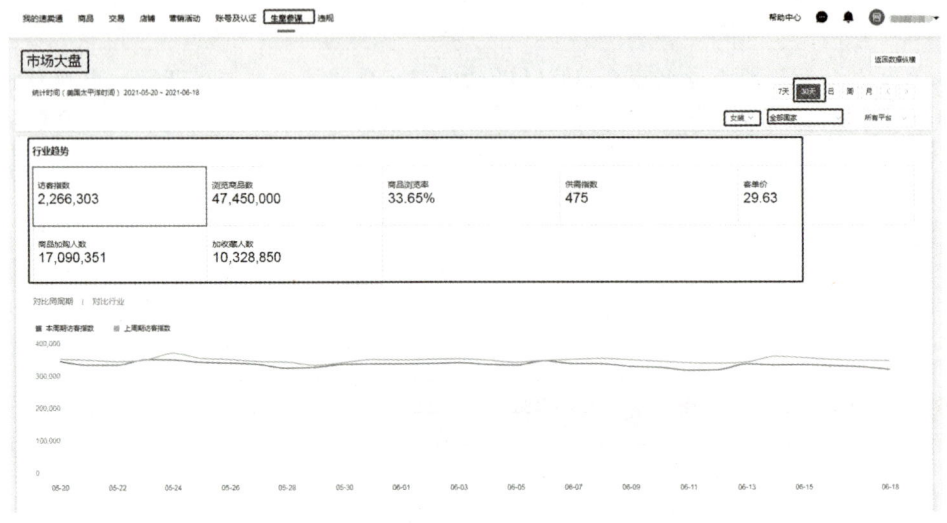

图 1-12　市场大盘之女装行业趋势分析

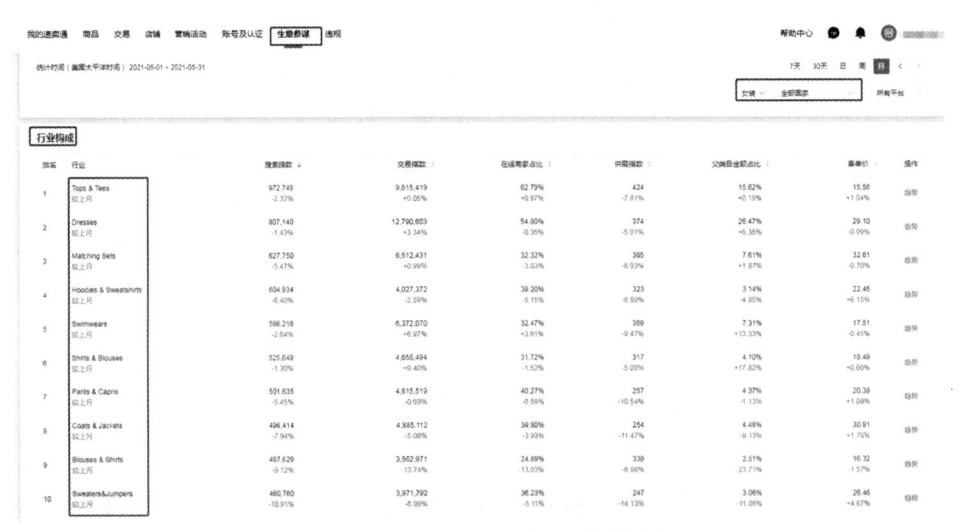

图 1-13　市场大盘之女装行业构成分析

图 1-14　市场大盘之女装行业国家构成分析

图1-15　单国家需求分析之俄罗斯女装市场需求分析

词和单个国家热搜关键词。二是打开"数据纵横"工具，点击"选品专家"，选择相关类目、国家、时间后，圈的大小表现销售热度（圈越大，该产品销售量越高），颜色代表竞争激烈程度（颜色越红，该产品的供需指数越大，竞争越激烈；颜色越蓝，该产品供需指数越小，机会越大），我们还可以下载数据（见图1-17）。从卖方角度查看热销产品词数据，如表1-1所示，以成交指数排名女装热销产品前三位是"dress、t-shirt、blouse"，但是从买方角度查看热搜产品词数据，如表1-2所示，以搜索指数排名看出女装热搜产品前三位是"dress、shirt、clothes"。综合考虑转化率、竞争指数等指标可以选择shirt、dress等产品。

图1-16　搜索分析关键词选品

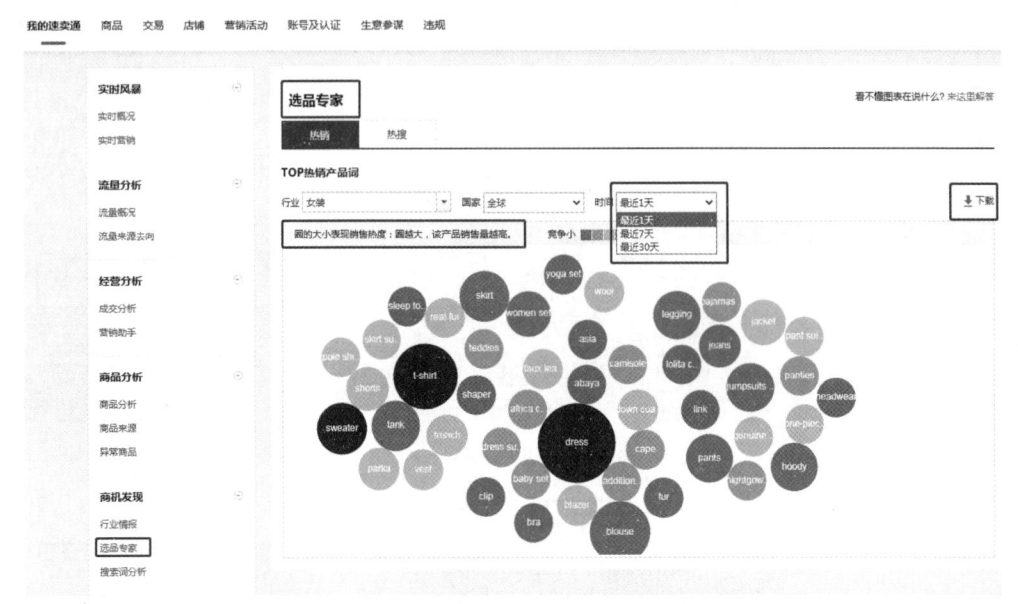

图 1-17 通过"选品专家"查看女装热销产品词

表 1-1 选品专家女装 30 天全球热销产品词

行业	国家	商品关键词	成交指数	浏览—支付转化率排名	竞争指数
女装	全球	dress	38 617	10	4.64
女装	全球	t-shirt	25 370	8	3.33
女装	全球	blouse	21 806	6	3.21
女装	全球	sweater	11 601	7	3.55
女装	全球	skirt	10 743	3	2.66
女装	全球	tank	10 429	1	2.7
女装	全球	jumpsuits playsuits	9 072	11	2.89
女装	全球	pants	8 483	9	2.44
女装	全球	hoody	8 468	15	2.41
女装	全球	legging	8 411	2	2.3
女装	全球	jacket	5 914	13	1.82
女装	全球	women set	5 724	16	1.83
女装	全球	shorts	4 409	5	1.73
女装	全球	jeans	3 038	14	1.84
女装	全球	parka	2 868	18	1.6
女装	全球	trench	1 692	19	1.3
女装	全球	blazer	1 410	20	1.06
女装	全球	wool	1 302	26	1.7
女装	全球	down coat	1 242	23	0.95
女装	全球	vest	1 159	17	1.18
女装	全球	faux leather	1 002	21	1.19
女装	全球	fur	841	25	2.01

表1-2　选品专家之女装热搜产品词

行业	国家	商品关键词	搜索指数	搜索人气	浏览—支付转化率排名	竞争指数
女装	全球	dress	387	243	1	144 738.0
女装	全球	shirt	328	232	8	317 009.0
女装	全球	clothes	176	125	19	25 743.1
女装	全球	piece	95	73	25	53 002.2
女装	全球	top	95	73	5	125 946.0
女装	全球	hoodie	88	66	14	43 773.1
女装	全球	size	62	47	10	120 763.0
女装	全球	skirt	62	43	2	67 911.4
女装	全球	titan	54	40	24	9 850.0
女装	全球	jeans	51	36	9	59 980.3
女装	全球	bikini	47	36	3	304 953.0
女装	全球	t-shirt	47	47	7	116 604.0
女装	全球	park	43	25	38	3 611.67
女装	全球	shorts	43	25	6	273 621.0
女装	全球	sweater	43	36	15	96 477.8
女装	全球	punk	40	28	20	34 636.1
女装	全球	drain	32	32	18	190 032.0
女装	全球	prada	32	21	23	56.6
女装	全球	solid	32	32	39	105 974.0
女装	全球	jumper	28	17	29	36 788.5
女装	全球	polo	28	21	33	21 758.0
女装	全球	vintage	28	25	12	76 775.2
女装	全球	album	25	17	40	1 131.5
女装	全球	black	25	25	22	22 528.5

2. 数据化关键词优化思路

对于卖家而言，在消费者搜索关键词时，如何能够让自己店铺的商品展示在首页直接影响着商品展现量、点击率和转化率等运营指标，关系到店铺的盈利水平。

速卖通平台获取关键词的途径有很多。一是充分利用平台后台工具。可以通过"生意参谋"工具搜索词分析工具，筛选出表现好的热搜词、飙升词；可以通过选品专家热销产品词，筛选出成交量好的产品词；可以通过直通车推荐筛选出表现好的词。二是可以利用通过平台前台搜索下拉框联想词筛选关键词。三是可以利用站外谷歌趋势、谷歌关键词工具来选词。把通过这三种途径筛选出的词用Excel表格整理成关键词库，以便后期优化推广使用。

关键词的优化可以从两个方面进行。一是自然引流的标题优化。把高点击量、高转化率的关键词写进产品标题。需要注意的是，持续有销量的产品标题尽量不要动，否则会影响排序，因此主要改动滞销款产品标题。二是用于付费的直通车推广。在开展直通车推广时，可以优先在整理好的词库中选取优质关键词进行推广，往往起到更好的效果。

二、亚马逊平台数据化运营思路与规则

所谓数据化运营，是指在日常的运营工作中，使用数据作为指导，代替传统的经验化运营思维，使运营流程标准化、结果可视化，用数据驱动运营决策。需要注意的是，数据都有时效性，因此，不要等到收集到100%的数据再进行分析决策，这样做是不利于运营的。

任何平台数据化运营的基础是数据处理和分析技术，运营者只有充分理解和掌握相关的数据处理和分析技术，并真正能够把它与自身的运营工作相结合，建立自己的数据处理思路，通过获取并分析部分关键指标，分析产生爆款的原因、预见市场趋势等才成为可能。但是不能预设立场或场景，再去寻找支撑此场景论点的数据。

下面，分别从选品和关键词优化两个环节分析亚马逊平台数据化运营的思路。

1. 数据化选品思路

选品的通常做法是：多平台对比，获取信息，提前掌握爆款。这种方法对运营人员的经验要求较高，而且需要耗费大量的时间与精力。可以使用数据化的方法辅助选品，首先建立自己选品的标准，什么样的产品是自己想要的，再去收集相关数据。

选品标准可以是：产品属于刚需产品，本身没有太多的属性差异（比如颜色、尺码、容量等）；在亚马逊平台搜索结果中有多家销售情况比较好的，有较多真实用户留下review（评论）的；多数搜索结果的review的平均星级在4.3星以上；选品中不一定非要选同款产品，只要销量高，相似款产品可以用来打造差异化等。

确定了选品标准，就可以在网页上查找相关数据，可以使用八爪鱼采集器或其他爬虫工具将网页上相关数据采集下来，建议采集的表格类型为结构化数据，因为结构化数据方便进行计算分析。图1-18所示为使用数据采集工具采集的页面信息。使用八爪鱼采集的结构化数据，如图1-19所示。

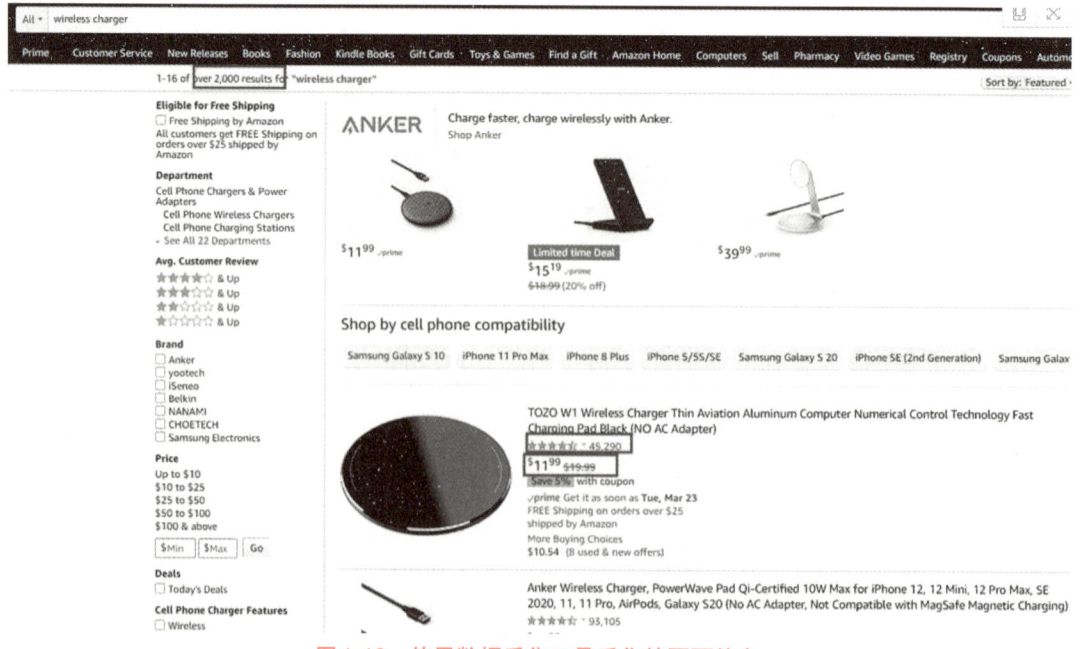

图1-18　使用数据采集工具采集的页面信息

	A	B	C	D	E
1	关键词	搜索结果	列表价格	评论数量	评分
2	wireless charg	2000	$11.98	92150	4.4
3	wireless charg	2000	$9.99	44505	4.4
4	wireless charg	2000	$13.98	390	4.6
5	wireless charg	2000	$11.99	98770	4.3
6	wireless charg	2000	$24.98	6550	4.5
7	wireless charg	2000	$29.99	420	4.3

图 1-19　使用八爪鱼采集的部分结构化数据

数据采集下来后，通过 Excel 等数据分析工具对数据进行分析。如使用 Excel 的数据透视表分析可以得到不同关键词对应的搜索结果平均值、列表价格平均值、评论数量求和、评分平均值等，如图 1-20 所示。

行标签	平均值项:搜索结果	平均值项:列表价格	求和项:评论数量	平均值项:评分
bluetooth headset	2000	46.29055046	568559	4.303846154
cases	70000	29.80873786	480038	4.605
wireless charger	2000	29.04057692	711435	4.419230769
总计	24238.99371	35.24110759	1760032	4.440584416

图 1-20　使用 Excel 数据透视表处理后的结果

结合上面的选品建议标准，可以看到，wireless charger 的搜索结果平均值较少，但是评论数量却比另外两个关键词多很多，所以相比之下，wireless charger 这个产品的用户需求量大，而且卖家数量少，说明市场比较大，竞争相对较小，可以优先考虑。

由于亚马逊网站上不显示销量，所以卖家无法直接获取到某个产品的销量数据，在这种情况下，卖家可以通过网页上的评论数量来判断实际销量的相对大小。如欲了解某商品 bestseller 的销量情况，可以使用八爪鱼采集器采集商品 bestseller 榜单下产品的评论数据，采集结果如图 1-21 所示。

	A	B	C	D	E
1	页面标题	排名	星级	评论数量	价格
2	Amazon.com Movers & S	1	4.6	68596	$9.99
3	Amazon.com Movers & S	2	4.8	2736	$28.99
4	Amazon.com Movers & S	3	5.0	5	$11.98
5	Amazon.com Movers & S	4	4.5	27927	$12.99
6	Amazon.com Movers & S	5	4.5	127	$23.98
7	Amazon.com Movers & S	6	4.6	789	$23.99
8	Amazon.com Movers & S	7	4.7	15960	$9.99

图 1-21　使用八爪鱼采集的商品 bestseller 部分相关数据

然后通过 Excel 对数据进行分析，可以得到如图 1-22 所示的结果，通过评论数量的对比，可以从侧面反映出实际销量的对比，从而判断市场容量。

行标签	平均值项:星级	平均值项:评论数量	平均值项:价格
Amazon Best Sellers: Best Cell Phone Charging Stations	4.489	5390.66	27.9819
Amazon.com Movers & Shakers: The biggest gainers in Cell Phones & Accessories sales rank over the past 24 hours	4.574	16680.37	14.8666
Amazon.com New Releases: The best-selling new & future releases in Cell Phone Charging Stations	4.339130435	506.6086957	34.86737374
Amazon.com New Releases: The best-selling new & future releases in Cell Phones & Accessories	4.542	1541.78	15.1892
总计	4.489030612	6142.57398	23.19709273

图 1-22　使用 Excel 数据透视表处理后的结果

需要注意的是，选品完成后还需要持续监控相关数据指标，以便在数据发生变化后能及时灵活地调整运营策略，取得竞争优势。八爪鱼采集器可以设置定时采集网页上的数据，通过定时采集功能可以对竞品的相关情况进行定期监控。

（1）监控细分类目 TOP 商品。使用八爪鱼每天自动采集所经营类目下 TOP 商品数据，包括搜索榜、热卖榜、新品榜等。监控 TOP 商品价格、排名、review 星级、review 数量、销量变化趋势，找到上升潜力大的爆品并及时跟进。

（2）监控 TOP 店铺、竞品店铺选品策略。根据自身定位找准类目下的 TOP 店铺和竞品店铺，追踪店铺的商品上新、类型、销量上升情况和 review 数量上升情况，为自身的选品提供参考。

（3）监控各大供应商平台和物流渠道数据。在发现优质商品后，只有找到合适的供应商，在保持利润和质量的同时降低商品和物流成本，获得供应链优势，才能在激烈的市场竞争中始终保持优势。

2. 数据化关键词优化思路

亚马逊是一个关键词搜索的购物平台，消费者在亚马逊上所产生的购物行为，基本上有60%来自关键词搜索。对于卖家而言，如何能够让消费者搜索到关键词，通过关键词访问到自己店铺的listing形成购买，这里就涉及关键词排名的问题。

获取关键词的途径有很多，但最重要的是这些关键词是否能为listing带来销量。只有销量的稳步提升，才能提高listing的排名。因此，关键词好不好的评判标准只有一个：商品能获得的有效流量的多少。

浏览量和购买量成正比，购买量和用户review量成正比，那么可以推测用户review量越多，该页面的浏览量也就越多；同时，商品所在页面的页数与浏览量成反比，即商品越靠后，浏览量越少。那么，关键词的选取标准就推测出来了：关键词应该使商品所处页面的页数尽量小而且要使排在该商品前的review量尽量多，不断测试不同关键词使之达到最优解是一种不错的方法，但这种方法需要大量的数据化工作，新手操作起来也会有困难。

另外，可以使用Excel通过可视化的优化方法实现，具体思路如下：

当我们已经有了某种优化方向时，要将其严格定义，实现"标准化"。这样不但可以得到相对准确的数据，还能将我们的优化工作"可重复化"，如表1-3所示。

表1-3 关键词优化方法

方法	优化思路	优化方法
方法A	用流量大词	采用了在**类目中*月~*月流量最大的词
方法B	用Google Trend找热词	采用了Google Trend中**类目*月~*月搜索热度最大的词
方法C	和大卖商品用相同的词	采用了于*月~*月，处于**类目，前**名大卖商品最多使用的词
方法D	找review中使用最多的词	采用了*月~*月，处于**类目，前**名大卖listing中出现最多的词
方法E	用第三方软件推荐词	采用了***软件在*月推荐的***词汇，使用理由

当把优化思路"标准化"后，可以将上述的优化方法定义为方法A~方法E，假设我们需要测验方法C是否有效，那么就需要把优化后的结果进行对比。在做"可视化"的工作之前，首先要优化有效的逻辑关系，以上述优化记录表格为例，优化有效的逻辑如下：优化方法有效→平均流量增多。对于流量和出单时间有多种"可视化"的方式，可以选择使用颜色色差的方式来体现。

这里可以使用Excel的条件格式来实现数据可视化，颜色由深到浅分别为深绿→浅绿，最终得到如图1-23所示的表格。

然后就可以判断，如果深色对应深色，浅色对应浅色，那么证明优化方法有效，很明显图1-23所示的14款链接中，至少有12款基本符合这个规律，证明方法C是一个有效的优化方法。所以在合理搭配色彩和文本的基础上，一张表格可以承载大量的运营信息来帮助运营者对业务进行判断，从而理清运营的逻辑。

变量2: 优化款式	根据C方法优化的关键词数量	优化后日均流量
F21085	6	15
F21088	5	21
F21100	5	13
F21084	4	18
F21095	4	12
F21101	4	20
F21086	3	5
F21094	3	6
F21093	2	3
F21097	2	5
F21098	2	9
F21099	2	6
F21087	1	2
F21096	1	1

图1-23 优化后的可视化结果

敲黑板

本单元主要讲解了亚马逊和速卖通平台数据化运营的思路与规则,需重点理解与掌握以下内容。

(1)亚马逊和速卖通数据化运营的思路:运营者只有充分理解和掌握相关的数据处理和分析技术,并真正能够把它与自身的运营工作相结合,建立自己的数据处理思路,通过获取并分析部分关键指标,分析爆款原因、预见市场趋势等才成为可能。而不能预设立场或场景,再去寻找支撑此场景论点的数据。

(2)亚马逊的平台规则:主要包括上架规则、商品详情页面规则、商品排名规则、listing页面规则、绩效考核规则、广告费的扣款规则等。

(3)速卖通的平台规则:主要包括禁限售规则、知识产权规则、商品搜索排序规则、营销规则等。

他山之石

2018年8月31日下午,第十三届全国人民代表大会常务委员会第五次会议在北京召开,会议表决通过了《电子商务法(草案)》(以下简称《电商法》)。今后,保障电子商务各方主体的合法权益、规范电子商务行为有了一部专门法,这也是我国电商领域首部综合性法律。其中,个人网店、微商、直播营销、刷好评、大数据杀熟、征税等都将成为此次立法的亮点。另外,《电商法》对跨境电商的规范也是一大亮点之一。这表明中国已经成为全球领先的跨境电商市场和跨境电商规则的制定国。相对于国内电商,跨境电商环节多,涉及面更多,如税收、通关、知识产权、数据安全等。所以,政府监管和引导是未来跨境电商的核心环节。《电商法》规定除了明确规定跨境电商从业者,应该遵守进出口监管的法律规定外,更加强了跨境进口消费投诉热点问题的解决方案和法律依据,对于广大出口跨境电商企业来说,以《电商法》为基础,跨境电商合规化会是大势所趋,灰色利润空间会越来越少,对于中小跨境电商企业来说,未来也会是一次洗牌的过程。政府监管、合规化,必然是跨境电商的未来方向。

本次《电商法》以四条法律就跨境电商问题做出了规定,态度很明确:支持为跨境电商提供便利,同时也要求其合法合规。长期以来,跨境电商存在两种业务模式:保税和直邮,由于法律关系不明确,合同关系还是委托关系导致的责任也不同,因此产生了一系列纠纷。此外,跨境交易还存在逃税避税、涉嫌走私的情况;部分跨境经销商真假掺卖、不提供售后;私下交易、现金交易以逃避监管,以及侵犯知识产权等问题。本次《电商法》第

> 二十六条确定,"电子商务经营者从事跨境电子商务,应当遵守进出口监督管理的法律、行政法规和国家有关规定"。明确了跨境电商无论采用何种模式,必须遵守进出口及国内法律。
>
> 资料来源:网经社,有改写

练 习 题

一、单项选择题

1. 下列说法中正确的是（　　）。
   A. 数据化运营可以达到优化运营效果和效率、降低运营成本、提高效益的目的
   B. 数据化运营需要用到数据化的工具、技术和方法
   C. 数据化运营通常有两种方式：辅助决策式数据化运营和数据驱动式数据化运营
   D. 辅助决策式数据化运营和数据驱动式数据化运营是两个层次的数据应用，辅助决策相对于数据驱动的实现难度更高，数据价值更大

2. 下面不属于跨境电商数据化运营的价值的是（　　）。
   A. 辅助企业运营决策　　　　　　B. 提高企业销售额
   C. 优化企业市场竞争力　　　　　D. 降低企业运营成本

3. 跨境电商数据化运营的流程为（　　）。
   A. 确定运营目标—数据采集—数据清洗—决策优化—数据分析
   B. 确定运营目标—数据采集—决策优化—数据清洗—数据分析
   C. 确定运营目标—数据采集—数据清洗—数据分析—决策优化
   D. 数据采集—确定运营目标—数据清洗—数据分析—决策优化

二、多选选择题

1. 下面属于跨境电商数据化运营内容的是（　　）。
   A. 用户体系数据化运营　　　　　B. 运营体系数据化运营
   C. 市场体系数据化运营　　　　　D. 产品体系数据化运营

2. 跨境电商和国内电商数据化运营的区别主要表现在哪些方面（　　）。
   A. 数据处理工具的精细化程度不同　　B. 数据化运营采用的技术和方法不同
   C. 数据化运营的用途不同　　　　　　D. 数据处理的方式不同

3. 下面属于运营体系数据化涵盖的内容的是（　　）。
   A. 站内广告数据化运营　　　　　B. 产品listing数据化运营等
   C. 产品listing曝光优化　　　　　D. 产品listing转化率优化

4. 市场体系数据化主要包括（　　）。
   A. 销售波动趋势　　　　　　　　B. 类目市场分析
   C. 产品listing流量优化　　　　　D. 站内广告优化

三、判断题

1. 辅助决策式数据化运营是指通过数据、模型、知识等进行业务决策，起到帮助、协

助和辅助决策者的目的。（　　）

2. 数据驱动式数据化运营是指整个运营运作流程以最大化结果为目标。（　　）

3. 个性化推荐是一种辅助决策式数据化运营方式。（　　）

4. 用户体系数据化旨在搭建店铺卖家自己的用户画像体系，帮助卖家明确自己的店铺及产品定位，实现精准营销。（　　）

5. 产品体系数据化旨在通过对某一类目竞争对手产品各个维度的分析，找出具有竞争性的产品的要素，作为选品的依据，并通过数据化选品的方式提升选品的效率。（　　）

四、案例分析题

1. 请通过走访、电话访谈或座谈等方式了解本地企业都在哪些环节进行数据化运营？

2. 请通过走访、电话访谈或座谈等方式了解本地企业数据化运营的意义是什么？

模块二　店铺数据分析（速卖通）

【学习目标】

1. 了解行业数据分析的作用与意义；
2. 熟悉行业数据采集与分析的方法；
3. 了解竞品数据分析的作用；
4. 掌握竞品数据采集的方法与内容；
5. 了解店铺运营数据分析的内容；
6. 掌握店铺数据运营分析的方法。

【技能目标】

1. 能够熟练运用各类工具采集数据；
2. 能够根据店铺需求进行行业数据、竞品数据及店铺数据的采集与分析；
3. 能够根据数据分析的结果进行店铺及产品运营调整。

【素养目标】

1. 培育和践行社会主义核心价值观；
2. 培养诚实守信、遵纪守法的职业道德；
3. 培养精益求精的工匠精神；
4. 强化数字素养，提升数字技能；
5. 培养互联网思维、创新思维和数据思维。

【思维导图】

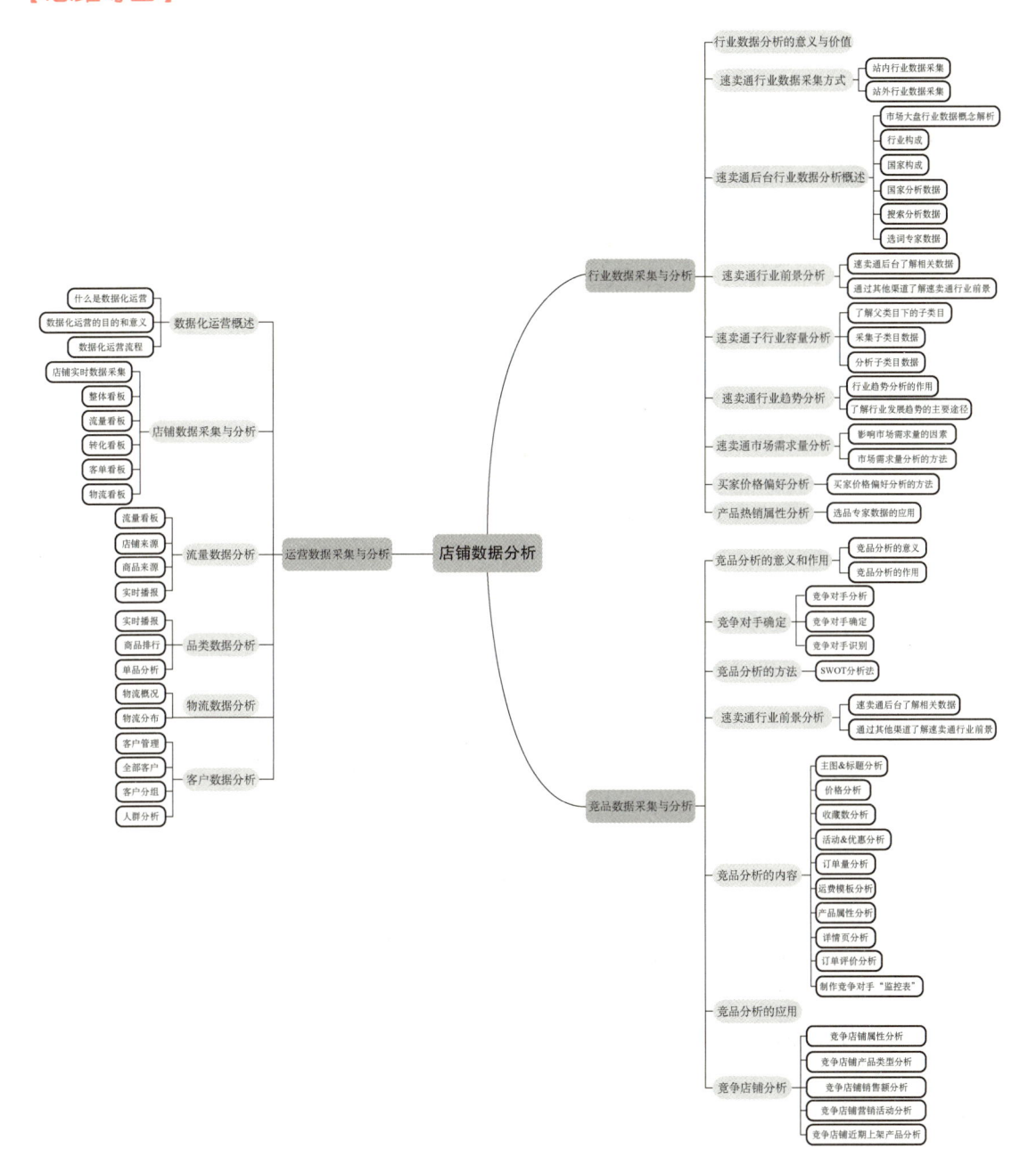

店铺数据分析
- 运营数据采集与分析
  - 数据化运营概述
    - 什么是数据化运营
    - 数据化运营的目的和意义
    - 数据化运营流程
  - 店铺数据采集与分析
    - 店铺实时数据采集
    - 整体看板
    - 流量看板
    - 转化看板
    - 客单看板
    - 物流看板
  - 流量数据分析
    - 流量看板
    - 店铺来源
    - 商品来源
    - 实时播报
  - 品类数据分析
    - 实时播报
    - 商品排行
    - 单品分析
  - 物流数据分析
    - 物流概况
    - 物流分布
  - 客户数据分析
    - 客户管理
    - 全部客户
    - 客户分组
    - 人群分析
- 行业数据采集与分析
  - 行业数据分析的意义与价值
  - 速卖通行业数据采集方式
    - 站内行业数据采集
    - 站外行业数据采集
  - 速卖通后台行业数据分析概述
    - 市场大盘行业数据概念解析
    - 行业构成
    - 国家构成
    - 国家分析数据
    - 搜索分析数据
    - 选词专家数据
  - 速卖通行业前景分析
    - 速卖通后台了解相关数据
    - 通过其他渠道了解速卖通行业前景
  - 速卖通子行业容量分析
    - 了解父类目下的子类目
    - 采集子类目数据
    - 分析子类目数据
  - 速卖通行业趋势分析
    - 行业趋势分析的作用
    - 了解行业发展趋势的主要途径
  - 速卖通市场需求量分析
    - 影响市场需求量的因素
    - 市场需求量分析的方法
  - 买家价格偏好分析
    - 买家价格偏好分析的方法
  - 产品热销属性分析
    - 选品专家数据的应用
- 竞品数据采集与分析
  - 竞品分析的意义和作用
    - 竞品分析的意义
    - 竞品分析的作用
  - 竞争对手确定
    - 竞争对手分析
    - 竞争对手确定
    - 竞争对手识别
  - 竞品分析的方法
    - SWOT分析法
  - 速卖通行业前景分析
    - 速卖通后台了解相关数据
    - 通过其他渠道了解速卖通行业前景
  - 竞品分析的内容
    - 主图&标题分析
    - 价格分析
    - 收藏数分析
    - 活动&优惠分析
    - 订单量分析
    - 运费模板分析
    - 产品属性分析
    - 详情页分析
    - 订单评价分析
    - 制作竞争对手"监控表"
  - 竞品分析的应用
  - 竞争店铺分析
    - 竞争店铺属性分析
    - 竞争店铺产品类型分析
    - 竞争店铺销售额分析
    - 竞争店铺营销活动分析
    - 竞争店铺近期上架产品分析

引导案例

"放松神器、超爽的按摩体验……"近一两年间，筋膜枪在薇娅、李佳琦等头部主播的直播间叫座又叫好，各式各样的品牌也成为电商平台的座上宾。

不过，有趣的是，明明是"外来物"，如今的国货筋膜枪在海外市场却"反客为主"赚足眼球，甚至取代了部分国际一线大牌。当筋膜枪的盛行之风从国外传至国内，带动国内市场需求增长的同时，中国制造的筋膜枪也走出国门，参与了国际市场竞争。

Booster菠萝君便是典型代表之一，作为国内筋膜枪行业的先行者，依托于吸纳国内外研究机构先进的产品技术理念，集成产销一体从国内电商变道至速卖通，快速布局品牌出海抢占海外市场。如今，Booster菠萝君在筋膜枪的发源地——美国，占据了大部分的市场份额。

而Booster菠萝君筋膜枪有今天的成就，绝非偶然。Booster菠萝君筋膜枪创始人申广平从有做筋膜枪想法开始，就一直将国外知名的筋膜枪品牌及产品作为"竞争对手"。因为筋膜枪是"外来物"，所以要做好自己的筋膜枪就要了解透彻对手的筋膜枪，要达到国外筋膜枪的性能，又要能够适应更多的受众人群。秉承着这样的想法，Booster菠萝君筋膜枪一步步走来，逐渐形成了自己的优势。

1. 同等性能，更具高性价比

Booster菠萝君筋膜枪在对比分析国外的筋膜枪产品的时候就发现了一个很重要的问题——筋膜枪价格很高，所以Booster菠萝君筋膜枪要做出自己的价格优势。得益于中国产业结构性优势和工业体系，以及持续投入的原创设计和研发元素；国货筋膜枪在国际市场上非常有竞争力；同等产品性能属性下，其他国际品牌的售价往往是国货筋膜枪的2~3倍。

2. 细化受众人群，趋向专业化、Mini、民用化

筋膜枪产品一开始多为健身爱好者、专业运动员所使用，用户群体相对狭窄。2020年开始，菠萝君也依据速卖通大数据和市场反馈细化受众人群。通过优化产品性能让筋膜枪不再只是健身爱好者、专业运动员的独宠神器，小巧轻便的机身，让它可以随身携带，满足全场景下的日常按摩保健使用。例如，面向职场白领的和旅行爱好者的Mini筋膜枪，使市场刮起了Mini筋膜枪的热潮。

开发现有筋膜枪市场和振动按摩产品的同时，Booster菠萝君开始进军大众运动装备和专业运动康复装备领域。

3. 瞄准中高端市场，主打专业和快时尚

对受众人群进行分析，确定品牌店铺的定位是中高端的运动康复按摩，基调主打专业及快时尚；初期以筋膜枪为主体，划分引流款、利润款、形象款等，同时，为了保有快时尚的品牌调性，果断放弃了按摩枕、按摩披肩等传统按摩堡垒产品。2021年开始接入自研的专业运动康复新品，不断拓展大健康领域的市场。

4. 线上线下多点联动，延拓海外市场

区别于国外已经名声大噪的筋膜枪品牌，Booster菠萝君筋膜枪想要从竞争对手手上抢占更多的市场，需要进行更多的推广，这在Booster菠萝君筋膜枪面世的时候，就已经注定了。所以，Booster菠萝君首先在谷歌和Facebook上进行了广告投放，开展YouTube和Instagram视频、图片的社交媒体留存；同时，在平台的帮助下针对不同国家站点进行差异化的产品页面装修，针对重点国家投放线下广告，等等。此外，2021年借助平台的渠道赋能和帮扶，开始尝试打造海外线下门店。

Booster菠萝君一系列的精耕细作，让国货品牌有了现如今的品牌地位和国际影响力。

结合案例，思考并回答以下问题：
竞品分析对店铺有什么正面影响？

单元一　行业数据采集与分析

一、行业数据分析的意义和价值

行业是指一组提供同类或者相互密切替代商品/服务的公司构成的群体，通过对行业（行业市场规模、行业交易量、行业供需指数、行业发展趋势、行业国家分布、客户品牌偏好等）的分析，可以帮助企业了解行业发展态势、行业类目下子类目的发展潜力及行业容量，从而择优选择行业入驻。同时，可以帮助企业对行业发展趋势有个整体了解和判断，为店铺后期发展、销量提升提供运营思路。

行业数据分析是指为了一定的商业目的，对行业规模、行业趋势、行业需求、目标客户、竞争形态等相关数据进行的分析。通过对不同板块内容的综合分析，掌握全面的数据，为店铺行业分析、选品、优化提供数据支撑。

大数据时代，数据背后的价值不言而喻，作为速卖通商家，想要经营好店铺，一定得利用好数据分析，对挖掘的数据进行最大限度的分析利用，充分运用到自身的实际业务中去，从而得到最大的利用价值。

行业数据分析具有如下价值：

（1）有利于电商企业了解和预测市场行情，及时发现新的市场机会，找出潜在市场，从而及时调整市场策略，为店铺发展寻找突破口。

（2）有助于提高信息对称性，从而为电商企业经营方式及经营方向提供参考。

（3）有助于电商企业找准自身定位，确定与领先电商企业的差距及行业天花板，取长补短，提升自身市场竞争力。

二、速卖通行业数据采集方式

行业数据来源于不同渠道，目前速卖通采集行业数据主要来源有站内、站外两大渠道。站内行业数据采集的渠道主要是速卖通前台及速卖通后台"生意参谋"板块的行业数据，在速卖通前台我们可以通过类目筛选或关键词查找，看到不同类目、不同行业的数据，包括行业在售商品数、价格区间、行业下子行业及产品类型、行业最高销量产品等数据；而速卖通后台"生意参谋"页面所有数据对店铺及产品运营优化都是有价值的。

站外行业数据采集的渠道主要有谷歌趋势（Google Trends）和第三方机构。谷歌趋势（Google Trends）支持通过查看关键词在Google上的搜索次数及变化趋势，观察该关键词下的行业数据及行业趋势；第三方机构年度或季度的行业情报也是重要参考。

（一）速卖通站内行业数据采集

1. 速卖通前台

如图2-1所示，通过速卖通前台页面我们能看到不同类目、不同行业的数据。

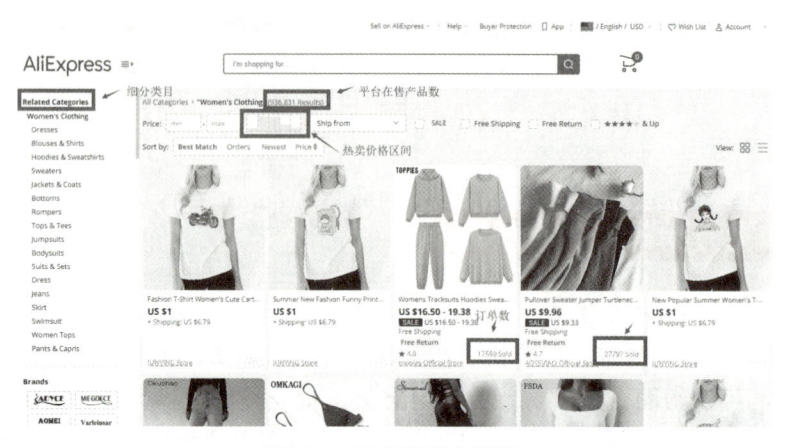

图 2-1　速卖通前台页面

2. 速卖通后台

如图 2-2 所示，在速卖通后台的"生意参谋"页面，我们可以看到整个行业的所有数据。

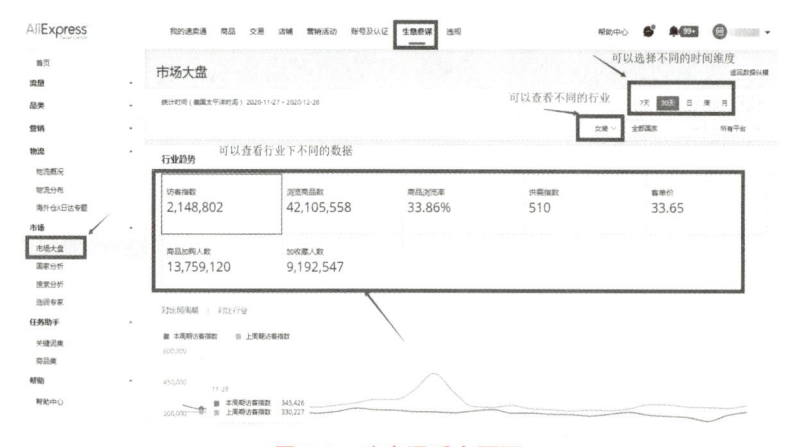

图 2-2　速卖通后台页面

（二）速卖通站外行业数据采集

1. 谷歌趋势

谷歌趋势是一款免费的在线搜索工具，可以通过它查看某个关键词在一定时间范围内的受欢迎程度和搜索趋势（见图 2-3）。这些数据指标主要来自谷歌搜索、谷歌购物、YouTube、谷歌新闻和谷歌图片等。所有搜索结果都是以简单的图表呈现的，所以数据查看直观简单，而且可以给搜索主题增加比较对象，从而能够直观地看出几个搜索主题之间的差距。

图 2-3　谷歌趋势

2. 行业数据报告

艾媒网（见图2-4）、艾瑞网等第三方机构可以出具年度/季度/月度行业数据报告。

图2-4　艾媒网

三、速卖通后台市场数据分析概述

1. 市场大盘数据概念解析

在市场大盘的数据中，我们可以查看不同行业及其子行业的数据，包括访客指数、浏览商品数、供需指数、客单价等数据，如图2-5所示。在进行数据分析之前，我们需要了解一下该页面数据的含义。

（1）访客指数：统计时间内，所选类目下访客数的指数化指标。访客指数并不是指数多少就有多少个访客，而是有一个比例，不过能反映这个商品的冷热门情况。

（2）浏览商品数：统计时间内，所选类目下被浏览的商品去重后的数量，如果一个商品被浏览多次，浏览商品数只算一个。

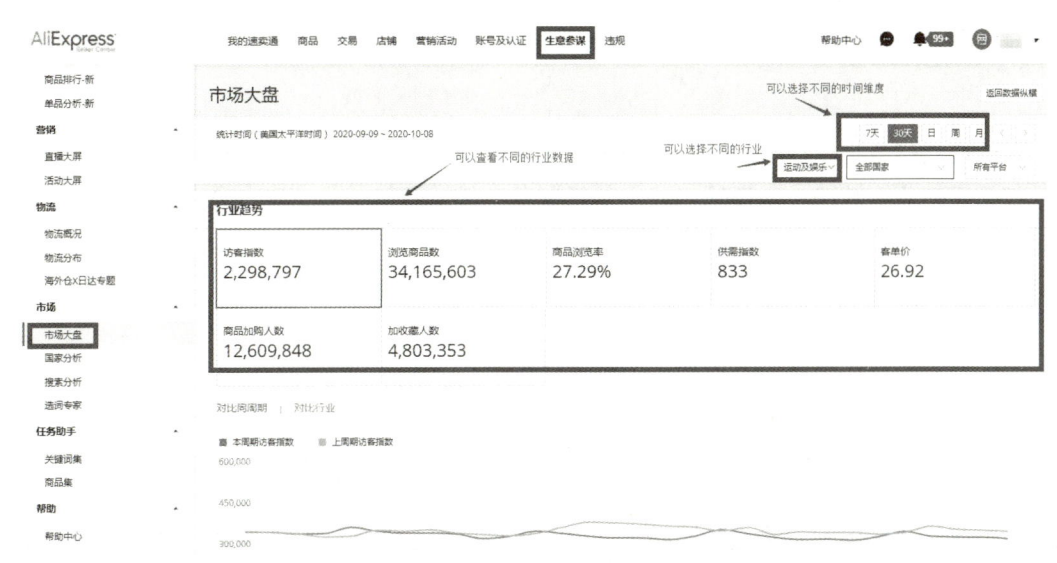

图2-5　市场大盘数据

（3）商品浏览率：浏览商品数/曝光商品数。

（4）供需指数：统计时间内，所选类目的需求人数/供给商家数。供需指数越大，表明需求越大。

（5）客单价：统计时间内，所选类目的支付金额/支付买家数。

（6）商品加购人数：统计时间内，所选类目的成功添加购物车的去重人数，一个人在统计时间内加购多次只计为一个。如加购后又从购物车中移除，仍然统计在内。

（7）加收藏人数：统计时间内，所选类目的成功收藏商品的去重人数，先收藏再取消收藏的，仍然统计在内。

2. 查看行业构成

在速卖通后台—生意参谋—市场大盘板块下，当选择行业之后，我们可以在下方"行业构成"数据位置查看到大行业下排名前 10 的子行业相关数据。以女装类目为例，我们可以看到女装行业下排名前 10 的子行业及子行业的相关数据，如图 2-6 所示。

在这里可以观察到各个子行业搜索指数、交易指数、在线商家占比、供需指数、父类目金额占比及客单价数据。

行业构成

排名	行业	搜索指数	交易指数	在线商家占比	供需指数	父类目金额占比	客单价	操作
1	Tops & Tees 较前一日	130,893 -1.42%	1,291,169 -7.69%	63.88% +0.26%	371 -1.83%	14.10% +0.07%	15.79 -3.07%	趋势
2	Dresses 较前一日	113,587 -1.89%	2,037,088 -4.59%	55.62% +0.13%	349 -2.23%	32.40% +6.23%	30.06 -0.66%	趋势
3	Swimwears 较前一日	84,110 -3.12%	1,025,492 -6.47%	34.43% +0.53%	334 -3.91%	9.27% +2.54%	18.64 +0.27%	趋势
4	Matching Sets 较前一日	81,136 -1.29%	907,707 -13.14%	32.59% +0.31%	327 -1.57%	7.42% -10.49%	32.40 -15.05%	趋势
5	Hoodies & Sweatshirts 较前一日	72,934 -4.04%	449,422 -3.80%	38.79% +0.18%	256 -4.58%	2.08% +8.33%	21.95 -1.08%	趋势
6	Shirts & Blouses 较前一日	70,868 -2.17%	650,452 -12.62%	31.96% +0.13%	284 -2.58%	4.06% -9.17%	19.18 -9.31%	趋势
7	Pants & Capris 较前一日	65,006 -3.33%	663,260 -7.82%	40.91% +0.32%	219 -3.93%	4.20% -0.24%	20.41 -5.73%	趋势
8	Blouses & Shirts 较前一日	63,486 -1.54%	428,409 -9.05%	22.89% +0.13%	310 -1.59%	1.91% -2.05%	15.94 -5.12%	趋势
9	Skirts 较前一日	60,078 -2.73%	627,278 -10.39%	41.08% +0.34%	200 -3.39%	3.80% -5.00%	18.02 -6.63%	趋势
10	Coats & Jackets 较前一日	59,957 -2.33%	556,826 -10.37%	39.88% +0.18%	200 -2.75%	3.06% -4.97%	34.82 -5.15%	趋势

图 2-6 女装行业各子行业的相关数据

其中搜索指数指统计时间内，所选类目下搜索次数的指数化指标。搜索指数就是一特定商品被访客搜索次数的一个指标，并不是指数多少就是被搜了多少次，会有一个比例，不过能反映这个商品的竞争程度和冷热门情况。

交易指数则是统计时间内，所选类目下支付金额的指数化指标，交易指数越高，该类目下成交金额越高。

父类目金额占比指统计时间内，所选类目占父类目的支付金额的比例，假设看的是二级类目的数据，那就这个比较父类目占比，就是此二级类目和其所在一级类目的比较。支付金额占比就是，此二级类目的支付金额占所属一级类目支付金额的比重。父类目金额占比越高，表示该子类目占上一级类目的比例越大，即该子类目支付金额越高。

在线商家占比指的是统计时间内，所选类目占父类目的在线商家数的比例。如果一个商家跨类目经营，该商家会被统计到多个类目中，所以子行业的在线商家数占比相加超过100%

是正常的。比如在速卖通平台开通母婴玩具类目，除了可以发布Mother & Kids（孕婴童）、Toys & Hobbies（玩具）二级类目的产品，还可以共享Shoes（鞋子）类目的发布权限。

供需指数即统计时间内，所选类目的需求人数/供给商家数，供需指数越大，说明需求人数越多，即产品需求量大。

客单价指统计时间内，所选类目的支付金额/支付买家数。

3. 查看国家构成

在“国家构成”板块下可以查看到所选行业或子行业的热门销售国家数据，如图2-7所示。如查看二级类目连衣裙近30天数据，可以发现访客指数最高的国家是俄罗斯，比访客指数第二名的法国高出将近一倍，所以俄罗斯市场是连衣裙的主流市场；客单价最高的国家是巴西，说明巴西的买家购买能力强或者存在较多的批发买家；商品加购人数和加收藏人数虽然俄罗斯居多，但是法国的商品加购人数和加收藏人数也非常可观，说明法国市场也是值得把握的市场，可以针对法国商品加购买家和加收藏买家进行定向营销；以色列不论是访客指数、供需指数，还是商品加购人数、加收藏人数在近30天都处在上升阶段，说明以色列市场也值得关注，可以针对以色列市场布局符合该国风土人情及买家需求的商品。

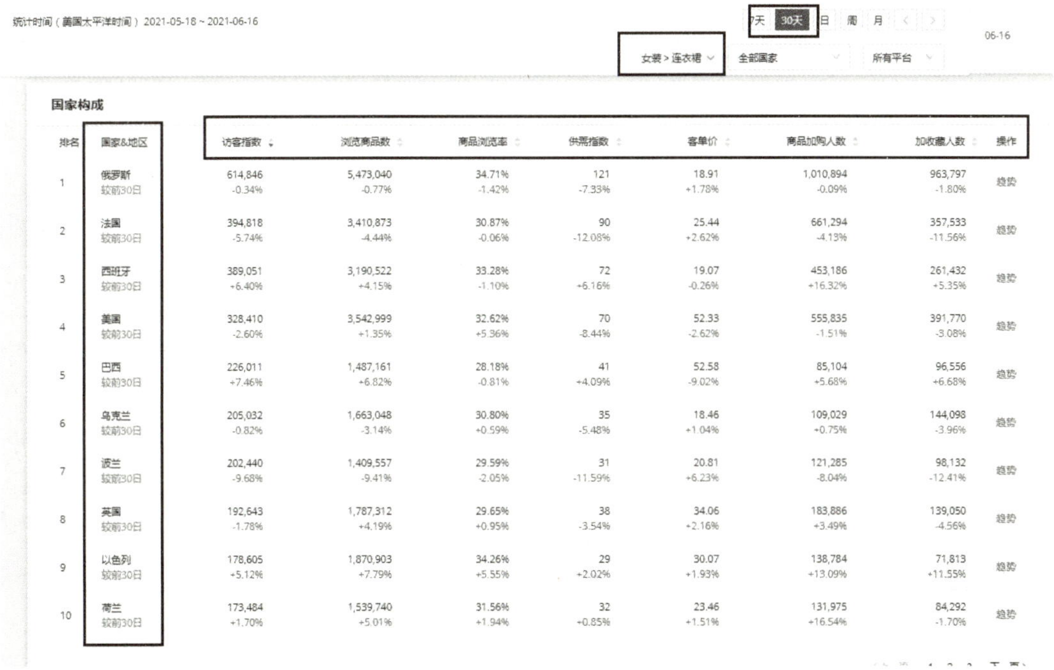

排名	国家&地区	访客指数	浏览商品数	商品浏览率	供需指数	客单价	商品加购人数	加收藏人数	操作
1	俄罗斯 较前30日	614,846 -0.34%	5,473,040 -0.77%	34.71% -1.42%	121 -7.33%	18.91 +1.78%	1,010,894 -0.09%	963,797 -1.80%	趋势
2	法国 较前30日	394,818 -5.74%	3,410,873 -4.44%	30.87% -0.06%	90 -12.08%	25.44 +2.62%	661,294 -4.13%	357,533 -11.56%	趋势
3	西班牙 较前30日	389,051 +6.40%	3,190,522 +4.15%	33.28% -1.10%	72 +6.16%	19.07 -0.26%	453,186 +16.32%	261,432 +5.35%	趋势
4	美国 较前30日	328,410 -2.60%	3,542,999 +1.35%	32.62% +5.36%	70 -8.44%	52.33 -2.62%	555,835 -1.51%	391,770 -3.08%	趋势
5	巴西 较前30日	226,011 +7.46%	1,487,161 +6.82%	28.18% -0.81%	41 +4.09%	52.58 -9.02%	85,104 +5.68%	96,556 +6.68%	趋势
6	乌克兰 较前30日	205,032 -0.82%	1,663,048 -3.14%	30.80% +0.59%	35 -5.48%	18.46 +1.04%	109,029 +0.75%	144,098 -3.96%	趋势
7	波兰 较前30日	202,440 -9.68%	1,409,557 -9.41%	29.59% -2.05%	31 -11.59%	20.81 +6.23%	121,285 -8.04%	98,132 -12.41%	趋势
8	英国 较前30日	192,643 -1.78%	1,787,312 +4.19%	29.65% +0.95%	38 -3.54%	34.06 +2.16%	183,886 +3.49%	139,050 -4.56%	趋势
9	以色列 较前30日	178,605 +5.12%	1,870,903 +7.79%	34.26% +5.55%	29 +2.02%	30.07 +1.93%	138,784 +13.09%	71,813 +11.55%	趋势
10	荷兰 较前30日	173,484 +1.70%	1,539,740 +5.01%	31.56% +1.94%	32 +0.85%	23.46 +1.51%	131,975 +16.54%	84,292 -1.70%	趋势

图2-7　查看“国家构成”数据

4. 查看国家分析数据

通过“国家分析”中的“机会国家”数据可看出热门国家或全球其他国家的支付占比、上升指数等信息，从而确认哪些国家是潜力市场，如图2-8所示。

“机会国家”数据中的GMV即Gross Merchandise Volume，是一定时间段内的成交总额。GMV=销售额+取消订单金额+拒收订单金额+退货订单金额，即拍下订单金额，包含付款和未付款的部分。利用GMV可以进行交易数据分析，虽然GMV不是实际的购买交易数据，但同样可以作为参考依据，因为只要买家点击了“购买”，无论买家最终有没有实际购买，都被统计在GMV里面。所以，可以用GMV来研究顾客的购买意向、顾客买了之后发生

2

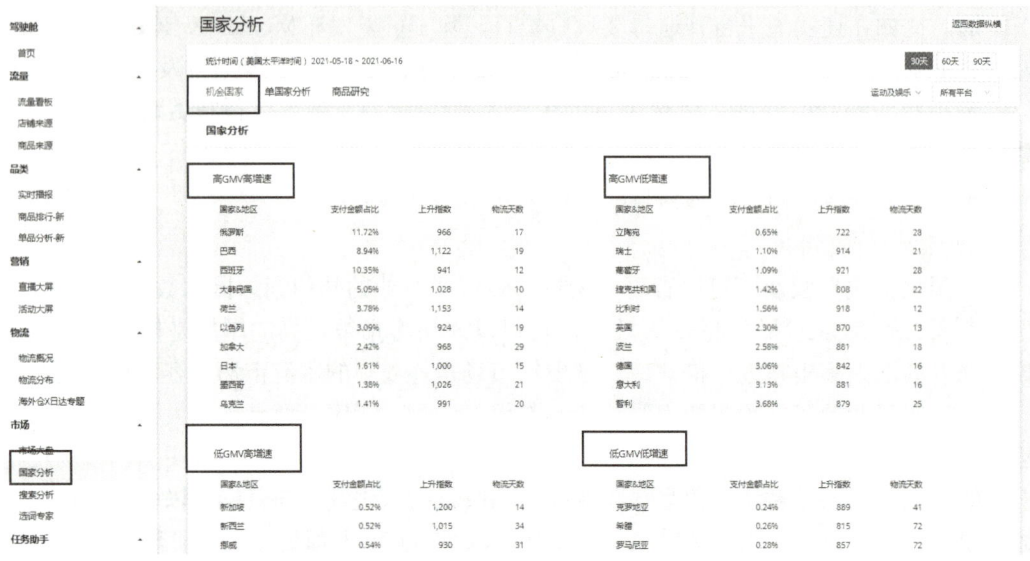

图 2-8 查看"国家分析"数据

退单的比率、GMV 与实际成交额的比率，等等。

卖家可以观察不同类目下高 GMV 高增速、高 GMV 低增速、低 GMV 高增速及低 GMV 低增速的国家各是哪些。高 GMV 高增速的国家是该行业的主流销售国家，需要重点关注；高 GMV 低增速的国家我们可以挑选一些上升指数高的国家先布局；低 GMV 高增速的国家，也有机会成为新兴市场，所以可以时刻观察相关数据，以便店铺提前布局。

在"国家分析"板块下还可以查看单个国家的市场情况，如图 2-9 所示。除了市场情况，还可以了解细分国家的买家属性、实时汇率及国家节日等信息，如图 2-10 所示。

子订单均价分布数据可以帮助卖家从侧面了解不同类目在该国家市场的热销价格区间；购买次数分布数据则可以帮助卖家了解该国家的买家复购习惯；年龄分布数据和性别分布数

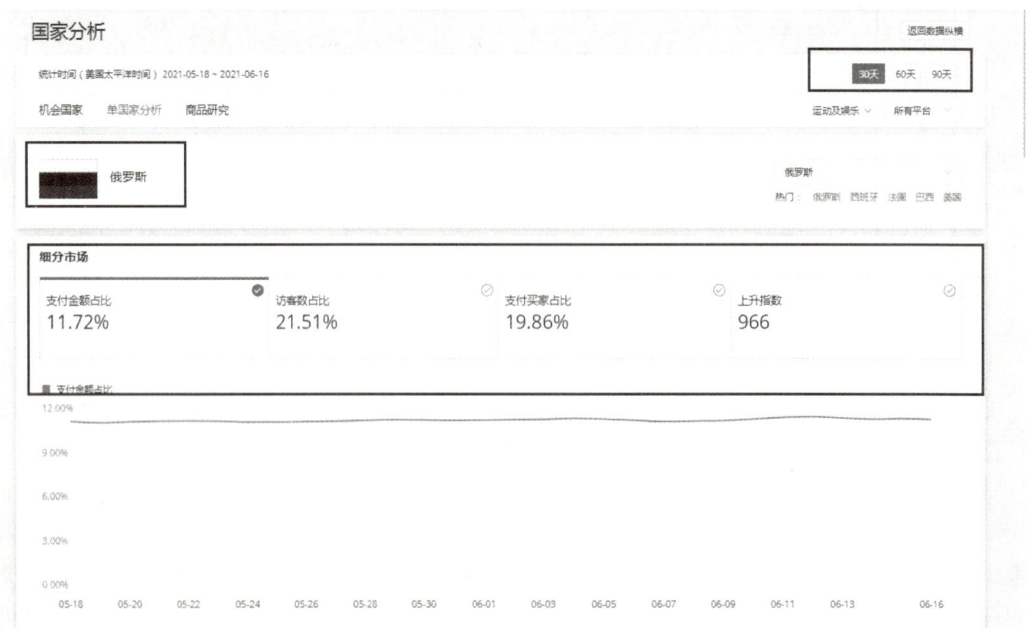

图 2-9 国家市场情况

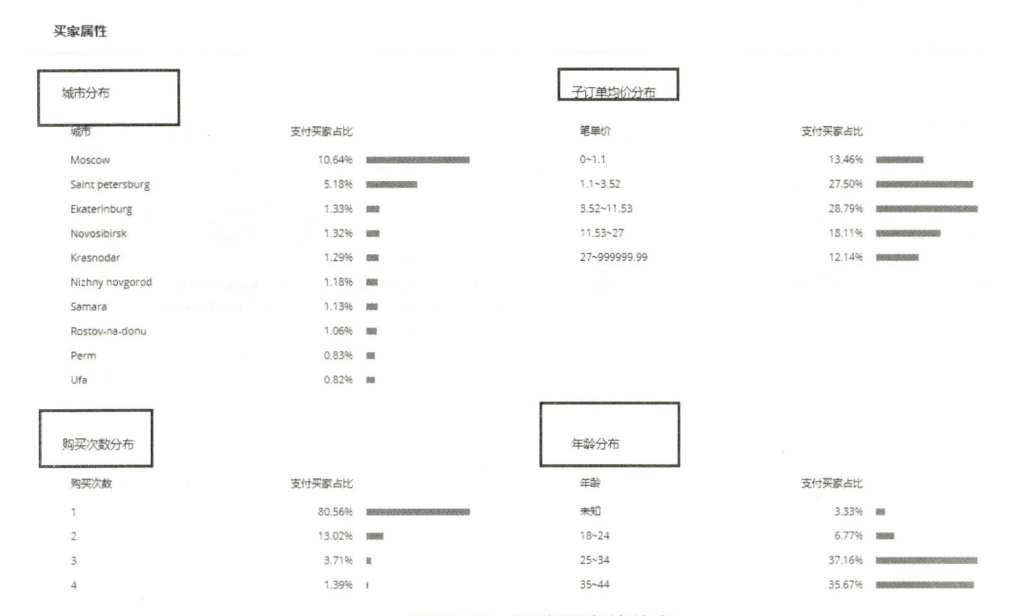

图 2-10 细分国家的信息

据则可以帮助卖家分析该国购买该类目产品买家的年龄分布和性别分布情况，帮助建立买家画像；温度与降水（预测）数据则可以帮助卖家提前了解目标国家气温气候情况，提前布局产品；而节日数据则可以给卖家进行节日产品布局及安排店铺活动、报名平台活动提供指导。

国家分析也属于分析行业数据，这里可以根据对应的类目下的各个不同的国家和买家的人群特征进行分析，比如不同年龄、不同性别所带来的市场效果是不同的，如图2-11所示。

图 2-11 单个国家对应的类目分析

5. 查看搜索分析数据

搜索分析（见图2-12）里可以看到几个重点数据，也是跟行业大盘相关的。搜索词是指买家搜索产品时的关键词，分析搜索人气及指数可以了解哪些产品类型是热度高的产品。这里，我们可以通过搜索人气判断产品的热门程度。搜索人气是对搜索人数进行了指数化处理，越大表示搜索的人越多，但是不等于搜索人数；而点击率是指买家搜索某关键词后，表明买家点击商品的可能性，数值越大，该关键词下的商品越容易被买家点击浏览。支付转化率是指支付买家数/访客数，支付转化率越高，则表明该关键词下的商品越容易成交。

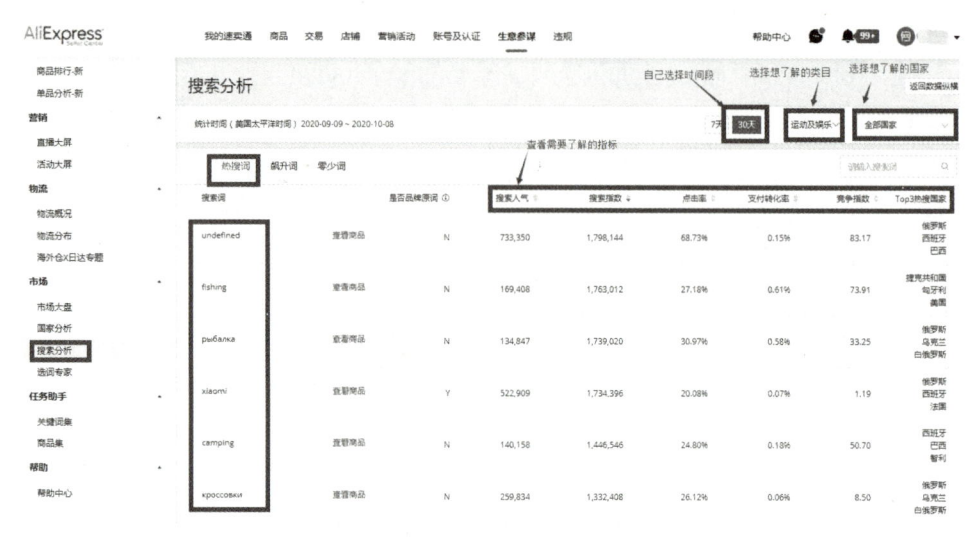

图 2-12 "搜索分析"数据

6. 查看选词专家数据

选词专家（见图 2-13）板块也是一样的，里面是一些近期热搜的产品关键词，可以通过对这些热搜词、飙升词的分析，来了解什么类型的产品热度高、转化率高，以及产品的趋势如何。

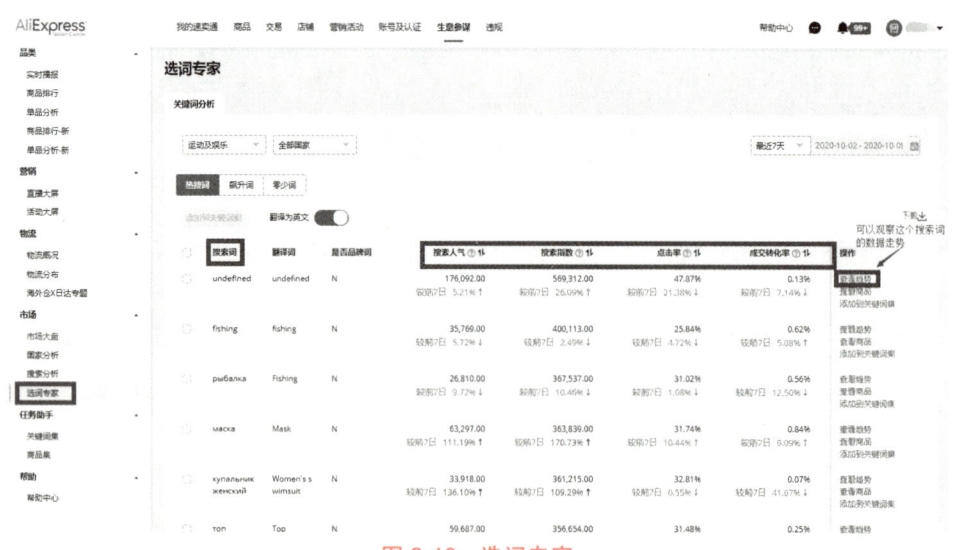

图 2-13 选词专家

四、速卖通行业前景分析

行业容量即行业规模，速卖通行业容量分析主要是研究目标行业的整体规模。简单来讲，市场容量就是蛋糕，行业容量就是分蛋糕的人，分蛋糕的人多了并不意味着每个人的蛋糕就分少了，蛋糕会因为分蛋糕人数量的增加而相应变大。

速卖通市场是一个超级大的市场，在售的产品千千万万，"只要有需求，就会有市场"。但是，当我们准备入驻一个全新的行业的时候，第一件事情就是要了解该行业类目近几年的市场变化及需求趋势。打个比方：如果经营一个偏冷门的类目，定下销售目标为年销量1 000万，但实际上整个市场容量都还没有1 000万，完成这样的销售额的可能性有多少呢？况且对于新店和老店，以及店铺本身所具备的产品，其资金和人力资源不同，这样的可能性又有多少呢？行业和店铺体量决定了店铺的发展潜力，了解行业市场容量和变化趋势是非常重要的。

因此，行业容量分析对电商企业的运营尤为重要，一方面，行业容量分析有利于了解行业的市场前景，从而做出行业选择；另一方面，有利于电商企业制定销售目标和计划。因为行业市场容量的大小决定了行业的天花板，而电商企业的销售目标应该根据行业天花板来制定，过高或者过低都不利于店铺发展。

同时，鉴于市场的发展是动态的特性，我们需要对行业容量实时监控并加以分析，可以通过以下步骤来展开。

1. 通过速卖通后台了解行业相关数据

通过速卖通后台"生意参谋"板块我们可以查看到市场数据，可以通过市场数据，查看到速卖通某行业的发展情况及发展趋势，如图2-14所示。

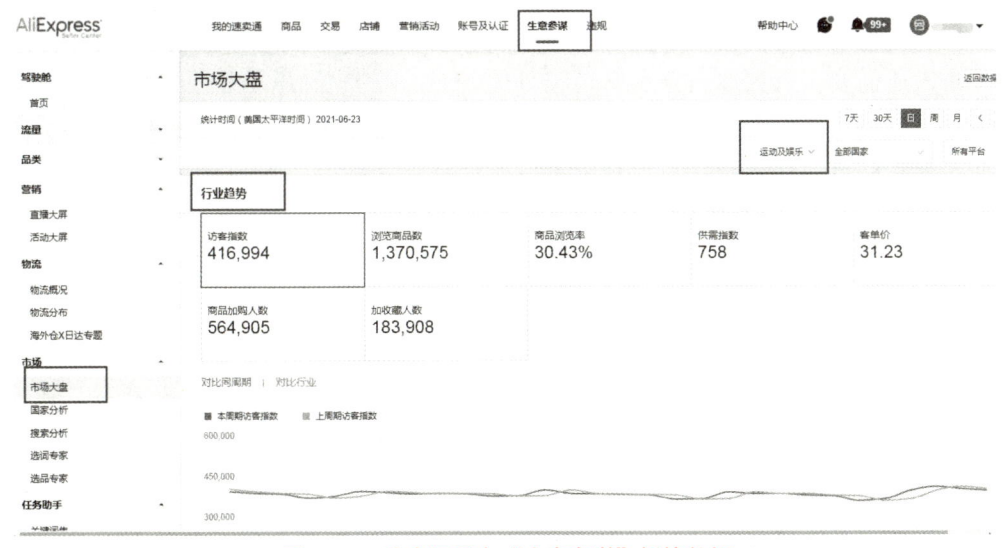

图2-14 速卖通后台"生意参谋"板块数据

通过类目筛选，以及时间维度设置，可以查看速卖通不同行业的数据情况，包括行业的访客指数、浏览商品数、商品浏览率、供需指数、客单价、商品加购人数及加收藏人数等数据。可以记录不同行业的数据，然后进行横向对比，可以发现不同行业之间的访客指数、浏览商品数、商品浏览率、供需指数、客单价、商品加购人数及加收藏人数的数据差距是非常大的。访客指数是访客数的指数化指标，虽然它不是访客数，但是能够反映产品的冷热门程度，访客指数越高，访客数越多。店铺的销售额受流量、转化率、客单价的影响，如果一个行业访客指数远小于另一个行业，那一般这个行业的销售额也会小于另一个行业。

当然，我们不能只看访客指数一个指标，还需要观察行业供需指数、行业客单价等数据。供需指数即所选类目的需求人数/供给商家数，供需指数越大，说明该行业需求越多；

而客单价越高,在同等转化率的情况下,能够获得更多的销售额。

所有的数据都需要对比不同行业来看,只看某一个行业是无法判断该行业是否有市场的。

2. 通过其他渠道了解速卖通行业数据

除了通过速卖通后台了解行业市场数据,我们还可以通过其他渠道了解速卖通行业市场及其前景。比如速卖通的扶持政策、阿里巴巴的推介会、招商会,速卖通小二发布的类目各行业报告及行业动态等,从这些信息中不仅能够了解速卖通的扶持政策及发展战略,还能够掌握当下流行行业的发展趋势,好让我们第一时间掌握到行业热门情况,从而选择合适的行业进入,如图2-15所示。

五、速卖通子行业容量分析

通过对行业市场容量的分析,电商企业可以找准目标,确定可以入驻的类目,但是店铺在具体运营过程中,还需要了解大类目下所有子类目的行业容量及发展趋势,从中选出市场容量大、最具销售前景的子类目,从而在店铺运营过程中可以制订合理的上新计划,做好店铺产品品类布局。

图2-15 阿里巴巴全球速卖通行业信息

(一)了解父类目下的子类目

以小张店铺为例,小张准备做女装类目,但是女装类目下有半身裙、泳衣/沙滩服、女士套装、连体裤等子类目,如图2-16所示。

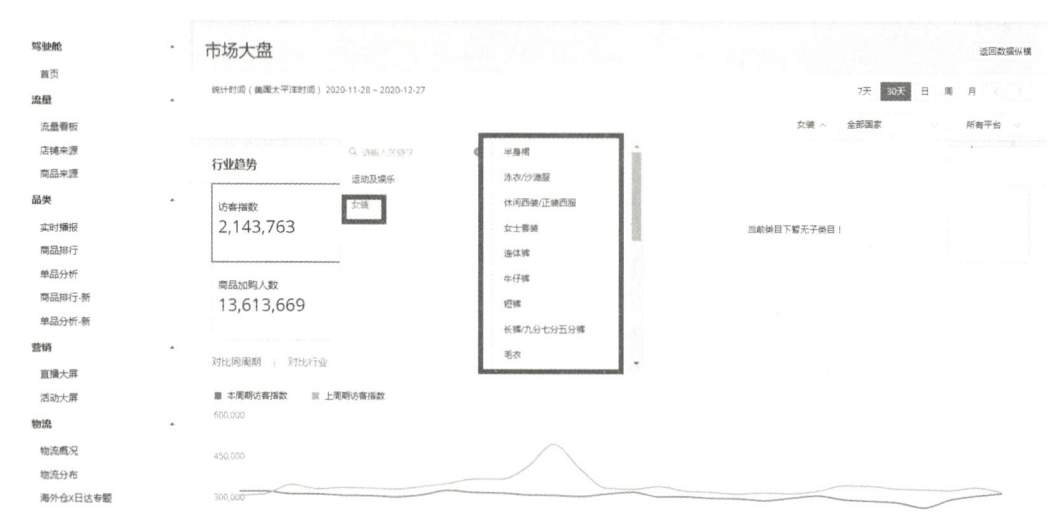

图2-16 了解女装子类目

（二）采集子类目数据

通过"生意参谋"页面，我们可以对所有子类目的数据进行查询和分析，包括子类目的交易指数、访客指数等，如图2-17所示。

图 2-17　查询分析女装子类目的数据

然后将所有采集到的数据记录下来进行充分的分析，这样我们就可以清晰了解到所有子类目的优势，如表2-1 所示。

表 2-1　女装行业子类目数据采集

日期	类目	访客指数	浏览商品数	供需指数	客单价	加收藏人数	搜索指数	交易指数	父类目金额占比
近30天	半身裙	600 852	1 637 442	207	18.42	853 585	370 493	3 272 09	3.15%
近30天	泳衣/沙滩服	537 251	1 378 690	246	22.75	285 768	347 428	2 662 463	2.16%
近30天	女士套装	939 361	2 914 506	336	34.38	1 800 197	569 951	5 821 448	9.08%
近30天	连体裤	680 616	1 246 056	219	21.54	614 470	347 130	2 917 387	2.55%
近30天	牛仔裤	505 723	809 306	246	25.26	596 390	333 223	2 700 185	2.21%
近30天	短裤	398 700	458 833	170	13.11	261 127	270 252	1 325 087	0.60%
近30天	长裤/七/九/五	728 887	1 677 040	252	21.73	1 279 239	442 729	4 080 917	4.72%
近30天	毛衣	787 598	2 709 954	288	24.84	1 552 152	492 566	5 289 640	7.61%
近30天	卫衣帽衫	885 067	2 372 918	368	23.86	1 822 254	649 082	5 581 202	8.40%

为了更加清晰了解女装类目下所有子类目市场容量占比，我们可以制作饼状图，如图2-18所示。

通过该饼状图我们可以清晰地看到，2020年12月，连衣裙、外套/大衣、上衣/T恤、卫衣帽衫、毛衣等子行业所占份额较大，考虑到女装行业受季节性因素影响较大，所以我们需要选定一个自然年数据再综合比较，然后找出市场容量比较大的子行业先切入。

非服装服饰行业的标品受季节性因素影响较小，但是受行业产品更迭、竞品、产品性能优化等因素影响较大。因此在分析这些品类的时候，除了通过平台采集相关数据，还需要综合这些因素全面细致地进行分析。

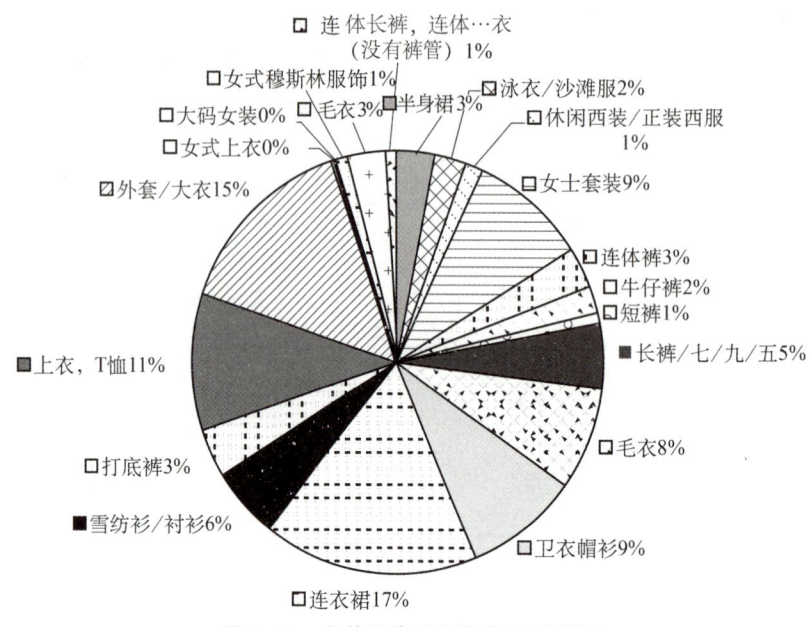

图 2-18 女装子类目金额占比饼状图

六、速卖通行业趋势分析

　　行业趋势分析，即根据行业数据判断行业目前所处的发展阶段及之后的发展前景。一般而言，一个行业在发展的过程中，会经历萌芽期、成长期、爆发期和衰退期四个阶段。一般而言我们会在一个行业处于萌芽期、成长期的阶段选择进入该行业发展，甚至爆发期也可以顶风进入，但是我们不会在行业处在衰退期的时候选择进入该行业，因为此时行业已经开始走下坡路了，再选择进入该行业，往往没有办法将店铺做大做强。

　　这从一个侧面说明，我们所选定的行业所处的发展阶段，会决定我们速卖通店铺未来的发展空间。

　　行业趋势分析需要了解过去的市场情况，并进一步预测未来的市场变化，在进行行业趋势分析的时候，要持续收集行业趋势的相关数据。

　　目前，了解行业发展趋势的主要途径有以下几种。

1. 速卖通网站

　　可以通过速卖通网站数据、速卖通年度行业报告、新闻、招商会及速卖通扶持政策，从一个侧面了解目前平台上的热门行业及新兴行业。一般而言，速卖通扶持的行业，说明该行业目前正处在发展中，可以考虑进入。

2. 谷歌趋势

　　谷歌趋势可以通过对一段时间内的关键词搜寻量进行统计，得出当下时段的热门内容。百度指数就是类似谷歌趋势的一项内容。它有两个功能，一是查看关键词在 Google 上的搜索次数及变化趋势，二是查看网站流量（Google Trends for Websites）。通过该关键词的搜索次数及网站流量的变化趋势，我们可以了解该关键词下行业的基本发展态势。

3. 行业研究报告

　　行业研究报告通过对特定行业长期跟踪监测，然后对行业整体情况和发展趋势进行分析，包括行业生命周期、行业趋势、成长空间、盈利空间等。可以在艾媒网、艾瑞网等第三方调研机构网站搜索速卖通或者行业相关关键词，查看行业研究报告，通过对其中的关键数据进行分析，可以预测行业的发展机会。

4. 其他电商平台

比如我们可以观察亚马逊、eBay等电商平台上的热门行业及新型行业，通过这些行业的数据，观察行业是否有发展前景。如果行业具有良好发展前景，我们也可以在速卖通平台上尝试进入该行业。

七、速卖通市场需求量分析

市场需求是指一定的顾客在一定的地区、一定的时间、一定的市场营销环境和一定的市场营销计划下对某种商品或服务愿意并且能够购买的数量。

由于市场需求是从个人需求推导出来的，所以，市场需求量取决于个别买家需求量的因素。因此，市场需求量不仅取决于一种物品的价格，而且还取决于买家的收入、嗜好、预期，以及相关物品的价格。

必须注意，需求与通常的需要是不同的。市场需求的构成要素有两个：一是消费者愿意购买，即消费者有购买的欲望；二是消费者能够购买，即消费者具备支付能力。两者缺一不可。而影响市场需求的主要因素有：

（1）消费者偏好。
（2）个人收入。
（3）产品价格。
（4）替代品的价格。
（5）互补品的价格。
（6）消费者预期。一般来说，如果消费者预期价格要上涨，就会刺激人们提前购买；如果预期价格将下跌，许多消费者就会推迟购买。
（7）其他因素，如商品的种类、质量、广告宣传、地理位置、季节、国家政策等。

所以，一般而言，我们需要事先收集和分析市场反馈出来的不同需求，只有适应这些需求，我们的商品才有机会在后期销售过程中达到预期的效果。

速卖通店铺在运营过程中需要时刻关注市场需求量的变化，这可以帮助速卖通商家了解买家需求的变化，从而能够及时调整店铺商品布局。市场需求有些季节性比较强，随着季节变化而变化，如服装服饰类目；有的受节日影响比较大，如气球、LED灯等节庆用品；同时，平台的大型促销活动也会影响市场需求，如"双十一""618"活动等。

在进行市场需求量变化趋势分析的时候，我们需要结合速卖通平台一段时间内的数据进行分析，主要观察和分析搜索指数和支付指数两组数据。以女装类目下的毛衣子类目为例，我们可以在速卖通后台"生意参谋"界面观察到搜索指数数据，如图2-19所示。搜索指数指的是统计时间内，所选类目下搜索次数的指数化指标。搜索指数就是一特定商品被访客搜索次数的一个指标，并不是指数多少就是被搜多少次，它是一个比例，这个指数能够反映这个商品的竞争程度和冷热门情况。也就意味着，统计时间段内搜索指数越高，买家的需求越大。

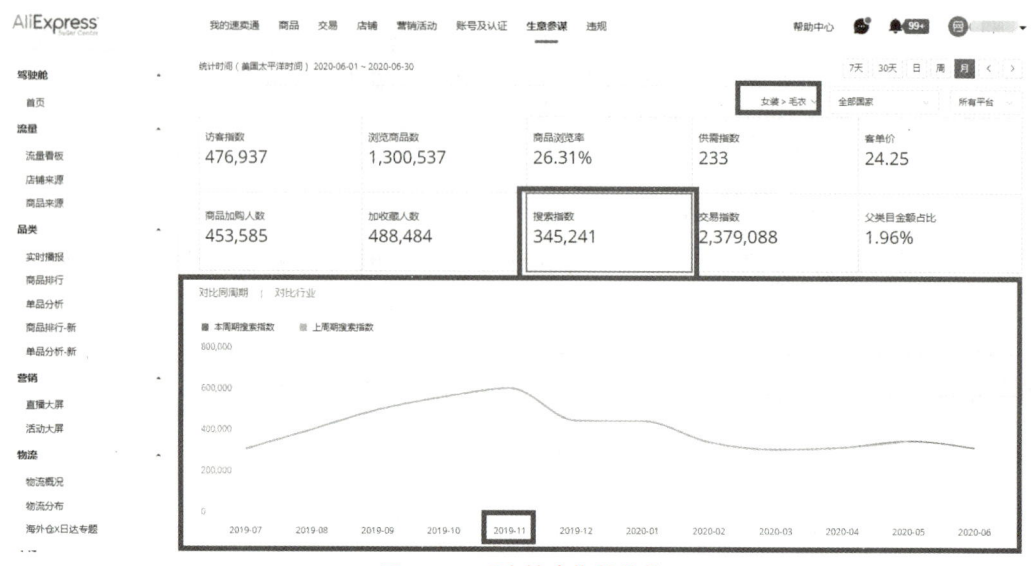

图 2-19 毛衣搜索指数趋势

通过图2-19可以分析出，女装类目下毛衣行业的搜索指数从7月开始呈现上升趋势，说明从7月份开始市场对毛衣类产品的需求量逐渐增大，11月份搜索指数达到顶峰，说明市场需求也达到了顶峰，之后呈现回落趋势。结合毛衣产品的特性可以得出，这主要是受季节气候的影响。

同时，我们也可以通过交易指数的变化趋势，进一步分析出毛衣类目市场需求量的变化趋势，如图2-20所示。交易指数指所选行业所选时间范围内，累计成交订单的支付金额经过数据处理后得到的对应指数。交易指数越大则支付金额越大。

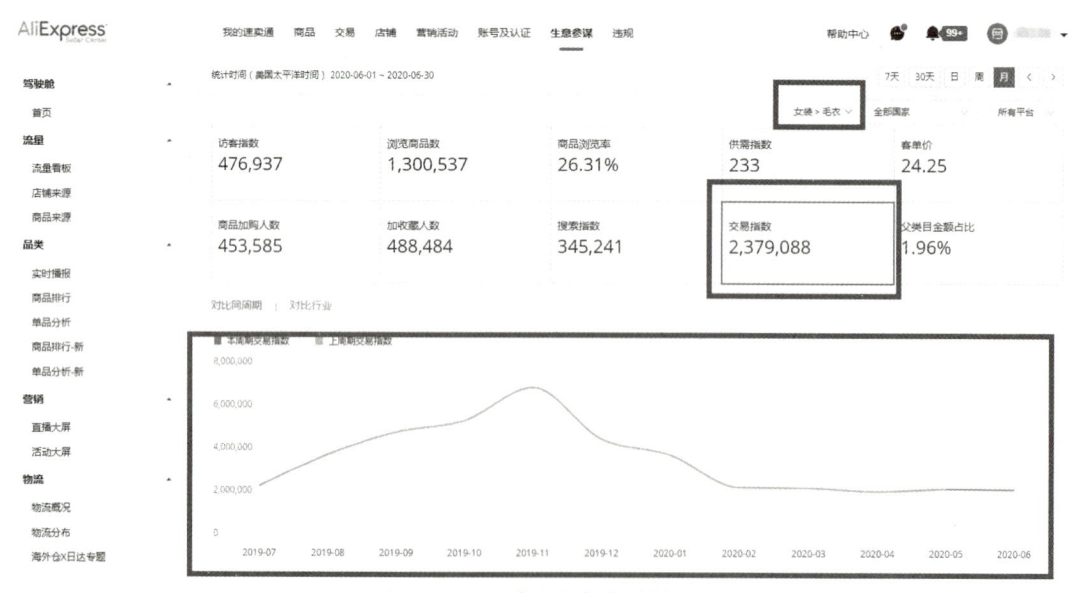

图 2-20 毛衣交易指数趋势图

通过该折线图，我们可以看出，速卖通的交易指数趋势和搜索指数趋势基本吻合，也是从7月份开始上升，市场需求量逐渐进入增长期，11月交易指数达到顶峰，之后逐渐回落，充分说明了毛衣类目具有明显的季节性特征。

所以，总结来说，电商行业需要根据市场需求量变化趋势，结合自身店铺的产品开发、生产供应情况规划产品上架时间，例如服装服饰这类季节性较强，流行元素较多的产品，一般需要提前1~2个月准备上新计划。如果没有提前准备，很有可能会被其他商家抢占先机，导致自身店铺销售额受到直接影响。

八、买家价格偏好分析

行业价格指的是一定时间内某类商品在市场上形成的具有代表性的实际成交价格。而影响行业价格的重要因素就是市场供求关系，当市场供需平衡时，那么行业价格相对稳定；当市场供大于求时，行业价格普遍会下降；当市场供不应求时，行业价格会不断上涨。之所以要分析行业价格，是因为价格会影响消费者个人的消费需求，所以了解行业价格可以帮助我们确认产品的价格带，为我们产品定价提供参考。

从图2-21可以看到，女装类目下T恤的客单价是15.64美元，而这个客单价我们可以看作买家更愿意购买的商品的价格范围，比如平均是15.64美元，就说明买家可能对价格在15.64美元左右的商品更感兴趣一些，如果自身商品价格过高，可能不利于促进成交转化。

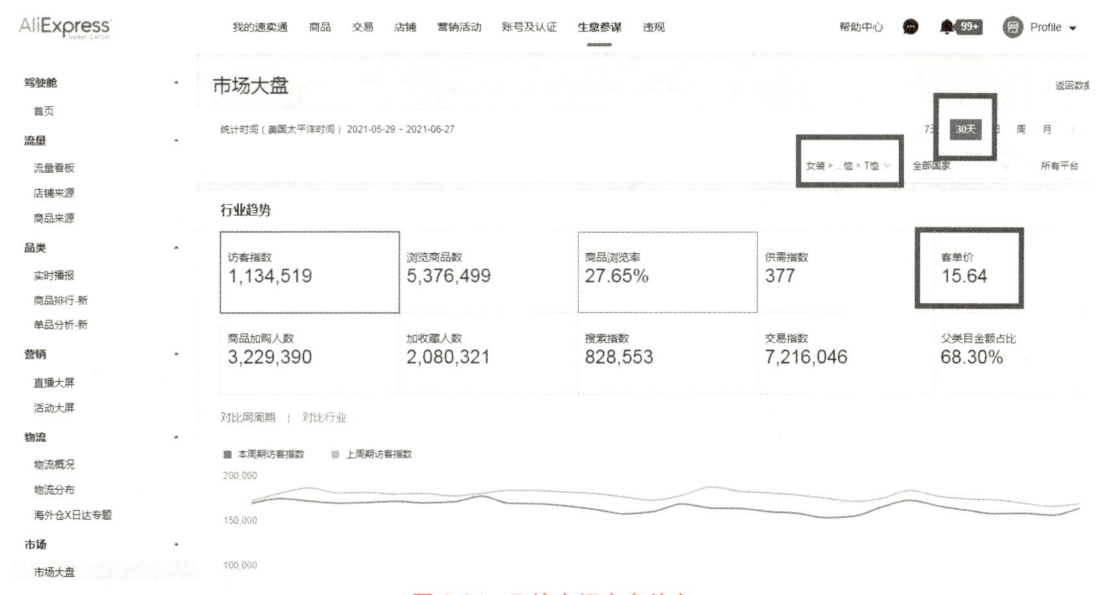

图2-21 T恤市场大盘信息

除此之外，还需要分析产品的热卖价格区间。比如女装类目下的T恤，我们可以在速卖通平台搜索T恤类目，查看T恤类目的热卖价格区间，从而为自身产品价格设置提供参考。

如图2-22和图2-23所示，38%的买家购买价格区间集中在3.83~6.57美元；39%的买家购买价格区间在6.57~11.51美元，也就意味着女装类目下T恤的热卖价格区间集中在3.83~11.51美元之间，那么这个热卖价格区间对之后上新产品可以提供参考，如果产品的定价远高于热卖价格区间的话，可能会导致自身产品竞争力下降，影响产品支付转化率。

值得注意的是，这个热卖价格区间并不是一成不变的，在市场发展过程中，随着消费者意愿和支付能力等因素的变化，消费者的消费层次也会发生改变，从而导致产品价格发生改变。

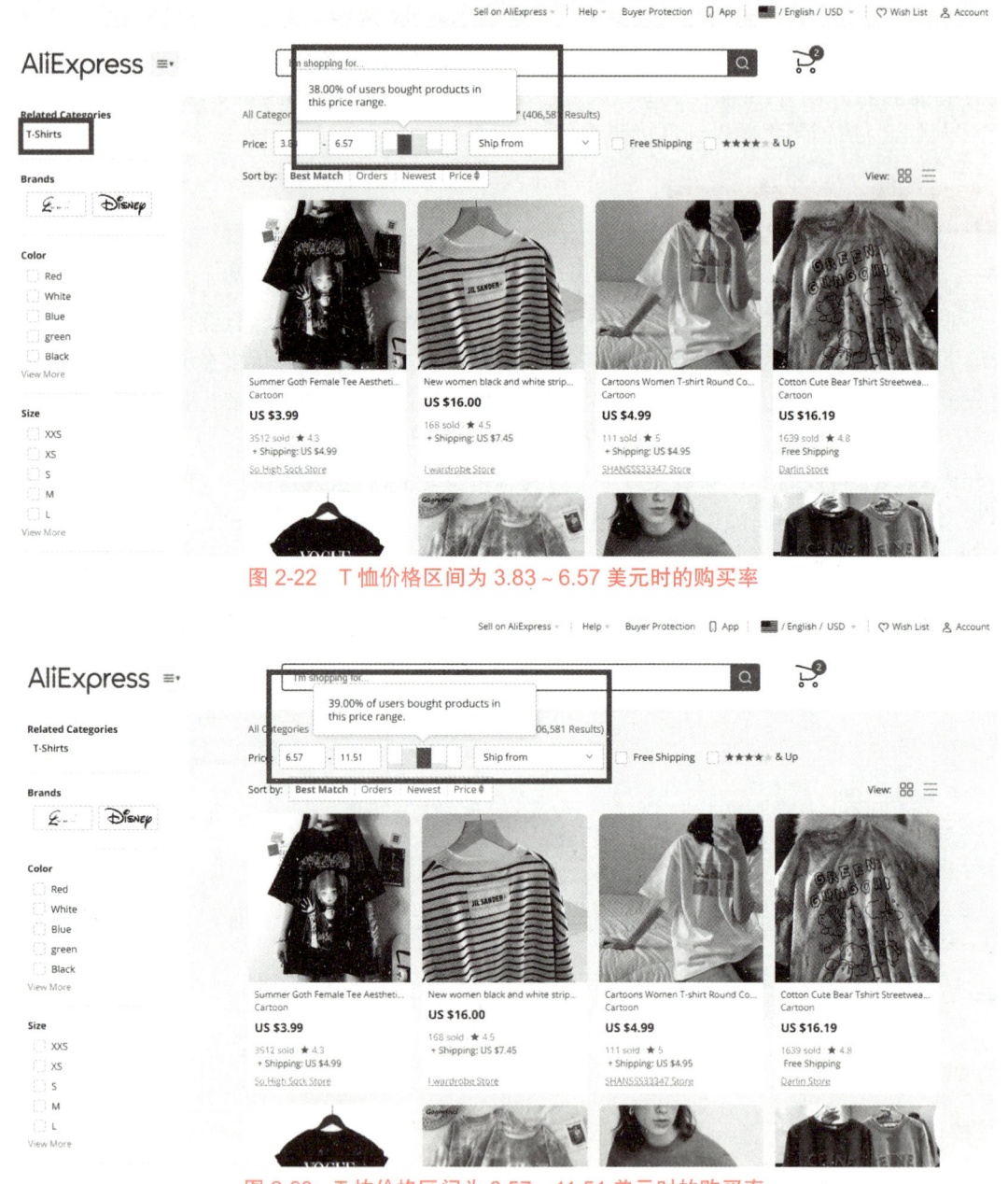

图 2-22　T 恤价格区间为 3.83～6.57 美元时的购买率

图 2-23　T 恤价格区间为 6.57～11.51 美元时的购买率

九、目标客户国家分布分析

目标客户国家分布分析，即目标客户集中的国家分析，图 2-24 为速卖通后台"生意参谋"中女装类目下连衣裙搜索人气高的国家。除了搜索人气之外，还可以分析供需指数、客单价等数据及其趋势。

如图 2-24 所示，结合上述信息我们可以分析出，俄罗斯市场容量大，需求大，客户群体大；美国虽然市场容量没有俄罗斯大，但是商品客单价高，加购人数多，市场机会大。有了这些信息，我们就可以思考，俄罗斯用户量大，我们是否可以根据俄罗斯地区的天气特征、

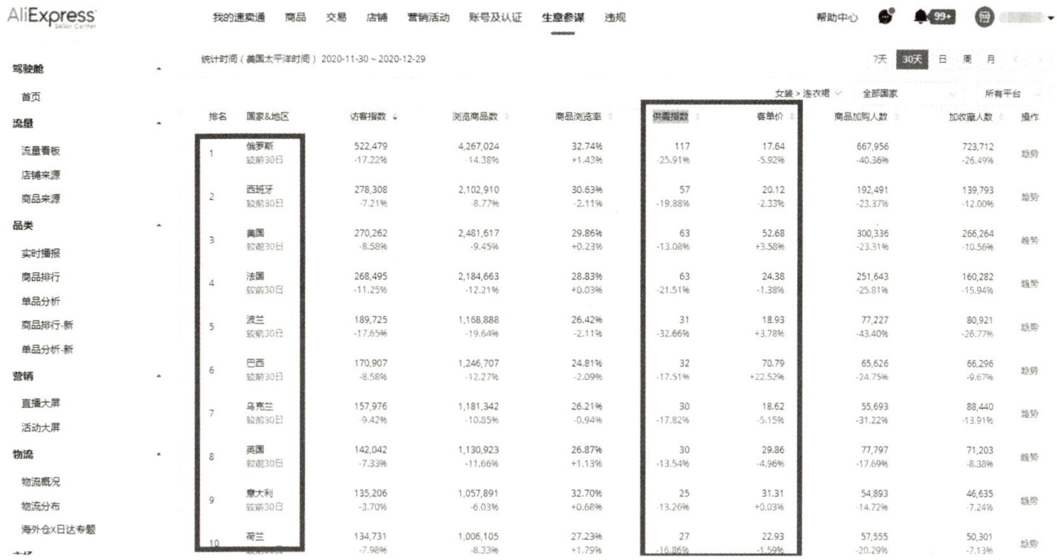

图 2-24　速卖通后台"生意参谋"中女装类目下连衣裙搜索人气高的国家

节日活动以及客户群体特点进行选款和营销推广？美国市场客单价高，机会大，我们是否可以根据客户需求对美国地区区域定价，提高物流服务质量？

生意参谋-国家分析的数据中，我们可以观察类目及各个子类目高GMV高增速、高GMV低增速、低GMV高增速以及低GMV低增速的国家各是哪些，如图2-25所示。高GMV高增速的国家是类目机会最大的国家，需要重点关注；高GMV低增速的国家中，我们可以挑选一些上升指数高、物流天数少的国家布局；低GMV高增速的国家，也有机会成为新兴市场，所以可以时刻观察相关数据，以便店铺提前布局。

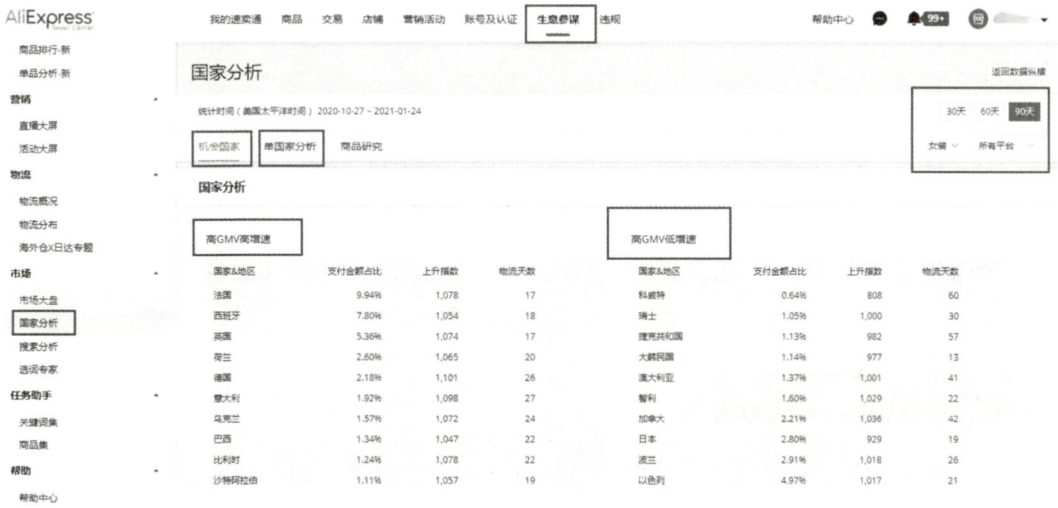

图 2-25　GMV 与增速分析

还可以通过单国家分析，了解细分市场更全面的数据，如图 2-26 所示。

还可以查看单个国家买家属性数据（见图 2-27），包括买家城市分布、子订单均价分布、购买次数分布、年龄分布、性别分布等数据。这些数据对于构建买家画像、产品结构布局有非常重要的意义。

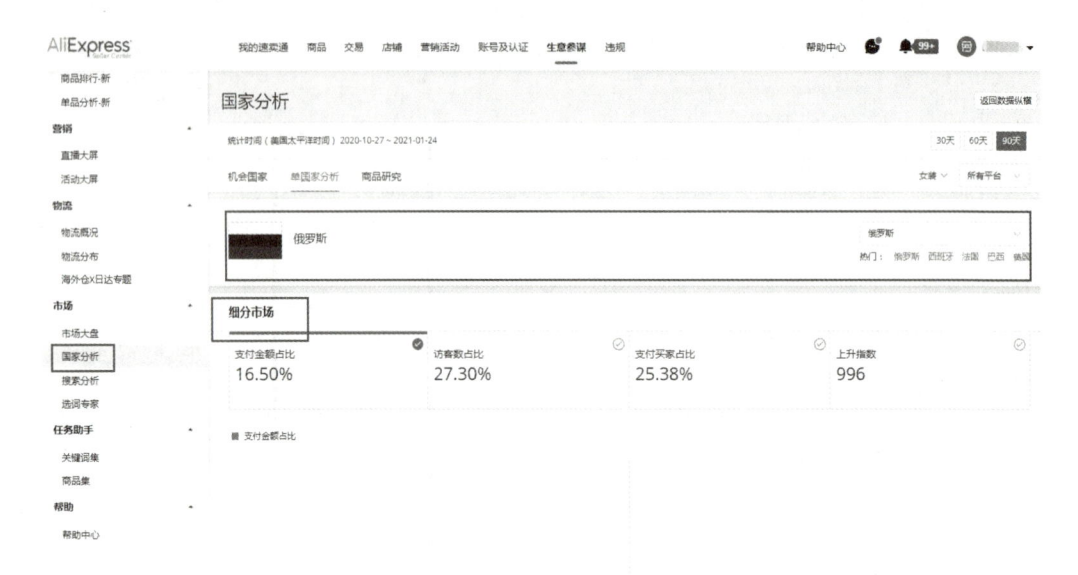

图 2-26　细分市场分析

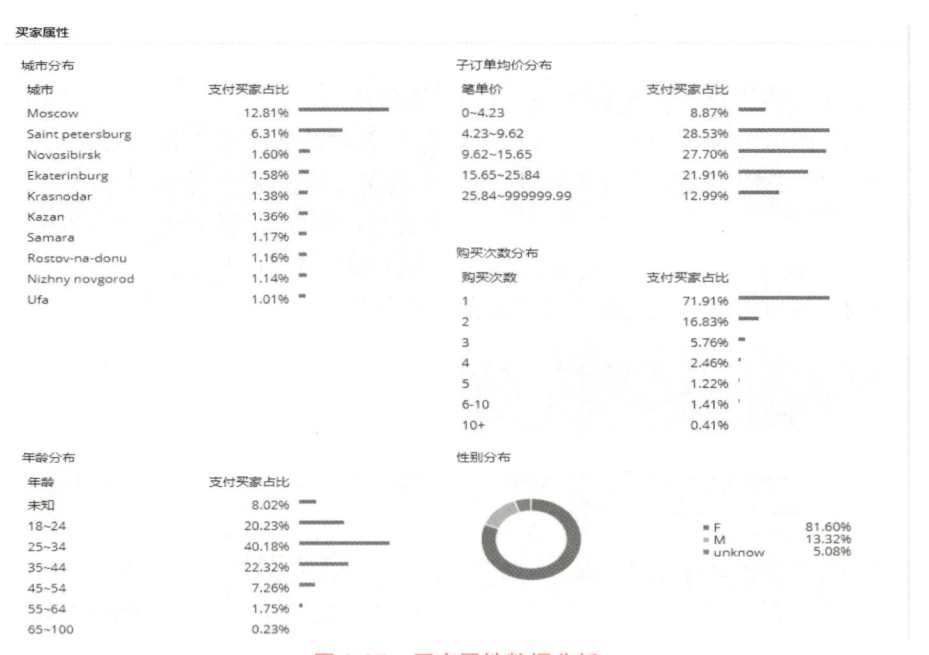

图 2-27　买家属性数据分析

十、产品热销属性分析

通过对产品热销属性的分析，我们可以详细了解什么样类型的产品比较热销，准确了解到买家的真实需求，以女装类目下毛衣为例，毛衣有款式、材质、工艺及长度各种各样属性，那到底什么样的毛衣是目前买家真正喜欢和需要的，这种时候我们就需要对毛衣的热销属性进行分析，从而进一步了解买家对毛衣的需求，为店铺产品上新和布局提供思路。

为了进行产品热销属性分析，我们需要进入速卖通后台"生意参谋"页面找到"选品专家"板块，在此找到我们需要分析的子行业，进行热销属性数据采集和分析，如图 2-28～图 2-30 所示。

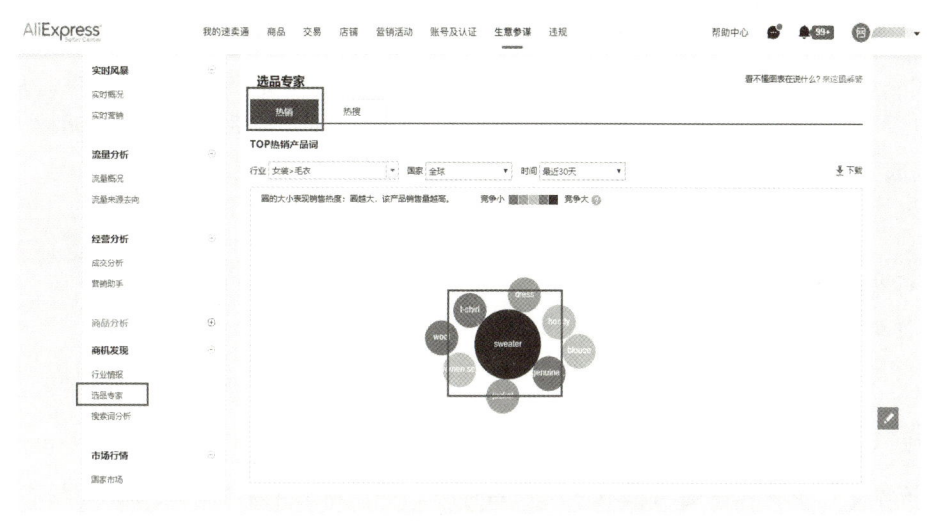

图 2-28 产品热销属性数据采集

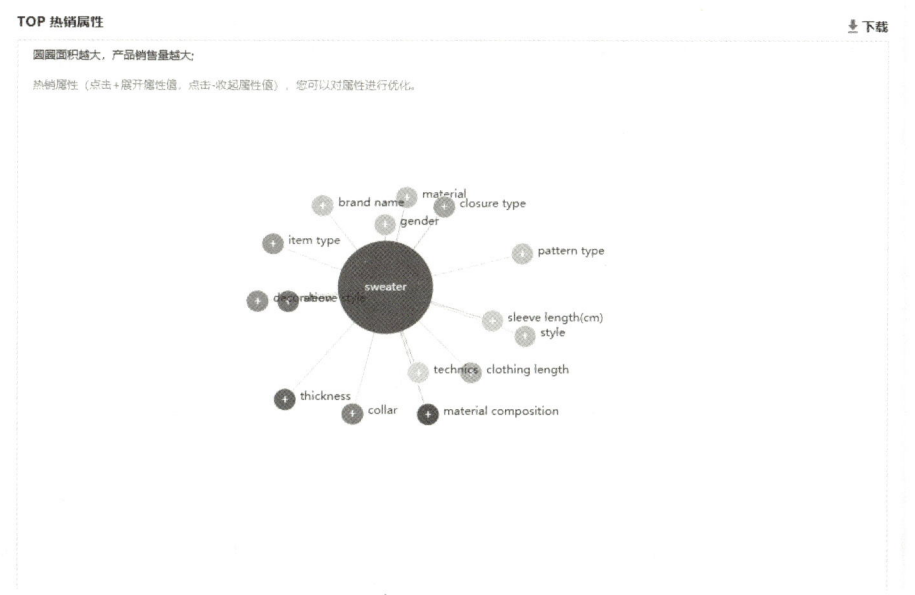

图 2-29 热销属性数据分析

图 2-30 毛衣特效属性表格

可以下载热销属性表格。下载表格之后，需要将属性名和属性值的英文翻译成中文，然后根据成交指数，筛选出成交指数最高的属性，从而确认哪些是产品的热销属性。从表格中我们可以看出，棉、涤纶材质的毛衣要比其他材质的毛衣成交指数高很多，说明棉、涤纶材质的毛衣成交情况最好，我们在选品时可以优先考虑这两种材质的毛衣。

想一想

1. 行业数据分析的主要内容有哪些？
2. 行业数据采集与分析有什么作用？
3. 行业数据分析对自身店铺运营、产品打造有什么积极作用？

术语解释

市场容量：市场容量是指在不考虑产品价格或供应商的策略的前提下，市场在一定时期内能够吸纳某种产品或劳务的单位数目，所以国际市场容量实际上就相当于需求量。

市场规模：市场规模主要是研究目标产品或行业的整体规模，可能包括目标产品或行业在指定时间内的产量、产值等，具体根据人口数量、人们的需求、年龄分布、地区的贫富度调查可以得到结果。

消费者偏好：消费者偏好是反映消费者对不同产品和服务的喜好程度的个性化偏好，是影响市场需求的一个重要因素，主要由当时当地的社会环境、风俗习惯、时尚变化等对整个消费者群体或某个特定群体产生的影响所决定。

敲黑板

总结：

1. 行业数据分析，对我们选择市场行业有很大的参考意义，在不确定行业市场的情况下，盲目投入是很危险的动作，为了降低风险，在选择行业进入之前，必须要进行行业数据分析。

2. 行业数据分析包含了行业市场容量、行业趋势、行业前景、行业市场需求量、行业客户偏好等方面的分析，并不是单一的市场规模调研，而是全面系统地了解行业情况。

单元二 竞品数据采集与分析

一、竞品分析的意义和作用

（一）竞品分析的意义

速卖通平台上，根据买家的搜索习惯及浏览习惯，不论买家是通过关键词搜索的，还是类目浏览的，或是产品推荐的，买家第一时间浏览的基本都是单个商品，然后进入店铺浏览，所以能够吸引买家的首先是单品。买家进入店铺时，更多是通过单品链接进入的，买家对店铺的第一印象也是通过单品产生的，从这个角度来讲，也就意味着，对于店铺而言，单品就显得尤为重要。卖家在店铺产品布局时，考虑到产品在这个店铺运营过程中的作用，会把产品布局为主推款、活动款、利润款、形象款，但是无论这个产品在店铺运营过程中发挥什么作用，都无法避免要与其他商品竞争。为了提升单品的市场竞争力，卖家需要确定自身产品的竞品，并对竞品数据进行多维度观察分析。通过分析，了解产品的价格、基本属性、销量情况、营销活动、商品评价、详情页设计等，找出自身产品与竞品之间的差距，取长补短，提升自身产品的流量及销量，进一步了解竞争对手的产品和市场动态，在市场竞争中掌握更多的主动权。

（二）竞品分析的作用

（1）学习行业标杆：如果相关领域内已经有成熟的产品，那么对这款产品的市场定位、功能特性、用户群体进行充分的解析是研究行业与产品的捷径。

（2）侧面了解用户需求：除直接调研用户需求外，对竞争对手进行跟踪分析也能够让我们从另一维度挖掘用户需求。了解细分用户群体的需求满足、空缺的情况和产品运营策略，一般卖家可以从竞品的弱点及发现的未满意的细分需求着手，进行自我快速调整，从而保持自身产品在市场中的稳定性，也可以帮助快速提升自身产品的市场占有率。

（3）为企业制定目标提供参考依据：在制定产品销售目标、产品布局、市场占有率、营销推广活动等方面，提供一种相对客观的参考依据。

（4）进行竞争对手分析的另一个目的就是见机行事，调整自身策略。如果挖掘数据渠道可靠稳定，根据相关数据信息就可以判断出竞争对手的战略意图和最新调整方向，通过采取相应的措施能够保持自身产品的市场稳定性或快速提升市场占有率。

（5）了解了竞争对手的战略意图就可以推断出竞争对手对目前状况的满意程度，以及它对各种类型的竞争性攻击会做出何种反应。一个依靠市场营销获取领先地位的企业对竞争对手使用创新技术而使成本降低所做出的反应，将会比对看到竞争对手增加市场宣传所做出的反应要激烈得多。

（6）可以为卖家进入全新领域时做全局判断提供相关依据，特别是针对一些新的产品，没有形成较为有效完整的系统化思维和客观准确方向时，可以查看有哪些竞争者及竞争者的表现。

"竞争对手可以成为目标"这句话让我们明白唯有知己知彼，才能百战百胜，因此必须要对主要的竞争对手及产品进行数据分析，也就是要分析我们和竞争对手的矛盾及差距。常见的竞争对手分析思路如图2-31所示。

图2-31 常见的竞争对手分析思路

who——竞争对手是谁？
谁挤占我的资源（流量、客户、订单）？
是否有新的竞争者加入？

是否有竞争者在衰弱？
what——在哪些方面与我竞争？
同类型产品竞争？
客户群体竞争？
客户需求竞争？
how——竞争对手如何与我竞争？
是否进行了广告投放？
排名策略是什么？

二、竞争对手确定

（一）竞争对手分级

在确定竞争对手前，需要对竞品进行分级处理。这么做一方面是为了让竞品分析效率最大化，卖家可以针对不同的竞品对手的不同模块，采取不同的力度去研究和分析；另一方面是为了能够重点监测核心竞争对手，因为他们一点点的小细节的改变，都有可能导致自身产品的用户流失。一般而言，根据竞争的大小来分，竞争对手从高到低的分级顺序可分为如下几种。

（1）直接竞争者：这里包括了目标市场方向一致、客户群体针对性极强、产品功能和用户需求相似度极高的产品。

（2）间接竞争者：市场客户群体目标不一致，但竞品在功能需求方面互补了你自身产品优势（或者相反），但又不是主要靠该产品盈利的产品。这类产品相对来说，跟自身产品的竞争要稍小一些。

（3）同行业不同模式的竞争对手：自身产品和竞品处于同一行业下，但是运营模式、盈利模式等不同。

（4）资本雄厚概念炒作的竞争对手：观察到各大媒体平台经常炒作概念，如具备行业前瞻性、团队人才背景、资质、规模非常有潜力的企业，这些企业因为实力雄厚，所以在店铺推广、品牌建设等方面有更强的支撑。

（二）竞争对手界定

1. 从速卖通行业类目的角度划分

（1）现有店铺：指本类目下现有的与店铺销售同样产品的其他店铺，这些店铺是我们店铺的直接竞争者。

（2）潜在加入者：当平台上某一类目前景乐观、有利可图时，会引来新的竞品的加入，使该类目增加新的竞争者。新店铺的加入，将可能导致竞争压力变大，进而导致产品价格下降，利润减少。

（3）替代类商品/服务店铺：与某一产品/服务非同类，但具有相同功能、能满足同一需求的其他产品/服务，属于替代类商品/服务。替代类商品/服务店铺也会和店铺构成激烈的竞争关系。

2. 从速卖通市场方面划分

（1）品牌竞争者：我们把同一类目中以相似的价格向同一类顾客群体提供类似产品或服

务的其他店铺称为品牌竞争者。如华为手机、小米手机等店铺之间的关系。

品牌竞争者之间的产品相互替代性较高,因而竞争非常激烈,各店铺均以培养顾客品牌忠诚度作为争夺顾客的重要手段。

(2)客源竞争者:提供不同产品,满足客户的不同需求,但目标客户相同的店铺称为客源竞争者,即争夺客户资源,这是竞争对手之间最本质的竞争。

(3)需求竞争者:提供不同种类的产品,但满足和实现消费者同种需要的企业称为需求竞争者。如航空公司、铁路客运、长途客运汽车公司都可以满足消费者外出旅行的需要,当火车票价上涨时,乘飞机、坐汽车的旅客就可能增加,相互之间争夺满足消费者的同一需求。

综上所述,企业应从不同的角度识别自己的竞争对手,关注竞争形势的变化,以更好地适应和赢得竞争。

(三)竞争对手识别

1. 通过产品类目识别竞争对手

速卖通平台上,产品会根据所属行业不同,被分在不同的类目下,这也就意味着,同一个类目下的产品一般互为替代品,所以会产生最直接的竞争关系。

如图2-32所示,在速卖通平台首页,通过经营类目子类目的搜索,可以找到同一类目下的其他产品和商家。

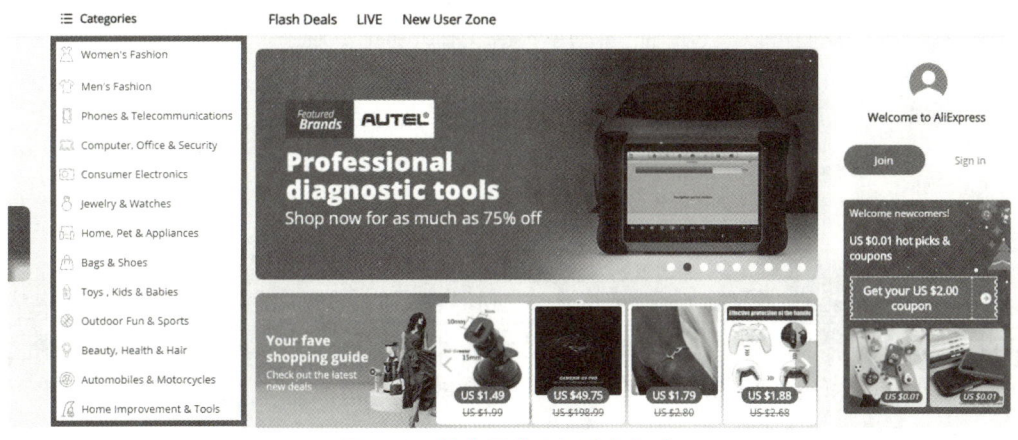

图 2-32 搜索子类目识别竞争对手

2. 通过产品关键词识别竞争对手

在速卖通平台上我们可以通过经营类目产品的关键词,搜索与我们经营的类目最相似的卖家,再通过添加更具体的产品属性使得竞争对手更为精确。

比如在搜索框内输入"dress",可以得到大量的搜索结果,也就找到了同品类下大量的竞争对手;然后我们可以通过圈定裙长、领型、裙型等属性,进一步识别竞争对手,如图2-33所示。

3. 通过目标消费者识别竞争对手

每个店铺都有自己的目标客户,而这个目标客户一般取决于店铺产品适用于什么样的客户,如果目标群体是一致或者类似的,通常会形成竞争关系,所以通过目标消费者也能够有效识别竞争对手。

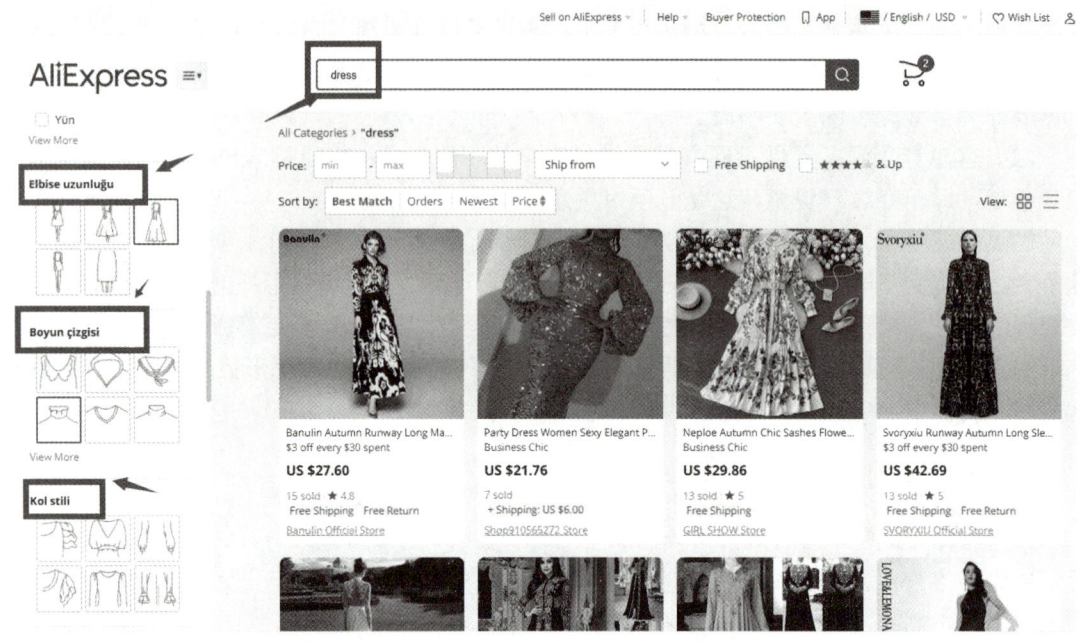

图 2-33 女装裙子竞争对手识别

比如"nappy cover"（婴儿尿布）这类产品，会有店铺针对不同年龄段婴儿推出产品，但是给"0～3 months"的婴儿使用的尿布和给"2 years Up"的孩子使用的尿布是完全不同的竞争体系，所以我们可以通过产品"适用年龄"来识别竞争对手，如图 2-34 所示。

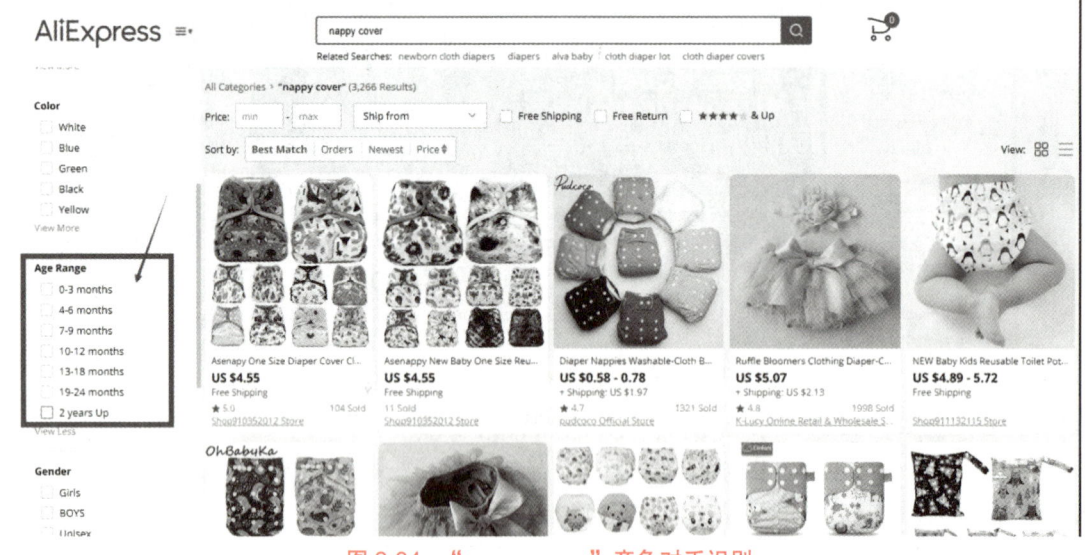

图 2-34 "nappy cover"竞争对手识别

4. 通过产品销量和单价识别竞争对手

我们在识别和挑选竞争对手时，一定要合理，要在同一起跑线上，所以当我们在速卖通平台上搜索出大量的相关卖家之后，可以从销量和商品单价维度出发，圈定销量，找出单价较为接近的店铺作为竞争对手，如图 2-35 所示。

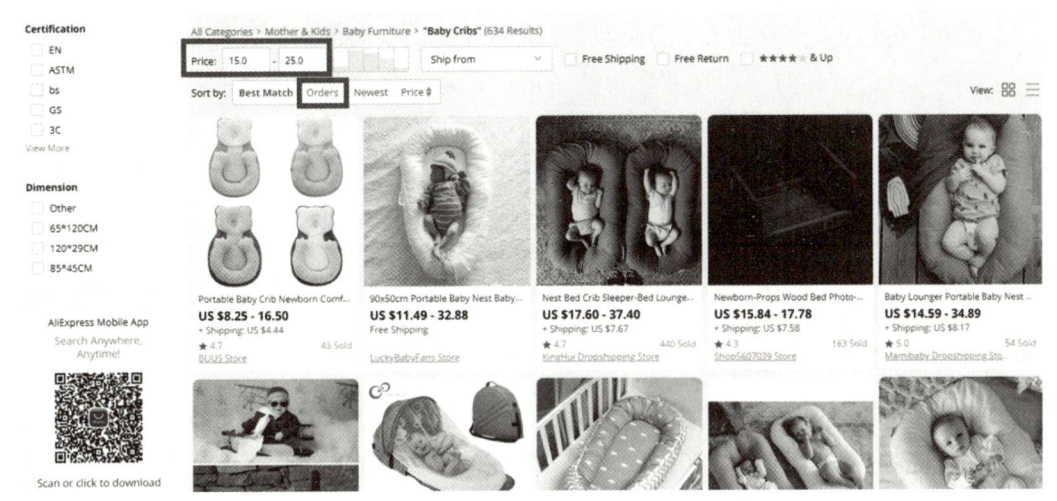

图 2-35　从销量和单价的维度识别竞争对手

三、竞品分析的方法

做竞品分析时，我们常用的分析方法是SWOT分析法。所谓SWOT分析法，即基于内外部竞争环境和竞争条件下的态势分析。将与研究对象密切相关的各种主要内部优势、劣势和外部的机会和威胁等，通过调查列举出来，并依照矩阵形式排列，然后用系统分析的思想，把各种因素相互匹配起来加以分析，从中得出一系列相应的结论，而结论通常带有一定的决策性和指导意义。

运用这种方法，可以对研究对象所处的情景进行全面、系统、准确的研究，从而根据研究结果制定相应的发展战略、计划及对策等。SWOT分析法中各字母的含义如下：

S：Strengths（优势）——内部的有利因素；

W：Weaknesses（劣势）——内部的不利因素；

O：Opportunities（机会）——外部的有利因素；

T：Threats（威胁）——外部的不利因素。

按照企业竞争战略的完整概念，战略应是一个企业"能够做的"（组织的强项和弱项）和"可能做的"（环境的机会和威胁）之间的有机组合。

那么，用象限的分布来表示SWOT，如图2-36所示。

除此之外，我们还可以用内外部交叉的方式，来找到应对的策略，如图2-37所示。

图 2-36　SWOT 分析法

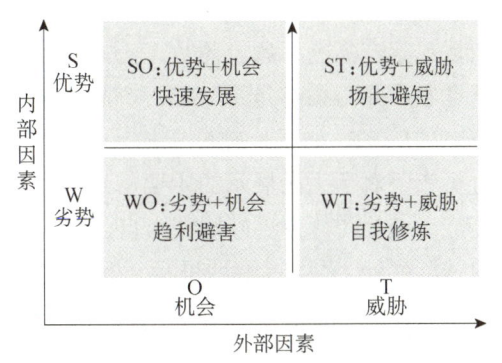

图 2-37　SWOT 内外部交叉法

当发现优势与机会同在时,卖家要抓住机会,将自身的优势发挥到极致,取得更多成果;当劣势与机会同在时,卖家要懂得趋利避害,避免劣势带来的不利;当劣势与威胁随之而来时,卖家要静下心来进行自我修炼;当优势与威胁并存时,卖家要发挥优势,扬长避短。

卖家在做竞品分析时,也应该是既能看到竞品的优劣势,也能看到自身产品的优劣势,既能够取长补短,也能够扬长避短,而不是一味地以竞品为目标,一味效仿竞品。

四、竞品分析的内容

为了提高单品的流量,增加曝光,并且进一步了解竞争对手的产品和市场动态,我们需要对竞争对手的产品进行多维度的分析,也就是所谓的竞品分析。竞品就是竞争对手的产品,竞品分析是基于"如何更好地满足用户需求"的目标,通过对比自身产品和竞争产品在各个维度上的指标,了解竞品的价格、属性、销量、营销活动、评价等信息,明确自身的优势、劣势、机会和威胁,为产品设计、运营活动、战略规划等提供市场参考和行动建议。

竞品分析的内容可以由两方面构成:客观竞品分析和主观竞品分析。客观竞品分析是指从竞争对手或市场相关产品中,圈定竞品,选择一些需要考察的角度,得出真实的情况(不需要加入任何个人的判断,用事实说话)。主观竞品分析是指从普通用户视角、忠实用户视角、产品设计视角来完整地体验竞品,对竞品形成基本的认知,从而列出竞品的优势,找出自身产品的不足。

总体来说,竞品分析结果只能作为一种参考依据,由于信息挖掘渠道和关注点都相对带有主观性,所以在得到竞品分析的结果后,还需要有意识地去关注并及时调整相关目标,并不是一味地以竞品为目标。

在我们做客观竞品分析时,卖家需要对一些数据进行观察并加以记录。一般我们可以从竞争产品本身获得所需数据,如竞品自身信息,包括产品性能、产品卖点、产品优势等数据,以及产品的运营信息,如用户群体覆盖及市场占有率、运营策略、活动策略等信息。

下面以某女装网店选定的竞品为例,讲述竞品分析应该围绕哪些内容展开。

(一)主图&标题分析

商品的标题可以体现出该产品的属性及特性,而主图可以直观体现出产品的款式及优点,所以观察产品的标题及图片,一方面能够看到竞品的款式特点、产品属性及优势,还可以确认竞争产品与描述是否一致,产品标题与图片匹配度越高,越能增加买家下单的信心,提高下单转化率,如果标题展示的属性与产品不符,则会影响产品的转化率。如图2-38所示,分析竞争对手主图展示的主要信息,以及其他五张图是如何展示的,从而在上架产品的时候能够在产品图片中更好地突出自己的卖点,进行图片布局。

同时,对自己的产品标题进行分析,优化标题及主图,确保自己标题展示的属性与主图展示出来的信息相匹配。另外,可以参考竞品标题里面的热搜词、长尾关键词及一些属性热词。

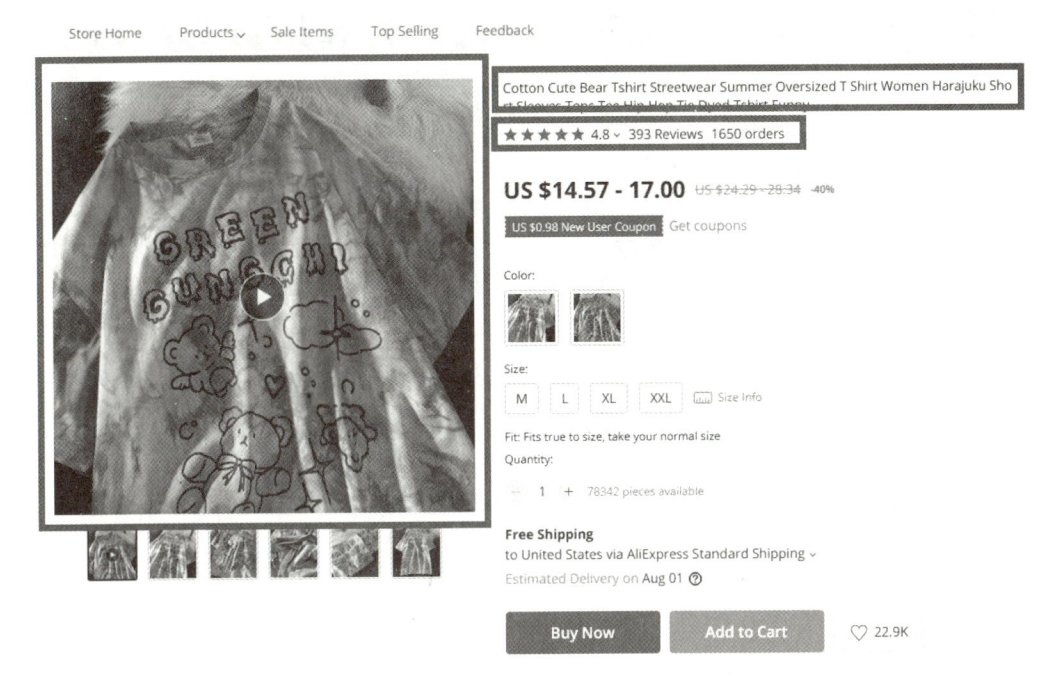

图 2-38 分析竞争对手的主图及标题

（二）价格分析

商品价格是大部分客户下单时候最重要的参考因素。在进行选购前，多数买家已经有一个心理预期价格，所以需要对比分析自己产品与竞品的价格差异，如果单品价格远高于竞品价格，那么产品的竞争力就会下降。

分析对手价格，确认竞品的价格自己是否能做到，并分析竞品价格低的原因，思考自己的哪些卖点能赋予产品更高的价值。一般地，卖家需要权衡是要单个利润还是要总的利润：①利润率高，单量少；②利润率低，单量多。

所以我们在对比分析之后，可以结合目标客户群体，进行商品价格的调整优化，提高自身产品的转化率，以提高自身产品及店铺的市场竞争力。

（三）收藏数分析

收藏数指的是在浏览产品时点击收藏产品的买家数，它从一个侧面反映了产品受买家喜爱的程度，如图 2-39 所示。做竞品分析时，可以进入竞品详情页面，人工观察和采集竞品的收藏数，对比自身产品，找出差距。卖家可以以周为单位，统计竞品及自身产品每周收藏数量，然后将数据制作成折线图，以便观察竞品及自身产品收藏数的变化趋势。

如果通过收藏数折线图发现，竞品的收藏数在统计周期内呈现逐渐上涨的趋势，说明竞品比较受客户的欢迎，如果同一时期内自身产品的收藏数过少，可以尝试设置店铺活动，如收藏有礼等；或者参加平台活动，如试用活动等；此外，还可以通过优化产品主图、详情页、增加产品视频等方式提升自身产品的收藏数；如果发现竞品的收藏数在统计周期内有一个小高峰，随后呈现逐渐下跌的趋势，那有可能是在这个周期内竞品有开展营销活动，后期随着活动结束竞品吸引力下降，所以出现收藏数下降的情况，此时卖家需要分析竞品参加了什么活动，自身产品是否也能参加此类营销活动。

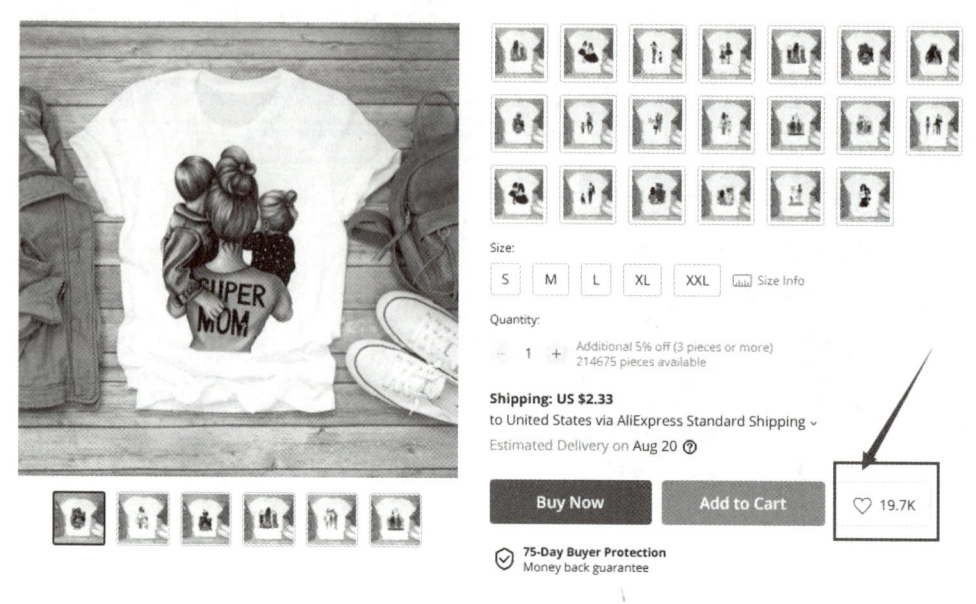

图 2-39　产品收藏数分析

（四）活动&优惠分析

活动&优惠分析，即分析竞品有没有设置店铺优惠活动，如店铺优惠券、满减活动等，以及有没有报名参加平台活动，了解优惠活动的力度及时间安排，如图 2-40 所示。同时，也可以观察竞品是否加入了平台权益计划，如西法十日达、AE PLUS 计划等。店铺优惠活动可以提高产品转化率，而加入平台的一些权益计划将获得额外的打标、曝光等权益。通过竞品分析，在我们自身运营产品的过程中，可以提供营销推广活动设置方面的参考，此外，也可以在优惠方式的设置上，与竞品区分开来，以获得更多展示机会。

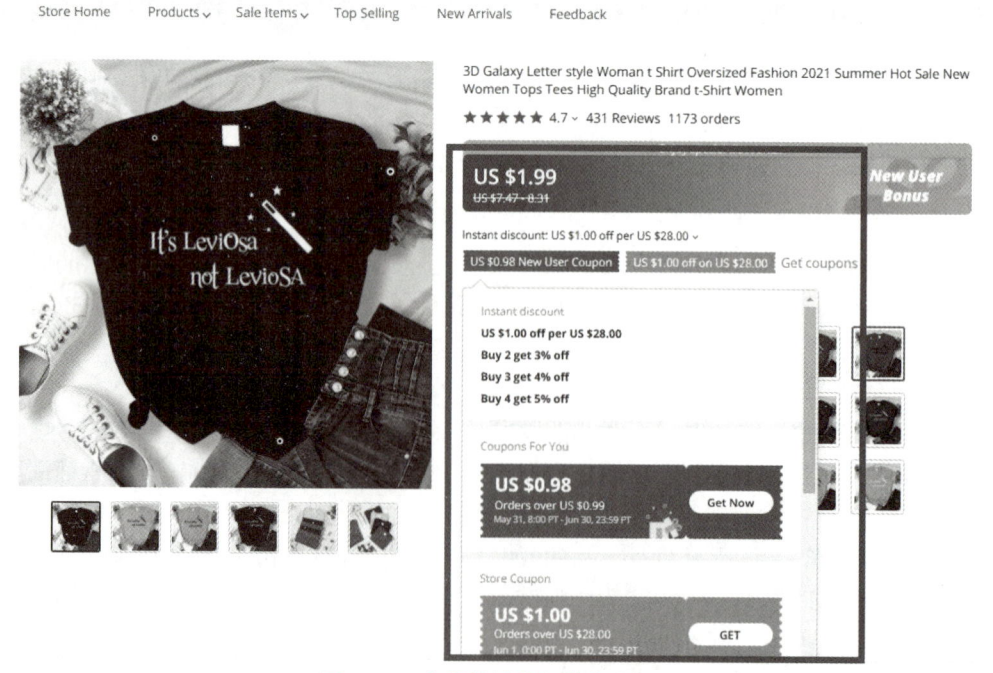

图 2-40　产品的活动和优惠分析

（五）订单量分析

进行竞品分析的目的是优化自身产品，提升自身产品的销量。因此产品订单量分析是竞品分析的重点，在产品详情页面，可以直接看到该产品近6个月的订单量，如图2-41所示。

图 2-41　产品订单量分析

产品页面展示的是180天的订单量，可以参考得出同类产品每天出单量大概是多少，然后为自身产品制定每天的出单目标提供参考。

同时也要注意分析竞争对手有没有刷单。比如卖家的ID和国家全部都是俄罗斯的，但是评价内容全是英语或中式英语，或者连续评价都来自美国，买家秀图片拍摄角度差不多，那该订单有极大的可能是刷单的订单。

在结合竞品销量制定自身销量目标时，需要考虑完成该销量目标的普遍前提是：①自身产品颜色尺码齐全，如果颜色/尺码不全，买家数会减少，也会影响产品转化率；②与竞品价格接近，如果自身产品价格远高于竞品，那自身产品的市场竞争力就会下降；③与竞品运费模板相似，如果自身产品运输方式不全/主流销售国家运费不包邮或者运费偏贵也会影响产品的转化率。

（六）运费模板分析

在竞品的运费模板中，你可以查看竞品选择了哪些物流方式，是否包邮，是否需要补运费差价，如图2-42所示。一方面，可以给我们选择物流方式、设置运费模板提供参考；另一方面，也可以给我们设置运费补差价提供思路。有些买家愿意为了更快收到商品付费，所以运费补差价也可以参考。

（七）产品属性分析

卖家发布产品时，会填写产品属性（见图2-43）。产品属性分为系统属性和自定义属性，产品属性的匹配度有可能会影响产品的搜索排名，所以产品属性填写得越匹配越好。我们在查看竞品属性的时候，一方面可以了解竞品的功能、材质、卖点等信息，从而了解到自身产品与竞品之间的差异；另一方面我们在编辑产品属性时可以参考竞品的系统属性及自定义属性，不一定要一模一样，但是可以参考竞品属性的全面性。自定义属性也建议填写。

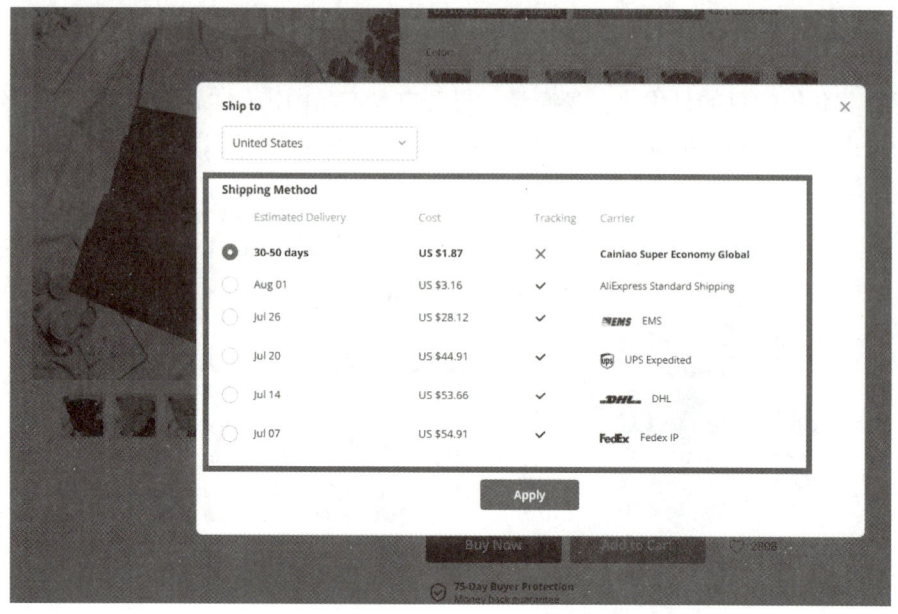

图 2-42　竞品的运费模板分析

图 2-43　产品属性分析

（八）详情页分析

对于详情页，卖家主要分析关联模块、产品基本信息及详情页布局方式三部分。关联营销是为了让客户有更多的选择，从而降低跳失率。可以将店铺有优势或者主推的产品做关联营销，给客户更多的选择空间，这样成交的概率可能会更高。分析竞品的关联营销，可以了解到该店铺的优势产品或者主推产品，从而为自己店铺关联营销的设置提供思路。

分析竞品详情页，可以参考竞争对手的详情页布局，找出竞品详情页突出的重点及卖点，为自己详情页布局提供参考。同时需要注意以下几点。

（1）产品重要信息，譬如尺码等可以做成表格以便直观展示；一些重要信息的说明直接用文字展示，避免英文不好的买家因无法翻译而看不懂。

（2）详情页如果要展示买家秀，需要注意视觉效果、色差等问题。

（3）涉及使用说明的，可以用图文的形式展示，更加形象。

（九）订单评价分析

综合分析竞品的订单评价，不仅要关注竞品的好评，还需要关注竞品的差评及买家秀。

从买家好评中可以了解客户认可的部分，提取竞争产品的卖点，从而取长补短，优化自身产品；在差评中，可以看出买家不满意的部分，如此一来，在上架产品的时候可以提前规避可能给产品带来差评的部分；而在买家秀中，可以看出竞争对手的产品包装信息、是否有赠品等，从而确定自己发货的时候需要怎么做。对比分析竞品和自身产品的订单评价，可以为自身商品或店铺服务优化创新提供思路。

例如，对竞品的订单评价进行分析之后发现：部分客户不满意的地方在于产品的质量、长短等，有客户表示裙子过短，也有客户表示毛线质量很差，如图2-44所示。在了解了这些之后，我们总结出买家的需求，再反观自己的产品，分析哪些是买家认可的，需要继续保持；哪些是产品不够优秀的地方，需要向竞品学习。

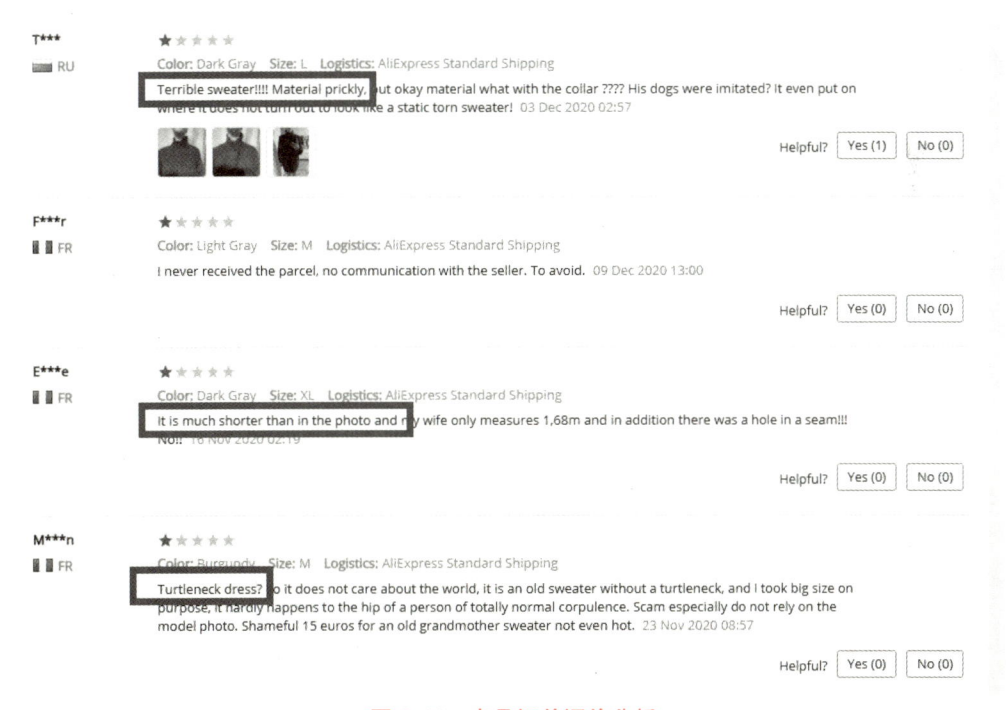

图 2-44　竞品订单评价分析

（十）制定竞争对手"监控表"

对竞品店铺及竞品链接这些数据进行长期跟踪，确保数据有效性，从而为自己打造产品提供更多思路及参考，如表2-2所示。

表 2-2　竞争对手数据监控表

店铺ID	店铺名称	店铺链接	店铺开店时间	是否金银牌	主营产品	产品数量	最好产品的订单数

五、竞品分析的应用

分析竞争对手,是为了更好地定位自己,更好地找到客户需求点,所以不能盲目锁定竞争对手及竞品,进行竞品分析后也不要盲目效仿竞品运营策略。在选择竞品和进行竞品分析后,卖家应该考虑以下几个问题。

(一)竞品的价格、利润是否可以做到

如果竞品价格略高于自身产品,则说明自身产品在价格上有一定的优势;反之,则说明自身产品没有价格优势,而价格是影响买家下单转化的重要因素。但是并不是说要盲目效仿竞品价格,跟同行打价格战。如果自身产品无法做到竞品的价格,不是盲目降价,而是需要换个角度思考,譬如:如何让买家为稍贵一些的价格买单?自身产品有哪些方面是优于竞品的?如何展示自身产品的优势?而不是盲目参考竞品定价,导致自身利润受损,还有可能陷入价格战的恶性循环。

(二)自身产品颜色、尺码是否可以做到齐全

如果自身产品的尺码为均码,颜色单一,而竞品有清晰的尺码区分,颜色较多,那相比自身产品,竞品可供卖家选择的颜色、尺码更多,能有效提高产品的转化率,而自身产品能供买家选择的尺码、颜色少,无法满足买家更多需求,所以会影响自身产品的转化率。

(三)主流销售国家是否包邮

包邮产品与不包邮产品的转化率是不一样的,通常而言,同样或类似产品,包邮产品的转化率要高于不包邮产品,所以,如果竞品能够做到主流国家包邮,而自身产品做不到,那自身产品的市场竞争力就会远小于竞品。

(四)关联营销怎么做能更吸引买家

关联营销在一定程度上会影响店铺转化率及客单价,如果竞品的关联营销做得很好,能够有效提高客单价,而自身产品没有做关联营销或者关联营销不够优质,那么也会影响到自身产品的市场竞争力。

(五)产品的主要卖点是否有效提炼

有特色的产品更容易被市场和买家所接受,如果自身产品没有提炼卖点或者没有有特色的卖点,那很可能会埋没在大量的同类产品中,无法获得买家的青睐,所以在关注竞品卖点的同时,也要注重自身产品特色卖点的提炼。

(六)竞品订单是否真实

卖家在分析竞品时,会格外关注竞品的销量,会以竞品的销量作为自身产品销量的目标,但是在分析竞品销量的同时,卖家也需要关注竞品的销量是否真实。如果竞品的销量不是真实销量,或者是靠某些店铺、平台活动短时间积累的销量,那卖家需要结合自己的实际情况及资金实力,判断是否能够做到竞品的销量,所以在制定销量目标时,不能盲目地以竞

品销量作为自己的目标。

（七）产品的主要信息该如何展示

产品详情页是卖家与买家沟通，促进买家下单的最后一站，如果详情页无法解决买家的疑问，抓住买家的心理，刺激买家购买，那很有可能会造成买家流失，所以卖家可以适当参考竞品的详情页布局、详情页展示信息，在竞品详情页找到详情页设计技巧，为自己详情页设计提供借鉴参考。

譬如，你要卖一双拖鞋，整个平台只有你一个人有这款拖鞋，那么可能你卖100元一双都能卖得出去，但是当出现竞争对手的时候，如果她卖99元，其他条件都能和你保持一致，你的生意可能就会出现危机；那如果再出现一个竞争对手，他卖70元，其他条件也能跟你保持一致，可能你的生意就会被抢走了。所以在遇到竞争对手时，不要盲目比价，要具体分析，取长补短，凸显自己，才能够在危机中取得生存的机会。

在你做一个产品之前，一定要了解平台同类产品销售价格的大致区间，先找到竞争对手，再通过竞争对手找到有效的信息。

产品本身的功能是同质化的，但是消费者的需求是多样化且个性化的，所以差异化成了永恒的营销法宝，迎合买家需求，抓住买家需求，才能在众多同质化产品中脱颖而出。

六、竞店分析

电商企业能否在市场上取得成功，一方面取决于自身产品的品类、质量、价格及运营手段，另一方面还受竞店的影响，如果竞店产品品类更丰富，商品质量更好，价格更优惠，营销手段更高明，就会直接影响到自身店铺的产品转化率，从而影响到自身的市场占有率。

定期观察和分析竞店相关数据，不仅可以了解竞店的优势，明确自身店铺与竞店之间的差距，从而做出应对准备，错位竞争，制定店铺优化提升方案；另一方面，可以了解竞店的市场应对策略，如营销活动方案的制定、产品类型的布局、销售趋势等，从而能够结合自身的产品、运营能力、资金实力等方面进行自身店铺的合理规划。

在对竞店数据进行分析时，需要持续追踪各项关键数据，不能偶发性地观察数据，这样无法保证数据的有效性和准确性。确定好竞店后，可以从以下几个方面进行竞店分析。

（一）竞店属性分析

我们可以进入竞店查看店铺全部商品，从而了解店铺属性。而且我们可以通过对店铺产品的观察分析了解到店铺的品牌、产品数量、目标用户定位、商品适用季节、适用场景、基础风格等。如图2-45所示，该竞店主营产品为女装，目前有2636个单品，风格多以休闲舒适为主，产品覆盖的季节也很广。在此分析基础之上，我们可以找出竞店与自身店铺在产品数量、店铺风格、产品适用季节等方面的差异，取长补短，做到人无我有、人有我优。

（二）竞店产品类型分析

店铺的产品类型结构，不仅会影响店铺的销量，而且会影响店铺的抗风险能力。在分析竞店产品类型时，需要了解自身店铺与竞店在产品类型布局上的差异，从而进行产品类型布局优化，如图2-46所示。

图 2-45 竞店信息

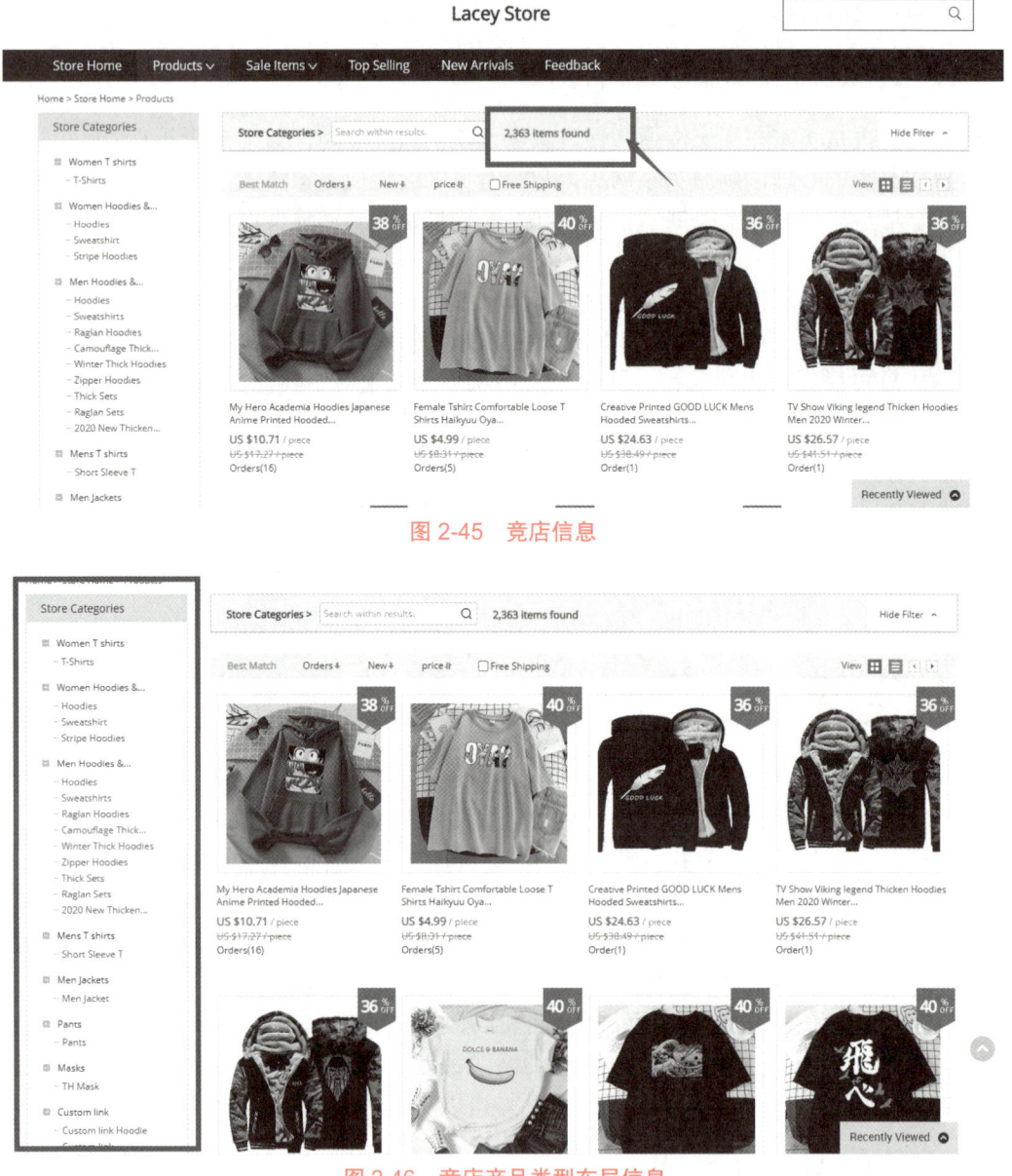

图 2-46 竞店产品类型布局信息

如果了解到竞争对手的店铺在某些类目上具有相对优势，销售额表现相对强势，那在进行店铺产品类型布局的时候要展开错位竞争。

（三）销售额分析

可以通过对竞店"Top Selling"板块下各个产品近6个月的订单量进行观察，如图2-47所示，大致估算竞店近6个月的销量。通过对竞店的产品分析，并且逐月记录相关数据，据此制作月销量折线图。同时统计自身店铺月销量数据制作折线图，根据对比折线图可以分析统计店铺每月销量变化趋势，找出自身与竞店之间的差距。

如果在同一周期内，竞店的销量呈现明显的增长趋势，需要进一步分析竞店是否开展了营销推广活动，自身店铺是否可以参考竞店的玩法，从而提升店铺的销量。

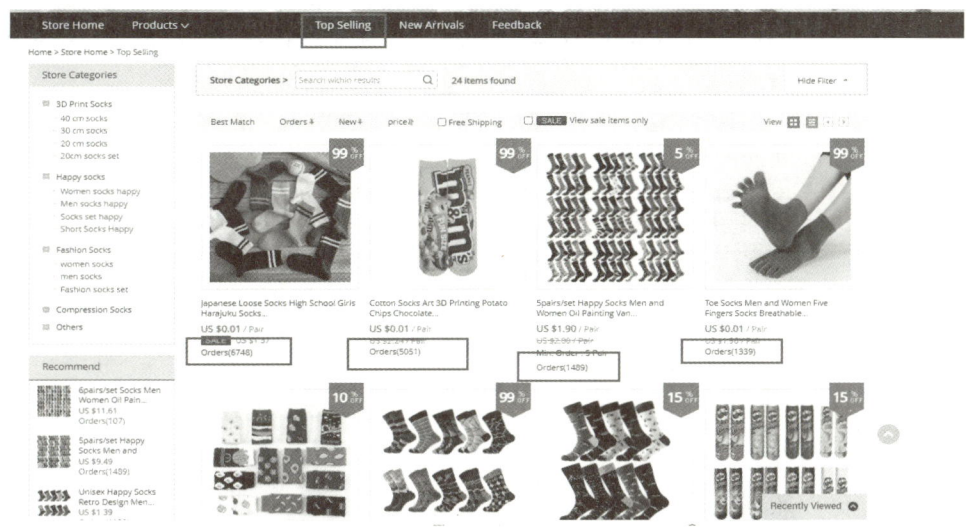

图 2-47　竞店销量信息

（四）营销活动分析

可以通过观察竞店单个产品的营销推广活动，来判断竞店的营销活动玩法。在产品页面上可以观察到店铺的单品折扣、优惠券、满减活动类型等数据，还可以看到产品是否有参加店铺计划、物流计划，是否备货海外仓等信息。

从图 2-48 中我们可以看出，该产品除了设置日常的单品折扣活动、优惠券活动外，还被平台活动"New User Bonus"活动抓取，产品展示价为"0.01"，能够吸引大量买家，刺激购买。

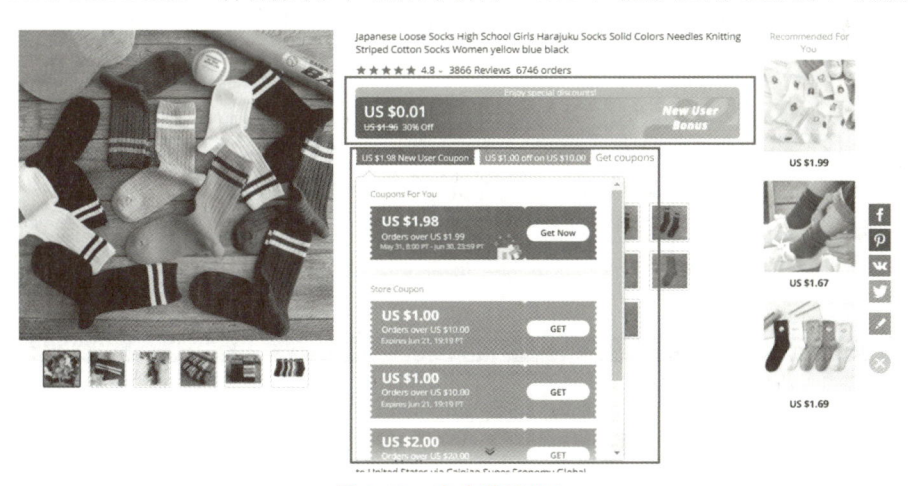

图 2-48　竞店营销信息

还有的产品参加了平台的店铺计划，如 AliExpress Plus 计划等，如图 2-49 所示。AliExpress Plus 计划是俄罗斯速卖通本地化服务品牌，对消费者而言，最关注的是快速物流+方便退货。平台通过加速不加价的物流，以及本地退货保障，帮助商家轻松切入俄罗斯本土增量消费市场。对比传统跨境其优势在于：拥有更多的客户订单，更高的平均订单价值，较高的满意率，较高的回购率。加入 AliExpress Plus 计划可以实现站内全链路打标、搜索推荐倾斜、站外线上线下广告、名人代言。所以，加入 AliExpress Plus 计划可以帮助产品及店铺积累更多俄罗斯客户和销量。如果竞店加入了 AliExpress Plus 计划而自己没有加入，就意味着竞店可以享受到更多的搜索流量倾斜，这种情况下就需要结合自身实际情况，确认是否有加入该计划的条件和资质。

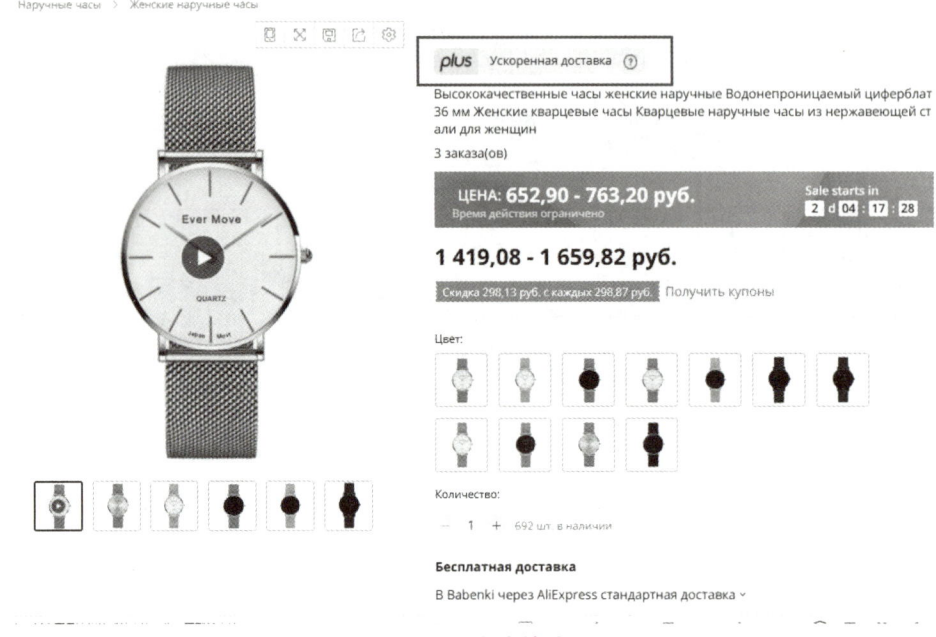

图 2-49　平台店铺计划

卖家需要持续追踪、分析营销推广活动的类型、频度、推广力度和效果，充分了解自身店铺与竞店的差距，并结合自身实际情况，制定适当的营销推广策略。

（五）近期上架产品分析

我们可以在竞店观察竞争对手最近上新的产品，特别是服装、箱包等类目，如图 2-50 所示。因为这些类目存在时尚元素、南北半球反季及一些国家市场的特殊需求，如大型节日、大型活动等，从而了解近期流行元素、市场趋势，为自己制定店铺后期产品上新规划提供参考。

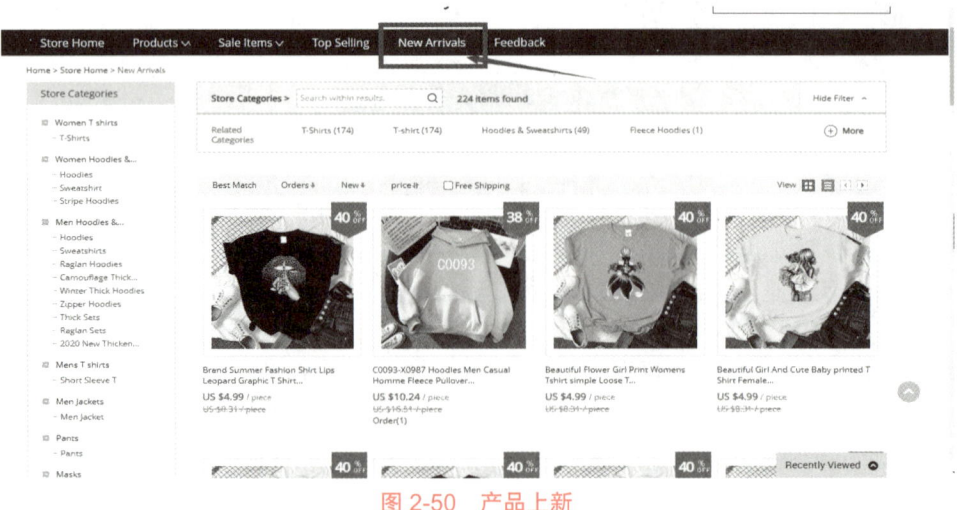

图 2-50　产品上新

同时对于竞店在售商品数量可以以周为维度进行周期性统计（见图2-51），从而了解竞店一周内产品上架数量。如果自身店铺在售商品数量远小于竞店在售商品数量，要结合自身情况，及时进行产品品类及款式布局。

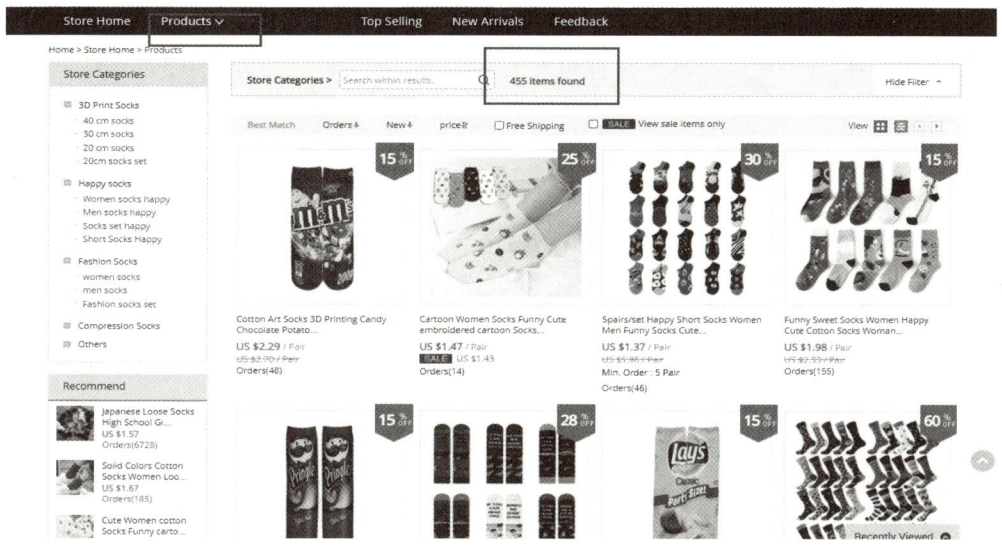

图2-51　竞店商品周期性统计

想一想

1. 竞品数据分析对自身产品的打造有什么作用？
2. 竞品数据分析的内容具体有哪些？
3. 如何寻找合适的竞争对手？

敲黑板

总结：

1. 竞品分析不是单纯地效仿竞争对手，而是需要辩证地看待竞品和自身产品之间的差异及差距，取长补短，既能够发挥自身产品的优势，又能够吸取竞品优秀的方面，让自身产品更具市场竞争力。

2. 竞品数据分析并不是单一的销量分析或者评价分析，而是需要全面客观地分析竞品的主图、标题、销量、价格、收藏数、活动、运费模板、产品属性、产品详情页、产品评价等多个方面的数据，从而全面地发现竞品的优势，找出自身产品与竞品之间的差距，更好地优化自身产品。

单元三　店铺数据分析

一、店铺数据采集与分析

在速卖通后台的"生意参谋"板块下，我们可以在首页查看到店铺的基本概况，包括实时概况、整体看板、流量看板、转化看板、客单看板及物流看板。

在实时概况部分，我们可以观察到店铺实时数据、店铺层级、实时商品访客榜、实时商品支付榜、实时国家访客榜、实时国家支付榜等模块数据。

1. 实时数据

实时数据部分展示了美国太平洋时间截至浏览时间当前的支付金额、访客数、支付买家数及支付主订单数、浏览量等数据；还可以查看App支付金额占比及与店铺昨日不同时间段支付金额对比的折线图，如图2-52所示。

图 2-52 实时数据

实时数据可以帮助卖家快速了解店铺的当日成交金额和与昨日成交金额的对比变化，充分了解今日销售情况是否理想，同时可以判断店铺成交金额最高的时段；也可以通过成交金额判断进行的产品优化和营销活动是否有积极的效果和作用；根据不同时间段的成交金额，可以对直通车推广计划的启动时间进行调整。

2. 店铺层级

店铺层级（见图2-53）部分则展示了店铺近30天支付金额及行业内近30天支付金额排行。行业内近30天支付金额排行指店铺在所属主营二级行业的实时排名，排名200名之外用200+显示。店铺层级一共有第一至第五层级共5个层级。按照近30天支付金额排序后，按照商家数量占比来划分，如果占比是0~40%的，则属于第一层级，如果是40%~60%的，则属于第二层级，而第三层级的商家数量占比为60%~80%，第四层级的商家数量占比为80%~95%，第五层级则是数量占比达95%以上的卖家。

通过店铺层级下的数据可以观察店铺所处层级变化及在层级中的排名变化。根据近30天支付金额排行及支付金额总数上升下降趋势，可以判断出近30天店铺销量整体变化情况及与行业其他卖家之间的差距。如果店铺近30天支付金额呈现上升趋势，但是近30天支付金额排行却未提升甚至出现下降，那说明有一些比较强势的店铺加入竞争或者原本销量不如自身店铺的销量已经超过自身店铺，保持店铺现有销量已经不足以抢占更多市场，还需要打造新的热门产品，加快提升店铺销量。

图 2-53　店铺层级

3. 实时商品访客榜、实时国家访客榜及实时商品支付榜

可以观察店铺访客量高、成交量高的商品的变化情况，找出店铺爆款或者潜在爆款，进行运营推广，提升并稳定店铺销量，如图 2-54 所示；观察实时国家访客榜及实时商品支付榜，找出店铺成交金额高且稳定的国家，可以作为店铺的主流国家市场，通过一定的运营手段进行维护和拓展；找出店铺访客高，但是成交金额较少的国家，这些国家可以作为机会国家进行拓展和布局。

图 2-54　实时商品访客榜

4. 整体看板

在整体看板页面，可以通过日、周、月不同的维度查看店铺的支付金额、店铺访客数、支付转化率、客单价、成功退款金额等数据，而且还可以查看自身店铺与同行同层平均及同行同层优秀对比，如图 2-55 所示。

指标数据解读如下。

（1）支付金额：美国时间当天支付成功的订单金额，含之前下单当天支付的金额。预售阶段付款在付清当天才计入内。要注意：①由于汇率问题，实时数据会与历史数据有误差；②按照创建订单的设备来区分 App 和非 App 的数据。例如，买家用手机创建在电脑上支付的订单，支付金额统计入 App 的数据。

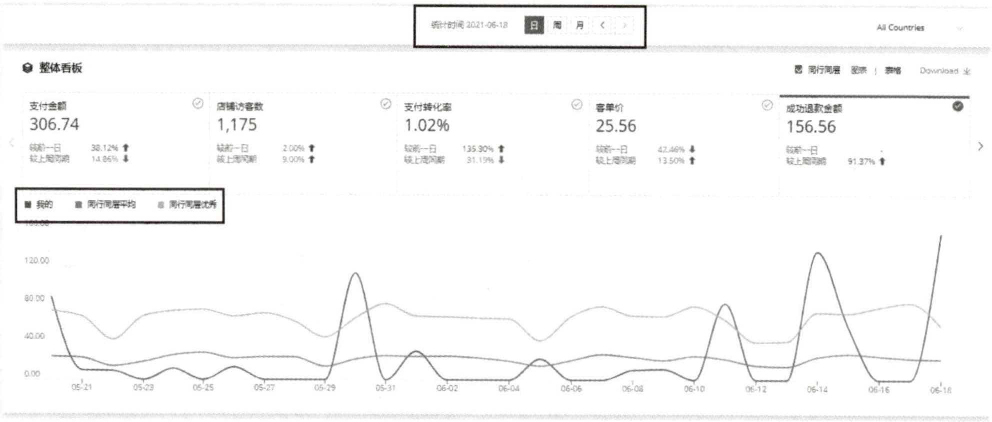

图 2-55　整体看板

（2）店铺访客数：美国时间当天访问店铺页面（含商品详情页）的去重人数，一个人在统计时间范围内访问多次只记为一个。所有终端访客数=App端访客数+非App端访客数，按天去重，周和月的数据按日累加。

（3）支付转化率：支付买家数/访客数，即来访客户转化为支付买家的比例。要注意，店铺的支付转化率=店铺支付买家数/店铺访客数，商品的支付转化率=商品支付买家数/商品访客数。

（4）成功退款金额：统计时间内，用户申请退款且退款成功的金额（美元），不考虑买家发起退款申请日期。

（5）同行同层：相同主营二级类目相同层级。层级按照店铺最近30天的支付金额来划分。

（6）支付买家数：美国时间当天支付成功去重买家数。按天去重，周和月的数据按日累加。"生意参谋"页面展示的支付买家数是App和非App去重统计，更能代表店铺真实的买家数和客单价。

（7）支付老买家占比：统计时间前有过支付行为的买家，在统计时间内再次支付的买家占比，可以从侧面看出店铺的复购率。老买家占比越高，证明店铺的复购率越高，可以针对店铺的老买家做营销，增强老买家的黏性，提升老买家的价值。

（8）支付主订单数：美国时间当天下单的主订单数。

（9）支付件数：统计时间内，买家完成支付的商品数量。支付件数越多，也就意味着统计时间内成交金额越高。

（10）加购人数：统计时间内，成功添加购物车的去重人数，一个人在统计时间内加购多次只记为一个。如加购后从购物车移除，仍会被系统统计。加购买家数越多，证明意向买家越多，可以针对加购买家做定向营销，提高买家转化率。

（11）收藏人数：统计时间内，成功收藏商品的去重人数，先收藏再取消收藏的仍然被统计。加收藏数可以从侧面反映产品受市场欢迎的程度，可以找出加收藏数较多的商品做优化及活动，也可以针对加收藏买家做定向营销，刺激加收藏买家下单转化。

（12）搜索曝光量：店铺商品在网站搜索结果页面曝光次数，不含直通车的曝光次数。曝光是产品运营的基础，所以要时刻关注店铺搜索曝光量，如果店铺曝光量上升，就要去关注店铺的点击率及转化率有没有上升，如果没有上升，要及时做好产品优化工作。

（13）浏览量：美国时间当天店铺所有页面被访问的次数，一个人在统计时间内访问多次则记为多次。所有终端浏览量=App端访客数+非App端访客数。

（14）UV价值：支付金额/UV，即平均每个访客的支付金额。UV价值越高，则代表平均每个买家的支付金额越高，那么在买家数不变的情况下，店铺的销售额也就越高。如果自身店铺的UV价值要远低于同行同层级的平均水平，那么需要运用一定的运营手段及策略提升店铺的UV价值。

（15）同行同层平均：指卖家所在的主营二级类目中，处于行业60%分位的同行的指标值，超过这个指标值，意味着店铺处于行业前40%范围内。

（16）同行同层优秀：指卖家所在的主营二级类目中，处于行业90%分位的同行的指标值，超过这个指标值，意味着店铺处于行业前10%范围内。

5. 流量看板

（1）页面来源构成如图 2-56 所示。

① 商品页面。通过商品详情页等与商品相关页面进入的流量。

② 首页：平台基于算法推荐给用户，引导进入店铺的访客。如通过首页推荐、心愿单推荐、购物车推荐等进入的流量。

③ 搜索：通过 AE 搜索进入店铺的访客（含直通车），来自搜索（文字搜索、图片搜索、类目导航）等访问的流量。

④ 其他：除其他站内渠道外进入店铺的访客。如关联搭配等带来的流量。

⑤ 会场：通过会场进入店铺的访客。一般是通过促销活动搭建的活动会场、行业会场、主会场、人群会场等带来的流量。

⑥ 购物车：通过网站购物车带来的流量。

⑦ 买家后台：通过买家后台进入店铺，比如在买家后台的订单列表页进店铺的流量。

⑧ 收藏夹：通过网站收藏夹带来的流量。

⑨ 自主访问：通过点击宝贝收藏、我的速卖通首页、购物车、店铺收藏、已买到商品等直接访问到商品或者店铺的流量。

⑩ 导购频道：通过AE前台导购场进入店铺的访客，如榜单、flash deal、金币频道、行业馆、新人专区、AE Plus、直播、俄罗斯TMALL等进入店铺的流量。

⑪ 店铺页面：访问店铺页面的访客，如访问店铺首页、店铺商品列表等带来的流量。

⑫ 内容：通过 feed、短视频等渠道进入店铺的流量。

⑬ 站外流量：指非 AliExpress 网站带来的流量，如通过联盟站外渠道推广链接、站外搜索引擎、站外社交网站等带来的流量。

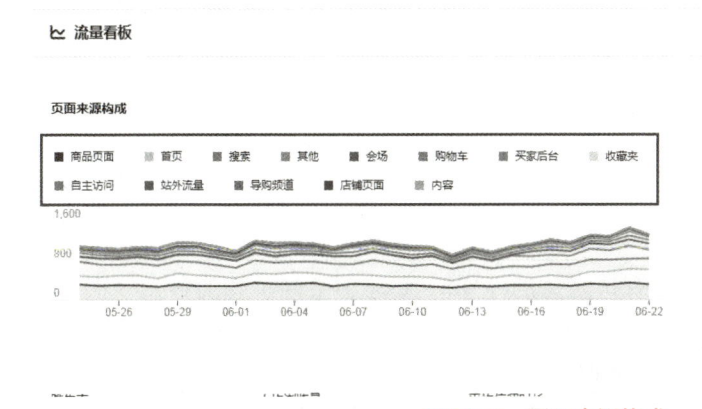

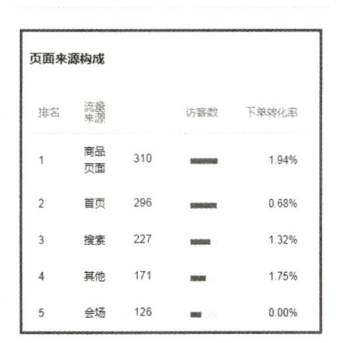

图 2-56 页面来源构成

在该页面，不仅可以看到店铺流量来源的主要路径，还能够看到各来源流量的具体访客数及下单转化率。

根据流量变化的折线图可以很直观地看到不同来源流量的变化趋势，如图2-57所示，从而清楚地了解，是否有来源流量减少，什么来源流量占比最高，方便我们制订店铺的营销推广计划，而且还可以观察到不同流量来源的访客数转化为下单买家的比例，从而确认该流量来源访客的质量。如果有某流量来源访客数不断增加，但是下单转化率却不断下降，那么从侧面可以看出，该流量来源的访客数不够精准，质量不高，如果之前有加大对该流量来源的推广力度，可以适当减少投入，将推广资金配置在其他来源渠道。

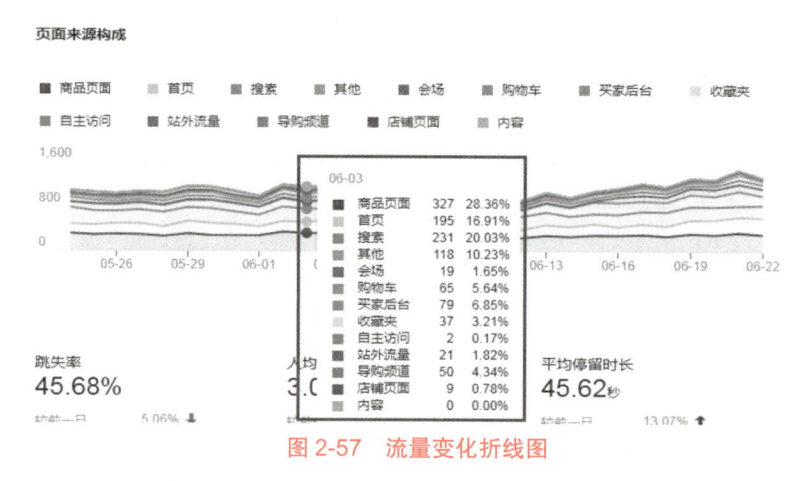

图 2-57　流量变化折线图

（2）用户行为指标。用户行为指标主要展示了跳失率、人均浏览量及平均停留时长三个数据，这三个数据都能在一定程度上反映流量的质量情况，如图2-58所示。

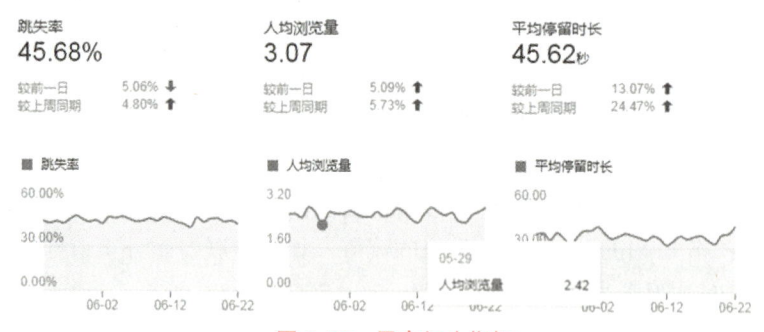

图 2-58　用户行为指标

跳失率：指统计时间内，访客中没有发生点击行为的人数/访客数，即1-点击人数/访客数。该值越低表示流量的质量越好。对一个商品而言，该商品的跳失率即商品详情页跳出的访客数/商品访客数。一个较高的跳失率是不利于店铺转化率提升及店铺的发展的。

人均浏览量：总的浏览量/总的访问人数=人均浏览量，人均浏览量数值越大说明产品的吸引力越大，受买家喜欢程度更高。

平均停留时长：指来访店铺的所有访客总的停留时长/访客数，单位为秒，多天的人均停留时长为各天人均停留时长的日均值。平均停留时长可以体现买家对店铺产品的关注度，即店铺产品是否有吸引力。如果平均停留时间短，说明客户对产品不感兴趣，或者说店铺产品对买家没有吸引力；反之，则说明买家对店铺产品关注度高，店铺产品吸引力较大。

通过此处的跳失率、人均浏览量、平均停留时长的实时数据，以及与前一日、上一周数据的对比，可以发现，店铺跳失率、人均浏览量及平均停留时长数据变化的情况。通过时间维度的调整，还可以观察店铺的跳失率、人均浏览量及平均停留时长日、周、月不同时间维度的变化趋势。

如果店铺跳失率较高，人均浏览量较少，平均停留时长较短，说明产品对买家的吸引力一般，不能引起买家的关注，此时需要对店铺的产品进行优化，如主图、标题、详情页、产品质量、产品评价等方面。

（3）搜索词排行。在这里可以观察到店铺维度的产品相关搜索词带来的访客数及下单转化率，如图 2-59 所示，从而判断该关键词是否能给店铺带来访客，是否有高转化率。如果关键词能带来高访客高转化，说明该关键词表现优秀，做产品标题优化或者后续类似产品上新时，可以运用该关键词。

搜索词排行

排名	搜索词	访客数	下单转化率
1	leather pants	73	0.00%
2	футболка жен...	56	0.00%
3	t shirt women	50	0.00%
4	camisetas de ...	40	0.00%
5	Футболки с ко...	39	0.00%

图 2-59　搜索词排行

6. 转化看板

访客的转化，根据访客操作的不同，可以分为收藏转化、加购转化及支付转化。

（1）访客—收藏转化率：收藏人数/访客人数，即来访客户转化为加收藏买家的比例。

（2）访客—加购转化率：加购人数/访客人数，即来访客户转化为加购买家的比例。

（3）访客—支付转化率：支付人数/访客人数，即来访客户转化为支付买家的比例。

在转化看板数据（见图 2-60）中，可以通过设置不同时间维度，查看店铺日、周、月不同统计时间的转化率情况及转化率上升下降情况，方便运营人员及时做出应对。

影响买家加购或者加收藏或者支付的主要因素有访客精准度、产品详情页、产品性价比、产品图片设计、产品布局陈列、销量口碑，以及客服响应速度、客服服务态度、客服的知识经验、催付效果等因素。所以，如果转化率下降较快，可以考虑从这些方面对产品进行优化。

同时，在该页面还能够看到产品的访客、加购加收藏及支付情况，可以针对一些高加购、高收藏的商品做定向营销，刺激加购、加收藏买家下单购买。

其中高访客、高转化的产品可以作为店里的爆款或潜力爆款打造；高访客、高加购、低转化的产品，需要提高产品的转化率，可以尝试给加购买家发送定向优惠券，刺激买家购买；低访客、低加购、低转化的访客需要先优化产品，提高单品访客数。

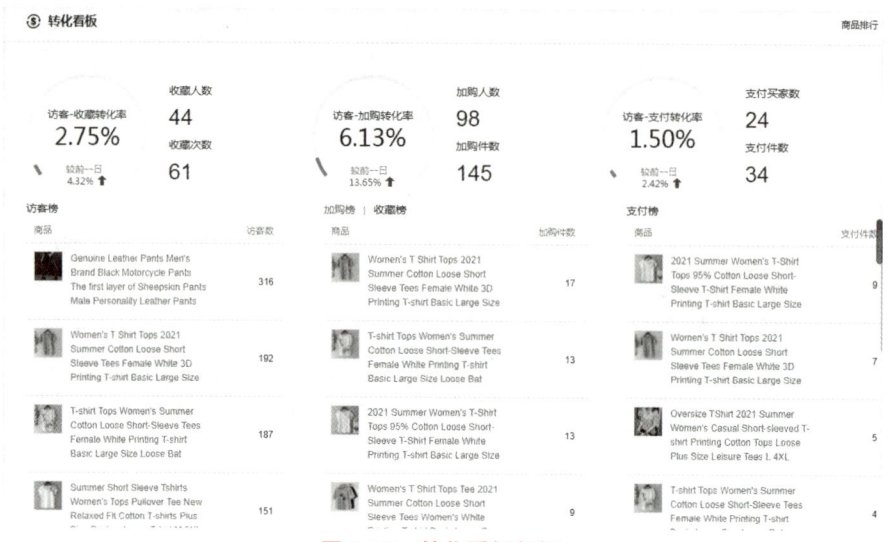

图 2-60 转化看板数据

7. 客单看板

在客单看板页面，可以看到客单分布及支付件数分布两部分数据，如图 2-61 所示。客单分布指的是客单价分布情况，客单价=支付金额/支付买家数，即平均每个支付买家的支付金额。所以从客单分布可以查看店铺平均每个支付买家的支付金额集中在哪个价格区间，点击折线图还能看到该价格区间的买家占比，为店铺产品价格布局提供参考。如该女装店铺，客单分布在 0～17 美元的支付买家占比最高，说明店铺访客最能接受的价格区间在 0～17 美元，如图 2-62 所示。

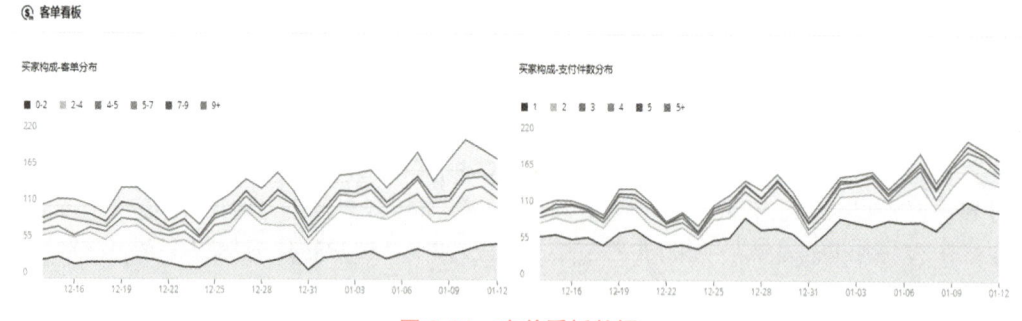

图 2-61 客单看板数据

图 2-62 客单分布数据

支付件数分布中的支付件数指统计时间内，买家完成支付的商品数量。点击折线图还可以查看到不同支付件数买家的数量及其占比。从图2-63所示的数据可以看出，店铺买家多数只购买一件，如果想提高买家购买件数，可以尝试通过搭配营销、满立减、满件折、满包邮等活动刺激买家多选多买。

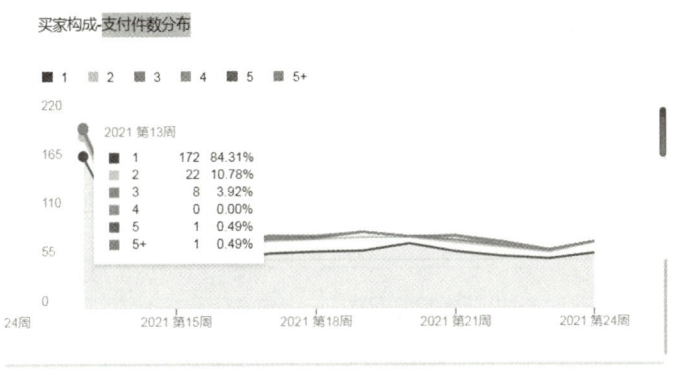

图2-63 支付件数数据

8. 物流看板

物流看板中可以以日、周、月不同维度查看到店铺7天上网率、未收到货纠纷提起率情况及变化趋势；还可以查看店铺不同物流服务商的7天上网率、未收到货纠纷提起率情况，如图2-64所示。

图2-64 物流看板数据

（1）7天上网率：指过去30天支付成功（风控审核通过）的订单中（不包括成功取消、超期取消），全部发货且"物流上网时间"到"支付成功（风控审核成功）时间"小于等于7天/72小时/48小时的订单占比，数据每天更新。7天上网率的统计时间均为自然日，考虑物流上网时间反馈延迟情况，上网率统计会预留时间差，以7天上网率举例：1月8日的数据，统计的是1月1日倒推30天的数据。国庆和春节假期统计顺延，不统计进7天中。

（2）未收到货纠纷提起率：指近30天买家确认收货+确认收货超时+买家提起退款的父订单中，因未收到货物提起退款的父订单占比（不包括主动撤销退款的父订单）。

通过查看店铺7天上网率及未收到货纠纷提起率数据情况（见图2-65），确认店铺是否存在物流问题。如果店铺7天上网率呈现下降趋势，说明店铺需要注意订单发货时间及到仓时间，尽量备足产品库存，买家下单之后能够尽快发货，并且关注包裹到仓时间。未收到货纠纷提起率会影响店铺的卖家服务分，而店铺的卖家服务分则会影响店铺的曝光，所以如果店铺的未收到货纠纷提起率过高，就需要判断是否物流服务存在问题，尽快改善相关情况。

物流看板

7天上网率
95.78%
同行优秀　　　　　　　　　100.00%
较前一周　　　　　　　　　0.18pt ↑

未收到货纠纷提起率
2.31%
同行优秀　　　　　　　　　0.12%
较前一周　　　　　　　　　0.94pt ↑

图 2-65　7 天上网率和未收到货纠纷提起率数据

同时，可以观察不同物流服务商的 7 天上网率及未收到货纠纷提起率数据，判断物流服务商的表现，如果某物流服务商表现优于其他物流服务商，那之后发货时，可以优先选择该物流方式，如图 2-66 所示。

常用服务商排行

排名	服务商	7天上网率	发货订单量
1	Aliexpress Direct	100.00%	-
2	AliExpress Standard Shipping	95.53%	80
3	China Post Registered Air Mail	94.74%	4
4	Aramex	-	-
5	AliExpress Premium Shipping	-	-

排名	服务商	未收到货纠纷提起率	发货订单量
1	AliExpress Premium Shipping	0.00%	-
2	AliExpress Standard Shipping	1.41%	80
3	China Post Registered Air Mail	10.00%	4
4	Aliexpress Direct	-	-
5	Aramex	-	-

图 2-66　物流服务商排行

二、流量数据分析

（一）流量看板

1. 流量总览

在流量总览页面可以以日、周、月不同维度查看到店铺维度数据变化，也支持按照国家、平台等筛选，如图2-67所示。

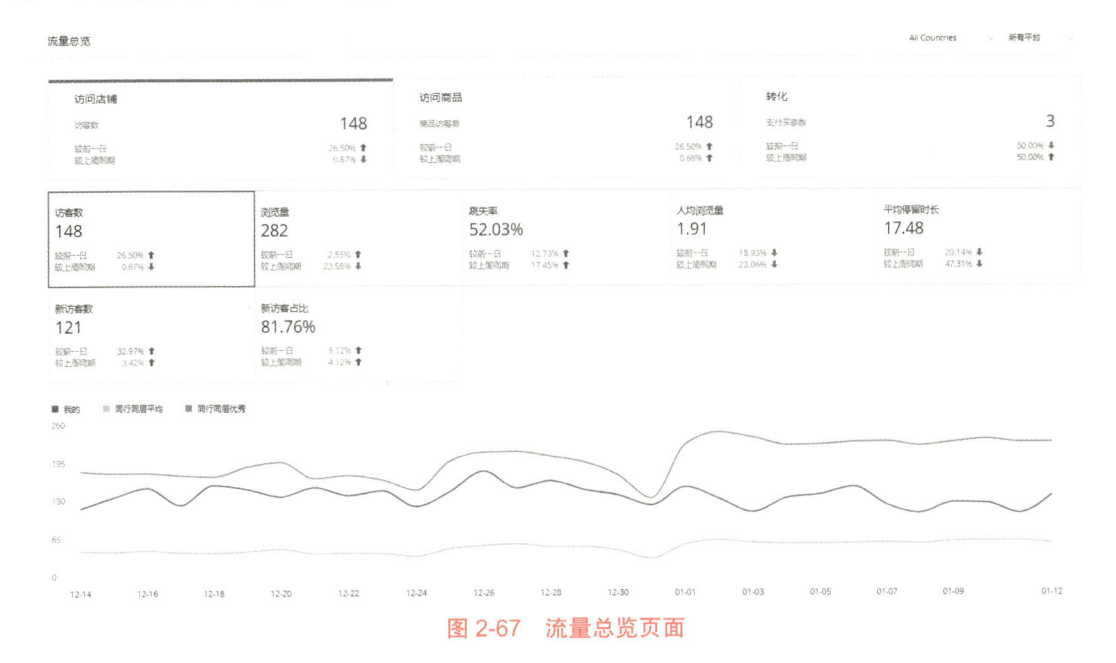

图2-67　流量总览页面

在该页面，可以筛选日、周、月不同时间维度，查看店铺的访客数、商品的访客数、支付买家数、浏览量、跳失率、人均浏览量、平均停留时长、新访客数及新访客占比的数据及变化趋势，如图2-68所示。通过这些数据及其变化趋势，了解店铺表现情况。

图2-68　在流量总览中查看数据

还可以查看自身店铺与同行同层平均、同行同层优秀的对比数据，从而了解自身店铺所处位置，如图2-69所示。同行同层平均指店铺所在的主营二级类目中，处于行业60%分位的同行的指标值，超过这个指标值，意味着自己的店铺处于行业前40%范围内，表现相对优秀，反之则说明店铺还未进入行业前40%范围内；同行同层优秀指店铺所在的主营二级类目中，处于行业90%分位的同行的指标值，超过这个指标值，意味着自身处于行业前10%范围内，店铺表现优异。

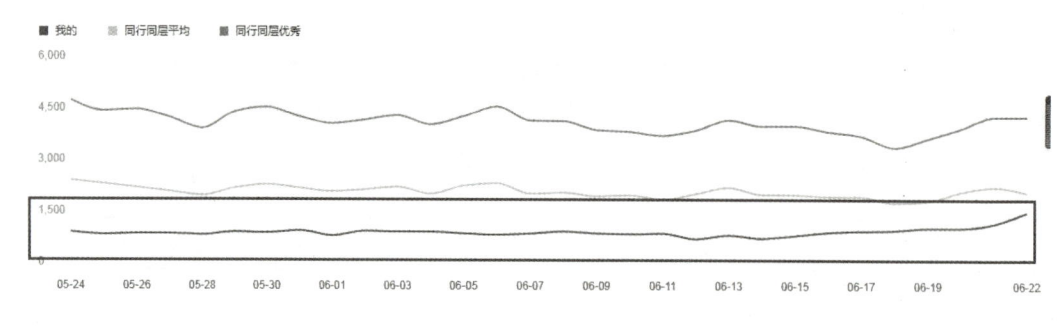

图 2-69 查看店铺与同行同层平均、同行同层优秀的对比数据

2. 国家排行

在图 2-70 所示页面中可以查看不同国家的数据,即店铺在不同国家市场的表现。支持从 App、非 App 及不同国家维度查看数据排行情况,并且可以自主筛选任意数据查看。

排名	国家或地区	访客数	下单买家数	下单转化率	操作
1	All Countries	1,706	26	1.52%	趋势
2	Russian Federation	888	9	1.01%	趋势
3	Israel	86	3	3.49%	趋势
4	Spain	65	0	0.00%	趋势
5	United States	54	0	0.00%	趋势
6	France	52	3	5.77%	趋势
7	Brazil	50	1	2.00%	趋势
8	Ukraine	40	2	5.00%	趋势

图 2-70 国家排行页面

通过自主筛选数据类型,可以查看不同数据维度下国家排行情况,为我们选择重点国家市场、机会国家市场提供参考。

比如,通过筛选,可以找出高访客、高加购、高转化的国家,作为店铺的重点市场,在做营销推广时,可以侧重对该国家市场的投入;可以找出高访客、高加购、低转化的国家,作为机会国家,可以尝试进行定向营销,刺激该国家市场的买家下单转化,如图 2-71 所示。

(二)店铺来源

1. 页面来源趋势

在该页面,可以以实时、日、周、月的不同时间维度查看店铺访客来源、访客数量及访客占比,还可以查看流量变化趋势。通过这些数据能够清楚地看到不同来源路径的访客数及访客数占比,并且了解不同来源路径访客数的变化趋势,从而确认店铺哪些来源路径能带来

图 2-71 通过筛选选择国家

大量访客，需要继续维持；哪些流量来源路径访客数很少，可以进行优化，提升该来源路径的访客量。例如，从图 2-72 中可以看出通过内容路径进来的访客数为 0，而内容主要指的是 feed、短视频等渠道，所以如果想要提高通过内容路径进来的访客数，可以尝试在 feed 频道上发帖、发布短视频等方式。

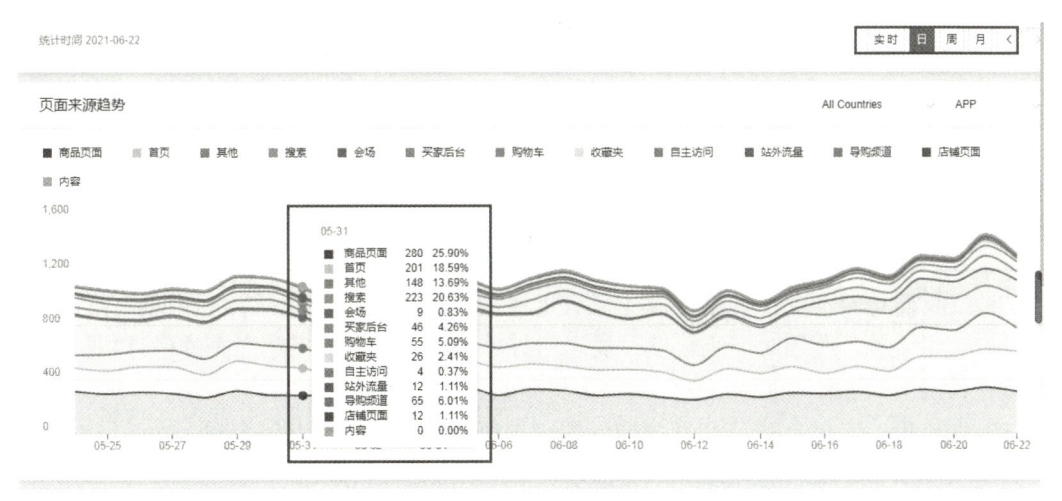

图 2-72 页面来源趋势图

2. 页面来源构成

在该页面可以查看到流量来源的主要构成情况，即流量来自什么路径，具体访客数量及访客的价值情况，如图 2-73 所示。支持通过实时、日、周、月不同维度及不同国家、平台流量筛选数据。需要注意的是，页面来源是根据访客入店的上级页面进行页面归类的，该逻辑与广告后台的数据统计逻辑不同，广告效果需要以广告后台数据为准。例如，访客通过 Facebook 进入速卖通首页，然后通过速卖通搜索进入自己的店铺，这种情况，"生意参谋"会把访客归类到速卖通搜索。

页面来源构成									All Countries	APP

① 页面来源根据入店的上级页面进行页面归类，该逻辑与广告后台的数据统计逻辑不同。广告效果通过以广告后台数据为准。举例：访客通过facebook进入速卖通首页，然后通过速卖通搜索进入您的店铺，这种情况，主要参考会归为到速卖通搜索。

	访客数	新访客数	下单买家数	下单转化率	下单金额	支付买家数	支付转化率	选择 3/5 清空
	支付金额	客单价	UV价值	商品点击收藏人数	商品点击加购人数			
流量来源	访客数 ↓		下单买家数			下单转化率		操作
首页 较前一日	43 +79.17%		1 -			2.33% -		趋势
商品页面 较前一日	35 +75.00%		0 -			0.00% -		趋势
搜索 较前一日	31 -52.31%		2 +100.00%			6.45% +319.35%		详情 趋势
买家后台 较前一日	10 -33.33%		1 -			10.00% -		趋势
收藏夹 较前一日	7 +40.00%		2 0.00%			28.57% -28.57%		趋势
购物车 较前一日	6 -25.00%		0 -100.00%			0.00% -100.00%		趋势
导购频道 较前一日	3 -		0 -			0.00% -		详情 趋势
其他 较前一日	1 -80.00%		0 -			0.00% -		趋势
店铺页面 较前一日	1 -		0 -			0.00% -		趋势
自主访问 较前一日	1 -		0 -			0.00% -		趋势
会场 较前一日	0 -		0 -			0.00% -		趋势
内容 较前一日	0 -		0 -			0.00% -		趋势

图 2-73　页面来源构成

数据概念解析如下。

（1）访客数：通过某个来源访问店铺的去重人数，一个人在统计时间范围内访问多次则只记为一个。

（2）新访客数：统计时间内，第一次访问店铺的访客数中，通过某个来源来的访客数。

（3）下单买家数：美国时间当天下单的去重买家数。按天去重，周和月的数据按日累加。

（4）下单转化率：下单买家数/访客数，即来访客户转化为下单买家的比例。

（5）下单金额：美国时间当天下单的订单金额。注意：①由于汇率问题，实时数据会与历史数据有误差；②按照创建订单的设备来区分 App 和非 App 的数据。例如，用手机创建在电脑上支付的订单，支付金额统计入 App。

（6）支付买家数：美国时间当天支付成功去重买家数。按天去重，周和月的数据按日累加。

（7）支付转化率：支付买家数/访客数，即来访客户转化为支付买家的比例。

（8）支付金额：美国时间当天支付成功的订单金额，含之前下单当天支付订单。预售阶段付款在付清当天才计入。

（9）客单价：支付金额/支付买家数，即平均每个支付买家的支付金额。

（10）UV价值：支付金额/UV，即平均每个访客的支付金额。

在该页面上，我们不仅能够查看每个页面来源的访客数及变化趋势，确认哪个页面来源的访客数最多，还能够查看不同页面来源访客的转化情况，确认该页面来源访客的质量。如果某页面来源访客数高，但是没有下单转化，也没有支付转化，那么该页面来源的访客对店铺没有价值，还会拉低整个店铺的转化率及客单价。

（三）商品来源

在如图 2-74 所示页面中，可以查看到店铺单品的访客数、下单买家数及下单转化率数据。支持日、周、月多时间维度查相关数据，了解数据变化。

图 2-74　商品排行榜

还可以通过点击"商品来源"查看单品的页面来源结构情况，如图 2-75 所示。整体产品结构可参考店铺来源结构。可以通过这些数据判断店铺产品的表现情况，以及变化趋势，从而找出店铺具有优势的产品重点打造。

图 2-75　商品来源构成

三、品类数据分析

（一）实时播报

1. 实时概况

在如图 2-76 所示页面中可以查看店铺的实时数据，如实时支付金额、支付买家数、支付主订单数、商品加购人数、商品加收藏人数等。支持通过国家、平台维度筛选浏览店铺访客、支付等相关数据。

还可以通过筛选对比日期，点击不同数据，查看实时数据与选定日期的数据在不同时段的对比情况，如图 2-77 和图 2-78 所示。

图 2-76　店铺情况实时播报

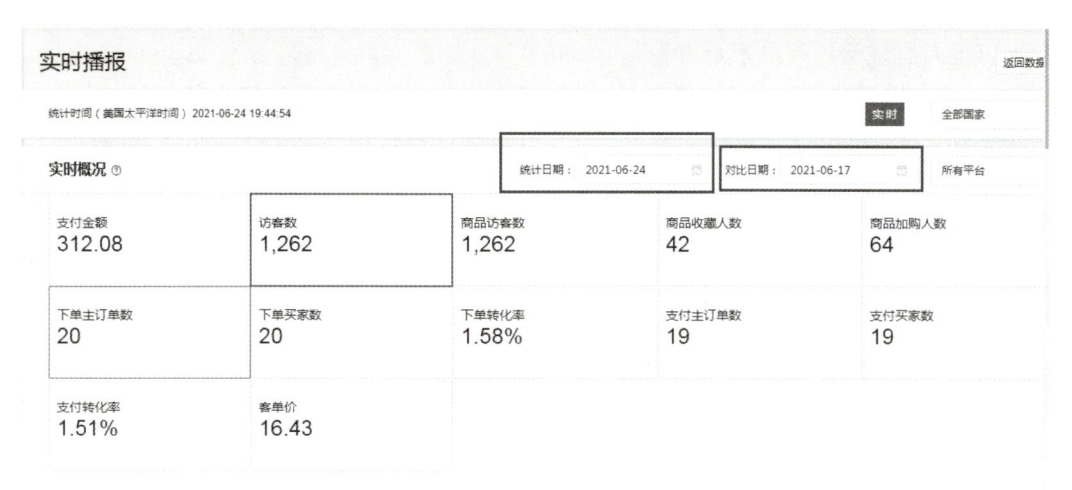

图 2-77　筛选对比数据

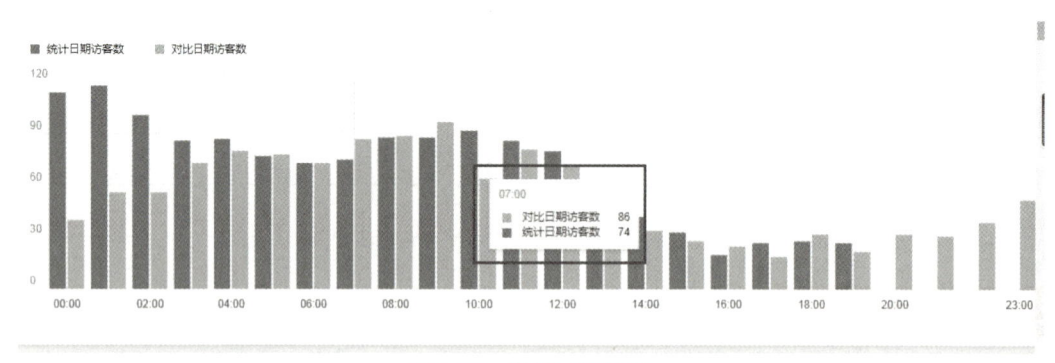

图 2-78　数据对比情况

2. 实时国家&地区排行

在如图 2-79 所示页面中可以查看不同国家和地区不同数据维度的实时排行情况，从而了解不同国家和地区市场的表现情况。该页面支持平台选择及数据下载。

3. 实时商品排行

在如图 2-80 所示页面中可以展示店铺商品的支付榜、访客榜数据，可以查看支付榜、访客榜前 100 的单品的相关数据。该页面支持数据下载及历史数据查看。

图 2-79　实时国家&地区排行状况

图 2-80　实时商品排行情况

（二）商品排行

（1）支持部分国家、平台、新老品、不同日期等维度展示数据。

（2）展示支付榜（默认按照支付金额排序）、访客榜、收藏榜（默认按照收藏人数降序排列）、加购榜单（默认按照加购人数降序排列）。

（3）支付选择常看指标保存后，再查看展示默认指标。

（4）支持数据下载。

在如图 2-81 所示页面中可以分析店铺单品数据，从而了解产品表现，更好地进行产品运营。

图 2-81　店铺单品排行数据

（三）单品分析

1. 核心指标

（1）支持国家、平台、不同时间段商品核心指标数据展示，如图 2-82 所示。

（2）支持数据下载。

（3）时间选择自然周/自然月后，趋势图默认展示统计日期累计近一周或近一个月的数据。

图 2-82　核心指标

2. 商品能力分析

新增商品运营能力分析，通过成交驱动、站内运营、商品基础、服务、质量、内容营销、物流 7 个维度综合评估商品在同类目中的表现，得分越高代表竞争力越大。通过算法训练模型得到商品 7 个维度下的能力得分，然后加权形成综合能力分，其中 7 个维度的权重占比分别为：成交驱动30%、站内运营20%、商品基础10%、内容营销10%、服务10%、质量10%、物流10%。

运营能力综合分：该商品在统计时间内的综合能力分，由各个维度加权得到，满分为 100 分。如果商品运营能力综合分较低，可以通过查看各个维度的得分，确定得分较低的维度，然后进行相应优化，如图 2-83 所示。

3. 成交分析+市场价格分析+流量来源+标题分析+关联搭配分析

（1）成交分析：支持通过国家、平台、不同时间段维度查看 SKU 支付金额、支付买家数、支付件数等相关数据分析，如图 2-84 所示。

图 2-83　运营能力综合分析

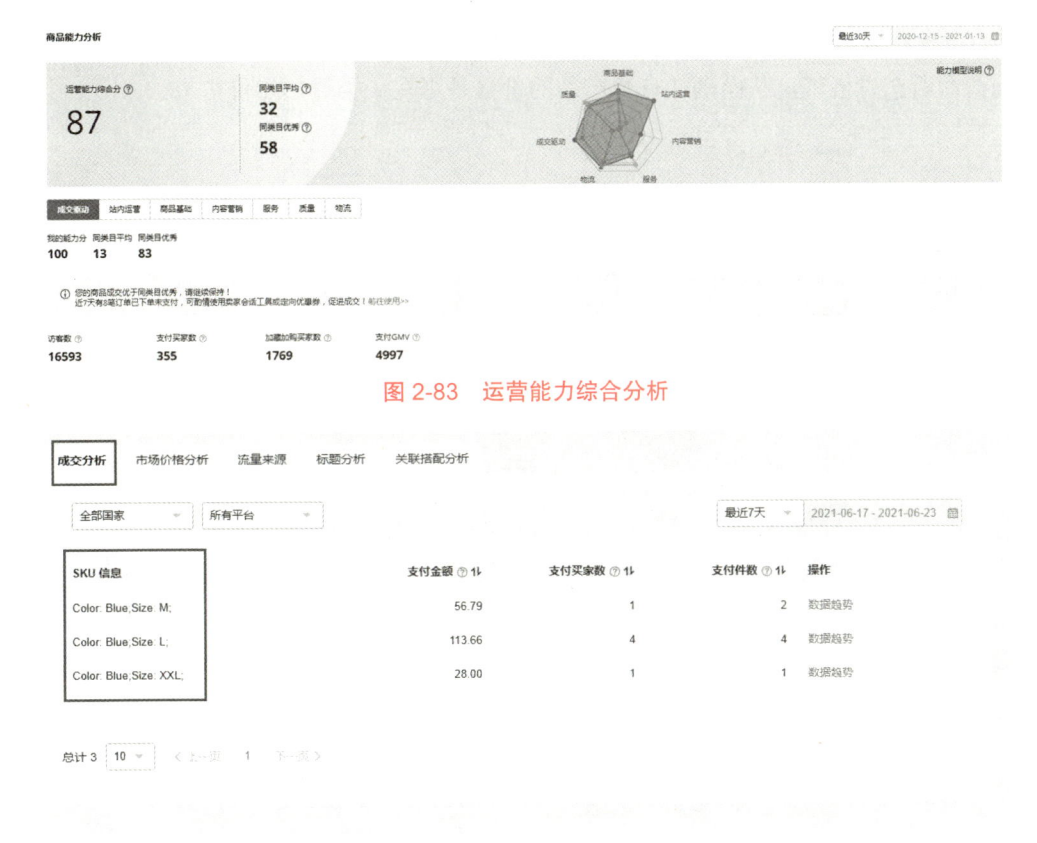

图 2-84　成交分析

（2）市场价格分析：通过国家、平台、不同时间段维度查看不同SKU的市场价格及类目价格走势数据。

通过价格走势分析，可以查看产品的支付件数、支付金额及支付买家数的变化趋势，确认产品的表现。而且可以筛选到不同SKU，确认同一产品不同SKU的表现，给产品备货提供一定的参考，如图 2-85 所示。

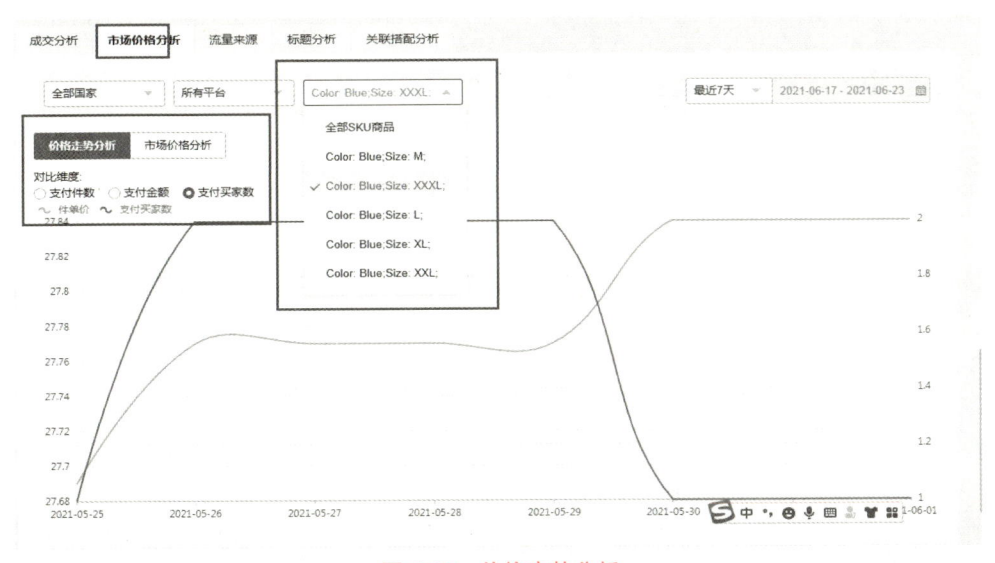

图 2-85　价格走势分析

通过市场价格分析，可以了解到统计时间范围内，产品所在子类目价格带占比（见图2-86）及当前商品所在价格带，从而确认自身产品的价格是否在子类目热卖价格带。

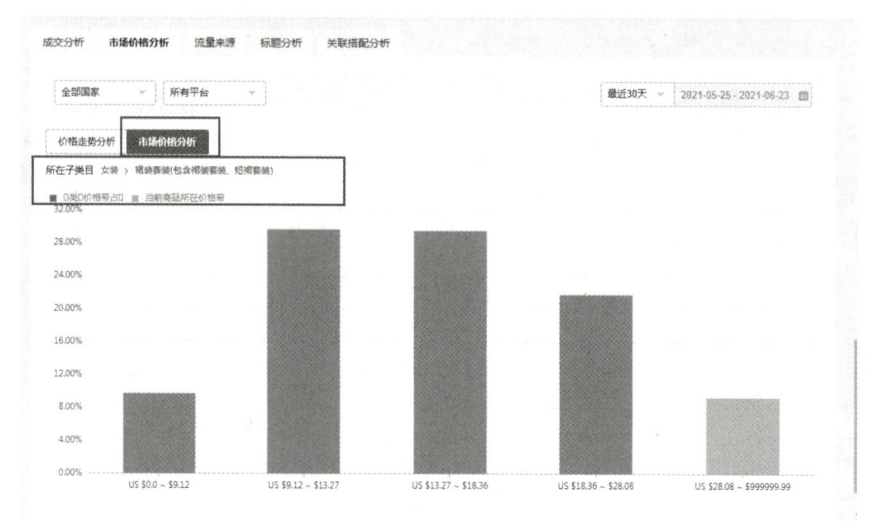

图 2-86　市场价格分析

（3）流量来源：支持通过不同国家、不同平台、不同时间段、不同数据指标查看产品流量、转化等相关数据及数据变化趋势，如图 2-87 所示。

图 2-87　流量来源

（4）标题分析：支持查看产品标题的搜索曝光量、搜索曝光量变化趋势及关键词分析数据。

搜索曝光量可以设置不同时间段来查看商品在不同国家、不同平台的搜索曝光量数据及变化趋势，如果搜索曝光量下降严重，意味着产品标题可能需要优化，如图 2-88 所示。

关键词分析则可以通过不同时间维度查看到标题中关键词的表现。通过查看曝光量UV数据，可以判断该关键词的价值，UV指 Unique Visitor，访问该产品的一个客户端为一个访客，所以曝光量UV指的是通过该关键词曝光带来的访客数，如图 2-89 所示。曝光量UV数越高，说明该关键词价值越高。

图 2-88　搜索曝光量分析

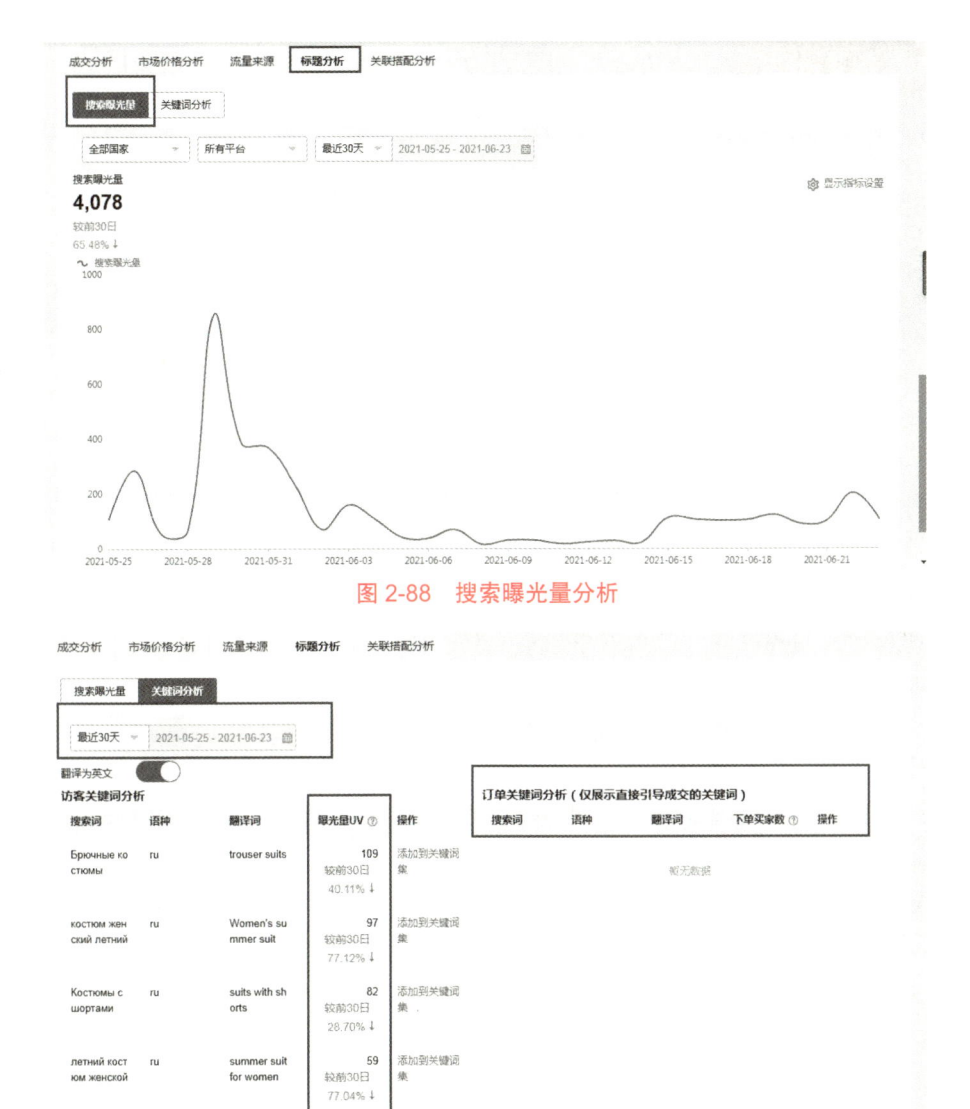

图 2-89　关键词分析情况

（5）关联搭配分析：展示与当前商品共同出现在收藏夹、购物车、订单下的商品数据，可以作为店铺关联营销、搭配营销的参考，如图 2-90 所示。

图 2-90　关联搭配分析

四、物流数据分析

（一）物流概况

1. 物流单量

（1）数据概念解析。

① 发货订单量：美国时间当天支付成功的父订单中，截至最近统计时间已经发货的父订单量，数据每天刷新。

② 上网订单量：美国时间当天支付成功的父订单中，截至最近统计时间已经上网的父订单量，数据每天刷新。

③ 签收订单量：美国时间当天支付成功的父订单中，截至最近统计时间完成签收的父订单量，数据每天刷新。

（2）在如图 2-91 所示页面中，可以查看所选支付日期截至最近统计时间（T-2）的物流单量数据。可以通过日、周、月不同时间维度查看支付订单量、发货订单量、上网订单量、签收订单量数据。它支持通过图表格式或表格形式展示。

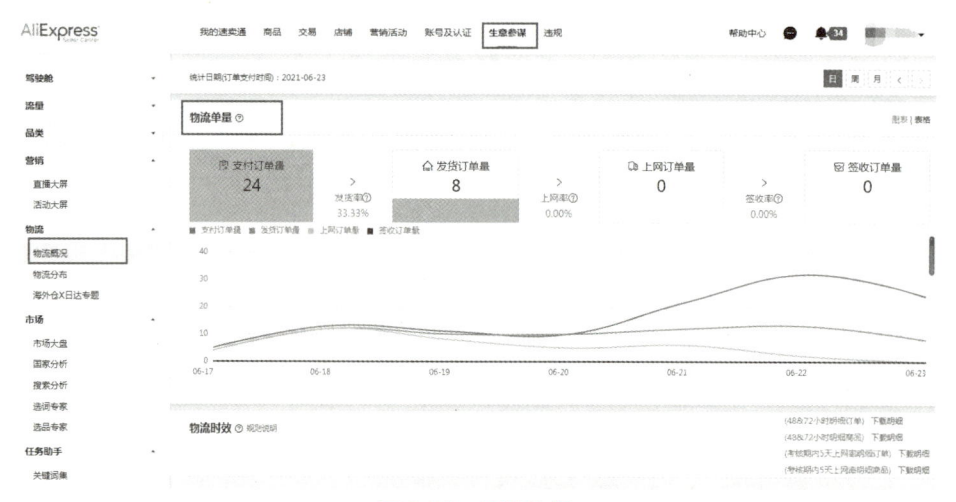

图 2-91 物流数据

通过数据对比分析，可以计算出店铺的发货率、上网率、签收率，其中发货率=发货订单量/支付订单量；上网率=上网订单量/支付订单量；签收率=签收订单量/支付订单量。通过数据可以看出店铺的发货速度、物流情况。

2. 物流时效

（1）数据概念解析。

① 平均到货时长（天）：美国时间当天签收的包裹中，成功支付到用户完成签收的全链路平均时长。

② 48 小时/72 小时/5 天/7 天上网率：过去 30 天支付成功（风控审核通过）的订单中（不包括成功取消、超期取消），全部发货且"物流上网时间"到"支付成功（风控审核成功）时间"小于等于 48 小时/72 小时/5 天/7 天的订单占比，数据每天更新。注：统计时间均为自然日，考虑物流上网时间反馈延迟情况，上网率统计会预留时间差，以 7 天上网率举例：1 月 8 日的数据，统计的是 1 月 1 日倒推 30 天的数据。国庆和春节假期统计顺延，不统计进 7 天中。

③ 物流DSR：近30天商家DSR物品运送时间合理性的平均分。

④ 未收到货纠纷提起率：近30天买家确认收货+确认收货超时+买家提起退款的父订单中，因未收到货物提起退款的父订单的占比（不包括主动撤销退款的父订单）。

（2）在如图2-92所示页面中可以查看店铺订单物流时效数，包括48小时上网率数据、72小时上网率数据及5天上网率数据。该页面数据统计日期均为当前日期往前推7天的近30天的订单数据，如当前日期为9月15日，则统计订单为截至9月8日近30天订单数据。同时通过与同行优秀、同行平均数据的对比，找出自身店铺物流时效的不足之处，以便采取措施从而提升店铺物流时效，优化买家体验。

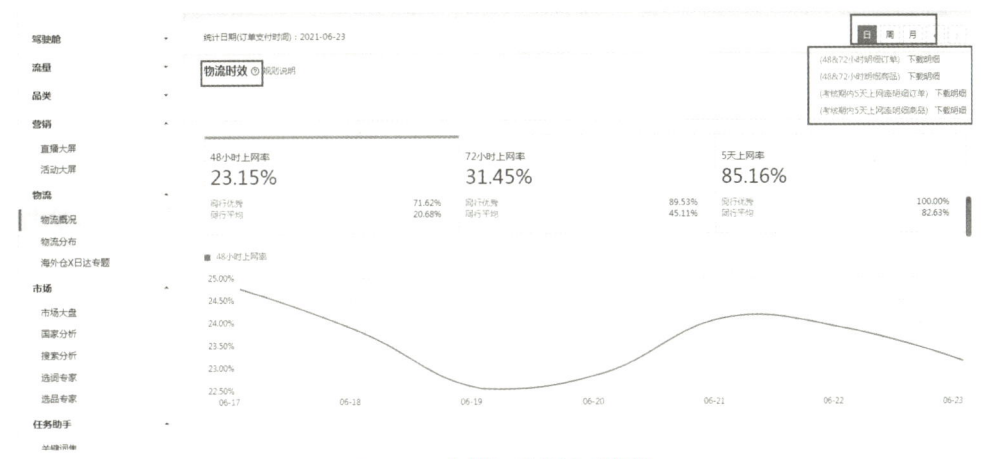

图 2-92　店铺订单物流时效数

同时，还可以在该页面下载48&72小时上网率及考核期内5天上网率订单及商品明细（见图2-93），查看哪些订单没有在48&72&5天内上网。也可以了解某商品的成交订单中，48&72&5天内上网的订单的数量及上网率情况。如果某商品成交订单中48&72小时上网率表现较差，需要考虑该商品48&72小时内无法上网的具体原因，是因为产品缺货无法及时发货或者国内运输时间长，导致到仓时间长；还是自身发货较慢，需要针对具体原因有针对性地做出改善。

图 2-93　交易订单明细

3. 物流体验

物流体验主要可以查看店铺物流 DSR 及未收到货纠纷提起率两个数据，如图 2-94 所示。支持通过日、周、月不同时间维度查看。同时通过与同行优秀、同行平均数据的对比，确定自身店铺物流 DSR 评分及店铺未收到货纠纷提起率情况。

如果 DSR 评分低于同行平均，就说明自身店铺物流服务水平较低，较多买家对此不满意；如果未收到货纠纷提起率高于同行平均，就说明自身店铺因未收到货提起纠纷的订单较多，需要优化物流线路及服务，降低未收到货纠纷提起率。

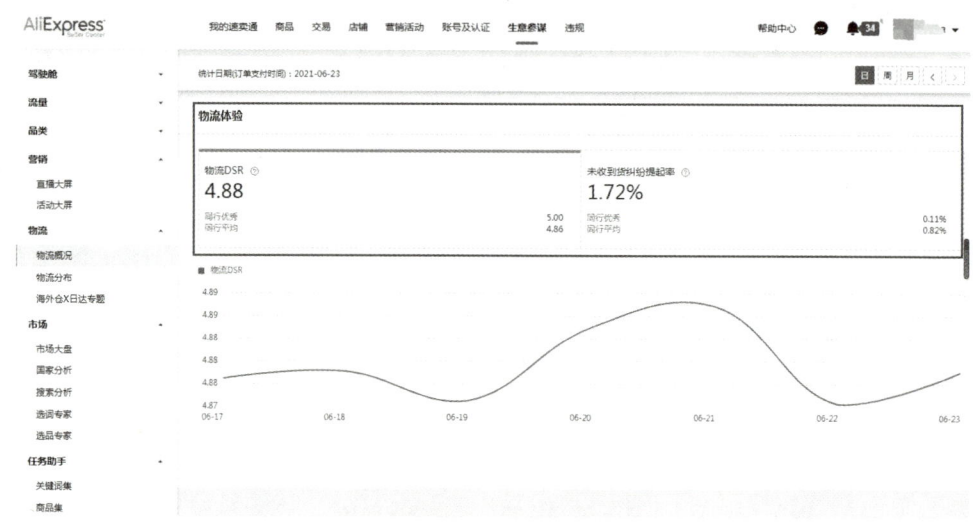

图 2-94 物流体验

（二）物流分布

1. 物流服务商分布

图 2-95 展示了店铺不同物流商单量及效率情况。通过对比不同物流服务商发货订单量、上网订单量、签收订单量、平均到货时长（天）、7天上网率、物流 DSR、未收到货纠纷提起率数据，通过比较分析可以看出不同物流服务商的表现，找出其中优势明显的物流服务方式。该页面支持设置不同时间段及不同收货区域筛选条件。

图 2-95 物流服务商分布情况

2. 商品类目分布

图2-96展示了不同子类目下发货订单量及发货效率相关数据（按照子订单统计）。在该页面中可以找出未收到货纠纷提起率较高的子类目产品，通过分析该子类目未收到货纠纷提起率较高的原因，为优化店铺产品品类布局、优化产品及物流方式提供参考。

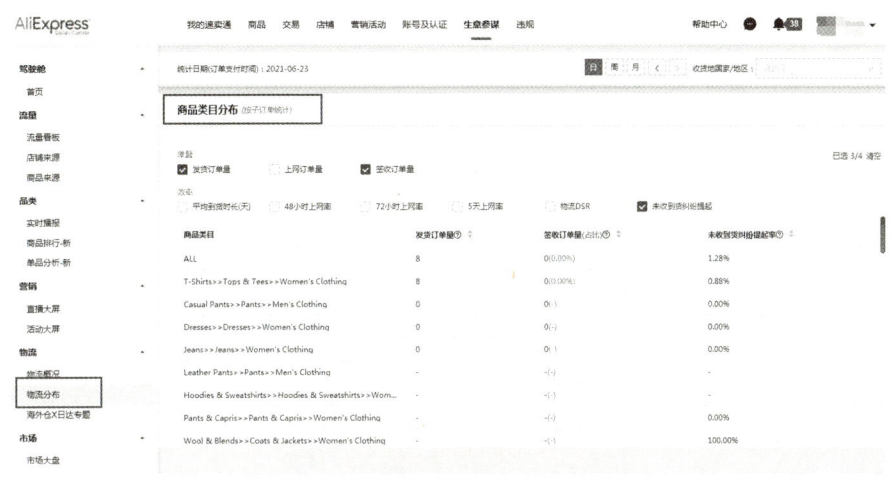

图 2-96　商品子类目分布数据

3. 国家地区分布

如图2-97所示，按照收货地址国家（地区）展示发货订单量及发货效率相关数据，支持设置日、周、月不同时间维度。通过数据分析，可以找出未收到货纠纷提起率较高的国家（地区）并加以重点优化。

图 2-97　不同国家地区发货单及发货效率数据

五、客户数据分析

（一）客户管理

1. 客户管理入口及功能

在速卖通后台的营销活动板块下可以看到客户营销与客户管理功能，如图2-98、图2-99

所示。

通过客户管理功能，可以查看店铺的全部客户、进行客户分组管理及人群分析，并对不同客户群体进行不同的营销。

图 2-98　营销活动快捷入口页面

图 2-99　客户管理页面

2. 全部客户

在如图 2-100 所示页面中，可以通过设置不同的筛选条件，筛选所需的买家，并为筛选的买家设置分组，方便后期营销。

如可以通过设置国家/地区条件，筛选不同国家/地区的客户数据；通过筛选加购数、加收藏数，圈定店铺有下单意向的客户进行定向营销等，同时，为筛选出来的客户数据创建分组。

3. 客户分组

设置完筛选条件后，可以为筛选后的客户创建分组，创建的分组可以在"客户分组"中查看，如图 2-101 所示。

4. 人群分析

可以通过设置人群过滤条件，圈定更精准的目标人群，如图 2-102 所示。

图 2-100　设置筛选条件

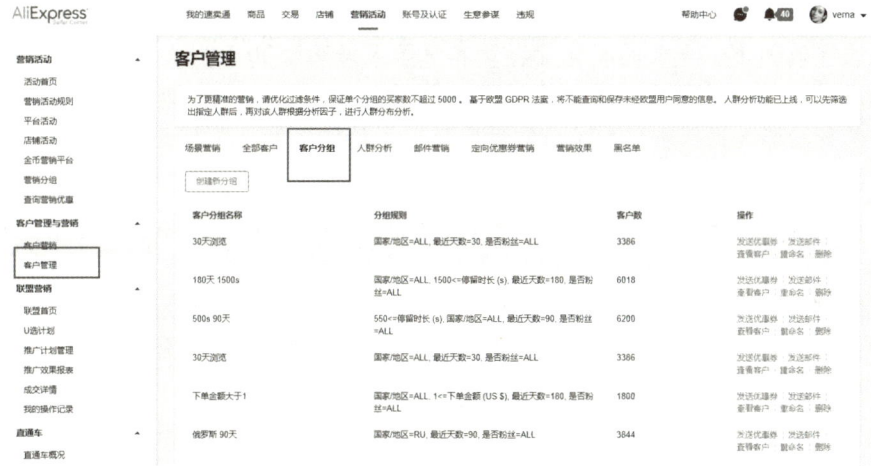

图 2-101　创建客户分组

同时，可以通过查看不同人群分析因子下的数据，确定店铺的主流国家市场及店铺买家的画像，如买家的性别、年龄、是否粉丝等。

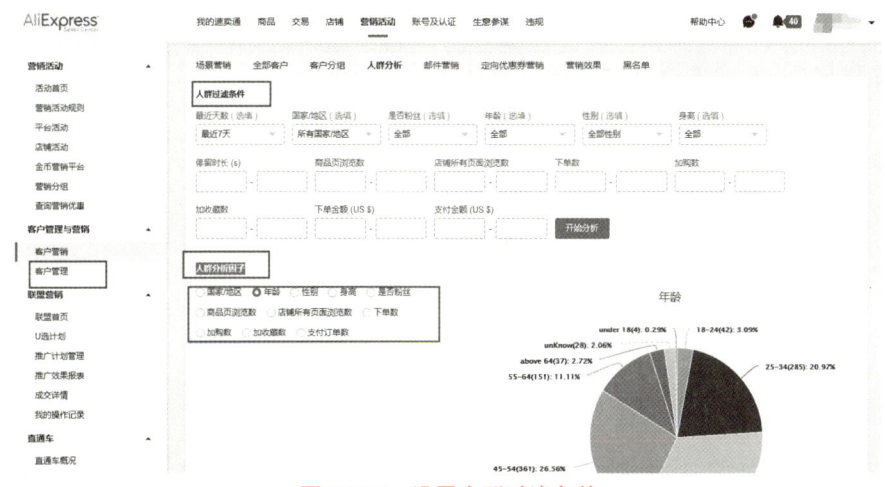

图 2-102　设置人群过滤条件

想一想

1. 店铺数据分析中，所有的数据都是独立的个体吗？
2. 为什么要数据化运营？
3. 数据化运营的基本流程是怎样的？

术语解释

数据化运营：数据化运营是指在公司的经营管理中，所有的决策都依靠数据支撑，所有的执行都有数据追踪，所有的成果都通过数据反馈，也就是说，为通过完善的统计报表体系及数据分析体系，采用更加明确、科学、精准的运营方式。

人群画像：又称消费者画像，是对消费者的消费行为进行的调查，是针对消费者的使用习惯和行为方式的调查统计。

实时数据包括实时概况、店铺层级、实时商品访客榜、实时商品支付榜、实时国家访客榜、实时国家支付榜等模块数据。通过这些数据我们可以清楚地了解当前店铺在展示的美国西太平洋时间下，当天的浏览量、访客量等数据及近30天内支付金额在行业内的排名，店铺在第几层级；也可以看到实时商品榜单数据、实时国家榜单数据。在整体看板中，可以进行指标数据筛选，如对店铺访客数、支付转化率、成功退款金额、客单价、支付老买家占比、UV价值等数据进行筛选和分析。

流量数据分析包括店铺维度流量数据、店铺数据来源、商品数据来源分析，支持按照国家、平台等对数据进行筛选，确定目标国家的流量来源，单品的访客数和下单买家数。

品类数据分析包括单品实时数据分析、单品分析。根据支付榜、访客榜、收藏榜、加购榜单对产品进行梯度整合，定位产品的推广方向。同时对产品的能力进行分析，根据5个维度总和评估产品在同类目中的表现，得分越高代表竞争力越大。

物流数据包括物流单量、物流时效、物流体验、物流分布。根据物流数据对店铺的物流体系进行优化，从而提升买家体验度及跨境物流的时效性。

用户数据分析包括用户画像、用户分布等方面的数据分析。

敲黑板

总结：

1. 运营数据分析是对店铺运营过程中产生的数据进行整体分析，包括产品能力数据、流量数据、物流数据、客户数据等，并不是一个单一的操作。
2. 数据化运营的流程：明确目标→制定数据指标→获取数据→分析数据→形成策略→验证优化。数据化运营必须形成闭环，才能够体现数据化运营的作用，发挥数据的价值，缺少任何一个环节的数据化运营都是不完整的。

练 习 题

一、单项选择题

1. 行业趋势分析指的是（   ）。
   A. 根据行业数据对行业的发展阶段做分析
   B. 根据行业数据对市场需求量做分析
   C. 根据行业数据判断行业目前所处的发展阶段及之后的发展前景
   D. 根据行业数据对买家偏好做分析
2. 我们选择竞争对手，一般要符合什么条件（   ）。
   A. 同一价格区间，同一产品类型，略高一点的销量
   B. 同一价格区间，同一产品类型，高出10倍的销量
   C. 同一价格区间，不同产品类型，略高一点的销量
   D. 不同价格区间，同一产品类型，略高一点的销量
3. 下列关于数据化运营的说法中错误的是（   ）。
   A. 数据化运营是指通过数据化的工具、技术和方法，对运营过程中的各个环节进行科学的分析，为数据使用者提供专业、准确的行业数据解决方案
   B. 数据化运营的重点是如何通过数据了解店铺的运营状况，研究用户行为偏好，分析解决运营问题，并为运营决策提供数据支撑
   C. 数据化运营的目的是告别过去的传统决策（拍脑袋、凭经验、头脑风暴），粗犷式运营
   D. 数据化运营因为要运用到大量的数据，数据可能不准确性，所以数据化运营不可取
4. 从市场角度出发，航空公司和铁路客运属于（   ）。
   A. 品牌竞争   B. 客源竞争
   C. 需求竞争   D. 资本竞争
5. 支付转化率的计算公式为（   ）。
   A. 支付买家数/访客数，即来访客户转化为支付买家的比例
   B. 下单买家数/访客数，即来访客户转化为下单买家的比例
   C. 收藏买家数/访客数，即来访客户转化为加收藏买家的比例
   D. 加购买家数/访客数，即来访客户转化为加购买家的比例

二、多项选择题

1. 竞争对手识别的方法有（   ）。
   A. 通过产品关键词识别竞争对手
   B. 通过产品类目识别竞争对手
   C. 通过目标消费者识别竞争对手
   D. 通过产品销量和单价识别竞争对手
   E. 通过直通车数据识别竞争对手
2. 根据竞争的大小来分，竞争对手的分级有（   ）。
   A. 直接竞争者   B. 间接竞争者

C. 同行业不同模式的竞争者　　　　D. 客源竞争者
E. 需求竞争者

3. 从速卖通行业类目的角度来看，店铺的竞争者有（　　）。
A. 现有店铺　　　　　　　　　　　B. 潜在加入者
C. 替代类商品/服务店铺　　　　　　D. 品牌竞争者

4. 竞品数据分析包含（　　）。
A. 产品标题&主图　　　　　　　　B. 产品价格
C. 产品收藏数　　　　　　　　　　D. 产品营销活动&优惠
E. 产品详情页

5. 速卖通后台单品分析模块下的商品能力分析是涵盖了商品（　　）维度的综合评估。
A. 成交　　　　　　　　　　　　　B. 运营
C. 商品基础　　　　　　　　　　　D. 服务
E. 品质　　　　　　　　　　　　　F. 内容营销
G. 物流

三、判断题

1. 速卖通行业数据只能来源于速卖通前台的数据观察。（　　）
2. 行业趋势分析只需要对现阶段行业情况做分析。（　　）
3. 搜索指数不等于搜索次数。（　　）
4. 竞争对手就是指卖同样的产品，但是价格比自身产品要低的产品。（　　）
5. 华为手机店和小米手机店也是品牌竞争者。（　　）

四、案例分析题

1. 通过图 2-103 分析该产品的销量及预估产品的日销量。

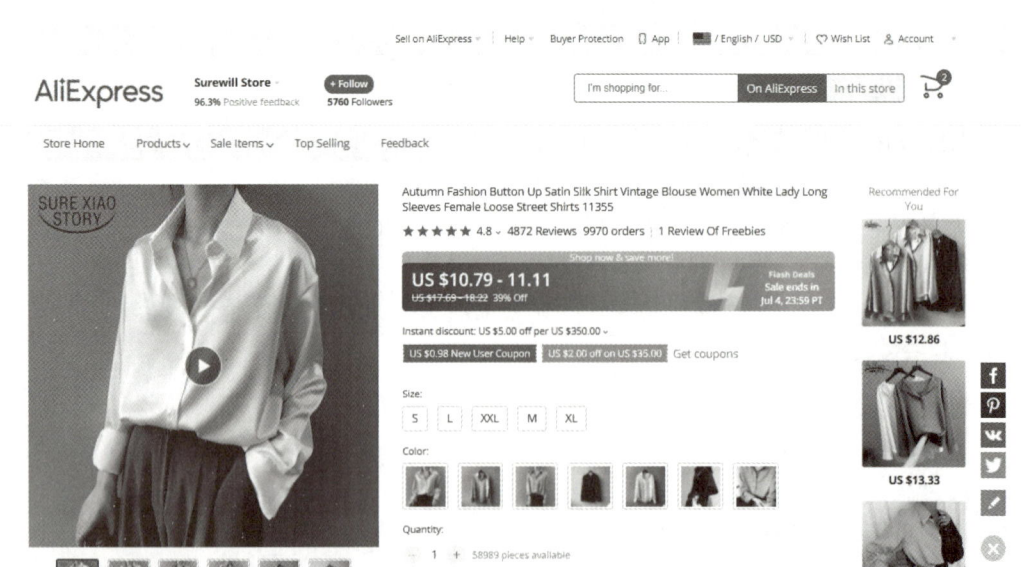

图 2-103　产品详情页

2. 通过对图 2-104 中竞品的差评分析，可以得出哪些结论？

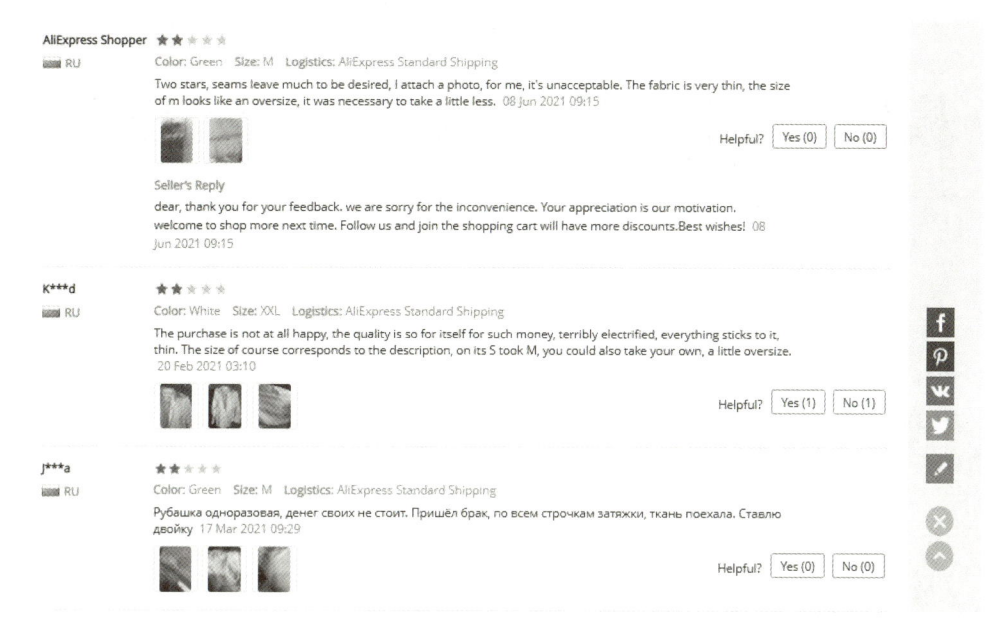

图 2-104　竞品差评分析

模块三　店铺数据分析（亚马逊）

【学习目标】

1. 了解跨境电商行业的各项数据指标；
2. 熟悉买家访问次数、页面浏览量、转化率、退货率等指标的具体含义；
3. 掌握第三方数据分析工具的方法。

【技能目标】

1. 能够合理采集子行业的访客数、浏览量、供需指数等；
2. 能够运用数据分析工具，精准选择行业及行业产品，不断优化和丰富店铺选品；
3. 能够重点分析页面浏览量、买家访问次数、转化率等重要数据；
4. 能够通过分析产品数据，进一步优化产品页面。

【素养目标】

1. 培育和践行社会主义核心价值观；
2. 培养诚实守信、遵纪守法的职业道德；
3. 培养精益求精的工匠精神；
4. 强化数字素养，提升数字技能；
5. 培养互联网思维、创新思维和数据思维。

【思维导图】

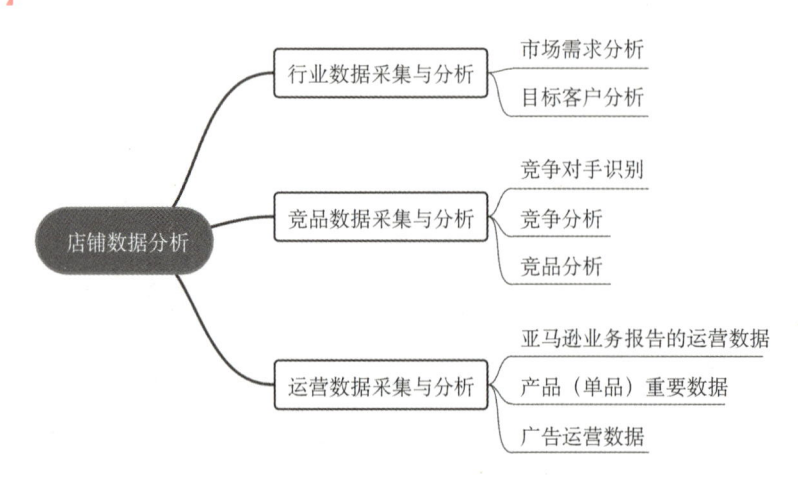

```
                                        ┌── 市场需求分析
                    ┌── 行业数据采集与分析 ┤
                    │                    └── 目标客户分析
                    │
                    │                    ┌── 竞争对手识别
店铺数据分析 ───────┼── 竞品数据采集与分析 ┼── 竞争分析
                    │                    └── 竞品分析
                    │
                    │                    ┌── 亚马逊业务报告的运营数据
                    └── 运营数据采集与分析 ┼── 产品（单品）重要数据
                                         └── 广告运营数据
```

> **引导案例**
>
> 小张在亚马逊北美站，运营一款类目较小的产品，日出20单，在小类目中排名前30，有利润，但是利润不太多，排名一直徘徊，不上不下。小张的工厂在进入该类目前，评估过Best Seller的销量，分析过销售预期和利润空间，工厂备货足足有两千有余，按照当前的销量，足可以卖上三个月，这显然是工厂想要的结果。
>
> 从资金周转率来说，一款备货三个月，即便赚钱，考虑到资金成本，也没有什么可以值得称道的，所以，工厂老板的想法是，努力往上冲排名，冲销量，加快资金周转率，尽快赚钱。
>
> 但是作为运营的小张在分析后台运营数据时遇到了很多困惑，虽然店铺商品的转化率很高，差不多有25%，但遗憾的是，流量不够多。小张也优化了产品的页面、做了广告推广，但是都没有起到很好的引流效果，店铺的数据还是起不来。
>
> 结合案例，思考并回答以下问题：
> 1. 如何通过竞品分析来找出适合我们的选品？
> 2. 这款产品的转化率比较高，说明了什么问题？
> 3. 这款产品在当前这么高的订单转化率的情况下，如何快速提高销量？

单元一　行业数据采集与分析

一、市场需求分析

（一）产品的市场调研

我们需要推算市场大致的竞争热度，用一个最简单的方法，可以在打开的亚马逊页面中输入一个关键词，搜索的结果数可以反映市场的竞争热度。比如在搜索框中，输入"teaching toys"（教玩具）这个关键词，如图3-1所示，搜索出来的相关结果有2 000个，这个搜索结果不是很多，说明竞争没有那么激烈。有些页面的搜索结果会达到几万个以上，说明竞争卖家已经很多了。

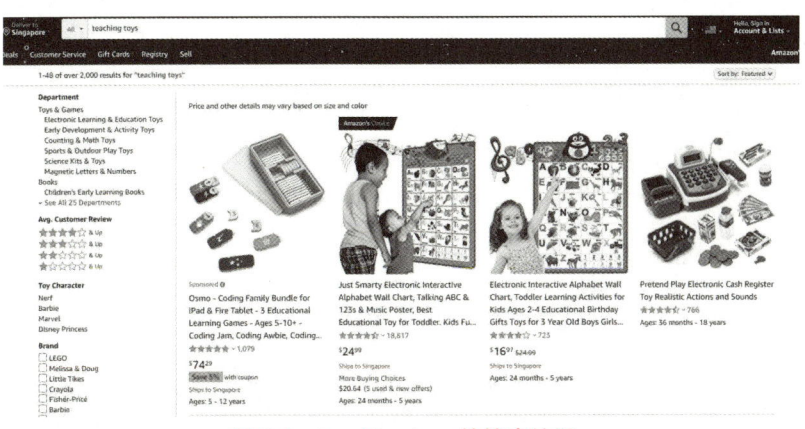

图3-1　teaching toys的搜索结果

> **想一想**
>
> 在上面搜索"teaching toys"例子的基础上,请你想一想,我们在亚马逊前端搜索出来的结果,这个结果数字达到多少以上就说明该行业属于竞争激烈的子行业?

(二)Top100 的卖家

如果需要更深层的调研,我们就要做更详细的分析,如大卖家级别的统计,行业 Top100 内新卖家的占比,Top100 内的价格分布,前 20 页的平均 review 数,甚至是 FBA 的比例,listing 的建立时间,等等,我们都需要搞清楚。卖家精灵 Top100 如图 3-2 所示。

图 3-2 卖家精灵 Top100

我们需要用第三方软件,抓取子类目里面的 Top100 的卖家,进行深入的分析。做行业分析时,一般取前 50/100/200 商品就可以大致判断这个行业的现状。这些样本可能基于 BSR Top100,也可能基于销量或销售额的前 100。细分市场的定义一般是基于 Top100 样本的,所以样本的选择是市场分析的前提。很多时候,子类的设置成了一个营销手段,卖家为了获取更大的流量经常将产品放在不恰当的类目,而且同一款产品有时会同时存在于不同的子类目下,所以类目可能不再等于样本。

(三)基于类目 Top100 的市场分析

我们当前基于类目 Top100 做市场分析,这个类目其实是营销类目,关键词下的 Top100-前 5 页,包括 BSR100,也是营销类目:用户通过列表可以找到产品,但产品本身的底层类目(同一用户或场景),有时候需要自己定义。以美国站的 hair drier(吹风机)为例,为了让数据的对比更加明显,我们采取 50 个样本来查看它的数据。

点击"选品精灵"→"查竞品",选择类目:Beauty & Personal Care-Hair Care-Styling Tools & Appliances-Hair Dryers & Accessories,rutu,结果如图 3-3 所示。

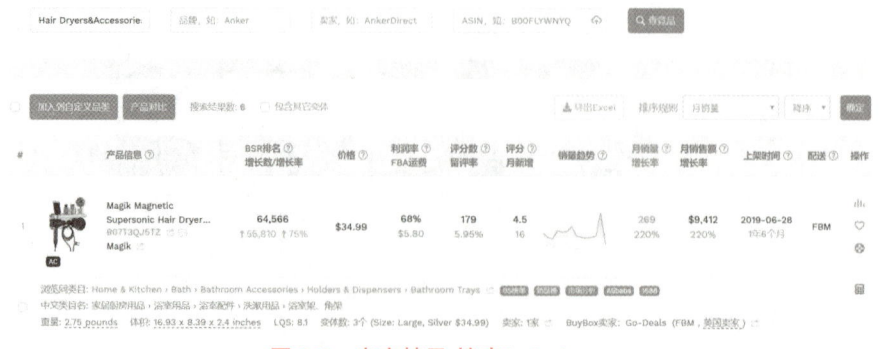

图 3-3 卖家精灵-搜索 hair dryers

点击"加入到自定义品类"前的勾选按钮，就可以将整页的商品加入自定义品类中，如图 3-4 所示。这就相当于自己建立了一个类目，样本容量可以自己定义。示例中每页是商品数为 50 的展示，所以全选样本数进行保存，如果选择每页 100 的展示，就可以一次性添加 100 个产品，以此类推。

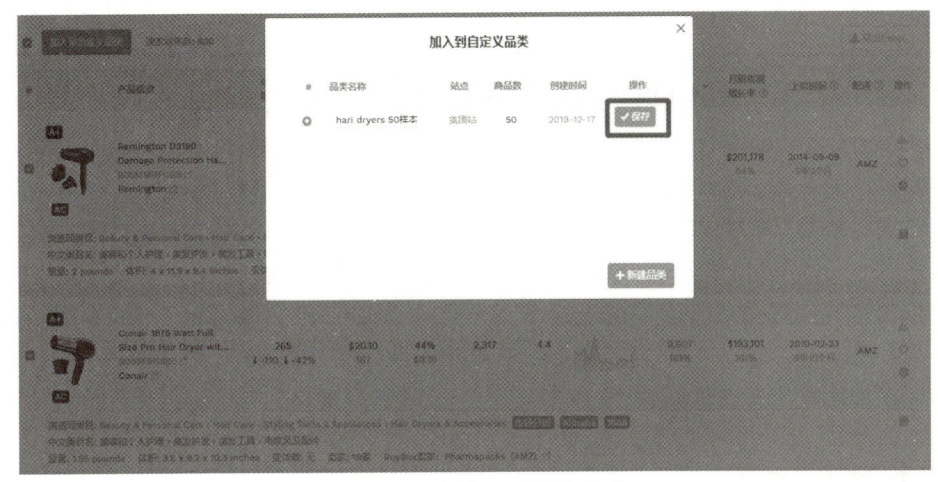

图 3-4 卖家精灵-自定义品类

建立好的自定义品类的数据就是以该样本为基准的各项数据，包括月总销量、平均价格、平均 BSR、平均评论数/星级、平均卖家数等，可以多维度地分析该市场的情况。

（四）查看市场分析报告

该市场分析报告就是我们自定义品类的分析报告，通过各种走势图及柱状图能更加直观地加以感受。点击查看该类目的商品列表，就可以看见我们建立的自定义品类里所有的产品，这里会展示各项数据，如细分市场、月总销量、月均销量、月均销售额、平均价格、平均评分数、月均销量、平均 BSR、平均卖家数等（见图 3-5）。

图 3-5 卖家精灵-自定义报告

术语解释

1. FBA

FBA（Fulfillment By Amazon），即亚马逊物流服务，是亚马逊将自身平台开放给第三方卖家，将其库存纳入亚马逊全球的物流网络，为其提供拣货、包装及终端配送的服务，亚马逊则收取服务费用。

2. 亚马逊 listing

卖家在亚马逊上架的所有产品，都有一个对应的 listing 页面，它是针对产品的一个全方位的信息介绍页面，只要卖家创建了 listing 之后，平台就会生成一个对应的 ASIN 和 listing ID，包含产品的不同变种（颜色/尺寸/型号等）。一个完整的 listing 页面基本由以下几个部分组成：产品标题、产品图片、产品价格、产品信息、配送方式及费用、产品Q&A、消费者问题、产品评论、其他产品广告等。

3. 亚马逊Search term搜索词

Search term即搜索词，位于产品刊登页面的Keywords一栏，对于长度的限制，2020年亚马逊大幅缩减了Search term的字符上限，目前印度站总共为200个字符，日本站为500字符，而其他站点都是250个字符（除了中国站），卖家数量最多的北美站和欧洲站目前采用的都是250个字符的限制。Search term是唯一不被亚马逊在前端公开显示的，却影响listing的搜索权重的关键词，因此虽然Search term并不是必填项目，但每个卖家都不应该放弃填写。亚马逊搜索框会自动根据买家习惯推荐常用搜索词，因此卖家也可以直接选用亚马逊推荐给买家的关键词用作Search term。在我们日常运营中，新手卖家最容易犯的错误就是在Search term中堆砌产品关键词，在标题和描述中出现过的关键词也全部加入Search term。其实这是没有必要的，一来亚马逊爬虫不会觉得你这样操作能够给listing带来好处而导致不会抓取，二来卖家也是在浪费这一块的资源。因此我们需要了解亚马逊的规则，然后在规则范围内做到最优。

二、目标客户分析

如果准备要进入一个市场，我们当然要了解目标市场的消费者，包括他们的人均收入、民俗、节庆日、天气状况、特殊喜好、颜色喜恶等。

（一）目标客户市场分布

以美国市场为例，作为亚马逊最大的区域市场，美国人的消费能力绝对不容置疑，但毫无疑问美国客户的要求也是很高的。必要时，我们必须清楚客户的喜好，根据市场调整自己的产品定位，做出具有核心竞争力的产品并赢得市场。

（二）目标客户年龄分析

48%的亚马逊客户是prime 会员，45%的消费者则不是，还有7%的消费者为了参加即将到来的prime day 而申请了prime 试用会员。而且这些免费试用会员的人中，试用到期后，大概也会有73%的客户选择付费成为prime 会员。这些成为prime会员的客户，就对亚马逊平台的黏性很强，都有可能在亚马逊上面购买我们的商品。

在分析prime成员数据的时候，发现一些非常有意思的现象：年龄在25～34岁的消费者更愿意为了参加prime day去申请一个prime 会员；年龄在18～24岁的年轻群体并不太愿意去申请prime 会员。另外，年龄在65岁以上的人也不喜欢去申请prime 会员。因此其实亚马逊上面的消费群体有年轻化的趋势，喜好线上购物并有相对的经济水平。

敲黑板

1. 市场数据分析是为了一定的商业目的，对市场规模、市场趋势、市场需求、目标客户等相关数据所进行的分析。

2. 目标客户群体的分析要根据对应的市场去分析，不同站点的目标群体不一样。

单元二　竞品数据采集与分析

一、竞争对手识别

这里所谓竞争对手，就是同子类目下的店铺，售卖的产品大部分属性都一样。对目前的亚马逊来说，上架任何一款产品都需要前期做大量的产品调研。如果竞争对手选择了上架这一产品，那么说明这款产品有一定的市场。这个时候我们只需要与竞争对手一样上架同类产品，将竞争对手的产品做一些改善，这样一来，将会省去大量的时间、人力、物力成本。在初期阶段就跟上这波节奏，就能更早地抢占先机（备注：这种方式在亚马逊平台上属于跟卖模式，要注意不要跟卖有品牌保护的产品，避免侵权）。

如图3-6所示，我们在亚马逊搜索前端输入"toilet paper holder"，搜索出共2 000个结果，这说明有差不多2 000个纸巾盒的listing，这个搜索数据相对来讲是不高的，说明竞争不是特别激烈。

进而我们分析整个卫浴行业，把自身的竞争对手进行分层，在之后的运营中，我们要向标杆竞争对手学习，并进一步锁定直接竞争对手，作为我们运营努力的目标。

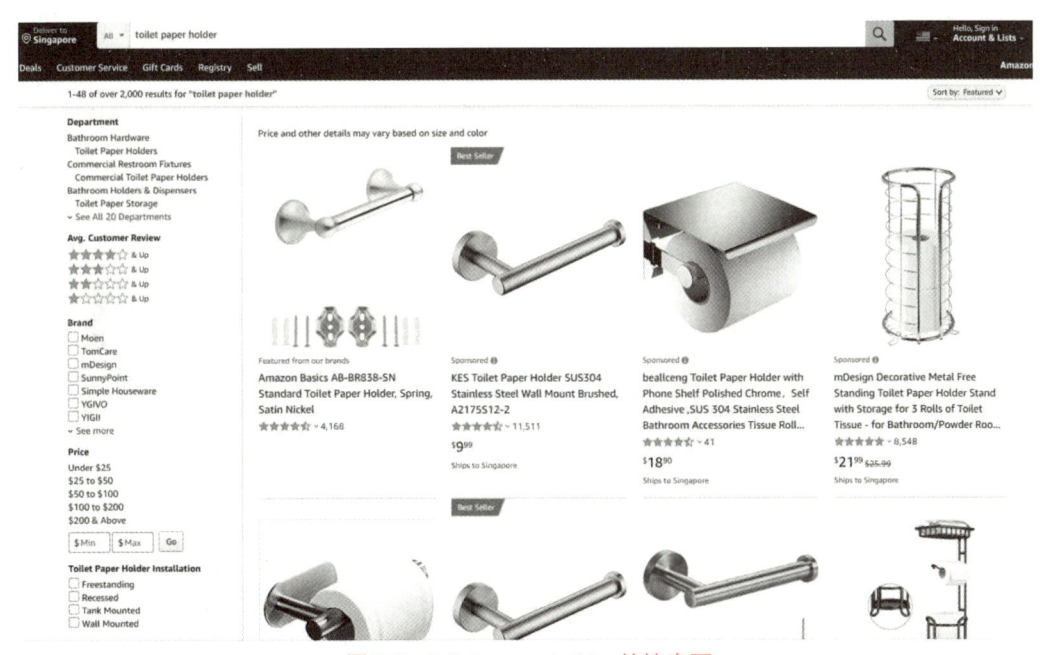

图3-6　toilet paper holder的搜索页

（一）如何识别竞争对手

识别竞争对手非常重要，前期进入市场之前，我们可以根据计划进入子行业，从关键词、目标客户、价格、营销活动等维度进行竞争对手识别。

1. 输入关键词识别竞争对手

比如一家传统卫浴产品新开发了一款三件套3-pieces，计划投放亚马逊北美市场，我们前期要先调研识别出我们的竞争对手。在亚马逊搜索前端输入"3-pieces bathroom hardware set",搜索出来如图3-7所示的结果,排名前几页的都是我们需要学习的竞争对手。

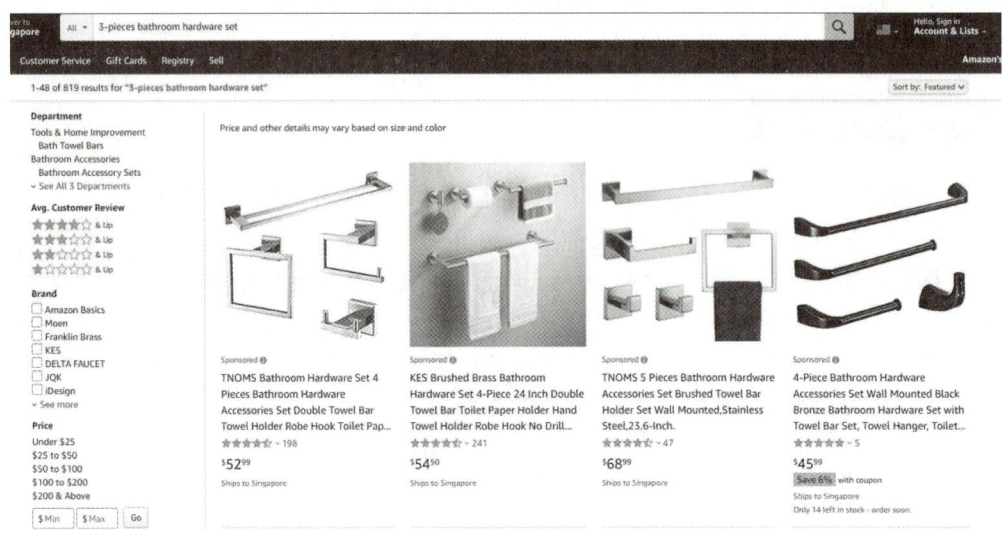

图3-7 3件套卫浴产品

2. 通过类目搜寻进入识别竞争对手

通过前端类目层级进入,选择 Home & Kitchen—Bath—Bathroom Accessories—bathroom accessories set,然后选择价格25~50美元,材料Material选择Stainless Steel(不锈钢)结果如图3-8所示。

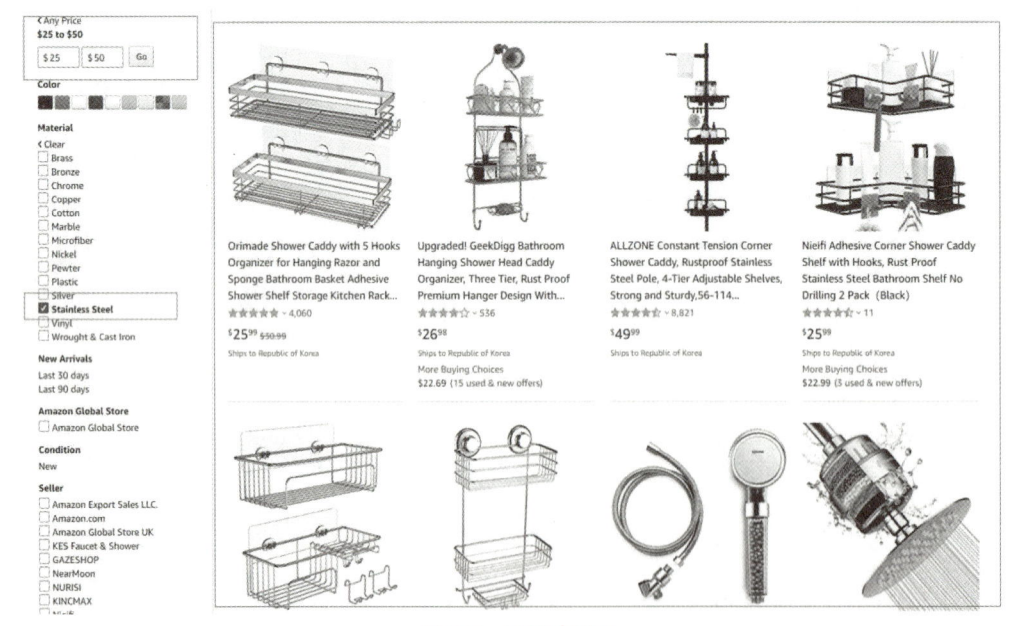

图3-8 卫浴产品2

二、竞店分析

亚马逊强化单品listing的推广,弱化卖家后台店铺的概念,亚马逊也对卖家店铺做了后置处理，如果顾客想查看一个卖家的店铺，需要在不起眼的地方经过多个页面的切换才能找到，对于普通的买家来说，查找的过程是不便利的。但是卖家能否在平台上获取更大的利润，除了取决于自身商品的品类、质量、价格外，还取决于竞店的各种要素，如果竞店的品类更丰富，商品质量更好，则会直接影响自身的市场占有率及转化率。

定期分析竞店的数据，一方面可以了解竞店的优势，使我们在运营的过程中，能够错位竞争，找到我们自己listing优化提升的空间；另一方面也可以了解竞店应对市场的方式，如促销方案的制定、上新的时间点设置等。

在对竞店进行分析时，需要持续跟踪各项关键数据，可以通过Excel表格人工跟踪并记录各项数据，也可以借助第三方软件进行数据采集。比如我们可以利用图3-9中的卖家精灵定期跟踪竞店中爆款产品的数据、销量、关键词的坑位等。

店铺上新监控主要帮助卖家关注竞争店铺新品上架情况；对于有竞争力的店铺，它们的产品选择都是经过深思熟虑的，推爆的概率较大；当它们的产品还在摇篮状态就去跟进，比它们打爆后再跟进更能够抢占市场先机；竞争店铺上新时，店铺上新监控会第一时间提醒我们，可以评估该新品是否值得跟进；新添加的店铺，需要等待一会才能看到各维度的数据，各指标每天更新一次。

图3-9 卖家精灵-店铺监控

在正常使用情况下，从以下几个指标入手，可以帮助我们快速了解一个店铺。

（1）查看店铺信息，包括店铺的名字、近12个月店铺的评论数及星级、店铺ID和店铺链接。店铺信息可以大致帮我们了解这家店铺，方便拿来与我们自己的店铺做对比。

（2）设置标签，点击设置的图标标签即可进入设置页面，这可以方便我们后期管理，并且如果监控的店铺较多，可以根据标签进行快速搜索。

（3）近7/15/30/60天产品上新数，点击具体的数字就可以进入上新的产品列表及它们的详细数据，在某个产品表现不错的情况下，可以点击"行业分析"按钮对该产品进行进一步的分析。

（4）新品所属类目，取该店铺近60天上架的产品主属类目及产品数和产品主属类目对比时，可以反映该卖家的产品策略是品牌型的还是贸易型的。

（5）产品总数，抓取店铺前30页获得的产品总数，点击产品总数的数字，就能进入店铺的Products页面。

（6）产品主属类目，取该店铺评论数排名前100的产品所属类目及类目下产品数，它侧面反映了店铺的产品策略及其竞争力。

想一想

在上面竞争对手与竞店分析的基础上，请你想一想：

> 一家新亚马逊卖家，在进入市场前，是选择销售和竞争对手差不多的产品好一点呢，还是避开竞争对手的选品，另辟新产品？

三、竞品分析

客户在亚马逊平台上面采购，更多的是通过单品搜索的，客户对于店铺的第一印象多是通过单品产生的，从这个角度说，亚马逊的单品显得尤为重要。单品listing无论作为主推款还是引流款，均无法回避市场的竞争。为了提升单品的流量或者销量，并进一步预测竞品未来的动向，亚马逊卖家需要对竞争对手的listing进行多维度的分析，包括标题、五点描述、销量、A+页面、review等，找出自己产品与竞品之间的差距，并能够避开竞品的优势，挖掘自身商品的优势。

竞品分析同样可以借助卖家精灵的产品监控工具，通过竞品的ASIN码查询监控，追踪并记录对方产品BSR排名、价格、销量监控、关键词监控等，如图3-10所示。

需要注意的是，竞品分析除了第三方软件进行各项产品数据的采集外，一些基础信息需要人工进行观察记录。下面以一款卫浴四件套产品"4-pieces bathroom set"为例，讲述竞品分析主要围绕哪些内容展开（见图3-11）。

图3-10 卖家精灵-监控竞品

图3-11 4-pieces bathroom set

（一）价格分析

亚马逊前端的售价是多数客户购物时参考的一个重要指标，因为现在平台的价格都很透明，在加入购物车前，多数客户已经有一个大概的心理价位。我们需要对比自己产品与竞品的价格，分析彼此的利润空间，再进行产品价位的调整，或者后期在优惠券折扣上进行调整，提升自己产品的转化率，如图3-12所示。

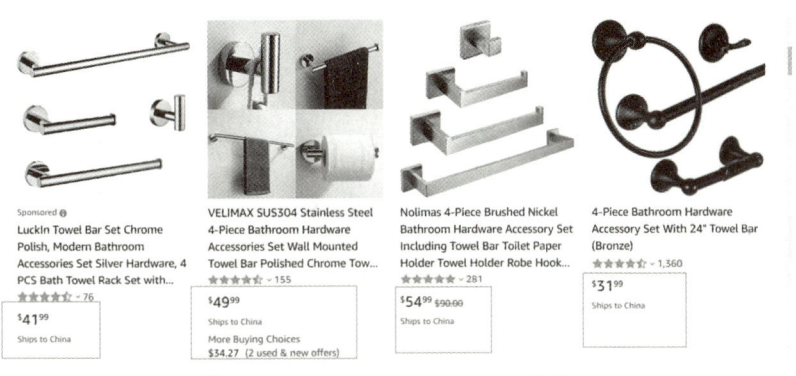

图3-12　4-pieces bathroom set价格

（二）基本信息分析

基本信息分析即分析竞品的款式、功能、材质、卖点、五点描述、review等，将竞品的这些基本信息与我们自己的产品进行一一对比。这一部分是竞品分析的基础，需要我们运营人员进行人工观察收集。

基本信息分析较为直观的方式是查看竞品的详情页。图3-13所示的是我们一款4件套的竞品的部分详情页。可以看到竞品的详情页还是比较详细的，我们可以从Stainless Steel材料的高质量，以及具体的设计、安装方式等方面以图文形式进行对比分析。这些都是值得我们学习的地方，从而借鉴优化到我们自己的详情页上。

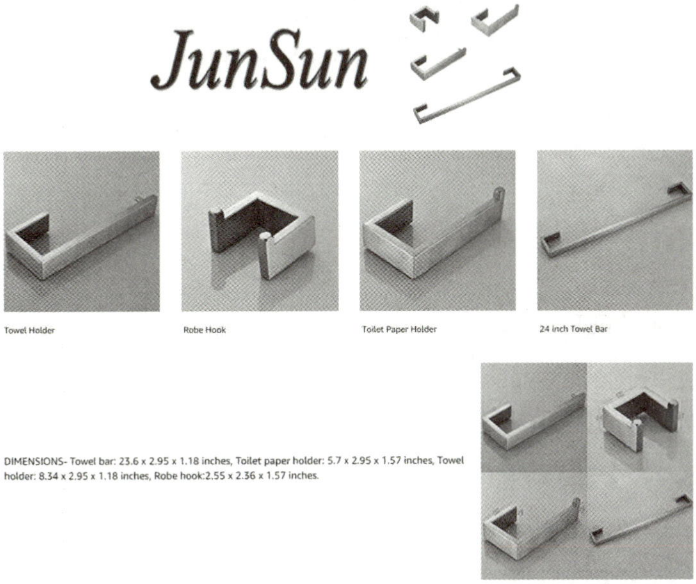

图3-13　竞品详情页

（三）流量关键词对比分析

进行竞品分析，需要分析竞品的流量关键词排名和我们自己的关键词，然后综合对比这些关键词的排名情况。如图3-14所示，我们可以看到部分竞品的关键词排名，比如bathroom hardware set brushed nickel，这个长尾流量词，它排在第2页第57位，这个关键词与我们的产品也是精准相关的，我们就要长期对这些竞品关键词进行跟踪记录，查看有哪些关键词是我们可以借鉴优化的。

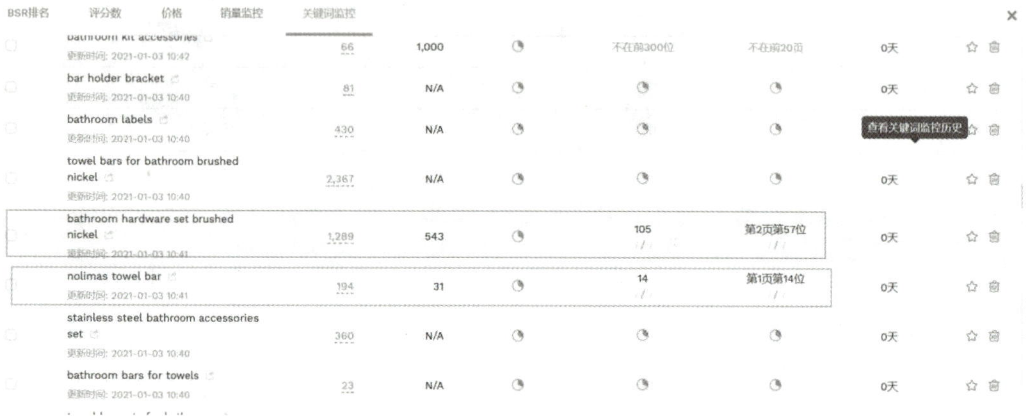

图3-14 关键词坑位

（四）BSR排名分析

跟踪竞品的BSR排名，也是该ASIN的大类BSR排名，也就是该子ASIN的listing页面Best Sellers Rank部分的大类最新排名，近7天变化=当前的大类BSR排名—7天前的BSR排名。点击该数字可以快速浏览最近30天的排名趋势，以及各子类目的变化趋势，如图3-15所示。

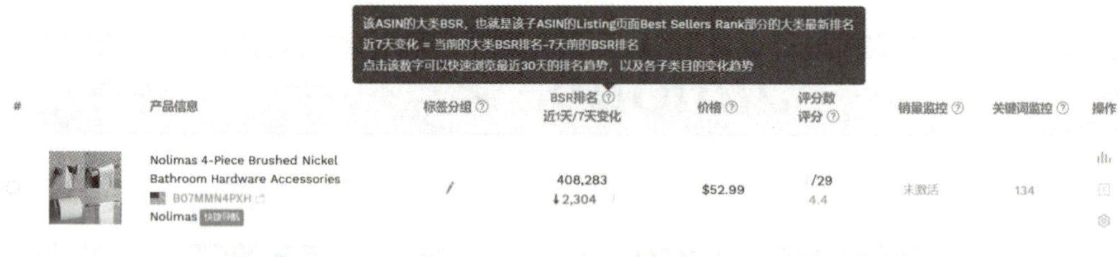

图3-15 BSR排名分析

（五）推广活动分析

推广活动分析，即分析竞品有没有参加Coupon优惠券活动、秒杀活动及平台的大促活动，通过分析竞品的推广活动，在后期自己产品进行营销推广活动时，有一定的参考价值。此外，在优惠券活动的具体设置上，可以进行差异化处理。

（六）商品review分析

综合比较竞品review（客户评价），找出竞品客户认可的优点、提出的差评意见等，综合分析，可以给自己产品在质量把控上指明方向。如图 3-16 所示，这款竞品 4 件套的 Customer review 共 281 个，五星好评达到 83%。浏览了大部分客户的评价，发现客户的好评都集中在"easy to install"（便于安装）和"nice looking"（外形好看），说明竞品的质量方面还是做得很好的。

图 3-16　竞品的 review

术语解释

1. 亚马逊跟卖

跟卖是亚马逊独特的机制，用英文可以表示为"Sell Yours on Amazon"，简单一句话说就是多个卖家共享同一个 listing 页面，直接将别人销量好的产品 listing 页面复制过来，就可以将自己的产品挂在别人已经创建的 listing 下面，从别的卖家手中截获流量。

2. ASIN 码

亚马逊识别码，由 10 个字符的数字和字母组成，用于对产品目录中的产品做标识。在上传产品信息的时候，需要的 ASIN 码由系统随机生成，是亚马逊平台的产品凭证，在平台上具有唯一性。ASIN 码可以用于跟踪产品的库存，引出产品目录，搜索目录页，以便买家浏览相关产品。ASIN 码为买家优化了所有选项，使搜索更加高级和精准。买家也可以直接在搜索框中输入 ASIN 码或者产品描述来搜索自己需要的产品。

3. BSR 排名

亚马逊 BSR 是 Amazon Best-Seller Rank（亚马逊热销品排名）的缩写，是亚马逊的一种产品排名，是产品在某个类目下的实时排名。通过亚马逊 BSR 排名卖家可以知道自己在这个类目中的位置，前面有多少竞争对手，排名最靠前的是些什么产品，了解自己与竞品的差距，得到改进的有效信息。

4. review

review 的发生条件其实并没有太多的限制，任何注册过亚马逊买家账户的用户都可以对产品的 listing 做出评价，都可以对自己感兴趣的 listing 发表 review。当然前提是该买家账号曾经在亚马逊平台上至少有过一次的购买经历。

review 有如下 3 种类型：

① 直评：直评，即买家不用购买产品，就可以直接对产品进行评论。

② VP 评论：VP 评论，就是亚马逊买家购买产品后，留下的真实评论，该产品评价会被标示为 Verified Purchase。

③ Vine 绿标评论：Vine 绿标评论在亚马逊 review 中占有最高的权重，也更不容易被删除，优质的 Vine Review 可以让卖家快速建立起产品可信度和品牌声誉。

敲黑板

1. 竞争对手识别非常重要，前期进入市场之前，我们可以根据计划进入的子行业，从关键词、目标客户、价格、营销活动等维度进行竞争对手识别。

2. 在对竞店进行分析时，需要持续跟踪各项关键数据，可以通过 Excel 表格人工跟踪记录各项数据，也可以借助第三方软件进行数据采集。

3. 竞品分析主要对竞争对手的 listing 进行多维度的分析，包括标题、五点描述、销量、A+ 页面、review 等，找出自己产品与竞品之间的差距，并能够避开竞品的优势，挖掘自身产品的优势。

经典案例解读

最近，香奈儿起诉 30 多个亚马逊卖家侵犯其商标，销售仿牌产品，并获得胜诉。加利福尼亚联邦法院在被告缺席的情况下，选择支持香奈儿，判定这些卖家在亚马逊平台上的操作违规。

最初香奈儿要求每一位被告卖家支付 200 万美元赔偿，法院将这一数额削减为 10 万美元。因此，案子胜诉后，香奈儿获得 300 万美元赔款，同时亚马逊必须关闭这些卖家店铺，移除所有违规产品图片。

一些卖家试图逃离这起诉讼，一位卖家称他仅通过销售香奈儿仿品赚了 48 美元，商标图片是误传到网上的。但是，这类侵权诉讼案，一般并不是为了获得赔偿，而是要保护品牌商标，控制产品销售渠道，特别是香奈儿这样的奢侈品牌。

调查人员从这些被告卖家的店铺里购买了带有香奈儿商标的产品，包括服装和配饰，然后经过鉴定，发现都是假货。

资料来源：雨果网

单元三　运营数据采集与分析

一、亚马逊业务报告的运营数据

亚马逊的运营数据有很多，包括买家访问次数、销售额、转化率、页面浏览量等；我们卖家要经常关注后台的运营数据，但是很多卖家在面对大量的数据时，会很容易忽视信息。亚马逊后台其实有一个"业务报告"模块，比较清晰地呈现了基础数据，我们需要深入了解业务报告里面的各种运营数据指标，因为后台涉及的数据有很多，这里抓取其中相对比较重要的运营数据指标进行阐述。

Business report（业务报告）是亚马逊自动为卖家进行的一个店铺数据统计，里面包含了卖家的销售量和买家访问量等各类数据，可以看到访问量、点击率、购物车占比、销售额、转化率等数据情况。

Business report左侧展示3种形式的图表：销售图表（Sales Dashboard）、根据日期或根据ASIN的归类数据的业务报告（Business report）和亚马逊销售指导（Amazon selling Coach）。销售图表界面如图3-17所示。

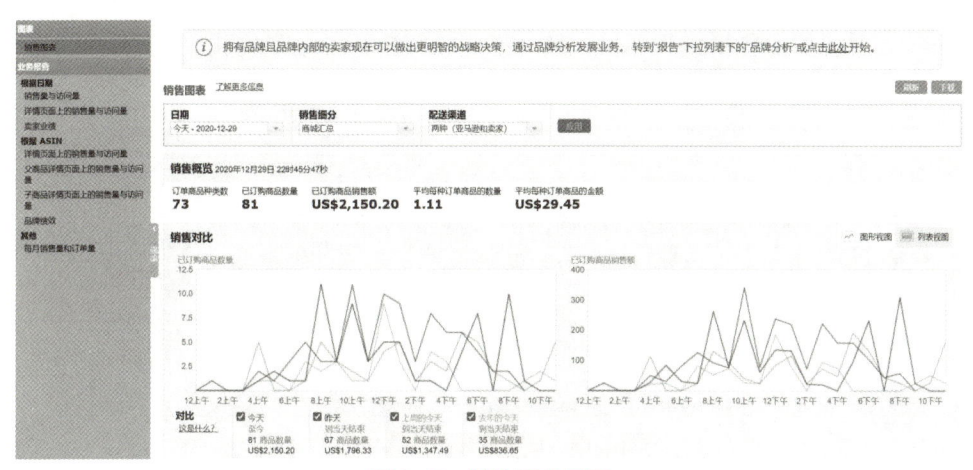

图3-17　销售图表界面

如图3-18所示，卖家可以看到页面浏览次数、买家访问次数和订单商品数量转化率等指标。页面浏览次数，指的是页面一共被看了多少次；买家访问次数，是指有多少买家看了你的页面；订单商品数量转化率，是指订单量与买家访问次数之比，用来衡量商品是否受到买家欢迎。在图3-18右边的选择框中，卖家可以选择"显示/隐藏字段"，隐藏不是特别重要的字段。

图3-18　业务报告

（一）转化率

1. 转化率的概念

其实转化率在不同的跨境电商平台有很多不同的概念，比如流量转化率、订单转化率、广告转化率，不同的转化率有不同的结果。下面以"订单转化率"为例，分析亚马逊平台的转化率指标。所谓订单转化率，其实就是当消费者查看了我们的产品listing后，选择购买我们产品的转化率，比如说，有100个消费者选择点击查看了我们的产品listing，然后有39个消费者选择购买了我们的产品，那么我们产品的订单转化率就是39%。

$$订单转化率=（订单总数）/（产品listing的总访问量）$$

在亚马逊后台的业务报告指标里，转化率叫"订单商品数量转化率"，对应的英文指标名字是"Unit Session Percentage"，如图3-19所示。

图3-19 订单商品数量转化率

2. 如何提升订单转化率

客户感兴趣点击我们的产品页面，但能不能产生购买的欲望，取决于产品的A+详情页面，包括价格、页面上关于产品的卖点描述及产品的review等。

如图3-20所示，这款爆款产品的Customer reviews目前有735个global ratings，五星好评占到76%，客户进到我们的A+详情页面后，会看到如下这么多带有客户真实产品照片的评

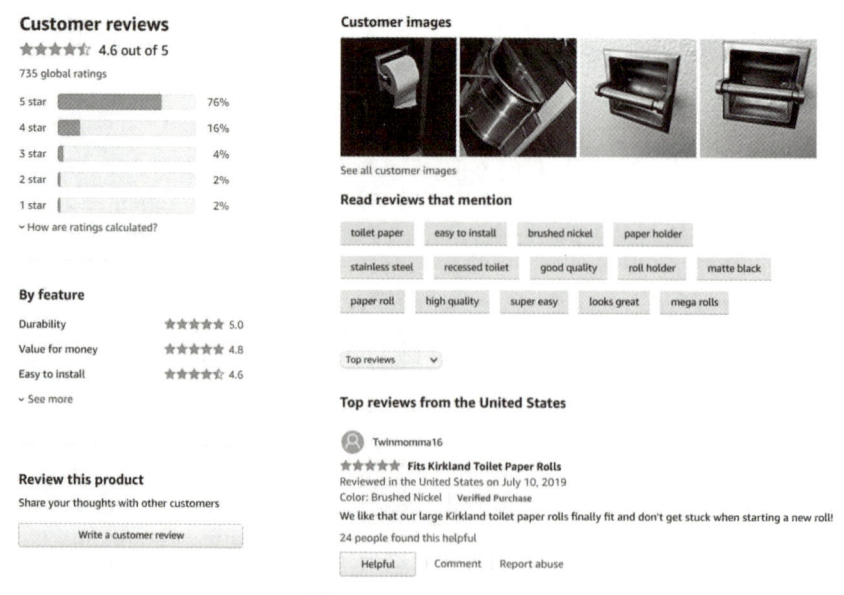

图3-20 Customer reviews

价,从图3-20所示的评价中,我们可以抓取到大部分客户关于这款纸巾盒的评价都涉及了以下卖点:"easy to install"(便于安装)、"stainless steel"(不锈钢)、"good quality"(高质量)、"looks great"(好看)等。我们卖家在运营优化的过程中,通过逐步地积累客户的好评,也能提升产品的转化率。

(二)买家访问次数

1. 买家访问次数的概念

买家访问次数(Sessions)是指买家对卖家产品页面进行访问的浏览次数的统计,如图3-21所示。在一次访问中,即使买家多次浏览多个页面(24小时内),也只会记为一次访问。买家访问次数越多,证明产品曝光度越高。

图3-21 买家访问次数

2. 如何提升买家访问次数

想要提升买家访问次数,首先你的产品要有高的曝光,能够让买家看到,其次还需要你产品的主图、价格有吸引力,买家有足够的兴趣点击进去,才能产生这个数据指标。首先,从增加产品的曝光角度,卖家可以通过加大相关CPC的广告力度快速引流,提升买家访问次数。其次,如果要吸引买家点击你的产品 listing,卖家需要优化产品的主图,定期地做优惠券活动(见图3-22),在价格上面显示一定比例的折扣,提升点击率和买家访问次数。

图3-22 前端页面

(三)页面浏览次数

页面浏览次数(Page Views),是指所选取的时间范围内,产品详情页面被买家点击浏览的次数,即经常所说的PV。如果在24小时内,同一买家点击了10个商品详情页面,那么

PV 就算是 10 次。卖家可以在每个产品的 listing 页面，把关联产品的链接做进去，实现买家在不同页面之间的跳转，能够同时提升页面浏览次数。

以后台一款 matte black 纸巾盒为例，卖家要在这个 listing 的 A+ 页面的最下面设置相关产品的链接（见图 3-23），包括毛巾环、衣钩、24 英寸单杠、三件套、四件套 5 个链接，买家停留在这里能够直接点击进入其他产品的页面，提升页面浏览的次数。

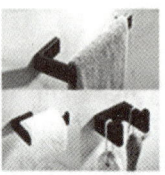

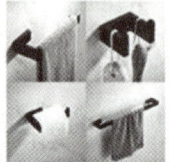

图 3-23 产品关联

如图 3-24 所示，相关几个产品的链接，我们可以直接输入该产品的 ASIN 码，插入对应的 A+ 图片，ASIN 码就能直接匹配到这款产品，一般卖家在这里设置的可以是该产品的类似款，或者补充款，买家如果不看中黑色的纸巾盒，对其他感兴趣的可以点击进入其他产品的页面，产生页面浏览次数，进而转化成订单。

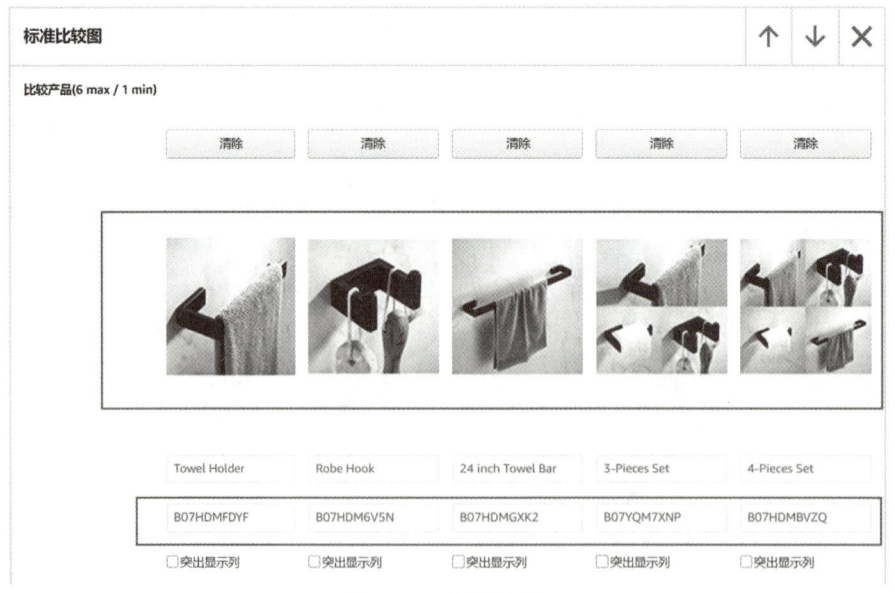

图 3-24 产品关联 2

（四）已收到的反馈数量

已收到的反馈数量（Feedback Received），是指具体时间段内，卖家收到已验证购买的买家所留下的反馈总数量，包括好评与差评，如图 3-25 所示。

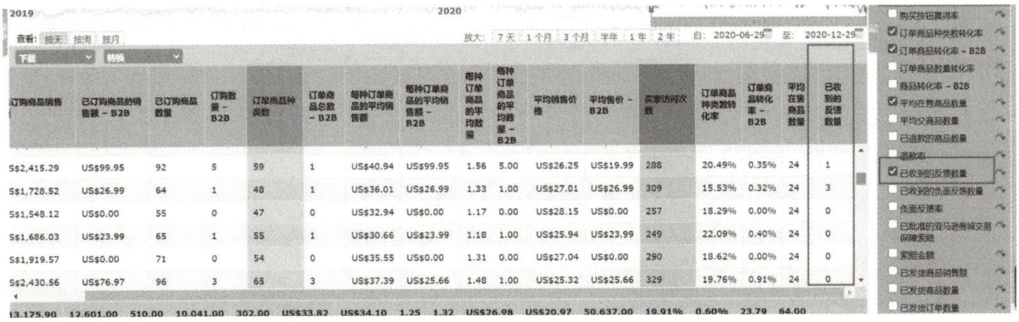

订购商品销售	已订购商品的销售额 – B2B	已订购商品数量	订购数量 – B2B	订单商品种类数	订单商品总数 – B2B	每种订单商品的平均销售额	每种订单商品的平均销售额 – B2B	每种订单商品的平均数量	每种订单商品的平均数量 – B2B	平均销售价格	平均售价 – B2B	买家访问次数	订单商品种类数转化率	订单商品转化率 – B2B	平均在售商品数量	已收到的反馈数量
S$2,415.29	US$99.95	92	5	59	1	US$40.94	US$99.95	1.56	5.00	US$26.25	US$19.99	288	20.49%	0.35%	24	1
S$1,728.52	US$26.99	64	1	48	1	US$36.01	US$26.99	1.33	1.00	US$27.01	US$26.99	309	15.53%	0.32%	24	3
S$1,548.12	US$0.00	55	0	47	0	US$32.94	US$0.00	1.17	0.00	US$28.15	US$0.00	257	18.29%	0.00%	24	0
S$1,686.03	US$23.99	65	1	55	1	US$30.66	US$23.99	1.18	1.00	US$25.94	US$23.99	249	22.09%	0.40%	24	0
S$1,919.57	US$0.00	71	0	54	0	US$35.55	US$0.00	1.31	0.00	US$27.04	US$0.00	290	18.62%	0.00%	24	0
S$2,430.56	US$76.97	96	3	65	3	US$37.39	US$25.66	1.48	1.00	US$25.32	US$25.66	329	19.76%	0.91%	24	0

13,175.90　12,601.00　510.00　10,041.00　302.00　US$33.82　US$34.10　1.25　1.32　US$26.98　US$20.97　50,637.00　19.91%　0.60%　23.79　64.00

图3-25　已收到的反馈数量

（五）退款率

退款率（Refunded Rate），是指具体时间段内，已退款的商品所占的比例。其计算公式为退款率=已退款的商品数量/已订购商品数量×100%。亚马逊的退款率还是比较高的，因为该平台采用的是不退货退款方式，只要顾客对于产品不满意或者产品有问题，都可以直接申请退款，有些类目，比如鞋服类目的退款率更高。一般卖家在上传产品时，都会在价格的定价表中把退货率计算进去（见图3-26），这样就不会在退款上面亏损很多。

定价表

型号	成本														售价USD 汇率/6.8	利润	
	产品成本		物流成本			产品总成本USD 汇率/6.8	配送成本USD	退货6% USD	广告7% USD	提现1.2% USD	佣金15% USD	人工成本1.5% USD	总成本USD 汇率/6.8			毛利润USD	利润率
	产品成本	包装成本	总重量	FBA运费	单成本												
7824S	42.2		0.725	34元/公斤	24.50	$9.81	$8.64	$1.74	$2.03	$0.35	$4.35	$0.44	$27.35		$29.01	$1.65	5.70%
7824S	42.2			11.5元/公斤	8.50	$7.46	$8.64	$1.74	$2.03	$0.35	$4.35	$0.44	$25.00		$29.00	$4.00	13.80%

图3-26　定价表

（六）A-to-Z Claims

1. A-to-Z索赔的概念

亚马逊对在平台上购买商品的所有买家实施保护政策，如果买家不满意第三方卖家销售的商品或者服务，买家可以发起亚马逊商城交易保障索赔，即 Amazon A-to-Z索赔，保护自己的利益。卖家处理A-to-Z要比一般的退换货问题棘手。因为一旦A-to-Z索赔成立，会影响卖家的绩效指标中的订单缺陷率（ODR）及完美订单（POP）的分数，对卖家的负面影响是显而易见的。假如卖家成交的订单本来就不多，此时就更要小心了，很可能会因为存在一两个A-to-Z索赔事件，导致账号有被审核、冻结，甚至被关闭的风险。

2. 卖家收到A-to-Z索赔的原因

（1）产品出现差错：买家收到的商品与详情页面展示的细节存在重大差异，包括收到时破损、存在缺陷、缺失零件等情况。

（2）买家未收到订单。如果确认买家确实没有签名确认签收订单包裹，卖家存在无法控制的配送错误（如发错货或发错地址）的问题，卖家需要承担未配送的责任。如果买家声称未收到商品，但签名确认上的姓名与买家姓名匹配的，亚马逊将会驳回买家发起的索赔；但如果签名确认上的姓名与买家的姓名不符的，亚马逊也将会驳回买家发起的索赔，并要求买家调查签署包裹的人。

（3）买家不诚实。运营跨境电商平台，会遇到各种各样的买家，也不可避免会遇到不诚

3

实的买家。这个时候，卖家的首要目标，是将损失降到最低，或者试着拿回产品，或者试着通过折扣让买家接受并保留产品。

（4）买家已经退货，但未收到退款。卖家已经同意给买家退款，但是并未将货款退给买家。这个时候，买家可以发起 A-To-Z 索赔。

（5）卖家拒绝退货。卖家拒绝买家合理的、适用亚马逊退货政策的退货申请。

二、产品（单品）重要数据

前面从店铺业务报告的数据角度，分析了后台的各种重要数据，下面我们要从产品（单品）的角度，分析一个具体产品 listing（包括父体、子体）的重要数据，如果忽视商品的数据分析，可能会让卖家错过爆单的机会。

亚马逊的产品数据分析，需要通过产品的曝光（展现量）、销售额、转化率、BSR 排名等来发现该 listing 的问题及优化空间，分析其原因是流量不够，还是产品页面优化不到位，通过单品的数据分析来发现问题、解决问题。

（一）BSR 排名

BSR 是 Amazon Best-Sellers Rank（亚马逊热销品排名）的缩写，意思是热销卖家排行榜 Top100，是亚马逊一种产品排名，是产品在某个类目下的实时排名（见图 3-27）。BSR 会有波动，一段时间的数据不能说明这个产品的销售是好还是不好，只能说明在这个时间段，这个产品的表现如何。有些季节性的产品，如暖手宝、圣诞装饰等，BSR 波动就非常明显。当我们看到有些新发布的产品比发布了很长时间的产品排名更高，也不用觉得奇怪，亚马逊可能预估该新品的潜在销售能力更强。由于 BSR 的排名和 review 的多少及星级没有关系，为此我们可能会看到某些 listing 的 review 很少，星级也不高，却有 Best Seller 的标志。

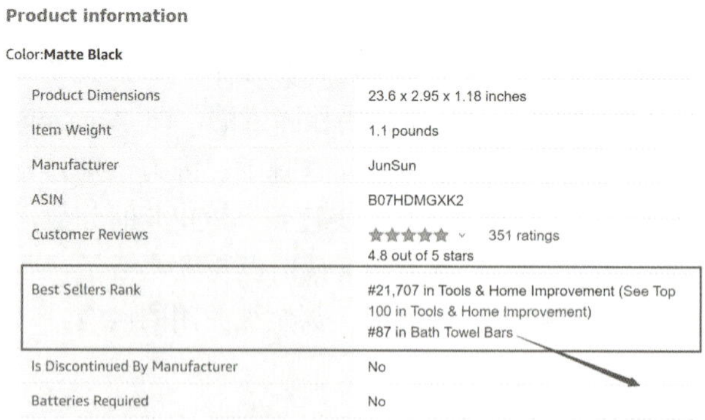

图 3-27　BSR 排名

（二）产品的相关性

1. 何为相关性

相关性是指包括标题、Bullet Points 和产品描述等方面与用户搜索关键词的匹配程度；亚马逊绝大多数（超过 87%）的用户都是通过关键词搜索找到自己想要购买的产品的，当然也不排除直接进入产品 listing 和品类搜索。

而亚马逊根据卖家listing上的文字内容、标题、五点描述、产品描述、后台搜索关键词（search term）和产品所在类目来确定这些关键词对应的产品，通过你的文字信息和选择类别来分析出你的产品是怎么样的，与用户搜索的内容是否匹配来决定是否展示。

2. 如何提升关键词与产品的相关性

目前有很多第三方的数据抓取软件，可以帮我们抓取产品的引流词，比如卖家精灵的关键词挖掘、反查功能，可以找出任何一款产品的流量词（顺序排名），如图3-28所示。我们要整理优化关键词表。

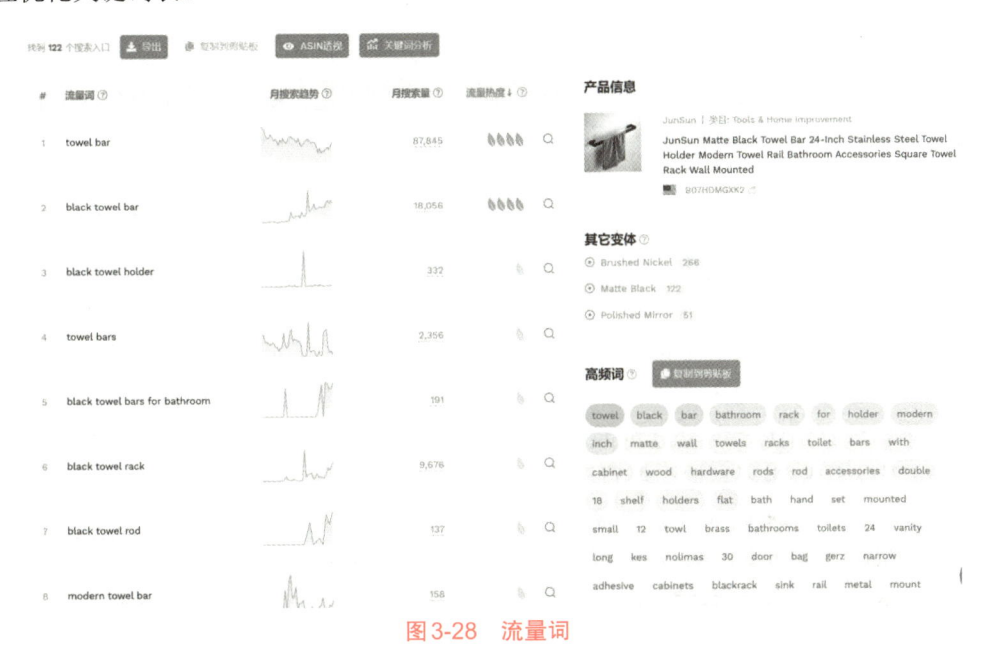

图3-28　流量词

首先要确保这些词语和自己所售的产品是相关的，最好是高度相关的。相关度越高的关键词越要优先使用，而如果不相关，则宁可不用。这就要求卖家必须熟悉自己的产品，熟悉自己产品所面对的类目和市场，基于对产品、类目和市场三位一体的分析，将关键词筛选分类，然后分级使用。

想一想

请深入分析图3-28中这款黑色的毛巾单杠及左边对应的流量词，哪些关键词是和我们这款产品精准匹配的词？我们如何把这些精准词进一步优化我们的产品？请运用前面所学的知识进行深入分析。

术语解释

1. Bullet Points

现在Bullet Points的字数从原本的2 000字更改为500字，也就是说1～5 Product Features限制为500字，每个Product Feature不能超过100字，且不能有特殊字，这个只影响新上架的listing，旧listing中Bullet Points超过500字是不会被强迫更改的。

2. ODR

Order Defect Rate，简称ODR指标，中文翻译为"订单缺陷率"，这个指标的计算方法是，在一段时间内所有涉及1~2星差评和 Claim 纠纷的订单除以这段时间内总订单数得出百分比。

ODR是反映卖家能否提供一个良好的买家购物体验的非常重要的指标，这个指标千万不要超过1%，否则对账户安全是很不利的，严重时亚马逊甚至会审核你的店铺或者移除你的销售权限。

在实际的使用上，精准关键词要优先使用，可以用于放在占据最大权重的 listing 标题中，当然，很多时候，一个产品往往由于表达方式的不同包含多个核心关键词，那就需要我们能够把这几个关键词恰当地放置在标题的不同位置。而宽泛关键词往往会包含在核心关键词中，所以不需要我们再做什么额外的关注即可，对于长尾关键词，要在最相关和覆盖群体相对较大的两个前提下筛选使用。

（三）产品的转化率

产品的转化率，和店铺的转化率不一样，它反映了一个单品 listing 的转化率。我们如果站在买家的角度去分析整个购物流程，会看到每一个行为都会存在转化的问题。例如，买家的购物流程为：搜索关键词—浏览页面—点击产品—深度浏览产品详情页—加购物车—付款购买。当买家点击进入产品的页面时，就会看到详情页面，包括主图、副图、视频、标题、价格、库存情况，以及五点描述、review 数量、QA 等。

首先我们要明白买家为什么要点进来，肯定是对我们的产品有了初步的兴趣，进来看看详细的信息。那么这里面的信息产品页面做得越详细，买家了解得越多，越符合买家的喜好，买家选择购买的概率就越大。如图3-29所示的"24 inch matte black towel bar" A+页面，它从多种角度以更多的文字描述传达产品的卖点，增加买家的购买兴趣。

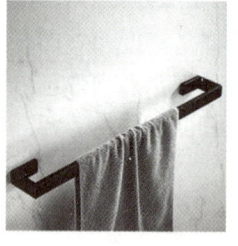

图3-29 "24 inch matte black towel bar" A+页面

（四）产品的复购率

复购顾名思义是老客户、老用户的再次消费，在竞争激烈的电商领域中，广告成本日益上升，获取一个新用户所需要花费的成本是老用户的10倍甚至更多。随着电商红利的逐渐消失，电商卖家需要获得更大的市场份额，老用户的贡献是至关重要的，比如2017年Anker的蓝牙音箱交易就有1/4来源于老用户。而复购用户本身的消费贡献就值得关注。90天内复购率为 1%～15%时处于用户获取模式，店铺可以把更多的精力和资源投入到新用户的获取和转化上；90天内复购率为15%～30%时处于混合模式，店铺应该平衡新用户转化和老用户留存投入的精力和资源；90天内复购率在30%以上时处于忠诚度模式，店铺可以把更多的精力和资源投入到用户复购上。

但是亚马逊后台没有直接的数据指标反映产品的复购率，需要卖家自己跟踪记录客户的订单，搜寻记录老客户的重复订单，自己计算。复购率=购买次数大于1次的人/所有购买过的人。比如，10个人中有6个人购买次数大于1次，那复购率就是60%。通常计算的时候我们还要加入时间维度，比如计算月复购率，即上一个月购买的人群中，下个月依然购买的百分比。当然也可以基于上个月首次购买的客户和下个月依然购买的客户来计算，排除掉老客户的干扰。除了月复购率，还有季度复购、年复购率，具体以哪种作为自身产品的参考，需要根据产品特性去确定。比如快消品，可能要看月度复购率；而对于眼镜店，可能要看一年两年的复购率。

三、广告运营数据

亚马逊的卖家通常都会盯着前台的排名、review及关键词搜索之后出现的位置，这些的确是我们一定要关注的和统计的核心点，但是在这些核心点的背后，分析广告后台的数据也是非常有必要的，如曝光、ACOS、关键词竞价、点击、转化、花费等数据。下面介绍前面几个数据。

（一）曝光

曝光量（impression）就是你的产品展现在买家浏览页面的次数，很多新卖家很难分清session 和 impression的区别，其实这个很好区分，session是指一个小时内进入该listing的IP数量，也就是说一个小时内一个IP进入 listing 5 次，最后只能算作一个session，但是却可以算作5次impression，这样大家就可以很好地理解session和impression的区别了。

如图3-30所示，这款黑色暗装纸巾盒JS22633自动广告发布在12月份，广告的曝光量是44 898。曝光量肯定是越高越好，它代表通过广告带来更多的流量，但是有时候新品在刚开始发布广告时，曝光相对会比较低，那么前期我们可以加大广告的力度，比如发布自动广告时可以增加关键词匹配的方式，发布手动广告时可以增加关键词的出价来提升曝光。

（二）ACOS

假设，卖家投放广告的目的是推动产品销售和提高产品自然搜索排名，那么卖家的理想ACOS是能够确保自己的盈亏平衡。但倘若卖家有新品发布，可能会为自己设定一个较高的ACOS，前期产品的关键词出价等相对都会比较高。等这个广告开了一段时间，慢慢地随着listing的评论积累，销量提升，关键词出价会慢慢降下来，随后ACOS也会达到稍微比较合理的数值，如图3-31所示。

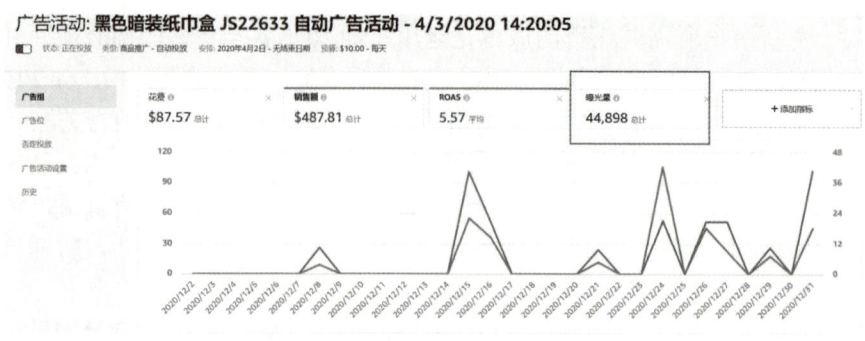

图3-30　产品自动广告

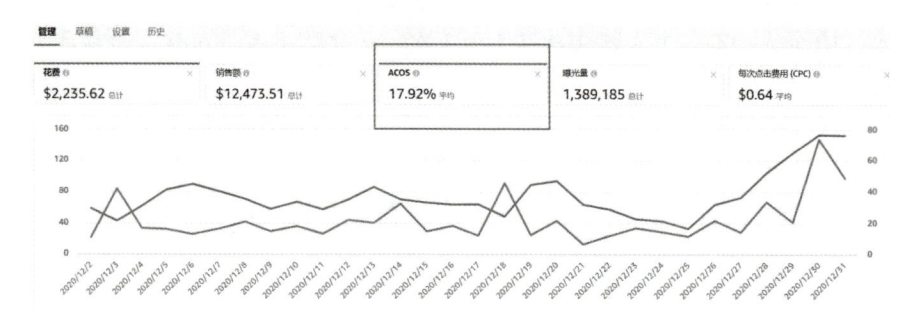

图3-31　广告的ACOS

术语解释

1. 广告指标

广告成本和由广告带来的直接销售额的百分比，称为ACOS（Advertising Cost of Sales）。ACOS数值低，代表广告投入小，而销售高，广告效果也较好。这并不意味着极低的ACOS，广告效果就是无限好。

2. 亚马逊的绩效指标

亚马逊是综合许多因素来设定指标的。整体而言，亚马逊十分关注买家体验，所以无论订单缺陷率、配送前取消率、迟发率、有效追踪率指标都是卖家需要关注的基本目标，是一定不能触碰的警戒线。想要把店铺运营得更好，必须要按照亚马逊的规则与要求运营店铺，像一些大卖家关于这方面的数据绩效指标都是非常好的，虽然有时未能达到这些指标不一定会使卖家的账户处于不利地位，但是卖家如果未加以改善，则会给自己带来负面影响。

3. 完美订单（POP，Perfect Order Percent）

一个订单，在从产生到完成交易的整个过程中，如果没有出现亚马逊商城交易保障索赔、取消订单、延迟发货、差评、退款或信用卡拒付这些问题，就是完美订单。

4. A9搜索引擎

亚马逊使用的是A9搜索引擎技术，当买家在平台搜索框中输入某个关键词进行产品搜索时，就代表他使用了亚马逊的A9搜索引擎技术，搜索引擎会根据与买家所使用的关键词的匹配程度，对平台的产品信息开展搜索并进行排序显示。A9算法是负责在亚马逊平台上对搜索产品结果进行排名的算法，为了提高产品的转化，也为了方便服务买家，亚马逊会精准地对买家的产品搜索、购买等行为进行记录和分析，确保买家能尽早找到想要购买的产品。所有在亚马逊上呈现的内容，从价格—标题、图片—卖点描述—产品描述—Q&A—评论—关键词的选择及卖家的各类绩效表现都是影响排序的点。

（三）关键词竞价

新手卖家在设置关键词的竞价时，会比较迷惑，这个价格是不是越高越好呢？对于大部分类目的大部分产品，系统建议的默认竞价都是0.75美元。相对于系统建议的竞价，在默认竞价的旁边，系统还给出了一个建议竞价区间（见图3-32），而这个建议竞价区间则往往比默认竞价更接近于真实，对于不同的产品、不同的关键词也会有比较大的区别，所以，卖家在设置竞价时，还可以参考系统建议竞价区间。

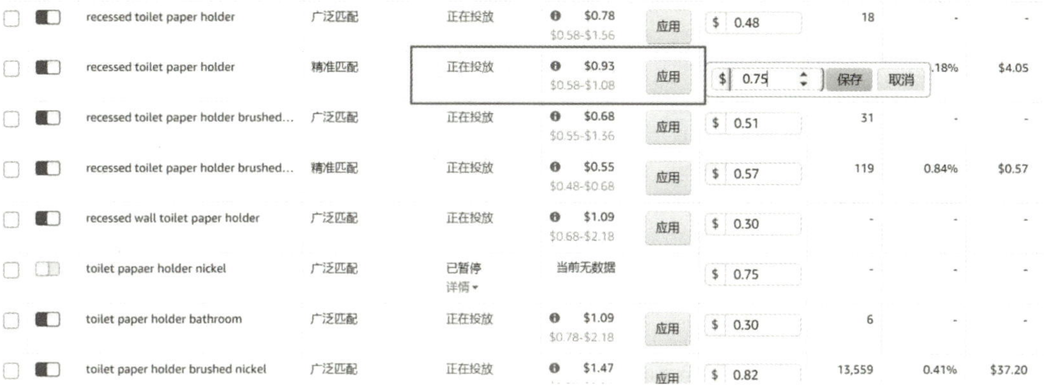

recessed toilet paper holder	广泛匹配	正在投放	$0.78 $0.58-$1.56	应用	$ 0.48	18	-	-
recessed toilet paper holder	精准匹配	正在投放	$0.93 $0.58-$1.08	应用	$ 0.75 保存 取消		.18%	$4.05
recessed toilet paper holder brushed...	广泛匹配	正在投放	$0.68 $0.55-$1.36	应用	$ 0.51	31	-	-
recessed toilet paper holder brushed...	精准匹配	正在投放	$0.55 $0.48-$0.68	应用	$ 0.57	119	0.84%	$0.57
recessed wall toilet paper holder	广泛匹配	正在投放	$1.09 $0.68-$2.18	应用	$ 0.30	-	-	-
toilet papaer holder nickel	广泛匹配	已暂停 详情	当前无数据		$ 0.75	-	-	-
toilet paper holder bathroom	广泛匹配	正在投放	$1.09 $0.78-$2.18	应用	$ 0.30	6	-	-
toilet paper holder brushed nickel	广泛匹配	正在投放	$1.47	应用	$ 0.82	13,559	0.41%	$37.20

图3-32　关键词竞价

以图3-32为例，我们深入分析其中的一个具体关键词，比如最后一行“toilet paper holder brushed nickel”，我们设置的是“广泛匹配”，出价USD0.82，达到的曝光量是13 559，如果卖家在短期内需要提升曝光，可以把出价调高，调到1美元以上，一段时间后再观察曝光。

敲黑板

总结：

1. 在一次访问中，即使买家多次浏览多个页面（24小时内），也只会记为一次访问。

2. 如果在24小时内，同一用户点击了10个商品详情页面，那么PV就算是10次。

3. 10个人中有6个人购买次数大于1次，那复购率就是60%。

4. ACOS数值低，代表广告投入小，而销售高，广告效果也较好。这并不意味着极低的ACOS，广告效果就无限好。

他山之石

欧盟竞争委员会委员在新闻发布会上表示，欧盟正在调查亚马逊是否通过商城收集竞争对手的销售信息，来让自己在竞争中更具优势。“亚马逊平台有双重用途，它在为第三方卖家提供销售渠道的同时，亚马逊官方也在销售自营产品，让他们在无形中占据了东道主的上风。而这一切都是由数据引起的。”

2012—2014年，亚马逊刚兴起，怎么设置产品关键词和分析产品是非常神秘的，因为会做亚马逊的人很少，大部分卖家只能通过Google、亚马逊自带的搜索页面和其他平台数据来设置亚马逊产品关键词或者销售数据。

2014—2015年，由于进入的卖家多了，国外国内都有不少亚马逊产品关键词和销售数据服务商出现，原理其实是各种爬虫搜索页面和产品页面，再加上自己对比综合数据库分析得出，所以和亚马逊内部数据对比，准确率不太高，效率也不佳，经常会出现很多无效词。

2016—2017年，亚马逊继续大规模招商，相关渠道开通了亚马逊的数据内部接口，作为服务推广之用。因为内部数据的公开贩卖，第一代数据服务商积累多年的数据分析模型作废。但是这种通过特殊通道开通的亚马逊数据接口其实是不会存在太久的，因为实在存在太大争议。

练 习 题

一、单项选择题

1. 10个人中有6个人购买次数大于1次，那复购率就是（　　）。
   A. 30%　　　　　　　　　　　　B. 50%
   C. 60%　　　　　　　　　　　　D. 35%
2. 亚马逊北美站Search term允许的字符数是（　　）。
   A. 150　　　　　　　　　　　　B. 200
   C. 125　　　　　　　　　　　　D. 250
3. 以下哪个因素是决定产品被点击的硬性因素？（　　）
   A. 价格　　　　　　　　　　　　B. 标题
   C. 主图　　　　　　　　　　　　D. 促销
4. 关于竞店分析，下列说法中错误的是（　　）。
   A. 竞店分析可以围绕类目、销售、推广等展开
   B. 比自己产品优秀很多的，准确来说不是竞争对手，而是学习的标杆
   C. 竞店分析可以借助第三方软件进行
   D. 在运营中，可以有意识地避开竞店的优势品类
5. 以下哪个是影响产品曝光最大的因素？（　　）
   A. 产品排名　　　　　　　　　　B. 订单数量
   C. 好评数量　　　　　　　　　　D. 价格

二、多项选择题

1. 竞争对手识别非常重要，前期进入市场之前，我们可以从以下哪些方面对竞争对手进行识别？（　　）
   A. 关键词　　　　　　　　　　　B. 跨境电商平台
   C. 目标客户　　　　　　　　　　D. 价格
2. 卖家精灵平台产品上新的日期维度有（　　）。
   A. 7天　　　　　　　　　　　　B. 15天
   C. 30天　　　　　　　　　　　 D. 60天
3. review的三种类型包括哪些？（　　）
   A. 直评　　　　　　　　　　　　B. VP评论

C. Vine 绿标评论　　　　　　　　D. 好评

4. 关于竞店分析，下列说法中正确的是（　　）。

A. 可以通过竞品的基本信息、商品评价等分别展开

B. 就是对竞争对手的商品进行分析

C. 借助第三方软件可以进行竞品分析

D. 基本信息分析是竞品分析的基础

5. 竞店分析我们可以通过竞品的 ASIN 码监控，追踪记录对方产品的哪些数据？（　　）

A. BSR 排名　　　　　　　　　　B. 价格

C. 评分数　　　　　　　　　　　D. 销量监控

三、判断题

1. 目标客户群体每个站点都是差不多的，不用分站点进行分析。（　　）

2. 在一次访问中，即使买家多次浏览多个页面（24 小时内），也只会记为一次访问。（　　）

3. 10 个人中有 6 个人购买次数大于 1 次，那复购率就是 60%。（　　）

4. ACOS 数值低，代表广告投入小，而销售高，广告效果也较好。（　　）

5. 消费者的消费层次是相对固定的，不会对商品的市场价格产生影响。（　　）

四、案例分析题

1. 小陈刚刚入职一家跨境电商企业，前期经理让他先分析竞品的一些基础信息数据，小陈在分析调研的过程中，用第三方软件分析了一款竞品的数据，在深入监控分析其关键词时，却遇到了问题。请你帮他分析图 3-33 中的关键词，这几个关键词的数据如何？我们如何能借鉴优化自己的同类产品？

图 3-33　关键词

2. 在 2020 年全球疫情的影响下，不少跨境电商卖家的订单量出现断崖式下跌，除了与防疫相关的用品获得高速增长之外，还有不少类目的销量也出现逆转，非但没有减少，还处于上升趋势。请分组讨论原因。

模块四　店铺视觉优化（速卖通）

【学习目标】

1. 了解店铺优化运营的内容组成；
2. 熟悉店铺运营优化的价值；
3. 掌握店铺运营优化的方法。

【技能目标】

1. 能够根据店铺运营目标和海外市场变化，不断调整和优化店铺产品布局；
2. 能够根据产品数据情况，优化产品标题、主图及详情页等；
3. 能够根据店铺运营目标和产品定位，制定店铺上新方案；
4. 能够掌握产品刊登的基本步骤和方法；
5. 能够灵活运用站内营销工具，设置营销活动，有效完成产品推广。

【素养目标】

1. 培育和践行社会主义核心价值观；
2. 培养诚实守信、遵纪守法的职业道德；
3. 培养精益求精的工匠精神；
4. 强化数字素养，提升数字技能；
5. 培养互联网思维、创新思维和数据思维。

【思维导图】

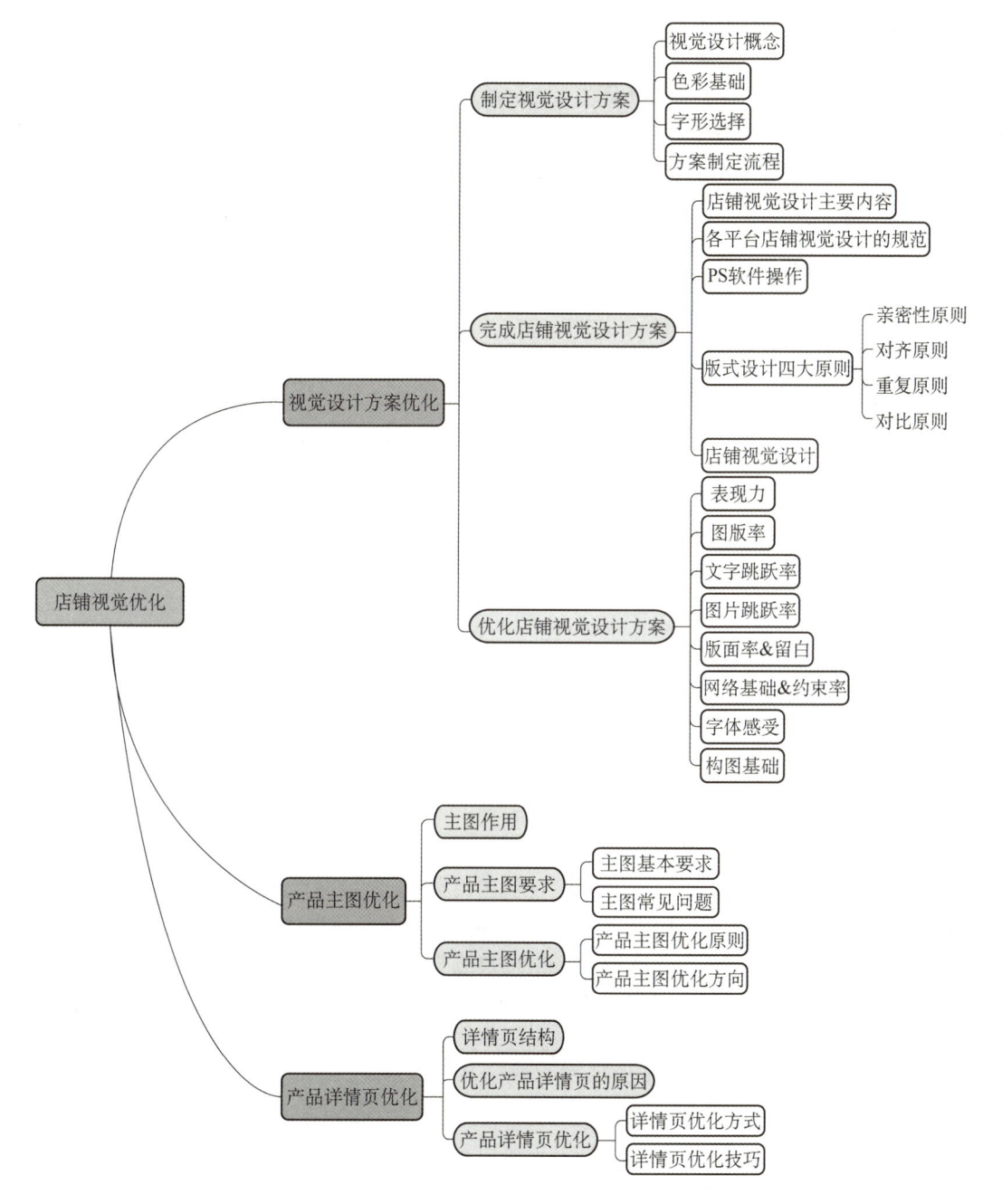

- 店铺视觉优化
  - 视觉设计方案优化
    - 制定视觉设计方案
      - 视觉设计概念
      - 色彩基础
      - 字形选择
      - 方案制定流程
    - 完成店铺视觉设计方案
      - 店铺视觉设计主要内容
      - 各平台店铺视觉设计的规范
      - PS软件操作
      - 版式设计四大原则
        - 亲密性原则
        - 对齐原则
        - 重复原则
        - 对比原则
    - 优化店铺视觉设计方案
      - 店铺视觉设计
      - 表现力
      - 图版率
      - 文字跳跃率
      - 图片跳跃率
      - 版面率&留白
      - 网络基础&约束率
      - 字体感受
      - 构图基础
  - 产品主图优化
    - 主图作用
    - 产品主图要求
      - 主图基本要求
      - 主图常见问题
    - 产品主图优化
      - 产品主图优化原则
      - 产品主图优化方向
  - 产品详情页优化
    - 详情页结构
    - 优化产品详情页的原因
    - 产品详情页优化
      - 详情页优化方式
      - 详情页优化技巧

引导案例 >>>

在跨境电商行业中，不论是哪个平台的卖家，销量永远是其店铺运营的核心关键，而对比店铺运营中间环节，产品主图和详情页的设置，是直接关乎买家购买导向和订单转化率的重要因素。

在主图的布局管理上，易贝兴电子商务有限公司总经理季惟然以其公司店铺运营的调整规划中，分析了流量点击、订单转化率和纠纷差评之间的间接联系。

所有速卖通店铺主图的创设上，他都应用800像素×800像素的规格，"规格指的是详情页图片规格的大小，规定800像素×800像素的原因在于买家的浏览习惯，国外消费者十分反感图片忽大忽小、错位的情况，他们简单、直接的思维定性更加要求卖家做到图片规格的清晰、统一，当然卖家可根据自身产品的特点做出不同的、固定的长宽设置。"他说道。

图片大小的优化，主要是针对消费者手机浏览的网速来设置的，相比高清图片的可观性和清晰度而言，卖家在设置图片大小的时候也应该重点考虑到买家网速的实际状况，避免因刷图失败而影响买家的购买情绪。

针对卖家店铺产品详情页图片数量的设置，季惟然表示12张图片是其公司运营测试多年所得出的结论，买家在详情页浏览过程中，前12张图片的点击率是较高的，过多的图片反而让人更为厌烦。

季惟然表示图片可采用固定模板的排序方式，照片规格为800像素×800像素，图片大小在110~200KB。

正是对主图和详情页进行细节上的优化，才成就了季惟然店铺高点击高转化的目标。

结合案例，思考并回答以下问题：
1. 优化产品详情页有哪些作用？
2. 店铺该从哪些方面进行产品详情页优化？

单元一　产品主图优化

一、主图的作用

产品主图是买家搜索产品时展示的产品图片，如图4-1所示，买家无论是通过关键词搜索的，还是通过类目搜索的，搜索结果中显示在买家眼前的是由一组相关产品或类似产品主图组成的搜索页面，买家可以根据自己需求或者被某个产品主图吸引而选择其中的一张产品主图进入产品详情页，进而进入店铺，产生有效流量。通常，在速卖通网站首页通过产品关键词或者类目搜索，展现在买家眼前的第一张图片就是产品的第一张主图。产品主图除了能够吸引买家眼球，还能展示产品的主要信息。产品搜索页主图的质量影响产品的排序，也将影响产品的转化率，甚至还会影响平台营销活动的入选概率。

产品在同样的位置下，假如曝光量不变，如果主图首图的点击率从平均的0.25%提升到0.5%的话，那么在访客精准度相同的情况下访客数可以提升整整两倍，同时也能够提升产品的销售额，所以优质的主图对于店铺及产品运营十分重要。

通过一张吸引人的、让买家眼前一亮的产品主图可以产生更好的销售效果，可以为卖家节省一大笔推广费用，这也是有些店铺在没有做任何推广的情况下，依然能够吸引很多流量的主要原因。当买家选择一张自己中意的产品主图并点击以后，页面一般就跳转到产品详情页。主图一般在店铺发布产品时直接上传，不同的类目对产品主图的要求会略有不同。

产品主图对产品本身来说是非常重要的信息载体和传达媒介，产品搜索主图一般承载着该产品的款式、风格、颜色、规格、尺码、适用范围等属性与信息，能直接地影响买家对该产品的喜好程度，对产品销售起到重要的作用。产品主图还会出现在搜索页、首页、列表页、宝贝详情页这几个页面中，因此，做好产品主图是一项非常重要的工作。

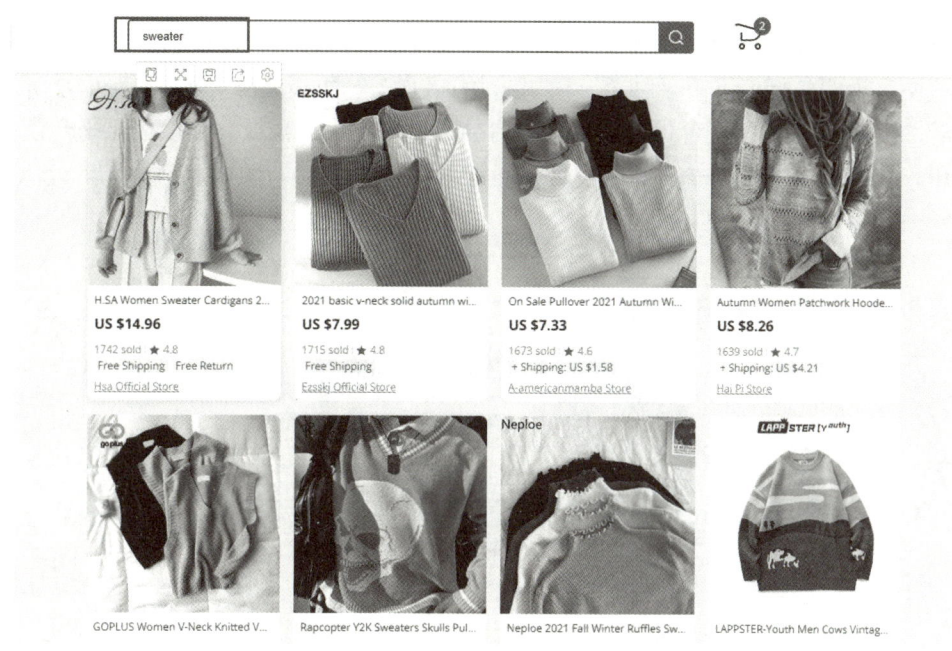

图 4-1　速卖通产品搜索页

产品的主图是买家进入店铺的入口，是店铺流量的重要来源。产品主图必须充分展现产品的外观属性，同时要千方百计地吸引消费者点击产品主图来浏览产品详情页，促进交易的产生，要充分发挥产品主图的营销功能与品牌宣传功能。

二、产品主图的要求

（一）速卖通产品主图要求

最多上传 6 张产品图片，第一张展示在搜索推荐页面，6 张都展示在产品详情页。产品主图的要求如表 4-1 所示。

表 4-1　产品主图的要求

图片形式	格式要求	其他要求
主图	1. 图片将呈现在产品详情页，至少上传 1 张，图片格式只支持 jpg、jpeg、png，且大小不超过 5MB 2. 图片像素要求不要低于 800 像素×800 像素，宽高比例为 1∶1（建议 1 000 像素×1 000 像素）或 3∶4（建议 750 像素×1 000 像素） 3. 同一组图片尺寸必须保持一致	1. 建议不要在产品图片上添加除产品外的其他信息，如水印、牛皮癣等信息 2. 切勿盗图，一经发现将对产品进行下架处理，同时将对商家予以处罚 3. 图片可以是产品正面图、背面图、侧面图、实拍图、细节图，服装服饰等类目可以有模特图

（二）主图具体要求

不同行业对产品主图的要求略有不同，在图片尺寸、背景色、商品主体比例、Logo 放置等方面都会有相关要求，在上传产品主图之前，需要先了解相关要求。

（1）图片背景色：图片背景色要求纯色背景，最好是白色或者浅色底；如果店铺已经形成统一风格，可以使用风格化背景色，但要求无杂乱背景，并且不影响产品展示。

（2）Logo 放置：可将品牌 Logo 放置于主图的左上角，且 Logo 不宜过大，大小大概为主图的 1/10，且整店主图 Logo 最好保持统一。

（3）文字：图片上不能出现多余文字，严禁出现汉字，不得包含促销、夸大描述等文字说明，该文字说明包括但不限于秒杀、限时折扣、包邮、*折、满*送*等，如图 4-2 所示。如遇"618""双 11"等大型平台促销活动，平台会提供主图设计模板，可以按照平台模板要求设计主图。

图 4-2　产品详情页主图中的文字

（4）产品主体：主图中产品主体数量不宜过多，要保证产品主体清晰，产品主体大小占图片比例 70%以上。

（5）边框水印：主图不允许加边框，可以添加水印，但不允许加中文水印。水印必须是浅色的且不能够影响产品展示。因为速卖通平台有图片保护规则，所以遇到被盗图的情况，可以通过速卖通后台举报。

（6）拼图问题：主图不允许出现九宫格，建议不要出现任何形式的拼图，尤其是多种颜色的产品使用多宫格的展示方式。在一张图片中出现多个产品是可接受的，但建议不要出现拼图。如果是多 SKU 产品，可以在 SKU 图片处上传产品颜色图、款式图，平台会通过 SKU 图向买家展示该产品的不同 SKU，如图 4-3 所示。

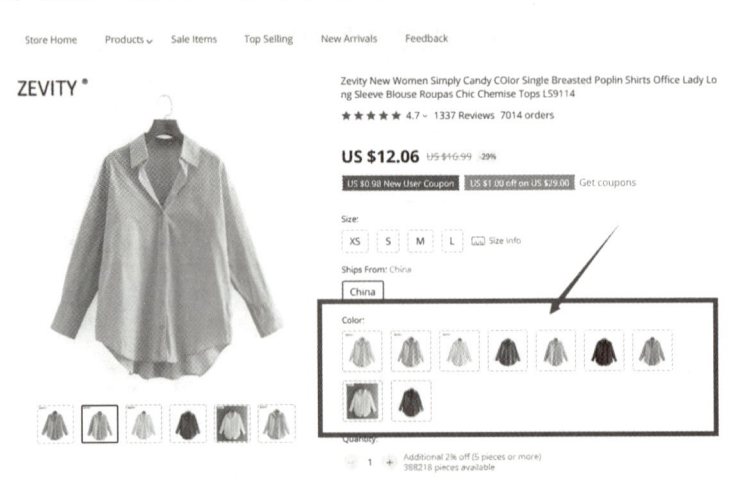

图 4-3　产品详情页颜色图

（三）主图常见问题

速卖通产品主图常见的问题有图片背景杂乱或者色系过多；图片Logo水印过多，出现牛皮癣的情况；图片上广告语过多；图片中有中文；排版乱；产品特点不突出；整体图片太小，两边留白；主体图过小等。

（四）主图优化

做店铺的重要因素有产品、流量、视觉、服务等。如何让产品图片抓住消费者的心理是吸引消费者点击和进入店铺的重要环节。很多时候在搜索栏中输入产品的关键词之后，就会出现眼花缭乱的各种相关的产品，但挑来挑去，又不知道挑哪一个。在同一个页面中，点开一个可能会喜欢的产品，除了销量、价格这两个因素之外，主图就是吸引消费者进店的重要因素。所以主图优化是店铺和产品运营的重要环节。

1. 速卖通产品主图优化主要原则

（1）背景：图片背景简单，例如，自然场景或者纯色背景。

（2）主体：重点展示一类主体（占据图片70%以上的地方），严禁拼图，或出现多宫格。

（3）Logo：使用英文Logo，且整店风格保持统一，建议放置在主图的左上角。

（4）文字：图片上不能出现多余文字，严禁出现汉字。

（5）边框：图片建议不要打图标、添加文字，或者加过粗的边框。

（6）比例：图片长宽比例保持1∶1或者3∶4，且一组主图比例保持一致。

（7）数量：建议主图5张以上，至少有1张细节图，1张实拍图。

2. 速卖通主图优化方向

设计产品主图首先目标要明确，就是一定要知道，这张主图展示在买家眼前，是希望引导买家做什么，是想让买家点击，还是想让买家购买，又或者是想让买家收藏的等，这都是不一样的。有很多卖家恨不得把所有的卖点都放在主图上，这样的做法是非常不对的，因为目标非常不明确，导致展示的内容不明确，反而会影响产品主图的效果。产品主图最重要的作用就是促使买家点击，进而促进购买。明确目标之后，再来对产品主图进行设计和优化。

1）主图构图

产品在颜色较多的情况下，重点突出一个单品，产品图片居中展示，且需占到整体图片的70%以上，Logo统一放在图片的左上角，不允许拼图，不允许多宫格（多种颜色，同系列产品可以用细节图或SKU属性展示），要求无边框和水印。

构图一定要大胆创新，以此来吸引客户的眼球，有以下几个构思可供参考：单品+特写图；单品+多图不同角度展示；单品+效果图。

2）主图大小

速卖通平台要求主图大小不超过5MB，在注意控制好图片的品质时，也要关注图片大小，因为有时如果消费者的网络不好，那么图片加载速度就很慢，这样很影响买家的体验，是不利于促成购买的。也可以多从产品的正面、侧面及背面图对产品的细节进行展示，帮助买家更好地了解产品，促成购买。

3）主图背景

主图背景要保证简洁清晰，能突出产品主体。时尚产品，如服装、手表等，背景多为生活场景或街拍图，颜色不要和主体过于接近，背景不要杂乱，避免影响视觉效果。图片背景要干净，尽量统一背景颜色，选单一色，最好是白色或者浅色底，要是生活化的背景则尽量虚化掉。如果是有统一背景的品牌店铺，且整个店铺的产品有定位，呈现出一定的调性，则可以使用自己统一的背景。

不是说高端、大气、上档次的图片就一定是好的主图，主图还需要卖家结合自身产品的卖点、营销活动及周边环境来定。好的主图就是看到产品主图，买家就愿意点击进入浏览产品详情。我们都知道，流量来之不易，好不容易你的产品展示在买家面前，最起码要让买家被你的主图吸引，然后点击进入产品页面甚至店铺页面浏览，这样才有成交转化的机会。

卖家需要考虑产品主图的周边环境。主图的周边环境指的是通过关键词搜索或类目搜索后，产品出现的那一页的整体环境。在设计图片背景时，可以先看看竞品主要以什么颜色的背景色为主。举个例子，假设你的店铺是卖鞋子的，那么用户搜出来的全部都是鞋子的主图，如果这一页的其他产品的主图基本上都以白底跟模特照为主，那么你的主图就可以考虑使用其他背景色，即使画面看看不是很美观，但是这样产生差异化可以让你的主图给买家以眼前一亮的感觉，让买家注意到你的产品。所以在设计主图的时候，一定要对自己身边的环境洞察清楚，这样才能做出别具一格的主图。

还要注意，如果自身产品颜色属于偏浅色，那么没有必要一定用浅色背景，不然就没有办法凸显产品主体，无法吸引买家的注意，因此要能够灵活变通，而不是一味遵循。

（4）主图文字

很多卖家喜欢在主图上用文字展示产品卖点，如产品包邮、产品款式、产品颜色等信息，但是实际上这些信息通过图片及上传产品时填写的信息已经可以第一时间展示在买家眼前。作为卖家要考虑买家会喜欢看到哪些信息。以卖鞋子为例，新款、升级、科技、性能这些都可以作为核心用词，至于款式、颜色、包邮、价格等词语完全可以不用放在主图上。即使价格有绝对的优势，也没有必要放在产品主图上，因为价格完全可以看得到。主图上的文字要求无中文，无淘宝色彩。如果布局促销信息或者产品卖点，不能超过图片整个版面的20%，而且考虑到App端因为手机屏幕大小不一样，在屏幕小的情况下，文字也要能够清晰展示。文字不在于多，信息不在于全，而在于精。如果有美工功底，可以对文案做设计，如果没有，则宁愿一切从简，不然会降低图片档次。主图上如果使用文字，则要做到干净利落，直击要害。

三、产品营销图

（一）产品营销图的作用

在速卖通平台上，产品营销图（有时称为商品营销图）分为白底图和场景图两部分，虽然营销图不会直接展示在产品详情页，但是速卖通一再强调"场景+导购"，不论是在活动会场还是在引流转化上，平台以促成交并融合在平台营造的各种营销导购场景中为目标，产品营销图作为其中一环，非常重要。它能有效地提升产品的成交转化，因此卖家有必要逐步开始为每个产品制作营销图，如图4-4所示。

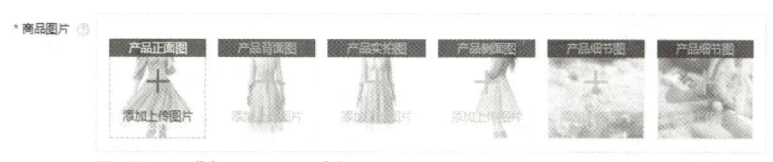

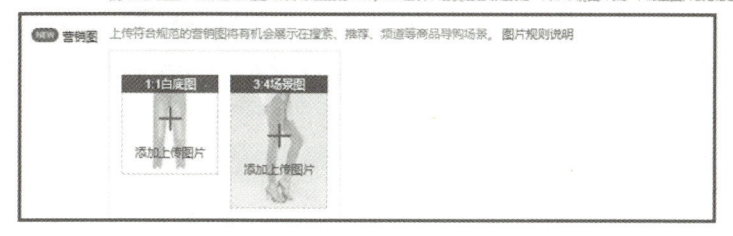

图 4-4 产品营销图

营销图有特定的透出渠道，目前白底图的透出渠道有首页频道各入口、首页大促会场入口/榜单、专辑页面/频道首屏承接页等，如图 4-5 和图 4-6 所示。特定品类如内衣等，以及品质产品的营销活动白底图还有专属楼层。

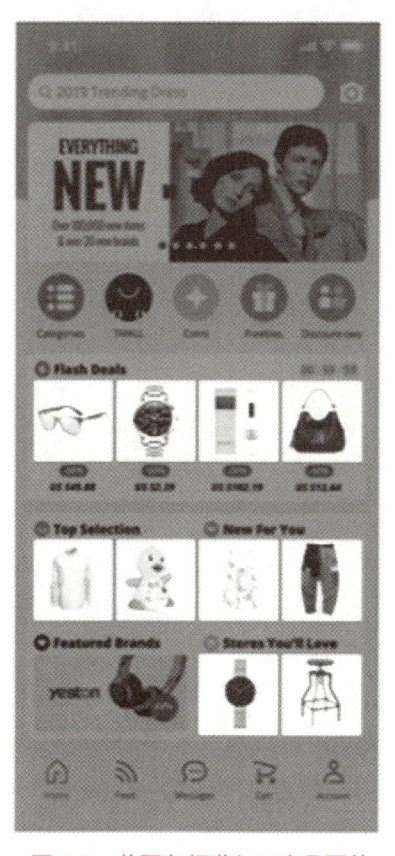

图 4-5 首页各频道入口产品图片

图 4-6 首页大促会场入口产品图片

场景图已有展示渠道包括首页推荐产品列表、购物车等其他推荐、新品等导购频道、营销会场推荐等，服装新品上市、风格商品还可以拥有营销活动场景图专属楼层，如图 4-7～图 4-12 所示。

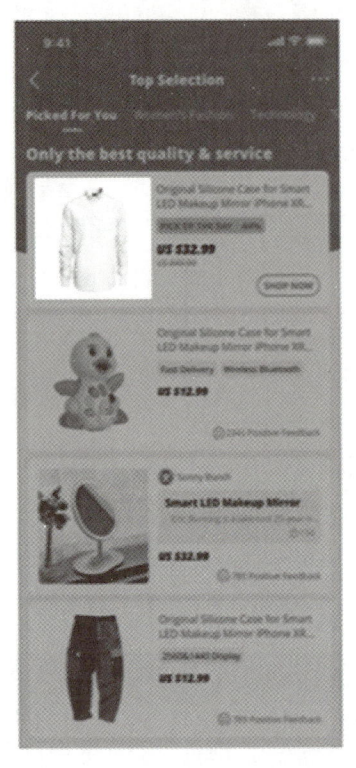

图 4-7　各个频道首屏承接展示产品图（1）

图 4-8　各个频道首屏承接展示产品图（2）

图 4-9　首页推荐产品列表

图 4-10　购物车等其他推荐产品列表

图 4-11　新品等导购频道产品列表 　　　　图 4-12　营销会场推荐产品列表

除了已有透出渠道，随着平台的发展，营销图将被应用到更多的营销频道，譬如大服饰行业，场景图将会在以图搜品频道上线。

（二）产品营销图的基本要求

产品营销图会优先将主图中的第一张展示在搜索推荐页面，会在一些活动及营销频道有特定的透出渠道。营销图中的白底图和场景图要求有所不同，如表 4-2 所示。

表 4-2　产品营销图的基本要求

图片形式	格式要求	其他要求
营销图	1. 图片格式只能为jpg、jpeg、png，且大小不超过5MB 2. 白底图要求图片背景纯白色或全透明，宽高比例必须为1∶1，图片尺寸不低于800 像素×800 像素 3. 场景图要求图片宽高比例必须为3∶4，图片尺寸低于750 像素×1 000 像素	1. 不允许出现水印、任何形式的边框及促销牛皮癣等信息 2. 切勿盗图，一经发现将对产品进行下架处理，同时将对商家予以处罚

（三）产品营销图示例

1. 正确的白底图示例（以女装为例，见图 4-13）

图 4-13　正确的白底图示例

2. 错误白底图示例（见图 4-14）

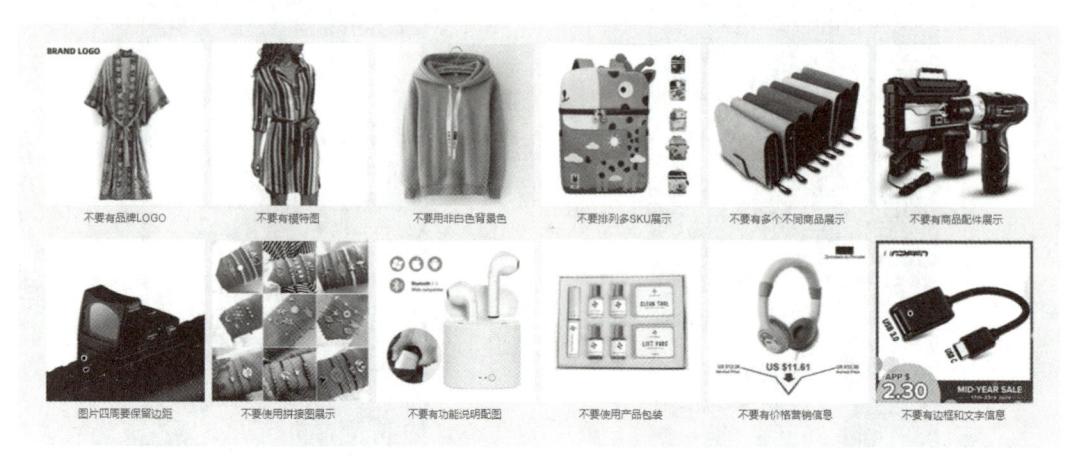

图 4-14 错误的白底图示例

3. 正确场景图示例（以女装为例，见图 4-15）

图 4-15 正确场景图示例

4. 错误场景图示例（见图 4-16）

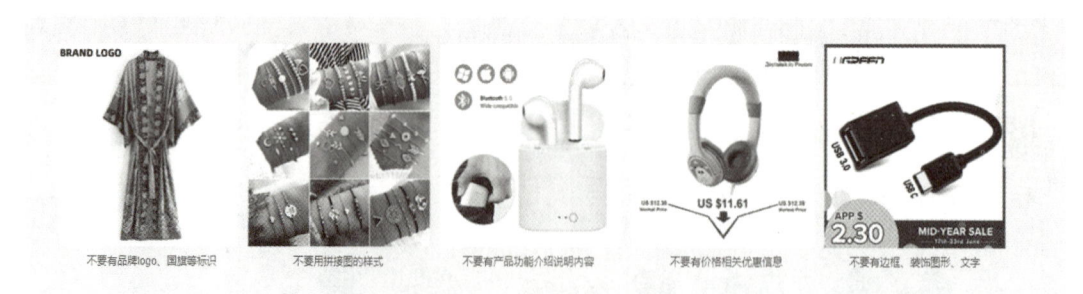

图 4-16 错误场景图示例

（四）产品营销图优化方向

产品营销图中的白底图和场景图有不同的透出渠道，营销图中的白底／场景图上传后，后续卖家的产品报名参加任何平台活动，系统会自动引用这张图，无须再次上传。而且图片将展示在首页的频道入口。场景图则会展示在搜索 list、猜你喜欢等导购场景的页面中；针对fashion行业，推荐同步上传场景图，系统将优先呈现场景图（如未上传场景图，则该类导购场景将展示第一张主图）。因为营销图对产品转化有一定的促进作用，所以卖家不仅要上传场景图，还需要上传优质的场景图。

速卖通营销图的优化方向：

（1）白底图的图片背景必须为纯白色或全透明，不能出现其他背景色；场景图的背景色要统一，不可出现杂乱背景。

（2）产品主体需居中正面展示，与四边保持一定间距，建议不小于50px。

（3）允许表达多SKU、套装、配件等产品属性信息，需保证产品主体清晰可识别。

（4）不允许出现品牌Logo、水印、任何形式的边框及促销牛皮癣等信息。

（5）不允许出现敏感类目、违禁产品、政治敏感、宗教敏感等产品信息。

（6）在对产品有充分了解的情况下，提炼产品卖点，借助图片充分展示产品的核心卖点。

想一想

1. 产品主图的要求有哪些？
2. 产品营销图对产品的影响大吗？

敲黑板

产品主图对产品销售有着至关重要的作用，要知道，在搜索结果中，一个产品主图与其他四十几个主图竞争，抢夺用户的焦点。可以这么说：哪个主图在竞争环境下更显眼，它就能获得更多用户的关注及点击。怎么做到呢？卖家应该制定差异化的主图策略，但在之前我们要先明白主图受行业规范影响、受周边环境影响、受SKU图片联动功能显示的影响，想做出差异化的主图，我们需要搜索行业大词，然后在其搜索结果中分析主图们的共性，如摆拍方向、主图背景、模特姿势等。在不违背行业规则的情况下，做到与共性相反即可。

单元二　产品详情页优化

一、产品详情页结构

（1）视频。速卖通详情页的视频，要求视频时长不超过4分钟，画面长宽比为16∶9，文件大小不超过1GB，而且需要审核通过后才能展示。而视频的内容一般有公司及产品生产流程介绍、产品推广视频（社交平台网红拍摄的）。

（2）促销信息（海报）。可以跟关联模块放在一起，制作一张店铺热卖产品模特图的海报，如图4-17所示，或者将店铺的促销信息展示在这个板块，让买家可以在浏览产品的时候，第一时间掌握店铺促销信息，刺激买家下单。

（3）产品文案。在这里需要展示产品重要的指标参数和功能，如服装的尺码表、电子产品的型号及配置参数等；除了这些还可增加一些购买须知、提醒及参考建议类的信息，拉近和买家之间的距离，促使买家下单。要注意的是，详细描述的字符限制是60 000字符。

图4-17　热卖产品模特图

(4) 尺码信息。一些标类产品(标类产品是规格化的产品,可以有明确的型号等,比如笔记本电脑、手机、电器、美容化妆品等)的尺寸及服装服饰行业下的产品尺码信息尤为重要,如图4-18所示,在展示这些信息的时候,尽可能使用图片来展示,避免在App端无法正常展示。而且尺码信息要尽可能标准,同时尽可能展示同一个尺码在不同国家的标准下的大小,这样方便不同国家的买家准确了解产品的大小。

Body Size / Размер тела				
Size / Размер	S	M	L	XL
RUS / РУС	44	46	48	50
US / США	4-6	8-10	12	14
EU / Европа	34-36	38-40	42	44
Bust / Обхват груди	86-90	90-94	94-98	98-102
Waist / Талия	66-69	70-73	74-77	78-81
Hip / Бедра	90-94	94-98	98-102	102-106
Product Measurement (CM) / Измерение продукта				
Bust / Обхват груди	105	109	113	117
Waist / Талия	103	107	111	115
Shoulder / Плечо	44	45.2	46.4	47.6
Sleeve / рукав	59	60	61	62
Length / Длина	110.5	112	113.5	115

图4-18　产品详情尺码信息

(5) 产品图片。首先建议使用实拍产品图片,除了产品图、实拍图以外,还可以展示模特图、细节图、买家秀好评截图、库存截图等,通过对详情页排版的设计,合理展示。

(6) 关联产品(见图4-19)。关联产品意味着可以把想推广的产品添加到关联产品模块中,同时插入到产品详细描述里,届时买家查看这条产品信息时,就可以看到这些推广的产品。做关联的目的是让买家看到更多的产品,给买家更多的选择,提高购买力。也就是说关联营销的目的实际上就是帮助买家做下一步的需求决策,从自己的产品上下手,挖掘两者之间的关联性,实现引导买家的目的。

图 4-19　关联产品

在设置关联营销模块时,可以选择相关的产品来做关联营销,也可以选择互补的产品。如果选择相关产品来做关联模块,那关联产品的价格最好不要与被关联产品的价格相差太多,如卖戒指可以关联项链、手镯。关联互补产品可以提高客单价,关联起来让它们得到更多曝光机会,从而增加买家购买的可能性。

(7)卖家服务模板(支付方式、物流时效、售后保证、五星好评等)。在这个板块,可以介绍订单一般发货时间、物流方式、物流一般所需时间及店铺的售后服务,让买家能够了解卖家服务,增强对店铺的信任度,解决买家顾虑,促使买家下单,如图4-20所示。

如果卖家在其他社交媒体有自己的账号或者主页,也可以把链接或者账号展示在这个板块,从而让买家可以在其他渠道关注店铺,增强客户黏性。

图 4-20　卖家的服务模块示例

（8）公司简介（见图4-21）。在这个板块可以展示公司的强大实力，比如有多少实体店铺，参加了多少展会，在不同的国家都有仓库等，这样的实力展示比较容易增强买家的信任。

图 4-21　公司简介示例

二、优化产品详情页的原因

产品详情页，是详细介绍产品信息及特点，展示卖家服务的直观渠道。作为卖家，详情页是卖家和买家展开对话，进一步激发买家的购买欲望，影响和说服买家下单的极为重要的地方。

详情页设计得好与不好将直接影响产品的转化率，一个好的详情页可以提高买家的访问深度，提高转化率，提高客单价，而这也关系到店铺的权重、排名和流量。

详情页的具体作用介绍如下。

1. 介绍产品信息，减少售前客服咨询工作量

通常宝贝详情页上都会详细介绍产品的信息，通过浏览详情页，买家就可以清楚地了解自己想要了解的信息，解决自己的疑问，根据产品参数了解是不是自己需要的产品，从而无须咨询客服，如服装类产品，买家比较关心尺码问题，如果详情页没有展示详细的尺码信息，买家就需要咨询客服自己的身高、体重应该穿什么尺码。这不仅会加大售前客服咨询工作量，还有可能因为客服未及时回复，导致买家流失。

2. 展示产品价值，促进买家下单转化

网购和实体店购物最大的不同之处就是，客户不能真实地接触产品，只能依靠卖家展示的产品图片和已购买过的买家评论来猜测产品的质量，然后决定是否购买。因此，卖家就需要在买家的关注点上面下功夫。产品详情页是对产品的进一步介绍。买家光看产品主图和标题可能无法深入了解产品的性能特点，所以需要通过详情页来获取更多的信息。详情页可以展示产品信息、产品设计理念、产品性能、产品细节、产品适用范围等信息。

详情页对于店铺而言是吸引买家下单转化很重要的一个页面，详情页展示的信息可以让买家对产品更了解。

3. 说明购物售后流程，减少售后纠纷

在详情页内增加一些购物提醒和售后服务流程等，能够拉近卖家与买家的距离，尽量避免不必要的售后纠纷问题。

一开始买家是因为主图被吸引进来的，为了让买家付款购买，需要通过详情页加强宝贝的卖点，让买家明白为什么要购买我们的产品，买了之后有什么益处，这样才能让买家没有顾虑地下单。比如在详情页告知买家产品有完善的售后服务，让买家可以安心下单；店铺有活动促销，可以在详情页详细介绍活动信息，刺激买家加购下单；或者通过关联营销，带动其他产品转化。

三、产品详情页优化的方式

买家网购一般的关注点是：我需要、质量好、卖点符合、评价好、包装好、售后好。所以面对买家这种购买心理，卖家要明确，详情页的开始部分应该以提升买家购买冲动为目标；详情页中间部分，要设计能够提升买家购买欲望、提升转化的内容；而详情页的页尾应该要以提升买家的访问深度为主要目标。所以，一般产品的详情页结构是，详情页的前部分建议放店铺的品牌或产品海报图、营销海报等，紧接着展示一些产品的重要信息及特色卖点；详情页中间部分展示产品的实拍图、细节图、模特图，如果是服装、鞋包类产品，还需要放尺码表、一些提示信息和注意事项；详情页的最后可以展示服务说明、售后模板、公司实力介绍等。至于关联模块的内容，需要根据产品的具体情况来确定放置在详情页的上方还是详情页的下方。一般情况下，如果该产品流量大，但是产品转化率一直很低，可以考虑在详情页的上方添加关联模块，让买家有更多选择，刺激买家购买；如果产品流量较多，且转化率高，那么关联模块可以放在详情页的下方，不影响该产品的成交，还能增加买家的访问深度。

一方面，好的产品详情页可以给消费者建立更多的信赖感。换种方式来说，商品详情页的设计好坏会影响消费者对店铺的印象。

另一方面，产品详情页设计得好将会成为促使消费者购物下单的催化剂。消费者在浏览详情页的同时会更加坚定自己的选择。

所以详情页优化对于产品优化运营尤为重要。

（一）详情页优化方式

因为详情页是由不同板块构成的，所以详情页的优化可以是针对各个模块的优化。

1. 视频优化

详情页要求视频时长不超过4分钟，画面长宽比16：9，文件大小不超过1GB。但是考虑到买家的浏览体验，建议视频时长30秒到1分钟，因为视频时间过长，一方面因为买家没有时间查看，另一方面内容冗长，会影响买家的体验。

详情页的视频建议与主图视频有所区分，不要利用两个资源位展示相同的内容。详情页的视频内容建议以公司及产品生产流程介绍、产品推广视频为主，也可以体现公司实力及一些展会视频。

2. 促销活动（海报）优化

促销活动（海报）其实就是活动营销图，顾名思义就是用图片加文案的形式叙述该产

品，或者店铺有什么活动。如图4-22所示，海报信息显示各个产品的不同折扣，加上产品图，这就是一个营销图。

图 4-22　活动营销

再比如图4-23所示这张图片，展示了店铺产品的降价力度及优惠券信息。产品+文案的表现方式非常简单，所以效果很直观，简单明了地让买家知道现在店铺有优惠，赶紧来买。

当然，活动营销图不是说放就放的，你的店铺、你的宝贝有活动才放；如果没有活动，那么就没必要放营销图，免得买家说店铺虚假宣传。

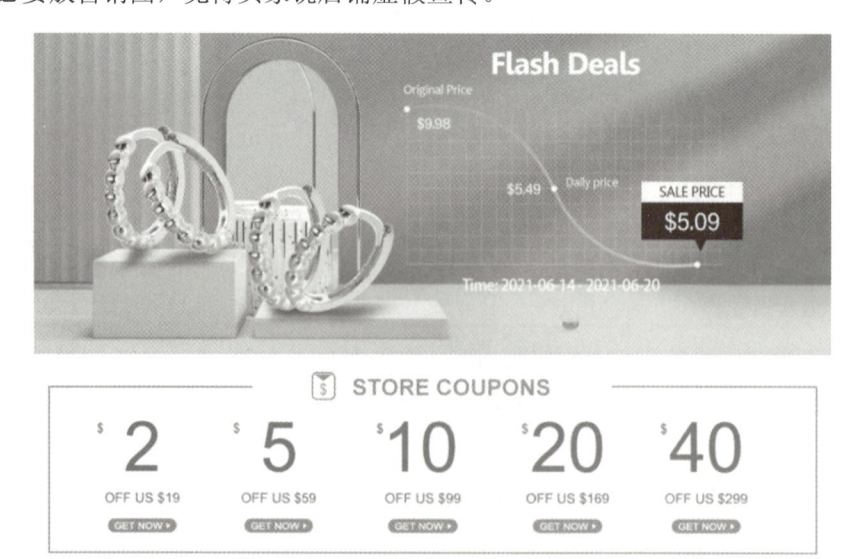

图 4-23　产品营销图

3. 产品信息（产品文案）

同行的产品一定是跟自身产品一样的，或者类似的，这样才有可比性。

可以查看同行的评价及产品的问答专区。因为产品的详情页主要用于展示买家关心的内容，而在产品评价及问答板块我们可以了解到买家满意什么不满意什么，从而了解买家关心的内容。

在同行产品的评价里，不仅要关注买家的好评，也要关注买家的差评，把评价里的关键信息都收集起来，了解买家满意的方面和不满意的方面各是什么。

产品问答板块也是一样的，将买家关心的问题都收集起来。比如买家对产品的尺码信息问得比较多或者对产品材质问得比较多，那就意味着，需要在详情页中增加关于产品尺码信息、材质信息的描述。

用自己收集的关键信息，对照自身的产品，在自身的产品信息里，把消费者关心的信息，提炼出来，放在详情页上。

很多卖家想要提炼产品卖点，而这里所谓的卖点，不是卖家认为的卖点，而是消费者关心的卖点。

卖家觉得自己的产品包装比同行好，质量比同行好，同行发经济物流，而自己发标准类物流，但可能消费者就喜欢同行的产品。

所以，卖家千万不能以自我为中心，应多看看同行是怎么做的，多研究研究消费者的喜好。

4. 产品图片

详情页展示的图片一般以产品实拍图、模特图及细节图为主。一方面因为主图数量有限，能展示的图片少，所以需要通过详情页来展示更多产品图片。另一方面，线上购物不像线下购物，可以直接观看和触摸产品，所以买家只能依靠卖家的描述和产品图片，以及其他买家的评论来了解产品的质量，从而确定是否值得购买。而在详情页的图片中，实拍图能够让买家了解产品实际情况、实际的款式，如果是经过美化处理的图片，可能会存在失真、与实际产品有出入的问题；模特图能够让买家了解产品实际上身效果、使用效果等，能有更直观的产品印象；而产品的细节图更是详情页不可或缺的内容，在细节图中买家可以更细致地了解产品材质、质量、做工等信息，如图4-24所示，让买家对产品产生信赖，坚定买家下单的信心。

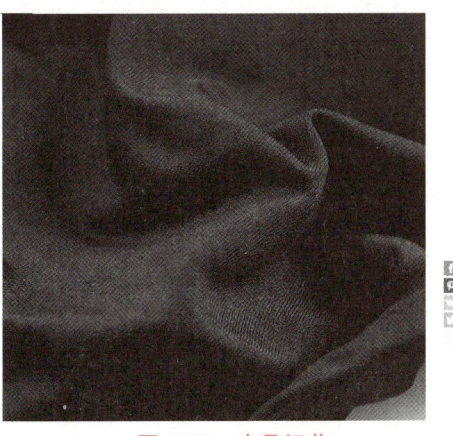

图4-24 产品细节

产品图片作为最基本的展示点，卖家在做到产品图片清晰美观的同时，也要考虑到是否过度修图，造成产品与图片相差过大，这样容易在后期产生纠纷。

5. 添加互动内容

详情页中的互动内容主要是一些温馨提示、注意事项及服务模板的内容。比如关于产品颜色，可以温馨提示买家因为光线、电脑分辨率不同的原因可能实际收到的产品与产品图片有轻微差异；或者关于尺码信息提示买家产品尺码偏大/偏小，建议买家买小/大一码。这些互动信息不仅能够拉近和买家的距离，让买家产生亲近的想法，还能够有效避免因为此类问题带来的产品售后问题。

在服务模板中可以着重介绍店铺的物流服务、客服服务及售后服务，让买家在售前、售中、售后都可以安心，从而产生对产品及店铺的信赖感，提高转化率。

详情页的设计其实就是买家关注什么，卖家就要尽可能给买家展示什么；自身产品有而其他产品没有的东西也要展示给买家。

详情页设计一定要遵循一个原则：首尾呼应，即详情页与产品的主图呼应。

产品的几张主图里，告诉了买家什么内容，产品的详情页里，也要体现这些内容。让买家反复解读这些信息，在不知不觉中影响买家的决策。举个很简单的例子，广告语"今年过节不收礼，收礼还收脑白金"大家都很烦，但是不影响脑白金当年的销量。主图给买家带来第一印象，详情页用于加深印象，刺激买家迅速下单。

如果产品的主图和详情页表达出来的信息不一致，买家可能会忘记产品是干什么的，有什么样的特点。特别是在这个碎片化时代，喝个下午茶、坐个地铁、挤个公交，买家就买了一件产品。你觉得买家的记忆有几秒？

一张高点击率的详情页，一定是不仅熟悉自身产品，同时也是熟知买家心理才能够设计出来的。一个真正好的详情页，首先是要能传达买家关心的点，其次才是视觉效果。

（二）详情页优化技巧

1. 详情页多语言化

先查看自己店铺客户人群分析因子，确定客户的国家来源分布，如图4-25所示，如果有比较多的买家来自非英语国家，建议编辑多语言的详情页。

图4-25 客户人群分析因子

2. 重要内容前置

一般来说，详情页会包括视频、促销信息、商品文案、尺码信息、商品图片、关联模块、售后模块等，而这些内容不可能同时展现在买家眼前。从买家的角度来考虑，买家的精力和时间有限，在当前的产品下，买家最关注什么内容，如何更方便买家获取有效信息，是我们需要重点思考的地方，避免重点不突出，抓不住买家眼球。

在移动端这种思考更为重要，因为移动端屏幕尺寸小，且受网络环境的影响，打开速度不一定稳定，让买家能快速、有效地了解该产品的重要信息，是移动端产品描述优质与否的标准。

3. 图文分离

图文分离（见图4-26）是指图片和文字分开编辑，而不是把文字直接编辑在图片上，然后直接上传图片。这样做有几个好处：

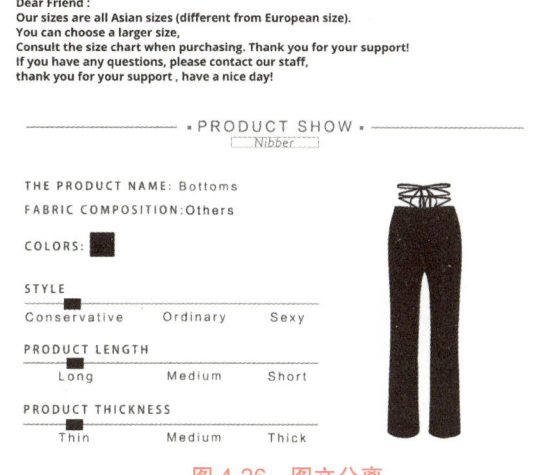

图 4-26 图文分离

- 文字加载速度比图片快，在移动端不会因为等比例压缩的关系看不清楚。
- 可以利用翻译插件查看多语言的译文，使得非英语买家能更好地了解产品详情。

但是这并不意味着不使用图片，相反，一些表格比如尺码表，如果不用图片，在移动端很难完美适配。

需要注意的是，如果要把文字写到图片上，一定要在移动设备上看下实际的效果，以便调整图片上面文字的字号，确保图片等比例缩小之后，文字还能看清楚。

4. 关联推荐内容

速卖通关联营销内容不是在当前产品下买家最关注的内容，当你的产品流量较大，跳失率较高的时候，可以选择增加关联推荐模块。

5. 关注App端详情页

目前，速卖通拥有超6亿App用户，App端流量持续上涨，订单量已经远超PC端，而且与PC端相比，App端对图片大小、图片比例等要求都不一样。App端详情页图片支持jpg、jpeg格式，推荐宽度在720px或以上，高度不超过720px，而PC端图片支持jpg、jpeg、png格式，宽高比例不限，宽高必须大于260px。所以如果App端和PC端使用同样比例的图片，那么在App端图片可能无法展示或者没有办法达到最佳效果。

为了更好地适应速卖通的变化，我们更需要关注和优化App端产品详情。目前App端有独立的详情页描述编辑功能，独立的App端详情页的内容和排版都可以与PC端不一样，可以帮助卖家更好地从App端买家的角度来展现产品，又不会影响PC端买家的信息获取。

绝大多数详情页的视觉都不错，却存在着问题，例如，产品信息传递不够直白明了、没有逻辑、没有利益点，无法让消费者产生共鸣，那么这样的详情页就会导致好不容易引进来的流量流失掉了。了解完详情页优化的方式及技巧之后，我们可以明确，优质的详情页应该要让买家可以精准快速地接收信息。那如何让买家快速准确地接收信息呢？

如图4-27所示，其实要想让买家快速明白产品想表达什么，那卖家必须先要知道买家想要的是什么（即利益点），展示买家想要的，让买家对产品产生兴趣，才能吸引买家。直白地、有逻辑地传达与买家利益相关的信息才是最重要的。

策划制作详情页之前就要先了解自己产品的消费人群，根据消费者的需求和产品卖点编辑出精准文案，把产品的卖点转换成消费者关心的利益点，最后结合产品图片做出高转换的详情页面来。

图4-27　如何让买家快速准确地接收信息

想一想

如果产品没有详情页会怎么样？

敲黑板

1. 产品详情页的优化是基于店铺需求进行的，为了提升产品的访问深度，提高店铺的转化率，我们需要根据店铺及产品的问题及买家需求进行合理的详情页优化。

2. 产品详情页结构不是固定的，需要基于产品特点、店铺定位及买家需求进行合理的编排。

3. 随着速卖通平台的发展，对App端详情页的要求越来越高，我们需要改变思维，要充分认识到详情页的重要性，从App端与PC端的区别出发，结合App端买家浏览习惯及局限性，对App端详情页加以设计和优化。

练 习 题

一、单项选择题

1. 速卖通服装产品的详情页中，必须要有（　　）。
A. 模特展示　　　　B. 关联推荐　　　　C. 尺码表　　　　D. 工厂展示

2. 下列关于主图优化原则的说法中正确的是（　　）。
A. 主图允许拼图展示更多款式或颜色
B. 图片上可以出现中文字
C. 如果图片上放置Logo，应将Logo放置在图片的中间位置
D. 产品主体要尽量占据图片70%以上的地方
3. 下列关于详情页优化方式的说法中正确的是（　　）。
A. 详情页产品描述及图片上的文字只能使用英文
B. 因每个店铺的主流市场侧重不一样，建议详情页多语言化
C. 详情页没有办法编辑文字，所以只能将文字编辑在图片上，上传图片
D. App端详情页不重要，建议只需要编辑PC端详情页即可
4. 查看店铺客户人群分析，确定客户的国家来源分布，如果有比较多的买家来自非英语国家，速卖通产品详情页中，建议编辑（　　）详情页。
A. 英语　　　　　　B. 俄语　　　　　　C. 西班牙语　　　　D. 多语言
5. 速卖通产品详情页中，详细描述的字符限制是（　　）字符。
A. 60 000　　　　　B. 80 000　　　　　C. 100 000　　　　D. 120 000

二、多项选择题
1. 一般来说，速卖通产品详情页会包括（　　）等。
A. 售后模块　　　　B. 促销信息　　　　C. 商品文案　　　　D. 尺码信息
E. 关联模块
2. 下列关于主图图片背景色的说法中正确的有（　　）。
A. 服装手表等图片背景多为生活场景或街拍图，颜色不要和主体过于接近
B. 图片背景要干净，尽量统一背景颜色，选单一色，最好是白色或者浅色底
C. 图片背景不要杂乱，避免影响视觉效果
D. 图片背景尽量以场景图为主
E. 图片背景颜色尽量和产品主体颜色保持一致
3. 速卖通产品详情页中，PC端图片格式支持（　　）。
A. jpg　　　　　　B. gif　　　　　　　C. PSD　　　　　　D. jpeg
E. png
4. 速卖通产品详情页中，卖家服务模板主要有（　　）等。
A. 支付方式　　　　B. 物流时效　　　　C. 售后保证　　　　D. 尺码信息
E. 五星好评
5. 详情页优化时，做到图文分离的好处是（　　）。
A. 文字加载速度比图片快，在移动端不会因为等比例压缩的关系看不清楚
B. 可以利用翻译插件看多语言的翻译，使得非英语买家能更好地了解产品详情
C. 可以增加详情页篇幅
D. 让买家可以自由选择只看图片或者只看文字

三、判断题
1. 详情页里面只需要放图片就可以，不需要有文字描述。（　　）
2. 详情页图片中的中文介绍需要用作图软件将这些中文替换成英文或者买家常用语言。

（　　）

3. 速卖通详情页的视频，App 端的画面长宽比为 16∶9。（　　）

4. 速卖通详情页图文分离是指图片和文字分开编辑，而不是把文字直接编辑在图片上，因为文字比图片显示速度快，且易于修改编辑。（　　）

5. 为了防止盗图，图片上应该加满水印。（　　）

四、案例分析题

1. 在速卖通服装类产品的详情页尺码表下面，一般都会有如下的英文注释，请解释其含义，并说明其作用：

Warmly Tips：

（1）This Size Chart is only for your reference. Please allow 1-3 cm error for hand measurement.

（2）Not Sure about your size? Don't worry，just let us know your height，weight and bust，we will recommend the right sizes for you.

（3）We Appreciate that if you could allow slight color difference，as different computers may display different colors.

Thanks for your understanding. Enjoy your shopping!

2. 图 4-28 所示的是速卖通平台上某产品详情页中的卖家联系方式，请分别解释每种联系方式，并按照此样式，做一个自己的联系方式列表。

图 4-28　产品详情页中的卖家联系方式

模块五　店铺视觉优化（亚马逊）

【学习目标】

1. 了解店铺视觉优化的组成内容；
2. 理解店铺视觉优化的价值；
3. 掌握店铺视觉优化的方法。

【技能目标】

1. 能够根据产品数据，优化产品视觉设计方案；
2. 能够根据数据反馈，优化产品主图；
3. 能根据产品数据情况，优化产品详情页。

【素养目标】

1. 培育和践行社会主义核心价值观；
2. 培养诚实守信、遵纪守法的职业道德；
3. 培养精益求精的工匠精神；
4. 强化数字素养，提升数字技能；
5. 培养互联网思维、创新思维和数据思维。

【思维导图】

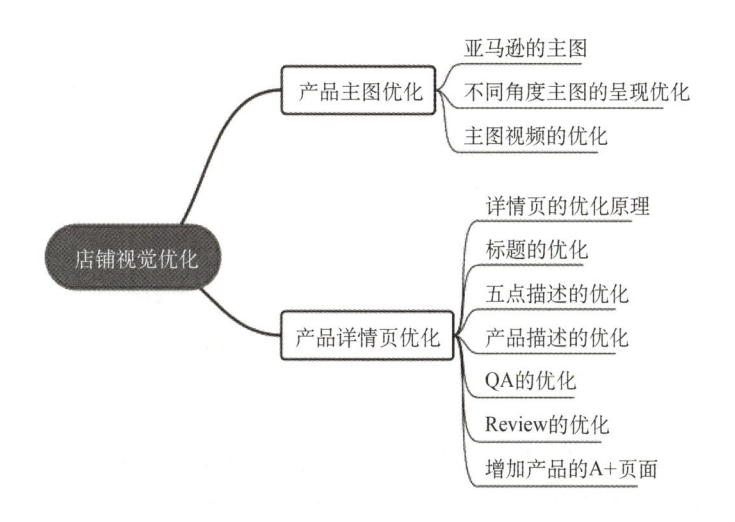

```
                          ┌── 亚马逊的主图
              ┌─ 产品主图优化 ──┼── 不同角度主图的呈现优化
              │                 └── 主图视频的优化
              │
              │                 ┌── 详情页的优化原理
店铺视觉优化 ─┤                 ├── 标题的优化
              │                 ├── 五点描述的优化
              └─ 产品详情页优化 ─┼── 产品描述的优化
                                ├── QA的优化
                                ├── Review的优化
                                └── 增加产品的A+页面
```

引导案例 >>>

小张通过数据分析得知,最近亚马逊平台的宠物用品销量大增,于是他也想开始出售宠物用品,最后选定销售狗链。因为是个人卖家,为了减少成本支出,他自己进行了产品的拍摄与美化。由于时间与精力有限,他的产品图及效果,如图 5-1 所示。

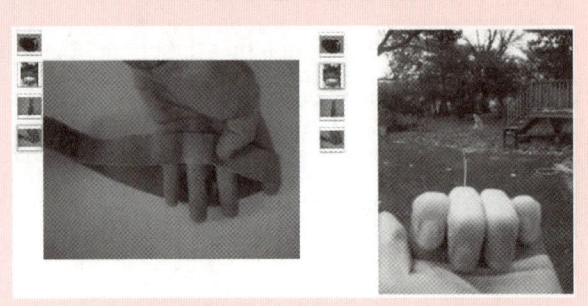

图 5-1 狗链产品图

在产品发布后的一个月内,小张几乎没有收到任何订单,产品的浏览量也很少。小张产品的流量这么少和产品的图片是否有关?小张接下来的产品页优化该怎么进行?

(资料来源:http://m.cifnews.com/article/27651)

结合案例,思考并回答以下问题:
1. 该产品为什么要进行主图优化?
2. 该产品要从哪些方面来进行主图优化?
3. 产品详情页优化有什么作用和现实价值?
4. 产品详情优化包括哪些方面?

单元一 产品主图优化

跨境电商的局限性,使买家无法像在实体店那样直接接触商品。这个时候就显示出主图的重要性了,产品的图片是展示产品最直接的方式。大多数买家在选购产品时也是先观察图片,再决定要不要点击产品链接。因此卖家必须要做一个吸引人的主图,并在图片上展现出产品的细节。那么,什么样的图片才是最适合、最能吸引人的呢?

一、亚马逊的主图

由于亚马逊搜索页面和产品的详情界面背景是纯白色的,所以亚马逊要求主图的背景必须是纯白色的。绘图和插图是不能够当作主图的,除非自身有品牌备案,否则主图上一般不允许出现 Logo 和水印。

按照亚马逊对于产品图片的要求,亚马逊图片最长边必须至少为 1 000 像素,当图片的高度或宽度大于 1 000 像素时,该图片就具有缩放功能,买家能放大图片局部查看产品细节,这个功能具有增加销量的作用,因此,图片的边长在 1 001 像素以上为佳。图片最短的边长(相对的宽或高)不能低于 500 像素,否则无法上传到亚马逊后台。图片太小了,也不方便买家查看产品。图片的横向和纵向比例是 1 : 1.3 时,可以在亚马逊网站达到最佳的视觉效果。

二、不同角度主图的呈现优化

卖家应该从功能图+特写图+细节图+尺寸图+场景图+包装图等不同的角度,对产品主图(示例如图 5-2 所示)进行合理配置,尽可能从多种场景、角度来展现产品。

比如功能图,一次性展现产品的所有功能及其属性,让买家对你的产品一目了然,如图 5-3 所示。

图 5-2 卫浴产品的某主图例子

图 5-3 功能图

比如细节图及内部结构爆炸图,放大产品中的某些小细节,让买家对你的产品能有更深层次的理解,如图 5-4 所示。如有些电子产品做出内部结构爆炸图的效果,既显得你的产品很高级,又会让买家觉得你的产品很安全,让人用着放心。

比如尺寸图或产品重量图,在产品图中标注出产品的尺寸或重量,能让买家直观了解产品的大小,如图 5-5 所示。

图 5-4 细节图

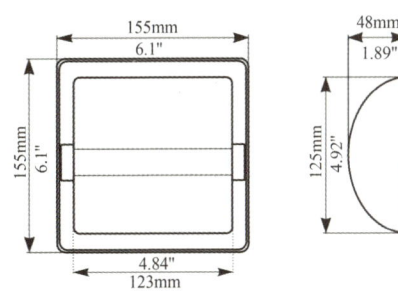

图 5-5 尺寸图

比如场景图,赋予产品一定的带入感,让客户有身临其境的感觉,如图 5-6 所示。买家通过图片了解产品及其功能,什么样的场景会使用,不同场景给买家传达不同的信息。

比如包装图,如果产品包装比较漂亮的话,可以起到事半功倍的作用,提高转化率,如图 5-7 所示。

图 5-6 场景图

图 5-7 包装图

三、主图视频的优化

主图里插入小视频最大的用处就是可以帮卖家更好地展示产品。视频可以更加直观地展示产品,对消费者而言,在点开一款产品时,如果能看到产品的视频说明,那么成交的概率更大,从而提高转化率,如图5-8所示。

对于那些功能性很强的产品,视频可以更好地对产品功能进行介绍,避免了冗长的详情页描述,以及后续的很多客服咨询。在视频中可以对产品的使用方式、注意事项进行详细说明,这样可以减少很多售后问题及退货问题。

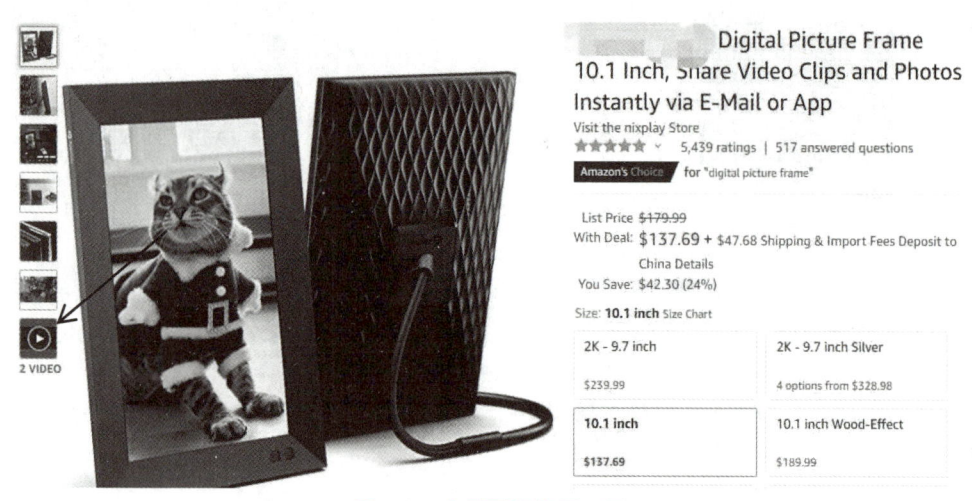

图5-8 产品页视频展示图

想一想

1. 想要优化亚马逊产品页以提高详情页的转化率,应从哪些方面对产品页做出优化与设计?
2. 哪些产品适合做主图视频?

术语解释

1. 亚马逊 listing

listing,简单来说就是指一个产品页面,其实严格意义上来说,是如何突出自己产品的亮点等。如何让亚马逊的买家注意到你的产品,这和亚马逊listing优化做得好不好关系密切。

2. 转化率

转化率就是订单数量与浏览数量的比,即:订单转化率=订单数量/流量,转化率意味着销量,也意味着营业额。有些卖家流量很高,但出单量很少,这就是转化率太低的缘故。

3. 亚马逊主图上视频

亚马逊已经对所有品牌备案通过的卖家开放了主图视频功能。可以通过以下步骤发布视频:第一步,卖家中心—广告—图文版品牌描述。第二步,输入SKU搜索可以发布的产品(需要通过品牌备案的方式上传)。第三步,选择"添加视频"。第四步,填写相关视频信息并发布。

为产品配备视频是亚马逊提供的全新功能，也只针对成功完成品牌备案的第三方卖家。亚马逊最新通知，listing主图上传视频全面开放，在2020年8月初的时候，美国站卖家就收到过主题为"视频上传政策更新"的邮件，亚马逊通知："第三季度时，非品牌卖家可以把视频上传到产品详情页的'图片'部分。"

4. 品牌备案

亚马逊品牌备案让拥有品牌的卖家们为它们的品牌在亚马逊平台上进行备案，备案后卖家将能使用更多营销工具（譬如CPC品牌赞助广告），并且对它们的品牌拥有完全的控制权，品牌备案可以保护卖家们在亚马逊上的品牌权益，想要参加的话只要在卖家后台提交一次性的申请即可。

敲黑板

亚马逊产品页的主图和辅图是最先展现在买家面前的，人们越来越倾向视觉感受，产品图片直接影响消费者对产品的第一印象，所以好的产品图片效果至关重要。为了提高产品转化率，我们需要根据亚马逊的规定在主图和辅图上做好优化。

亚马逊产品页的主图图片的宽度大于等于1 000像素，高度不低于500像素，这样一来，即使放大图片，也不会影响其视觉效果，并要求使用纯白背景，使买家注意力放在产品上。

辅图尽可能从不同角度展示产品，可以聚焦展示产品细节。对产品做不同侧面的展示，对无法在主图中凸显的产品特性、形状做补充，亚马逊产品详情页中后台最多可以传9张辅图，前台可以展示7张辅图。

单元二　产品详情页优化

详情页是买家了解产品的最重要的渠道，优质的详情页可以促进成单让销量越来越好，而差的产品详情页只会让销量越来越差，那么详情页的优化原理是什么呢？卖家该如何优化详情页呢？

一、详情页的优化原理——亚马逊A9算法

A9算法是亚马逊的一种算法的名字，亚马逊站内产品的排序由A9算法决定。A9算法通过观察买家过往浏览习惯等一系列数据，包括光标在页面上停留的位置，最后亚马逊会记录下所有数据并从亚马逊产品池中选出与买家搜索最相关的结果。简单一点来说，A9就是从亚马逊庞大的产品类目中挑选出最相关的产品，并且根据相关性排序（A9会把挑选出来的产品进行评分）展示给买家。为确保买家能最快、最精确地搜索到"想要购买的产品"，亚马逊会分析每一个买家的行为并记录。A9算法根据这些分析并最终执行买家最大化收益（Revenue Per Customer，RPC）。

亚马逊A9算法的三大核心支柱分别是转化率、关联性、买家满意率和留存率。

（一）转化率

转化率是衡量卖家销售额的重要指标。亚马逊衡量转化率相关的影响因素包括销量排名、review、QA、图片尺寸、质量和价格等。销量排名，是最重要的排名因素。

（二）关联性

关联性决定了A9算法将产品页面指向特定的搜索关键词。listing优化提升关联性的内容包括标题、五点描述、产品描述、A+页面优化等。

（三）买家满意率和留存率

亚马逊A9算法的原则是使买家收益最大化，买家留存率在其中有重要作用。让买家购买10次，每次花$19.99，比让人一次性花$199.9要难多了。买家满意率和留存率也就是如何从单个买家身上赚最多的钱。

总而言之，详情页优化的原理就是利用A9算法，将详情页与搜索关键词的关联性、订单转化率、买家满意率和留存率不断优化，让产品更多、更大范围地展现在买家面前，因此需要卖家对详情页持续进行优化。

二、标题的优化

（一）标题的公式

标题作为触摸A9算法的第一道门槛，其重要性不言而喻。标题里面包含了产品品牌、核心关键词、核心或区别于其他产品的特性、适用范围、产品属性。而标题中的关键词在整个产品listing中的权重是最大的，在标题中自然植入1～3个与产品高度相关的优质关键词，将会使产品销售潜力极大化。

一般大卖的产品标题都会遵循一个公式，也就是：Title=品牌名字+核心关键词+产品属性+主要特性+变体形式/包装方式。同时，标题关键词的搜索权重会按照词的顺序递减，因此重要的大词尽量放在前面。

在编写产品的标题之前，一定要建立好自己的关键词库，就是必须要对自己产品的关键词了然于胸，自己要清楚地知道哪些是主关键词、哪些是长尾词或精准词、哪些是点击率高但是与产品相关度较小的词。

【标题的关键词类型分析】

比如这款儿童玩具的产品标题：STEM Toys Building Toys for Kids Building Blocks Learning Building Set for 3 Year Old Boys Toys Stem Kids Toys 4 Year Old Boy Gift Ideas for Toddlers Boys Educational Toys for Kids Ages 3-5 Pipe Toys。

里面的主关键词是 Building Toys for Kids；Building Blocks。

长尾词/精准词为 Boy Gift Ideas for Toddlers Boys；Educational Toys for Kids Ages 3-5等。

（二）标题中关键词的抓取

我们建立自己产品的关键词词库，同时可以在best seller排行榜中找到排行小类目前20

的同类竞品的 listing，将 ASIN 复制，打开卖家精灵软件，找到"查竞品"功能，输入 ASIN 号，就可以抓取到这个竞品的所有关键词来源。以产品益智类玩具 education toys 为例，如图 5-9 所示。

图 5-9　益智类玩具的竞品

假设我们现在运营同款益智类玩具，我们通过卖家精灵软件挖掘出以下的关键词流量来源。如图 5-10 所示，比如排名前面的核心流量关键词有 educational toys、educational toys for 4 year old、learning toys。我们可以考虑将这些词精选优化加入自己同款产品的标题中（注意不要侵权，不要插入和我们产品无关的关键词）。

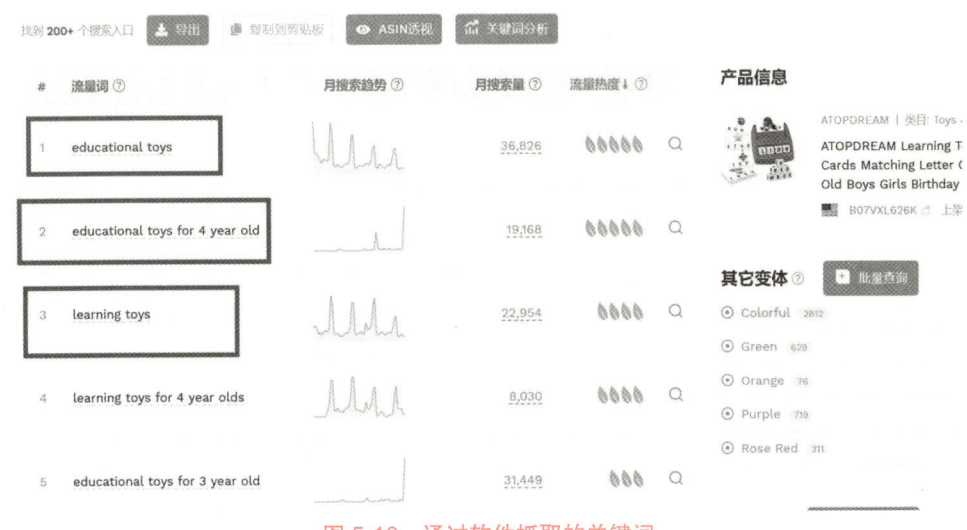

图 5-10　通过软件抓取的关键词

（三）标题的优化

假设我们卖的产品是品牌名为"JUNSUN"的一款纸巾架，其显著特征是可以内嵌到墙体里面，该产品原标题如下：Toilet paper holder, stainless steel wall mounted bathroom toilet paper holder，brushed recessed toilet tissue paper holder，hotel toilet roll holder for bathroom，washroom-rear mounting bracket included。

优化原因分析：

（1）根据亚马逊标题的优化规则，在标题里少用甚至不用逗号、句号和其他特殊符号等，因为这些符号会有一定阻隔关键词整体匹配的作用。亚马逊对于关键词的抓取是整体性的，只要顾客的搜索词包含在详情页中，就都能匹配上。整体词组和转化率高的词组会优先显示，而标题是首要搜索的对象，即使你不把词组写在一起，它也能被匹配上。除了and、or、with、of等连词和虚词及the、a、an可以全部小写之外，其他每个单词的首字母要大写。

（2）商标名称是发布详情页的必填项，它可以在一定程度上起到防止被跟卖的作用，从长远的角度看，随着运营的推进，商标成长为品牌也是大部分卖家的期望，所以在标题中，一定要写入商标名。

（3）由于标题有字符数要求，而一个产品往往会有多个关键词，所以在有限的标题中要尽量填写产品的核心关键词。如果一个产品有多个核心关键词，也可以同时收集，分别用在标题的不同位置。尽量通过前5个词来展示：这是什么产品?有什么特性或与其他产品有什么不同的地方？位置越靠前的词越重要。现在移动端用户居多，在手机上能被显示的标题内容有限，再往后的位置也很少会被注意，所以需要在短短几个词之内展现产品特性。兼顾PC端和移动端的要求，从而达成既亲近A9算法，又照顾到用户浏览标题体验的目的。卖家可以利用卖家精灵软件等工具，通过挖掘和反查关键词来优化标题中的关键词。

上述纸巾盒是不锈钢的，嵌入式厕纸架，壁挂式嵌壁式纸巾架，可用于家用橱柜、卫浴、厨房、商业公司，根据如上标题优化规则，以上标题可以优化成：

JUNSUN Stainless Steel Recessed Toilet Paper Holder Wall Mounted Metal Recessed Tissue Roll Dispenser for Home Cabinet Bathroom Kitchen Commercial Application Organization Rear Mounting Included.

该标题相对于之前的标题更加规范，避免了关键词的堆砌，亚马逊官方也明确反对关键词的堆砌，一个清爽又精炼的标题最能抓住消费者的眼球。

三、五点描述的优化

（一）五点描述的概念

五点描述，即Bullet Points，亚马逊在比较前端的位置允许卖家填写5个卖点，就是向买家充分展示你的产品的优点，如图5-11所示。卖点具有简洁、明快，能最大限度地展示产品特性、有吸引力的特点。卖点，能够让买家看一眼就被吸引住，从而决定进一步浏览和了解你的产品详情。大多数买家在购买产品时看重的就是产品本身的用处、性能、优点、材料等，Bullet Points能够第一时间传递给买家这些信息，从而让产品脱颖而出，帮助买家迅速了解你产品的优点。亚马逊允许卖家写5条Bullet Points，那么卖家就要充分利用这5条Bullet Points来突出产品的卖点，尽可能多地展示产品的优点。在移动端，很多listing只显示前三条，买家需要点击"查看更多"才能看到完整的五点描述，所以有时候前两条Bullet Points的质量就决定了产品的转化。

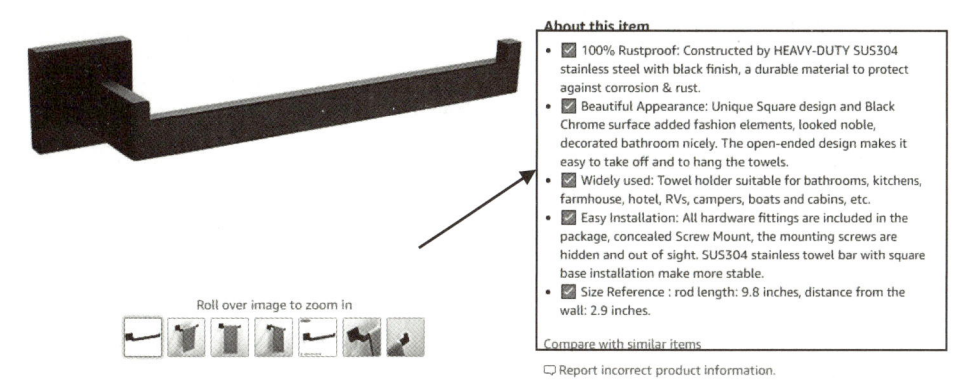

图 5-11 五点描述的例子

（二）五点描述的关键词优化

在 Bullet Points 中插入关键词有助于亚马逊算法抓取那些与你的产品相关的关键词。但是对于 Bullet Points 来说，关键词只是其中的一部分，并非最重要的任务。每条 Bullet Points 最多允许插入两个关键词，留出空间进行其他方面的优化，一共选择 10 个左右相关性强的关键词即可，多了可能会影响描述的通顺度。例如，wood wall shelf 产品的关键词在 Bullet Points 中的显示，没有刻意堆叠关键词，而是在不影响阅读的情况下，补充了标题写不下的一些长尾关键词，如图 5-12 所示。

图 5-12 五点描述中关键词的优化

（三）亮点的优化

一个好的五点描述应该以消费者为出发点，因此要做好竞品分析。查看好的竞品，它们的 Bullet Points、review、QA 都有什么内容，买家最关心什么？最担心什么？问得最多的是什么？将买家最关心的问题筛选出来，形成五点描述。以蓝牙耳机为例，对好的竞品做数据调查，主要针对产品的好评点和差评点。好评反映的是优势和消费需求，差评反映的是需求及产品未能解决的痛点。综合数据，如蓝牙产品消费者最关心的是音质，那么就把音质写在第一行，以此类推。关于差评，买家抱怨最多的，如果可以加以改良和优化那便是卖点。

五点描述中要包含参数，参数要具象化。亚马逊的很多负面反馈、投诉、退货，都是由买家对于产品的尺寸等不符合预期而导致的，因此，卖家可在五点描述中将产品尺寸具体化，如 20 000mAh portable charger provides the iPhone 7 almost seven times, the Galaxy S6 five times or the iPad mini 4 times.

根据不同类目的产品，Bullet Points 写法也是不同的，不能一概而论。总之，详情页的五点描述都包括产品的尺寸、功能、产品特点、用途、优势、材质、外观、设计结构、附加功能、如何使用等。第一个卖点讲究的是最能吸引买家的点，直接区分其他产品的不同点，激发购买欲，可以写产品最大的特色。最后一个卖点一般写上促使买家放下顾忌，直接购买的句子，售后服务往往可以写在最后，良好的售后可以让买家对你的专业度产生信赖。一个好的Bullet Points是能够吸引买家购买的一个重要因素，Bullet Points也是优化详情页中不可忽视的一部分。因此，最大化地展示出产品的卖点到Bullet Points中，有利于提升产品的吸引力，提高买家的购买兴趣，从而提升产品的转化率。

四、产品描述的优化

（一）产品描述的特点和作用

产品描述是对产品更深入的文字说明，不仅仅是产品功能的详细介绍，更是五点描述的补充说明。精心编写的产品描述可以帮助买家想象拥有或者使用产品所带来的体验。卖家在写产品描述的时候可以选择将产品优势、解决痛点和适应范围等信息，分段进行论述，尤其是将核心关键词及能够促进点击流量的关键词放进产品描述中，核心关键词会在平台首先被搜索到，带来流量。优化亚马逊产品描述，可以提升转化率从而促进销量。

（二）产品描述思路

1. 设身处地为买家着想

买家希望感受、触摸、思考和得到什么？买家在使用你的产品时相比其他的产品有什么不同之处，在使用方法、使用功效、使用功能、使用体验、日常维护等方面和其他产品不一样的地方在哪里，产品描述就在于将产品带给买家的"改变、体验"完美地展示出来。例如，一个有关water bottle的产品描述：BESTSELLING WATER BOTTLE ON AMAZON! Awesome features make this the only water bottle you will ever need. Check out our reviews and see that this new water bottle beats all the others hands down!!（亚马逊上最畅销的水壶！你一定想要拥有这么一个水壶，看看我们获得的评论，这个水壶打败了除它以外的所有水壶）在该描述中，买家了解不到任何与水壶相关的细节，只有卖家吹嘘的叫卖声。可将该产品描述优化为No-Dribble Mouthpiece Design：Unlike ordinary water bottles which aren't constructed to fit your mouth，this [brand] bottle offers an ergonomically designed，no-dribble sipping spout for added comfort.（这款水壶的瓶嘴与市面上的普通水壶不同，符合人体工学的饮嘴，能避免人们饮水时，水流过快喷溅或溢出来，增加了人们饮水时的舒适性）该产品描述能让买家知道水壶的独特之处，而产品细节正是客户在购买产品时最想了解的地方。

2. 提供关于产品体验、使用和优势的信息

买家搜索产品时，基本已经知道产品的主要功能，所以进一步使用产品描述来表达该产品的优势。如在五点描述中已经列出技术规格了，但并非所有的客户都能理解。因此你可以这样描述产品，例如，如果你销售的是20 000mAh的充电宝，大多数买家可能不知道这个充电宝能给他们的iPhone 11充几次电。于是你可以这样描述你的产品：20 000 mAh high capacity：iPhone 11 fully charged at least 3-4 times, Samsung S10 fully charged 4 times. Don't worry about losing power while chatting or playing games on FaceTime（20000mAh高容量：iPhone 11充满电至少3~4次，三星S10充满电4次。再也不用担心在FaceTime聊天或玩游戏的时候没电了）。

3. 使用SEO关键词

买家在搜索引擎中找到了你的产品，是因为产品标题和描述包含了他们可能在亚马逊搜索引擎中搜索到的关键词。因此，产品描述应该包括主要关键词和其他与你的产品密切相关的关键词。例如，若你销售的是neck pillow（颈枕），则可以利用travel pillow（旅游枕头）、pillow for airplane（飞机用枕头）等相关关键词，来提高被搜索到的机会。

一个好的产品描述一定是经过精心准备的，既要有实质的内容，又要有恰当的形式，通过形式与内容的结合，向买家传输作为卖家你想要表达的东西，而这些东西又是能够触及买家关切点的。买家通过阅读产品描述与你达成共识，找到共鸣，然后下单购买，也即形成了转化，而这个转化率高于同行卖家，这个产品描述才是一个优秀的产品描述。我们应该在运营的过程中，通过挖掘、提炼买家给我们的产品review中关于产品描述的内容，来优化我们的产品描述。

五、QA的优化

（一）亚马逊QA的概念

亚马逊QA是在亚马逊产品页面上的问答板块，主要是买家对产品的特性、功能、质量、品质、使用方法或者包装等问题提出疑问和交流，所以卖家可以利用QA板块来解决买家碰到的实际产品问题，结合买家的痛点去制作相对应的QA，目的就是打消买家对于产品和服务的所有疑问，加强他们购买的信心。

通过这个板块，卖家和买家、买家和买家之间，都可以交流产品特性、质量问题，并以问答的形式展示。买家可以针对产品提出问题，亚马逊会通知该产品卖家及一些买过该产品的买家来回答，当得到答案后亚马逊会以邮件的形式通知提问的人，同时会把问题和答案显示出来，供其他买家参考。QA在首页的显示位置，如图5-13所示，QA数量在3个以上才会在箭头位置显示。

图5-13　QA在首页显示的位置

（二）QA的作用

1. 提高转化率

QA在亚马逊listing的详情页里面处于很重要的一个位置，也是买家不会忽略的板块，对产品转化率起着非常大的作用。对于一些价值比较高或者功能性的产品，买家会通过浏览QA来进一步了解产品，因为在这里能看到回答自己疑虑的答案，间接引导买家下单。

2. 增加流量入口

在 listing 里面除了 search term、标题、五点描述、review、产品描述可以添加相关关键词作为流量入口，QA 也是一个添加产品关键词的入口，在回复买家的时候，可以穿插更多的长尾词和高频关键词，使它成为流量的另一个入口。

（三）亚马逊 QA 的优化

1. 抓住客户需求和痛点

熟悉产品性能卖点和缺陷，把最主要的痛点问题罗列出来，对于缺陷问题也要在 QA 里面罗列出来，而且卖家在回答的时候要尽量专业地回复，并且要明确表达在努力研发改进中。如买家关心的买眼镜是否附带眼镜盒等问题，如图 5-14 所示。

图 5-14　问题详情

2. 整理抓取关键词

QA 中所有的词都会被亚马逊自动抓取到，所以除了在标题、卖点和产品描述中增加产品关键词外，QA 中最好也要填入核心关键词，增加产品与关键词的相关性，使买家在搜索的时候就能立刻看到产品。如图 5-15 所示，在回答问题时可以添加 dispenser 等核心关键词，也可以适当地插入关键词，但是不能刻意堆砌关键词。

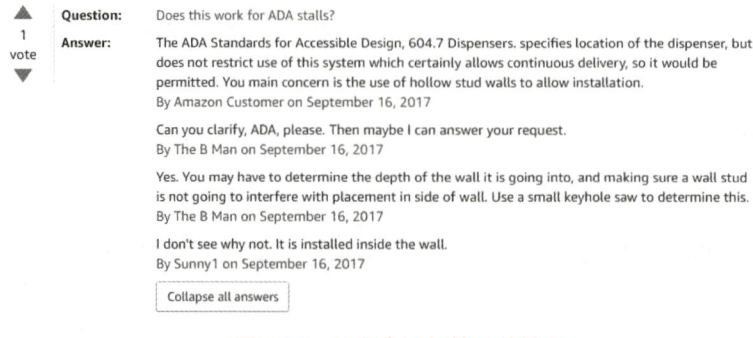

图 5-15　问题中添加核心关键词

3. 做好UPvotes

UPvotes即点赞数。打开链接点赞或NO来操控所有Q&A的上升和下降，如果得到正向的votes越多，那么这个相应的Q&A就能升到第一页。挑选一两个重要的Q&A帖子，然后把帖子置顶，置顶的目的是让买家第一眼就能看到，增加帖子热度，提升页面转化率。

六、review的优化

（一）review的组成要素

买家在购物之前都会仔细阅读评论，根据店铺的review与星级去判断产品品质的好坏，如图5-16所示。

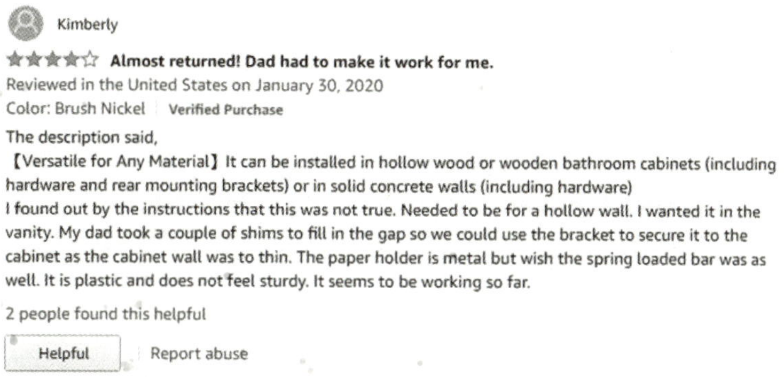

图 5-16　review的显示页面

星级，从一颗星到五颗星不等，可以客观反映买家的购物体验。评分标题，买家可以编写一个自定义标题来总结其评分的核心。如果他们把这部分留空，亚马逊会自动用他们评分的第一句话来填充这部分。

术语解释

1. 直评

直评就是买家不用购买产品就可以直接对产品进行评论。因为直评肯定会和实际情况有偏差，所以这也就导致有些人会直接给某产品上多条好评或者差评，从而影响到部分权重问题，甚至影响销售。

2. 普评

普评就是普通评价，而普通评价又分为三种：文字评价、图片评价、视频评价。权重从大到小依次为视频评价—图片评价—文字评价。

3. VP评论

VP（Verified Purchase）评论就是亚马逊买家购买产品后，留下的最真实的评论。VP有两种：一种是全额购买，一种是优惠码购买。不过优惠码三折以下购买的是没有VP标志的，因此是否带有VP标志主要跟支付有关。这类买家的评论可信度会更高、更有说服力，占有的权重也很高，所以VP评论经常排在前面。

4. 绿标评论

绿标评论是亚马逊推出的一个组织——Vine Voice，受邀参加Amazon Vine项目的产品，将由供应商提供给亚马逊，然后再由 Amazon 官方将产品免费送给 Vine 评论员，要求他们撰写评论。绿标评论的权重更高但是想获得这类评论，首先就得是优秀的 review ranker，这是加入 Amazon Vine 项目的基础。

（二）review 优化的原则

亚马逊产品星级权重评定方法是基于机器人智能学习评分模式而不是订单的原始平均数据。机器人智能学习评分模式主要和以下三个因素有关：review 的年龄、review 的采纳数（review 接收点赞的数量）和 review 是否为 VP 标志。

1. review 的年龄

越早留下的 review（见图 5-17）在权重和星级评定上影响越大。比如说去年留下的 review 在权重和星级上的影响远远大于昨天留下的。能长时间留存下来的 review，必定是被 A9 算法认定为高质量的 review。这样的 review 所占权重非常大。

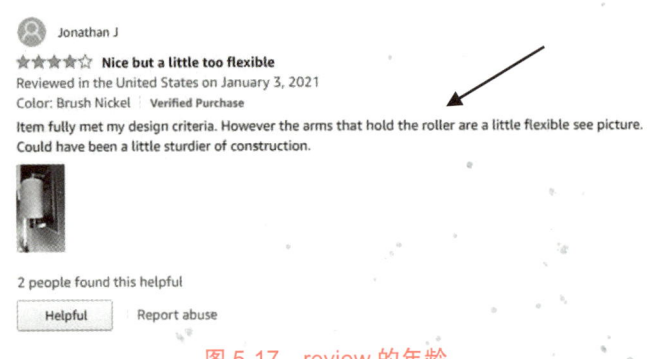

图 5-17　review 的年龄

2. review 的采纳数

review 的采纳数是指一条 review 被点击 "helpful" 的数量（即被点赞的数量），被点赞数量多的 review 会排到前面，接受点赞数量越多的 review 对星级评定影响越大。通过操作，将首页的差评通过点击 "report abuse" 的方式踩下去，然后将目标好评通过点击 "helpful" 的方式拉上来，从而把 listing 页面的差评从首页赶到第二页去，实现 listing 首页无差评的目的。如果是 5 星好评的 review 接受点赞数越多，那么星级会更高。但是如果是 1 星差评的 review 被狂点赞的话，那也会直接影响到整体的 review 星级评定的。

3. review 是否为 VP 标志

当产品评价被标示为 Verified Purchase 时，意味着撰写该产品评价的买家在亚马逊上购买了该产品。只有确认在亚马逊购买该产品的买家才能在评价加上此标签。

（三）review 的优化方法

当一个产品上架之后，很多新卖家都面临着如何增加 5 星 review 的问题，刷单、刷评论是平台绝对禁止的行为，这样的运营手段也是不长久的。

1. 加入早期评论者计划

"早期评论者计划"是亚马逊认可的一种获得 review 的安全方式。该计划旨在帮助品牌所有者获得早期评论，这有助于买家做出更明智的购买决定，并且可以增加页面浏览量，最终实现销售额提升。买家留评之后，在前端也会显示该review是通过早期评论者计划留下的，卖家也能判断钱花出去之后是否收到了应有的review数量。评论少于5条的SKU可能符合此计划的注册条件，也就是说大部分少于5条 review的新品都符合该条件。目前，此计划还要求SKU的价格必须高于15.00美元。如果报价低于15.00美元，亚马逊可能会停止征集买家评论。每次注册的费用是60美元，再加上任何适用税费。一次注册包含父SKU系列中的所有SKU或独立SKU，卖家不必单独注册子SKU。一旦通过此计划收到第一条评论，卖家就需要支付60美元的费用。无论卖家收到1条评论还是5条评论，这是对该SKU支付的唯一一次费用。如果卖家未收到任何评论，亚马逊将不会向卖家收费。

2. 删除差评

差评在运营中是不可避免的，卖家要积极面对差评，并且在平台规则范围内解决此问题，同时，为了避免今后的差评继续发生，可以考虑产品的升级及改进。碰到差评，可以引导买家进行删除，可以直接在listing的差评下面回复，写明你的解决方案，并且留下你的联系邮箱。有一部分买家还是愿意联系你来解决问题的，因为买家不会为了留差评而留差评，如果能够解决他们在使用中的真实问题，很多买家愿意积极联系卖家来解决产品售后问题。或者可以点击差评下方的"not helpful"（没有帮助），当多数人点击"not helpful"的时候，差评就自然会消失。当发现买家因为物流原因、review中带有侮辱或者骂人的词语、review中含有买家或者卖家的个人信息等，卖家可以举报滥用，并联系亚马逊客服删除。

七、增加产品的 A+ 页面

所谓A+页面（见图5-18），就是图文版产品详情页面，通过它可以使用额外的图片和文字进一步完善产品描述部分。A+页面对Amazon"页面转化率"产生深远影响。A+的文字和图片关键词会成为搜索引擎索引对象。

图5-18 某产品的部分A+页面

A+有16种可视化模块，样式多，最多可以选择使用5种模块，组合形式丰富，可添加更多内容的多样化模板。卖家应尽可能全都使用这些模块，并且采用不同的模块，使用多种文字和图片组合形式，通过平衡A+内容中的图片和文字来避免空白区域。卖家可以随时更新A+内容，一定要避免细节过时，如节日的相关的图片元素。

想一想

1. 什么是亚马逊A9算法？
2. 亚马逊产品页中best seller 和 Amazon' choice有什么区别？
3. 怎么样才能写出转化率高的标题、产品描述和五点描述？
4. A+页面模块的选择策略是什么？

术语解释

1. A9算法（A9 Algorithm）

A9就是从亚马逊庞大的产品类目中挑选出来的最符合买家搜索的相关产品，根据搜索的相关性展示给买家，以确保买家能够最快、最精确地搜索到自己想要购买的产品，这也是亚马逊重视用户体验的表现。它的主要作用就是帮助亚马逊计算和推荐产品排名。而打造亚马逊排名取决于两个关键因素：相关性（relevancy）和转化率（conversions）。

第一个因素：相关性要求排名能被亚马逊认为是相关的。

举个例子，你正在亚马逊上卖手机壳，亚马逊系统得确认你的产品在关键词中有没有出现手机壳的关键词，如phone case。如果没有任何相关性，在一开始就不会给你的产品排名。

第二个因素：一旦我们的产品被认为是相关的，在其他因素都相同的情况下，转化率更高的listing常常比那些低转化率的listing排名更靠前。

2. Amazon's Choice

随着亚马逊算法的调整，Amazon's choice从并不起眼的功能，摇身一变，占据了首页前三位的重要展示位。当你开始搜索一件产品的时候，亚马逊会根据你的购买历史记录，优先推荐你已经购买过的产品。如果你并没有购买过你正在搜索的产品类型，那么亚马逊就会优先推送你带有Amazon's choice标志的产品。实际上，当拥有了Amazon's choice这个标志，在搜索长尾词甚至大词时都会排列在靠前的位置，即便在这些词下没有客观的转化。同时，亚马逊的受众也越来越认可Amazon's choice这个标志，甚至被称为"亚马逊优选"，其在消费者心中的地位，隐约已经胜于亚马逊自营了。

敲黑板

1. 产品标题都会遵循一个公式，也就是：Title=品牌名字+核心关键词+产品属性+主要特性+变体形式/包装方式。同时，标题关键词的搜索权重会按照词的顺序递减，因此重要的大词尽量放在前面。

2. 五点描述的形式一般是features（用修饰性短语对每个卖点的小结）+benefits（对每个卖点详细的阐述），切忌在五点描述中进行长篇大论，既要做到简洁明了，又要做到完整阐述。那些在标题中放不进去的关键词，都要尽量在不影响阅读流利性的前提下安插进Bullet Points之中。

3. Product description是亚马逊产品listing的长描述，它是对于产品核心卖点和重要参数的一个补充。可以写入一些售后政策、其他特性、产品参数、使用注意事项、包装配件等。

4. 亚马逊QA是在亚马逊产品listing页面上的问答板块，由消费者提出问题，卖家或者是其他消费者进行解答，依据亚马逊A9算法，QA的数量基本对listing排名没有任何权重，但是QA的质量对产品转化率的高低却有重要影响。

5. A+作为一种图文并茂的描述页面,带来的不仅仅是"三提一减"(提高转化率、浏览量、销量,减少买家退货和差评),还具有树立品牌和提升品牌知名度,促进重复购买的作用。

他山之石

买家评论可以帮助买家做出明智的购买决定,并为销售伙伴提供有关如何改善其产品的想法。真实的买家评论可以帮助新买家在购买之前找到并评估你的产品。

诱导买家给好评的包装箱内的宣传单和产品包装是不符合亚马逊的政策的,即使你并没有为该评论提供奖励。同样,亚马逊的政策也禁止你要求买家不要在亚马逊上留差评。在将产品发往运营中心或发给买家之前,请确保产品包装和包装箱内的宣传单符合这些政策。如果你有存放在亚马逊运营中心的产品违反了亚马逊的政策,请创建移除订单,从亚马逊运营中心移除这些库存产品。

是的,亚马逊开始把管控的区域伸到卖家产品包装中了,只能感叹现在做亚马逊的卖家真的越来越难。找真实买家测评会被抓,现在通过包装和售后服务卡也不行了。不过很多卖家索评的内容确实有点过于直接,之前有买家在留评的时候直接将包装内的催评内容拍照放了出来。

出现这种情况一多,估计部分买家会向亚马逊进行投诉,媒体也会跟进报道,而亚马逊本身就非常反感刷评这一行为,现在出台政策严打也就顺理成章了。

亚马逊最后的建议就是如果你在FBA仓库的货物包装和宣传单中有诱导买家留评或者不留差评的内容,建议创建移除订单,将库存移除FBA仓库,这也算是亚马逊给卖家的最后机会吧。

不过也不知道亚马逊针对这一行为会采取多大的动作,毕竟宣传单或者售后服务卡都是放在包装内的,亚马逊会不会一个一个打开检查呢?当然,卖家最好不要抱有侥幸心理,万一抽查到的就是你,那后果还是非常严重的。

亚马逊的政策越来越严,卖家们只能严格去遵守。

来源:雨果网

练 习 题

一、单项选择题

1. 以下哪个打造爆款,提升转化率的思路不符合亚马逊的要求?(   )
   A. 向评论者提供补偿来换取更改或删除评论
   B. 用促销活动促进转化
   C. 以优质产品图片吸引消费者
   D. 优化产品listing

2. 手动广告投放中,买家搜索词必须与关键词完全匹配,适合有购买意愿的买家,这种关键词的投放叫(   )匹配。

A. 半精准　　　　B. 精准　　　　　C. 广泛　　　　　D. 关联

3. 广告投放的成熟期目标是（　　）。

A. 提升销量　　　B. 提升曝光　　　C. 扩大认知　　　D. 提升点击

4. 广告投放的两种类型是（　　）。

A. 自动，手动　　B. 站内，站外　　C. 转化，引流　　D. 曝光，点击

5. 亚马逊独有的平台系统搜索名叫（　　）算法。

A. A8　　　　　　B. A12　　　　　　C. A 11　　　　　D. A9

二、多选选择题

1. 广告投放中手动投放哪几个类型是可以并用的。（　　）

A. 关键词投放　　B. 商品投放　　　C. 匹配类型　　　D. 集合类型

2. 下列哪几个属于秒杀活动（　　）。

A. LD　　　　　　B. DOTD　　　　　C. BD　　　　　　D. TD

3. 以下属于亚马逊A9算法的核心支柱是（　　）。

A. 转化率　　　　B. 关联性　　　　C. 买家满意率　　D. 留存率

4. 亚马逊衡量转化率相关的影响因素包括（　　）。

A. 销量排名　　　B. review　　　　C. QA　　　　　　D. 质量和价格

5. Listing优化提升关联性的内容包括（　　）。

A. 标题　　　　　B. 五点描述　　　C. 产品描述　　　D. A+页面优化

三、判断题

1. 图片优化中加入视频可以提高转化率。（　　）

2. 亚马逊首页最多可以显示9张图片。（　　）

3. ACOS越高越好。（　　）

4. 亚马逊主图像素大小要求为800px×800px。（　　）

5. 有了五点描述就不需要再添加产品描述了。（　　）

四、案例分析题

（一）TOP OF THE LINE SUIT COAT MADE WITH FINEST MATERIALS!!! Check out this awesome suit-multiple colors!FREE SHIPPING!! YOU CANNOT FIND A BETTER PRICE. More styles are available at www. suits4cheap.com. Call us to ask about how we can customize your suit for you! Keywords：Suit，Blazer，Men's. We are the top online seller of suits.

请分析以上产品描述，指出不合理的地方，并进行优化。

（二）一款纸巾盒的标题如下：

JunSun Polished Chrome Recessed Toilet Paper Holder Tissue Paper Roll Holder All Stainless.

1. 请分析讨论这款产品的标题存在的问题。

2. 以下是用第三方数据软件抓取的这款产品的引流词，请你在此基础上优化该标题。

该产品的引流词如下。

高曝光词：recessed toilet paper holder recessed toilet roll holder wall toilet paper holder toilet paper recessed toilet tissue holder toilet paper roll holder recessed paper holder toilet paper bracket toilet paper holder chrome stainless toilet paper holder.

模块六　店铺产品企划

【学习目标】

1. 掌握产品布局的内容及方法；
2. 了解产品上架各模块要求，了解产品上架基本流程；
3. 掌握产品定价的方法；
4. 了解产品测款的前提，掌握产品测款方法。

【技能目标】

1. 能够根据店铺需求完成产品布局；
2. 能够独立完成产品上架；
3. 能够完成产品合理定价；
4. 能够完成新品测款。

【素养目标】

1. 培育和践行社会主义核心价值观；
2. 培养诚实守信、遵纪守法的职业道德；
3. 培养精益求精的工匠精神；
4. 强化数字素养，提升数字技能；
5. 培养互联网思维、创新思维和数据思维。

【思维导图】

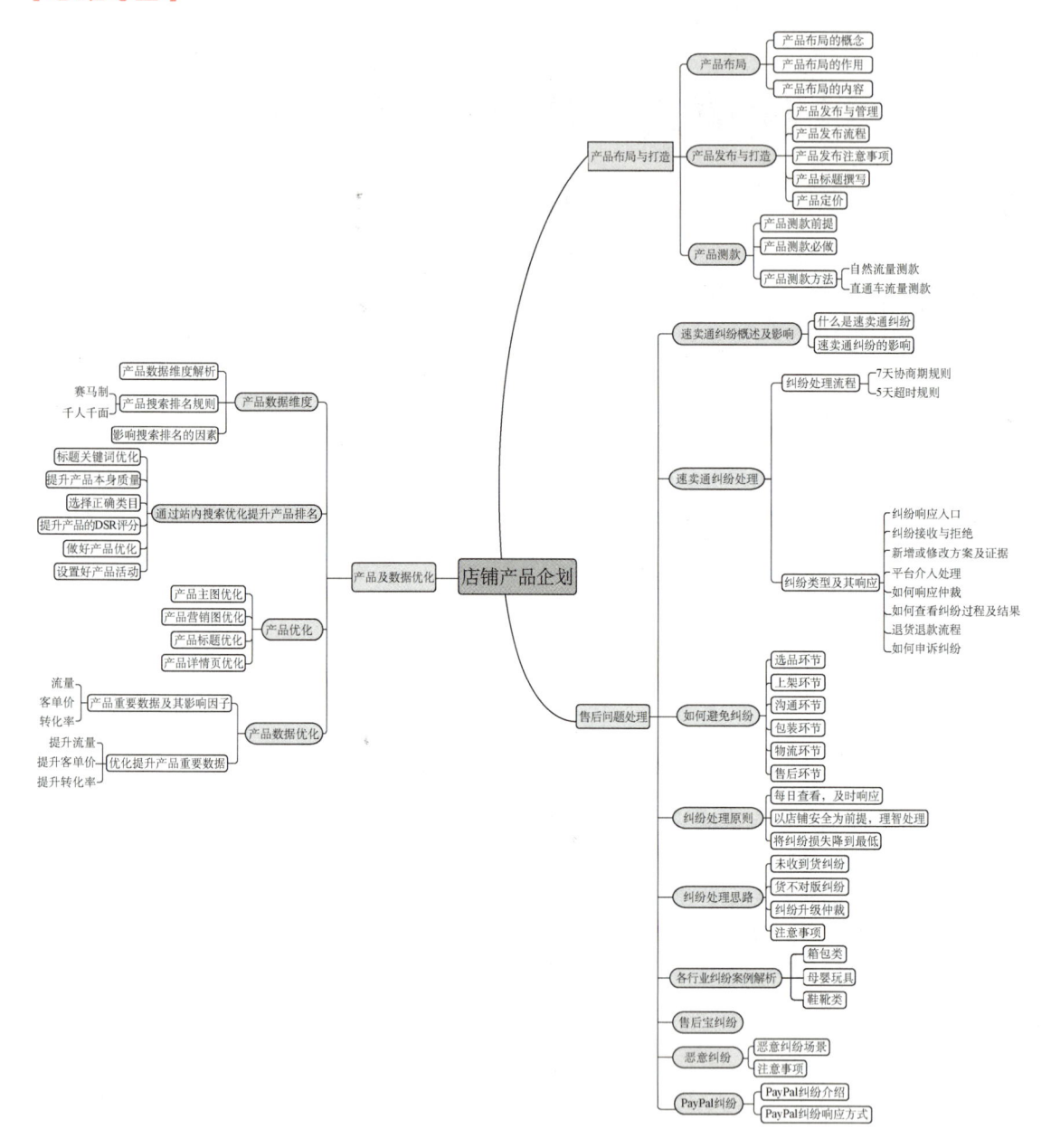

```
店铺产品企划
├── 产品布局与打造
│   ├── 产品布局
│   │   ├── 产品布局的概念
│   │   ├── 产品布局的作用
│   │   └── 产品布局的内容
│   ├── 产品发布与打造
│   │   ├── 产品发布与管理
│   │   ├── 产品发布流程
│   │   ├── 产品发布注意事项
│   │   ├── 产品标题撰写
│   │   └── 产品定价
│   └── 产品测款
│       ├── 产品测款前提
│       ├── 产品测款必做
│       └── 产品测款方法
│           ├── 自然流量测款
│           └── 直通车流量测款
├── 产品及数据优化
│   ├── 产品数据维度
│   │   ├── 产品数据维度解析
│   │   ├── 赛马制
│   │   ├── 千人千面
│   │   ├── 产品搜索排名规则
│   │   └── 影响搜索排名的因素
│   ├── 通过站内搜索优化提升产品排名
│   │   ├── 标题关键词优化
│   │   ├── 提升产品本身质量
│   │   ├── 选择正确类目
│   │   ├── 提升产品的DSR评分
│   │   ├── 做好产品优化
│   │   └── 设置好产品活动
│   ├── 产品优化
│   │   ├── 产品主图优化
│   │   ├── 产品营销图优化
│   │   ├── 产品标题优化
│   │   └── 产品详情页优化
│   └── 产品数据优化
│       ├── 产品重要数据及其影响因子
│       │   ├── 流量
│       │   ├── 客单价
│       │   └── 转化率
│       └── 优化提升产品重要数据
│           ├── 提升流量
│           ├── 提升客单价
│           └── 提升转化率
└── 售后问题处理
    ├── 速卖通纠纷概述及影响
    │   ├── 什么是速卖通纠纷
    │   └── 速卖通纠纷的影响
    ├── 速卖通纠纷处理
    │   ├── 纠纷处理流程
    │   │   ├── 7天协商期规则
    │   │   └── 5天超时规则
    │   └── 纠纷类型及其响应
    │       ├── 纠纷响应入口
    │       ├── 纠纷接收与拒绝
    │       ├── 新增或修改方案及证据
    │       ├── 平台介人处理
    │       ├── 如何响应仲裁
    │       ├── 如何查看纠纷过程及结果
    │       ├── 退货退款流程
    │       └── 如何申诉纠纷
    ├── 如何避免纠纷
    │   ├── 选品环节
    │   ├── 上架环节
    │   ├── 沟通环节
    │   ├── 包装环节
    │   ├── 物流环节
    │   └── 售后环节
    ├── 纠纷处理原则
    │   ├── 每日查看，及时响应
    │   ├── 以店铺安全为前提，理智处理
    │   └── 将纠纷损失降到最低
    ├── 纠纷处理思路
    │   ├── 未收到货纠纷
    │   ├── 货不对版纠纷
    │   ├── 纠纷升级仲裁
    │   └── 注意事项
    ├── 各行业纠纷案例解析
    │   ├── 箱包类
    │   ├── 母婴玩具
    │   └── 鞋靴类
    ├── 售后宝纠纷
    ├── 恶意纠纷
    │   ├── 恶意纠纷场景
    │   └── 注意事项
    └── PayPal纠纷
        ├── PayPal纠纷介绍
        └── PayPal纠纷响应方式
```

引导案例

小王运营一家女装店铺，主营产品是女士纯色短袖。近期发现店铺的流量一直处于停滞状态，导致店铺的销量也没有太大的提升。经过与竞店的对比，小王发现，其他店铺产品的款式都比较多，除了纯色短袖还有印花短袖、卡通图案短袖、字母短袖等，如图6-1所示。

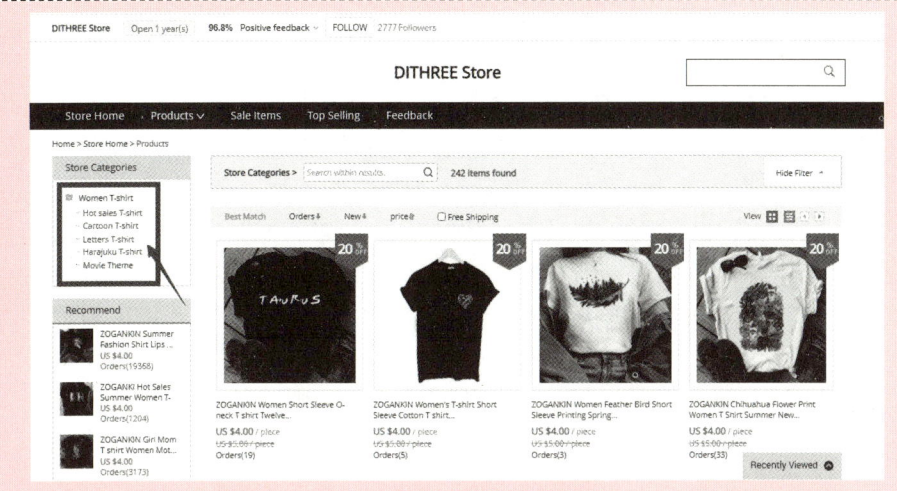

图 6-1 其他店铺产品的款式

小王店铺的流量没有提升的原因可能是因为店铺内产品款式过于单一，不能吸引更多客户，所以小王决定对店铺产品进行优化布局。决定通过观察竞店的产品款式数据及速卖通后台选品专家提出的产品热销属性来选择合适的短袖款式进行布局。

结合案例，思考并回答以下问题：
1. 小王进行产品款式布局的目的是什么？
2. 小王选择产品款式的依据是什么？

单元一　产品布局与打造

一、产品布局

（一）产品布局的概念

产品布局，浅显而言指的是对店铺上架的产品进行排版布局，完成之后，买家就可以按照设置好的产品布局查看产品；而对于电商运营而言，产品布局有着更深层的含义。产品布局指的是一个店铺在运营过程中，对店铺产品品类、款式、价格等方面的布局，让店铺的产品形成不同品类、不同款式、不同价格区间的分布，从而形成店铺产品的整体布局。

（二）产品布局的作用

在店铺运营过程中，我们不仅要提升店铺的销量，还要关注店铺的健康发展。一个优秀的店铺，要有一定数量的店铺产品，要做到定期上架新品，还要能够合理布局店铺产品。而合理的店铺产品布局，能够给店铺带来诸多益处：

（1）提升店铺的访问深度，降低跳失率。
（2）增加店铺产品的动销率，提升店铺的整体转化率。
（3）极大地提升店铺关联营销效果及优惠券使用率。
（4）最大限度地覆盖平台流量。

（三）产品布局的内容

产品布局的目的就是覆盖更多的流量，提升店铺的转化率，所以产品布局不仅仅是增加店铺产品数量。合理的店铺产品布局包括产品品类布局，如可以在女装类目下布局短袖、连衣裙、衬衫等多个品类的产品；产品款式布局，如可以在店铺中布局纯色短袖、印花短袖、条纹短袖等不同款式的短袖产品，以及产品价格布局，如店铺的产品价格可以分布在不同的价格区间，产品价格可以满足不同消费能力的买家的需求，从而带来更多销量。

进行产品品类布局的时候，应尽可能每个品类都布局相应产品。例如，店铺里面如果只上传短袖产品，那么能够覆盖到的关键词也仅限于跟短袖这个品类相关的产品；如果店铺产品品类越丰富，那么覆盖的关键词也越多，相应覆盖的流量也就越多。

纯色短袖、印花短袖、大码短袖等，这些都仅仅只是短袖类目下的关键词，那么其他品类，如连衣裙、夹克、羽绒服等，在产品布局的时候也要发布，就可以覆盖更多流量。

在速卖通后台，通过"生意参谋—市场大盘"（见图6-2），可以看到各个行业的品类数据分布情况及相关数据。通过各个子类目搜索指数、供需指数、父类目金额占比等数据维度的对比，选定其中搜索指数较高、父类目金额占比较大、供需指数较大的子类目进行产品布局。

图6-2 生意参谋—市场大盘

策划产品价格布局的时候，可结合在速卖通首页由搜索系统给出的品类关键词搜索结果下产品价格区间分布的数据（见图6-3），占比最高的就是该类产品热卖价格区间，优先按照占比最高的价格区间来布局产品价格。

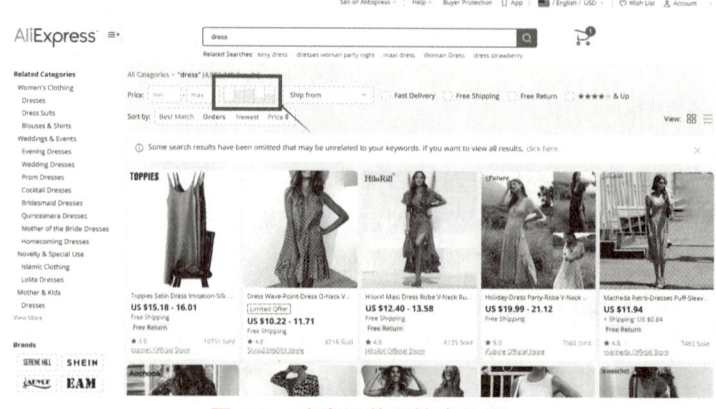

图6-3 速卖通首页搜索结果

假设上架10款连衣裙,那么按照连衣裙的价格区间及买家占比数据,连衣裙的价格布局如表6-1所示。

表6-1 连衣裙的价格布局

价格区间(美元)	占比	上架10款产品
0~5.9	7%	1
5.9~9.47	28%	3
9.47~12.91	31%	3
12.91~15.03	13%	1
15.03以上	20%	2

同品类产品的款式布局,则需要参考选品专家的产品热销属性值来进行选择。通过"速卖通后台—返回数据纵横—选品专家"下载相关类目的产品热销属性表格,再通过各属性值的成交指数对比,找出其中成交指数高的热销属性,再通过该属性找出热卖的产品款式进行布局。

以连衣裙品类为例,假设我们要布局10款不同款式的产品,根据各个属性值的成交指数计算出该属性值的成交指数占比,再根据其占比进行如表6-2所示的布局。

表6-2 连衣裙的款式布局

属性名	属性值	成交指数	商品数量(款)
材质	涤纶	316 656	5
	棉	146 934	2
	氨纶	98 477	1
	薄纱	29 234	1
	蕾丝	19833	1
图案类型	纯色	200 619	5
	印花	98 160	2
	拼接	21 000	1
	条纹	20 948	1
	花	19 515	1

二、产品发布与打造

(一)产品发布与管理

1. 产品发布的组成部分

产品发布的编辑板块(见图6-4)包括基本信息、价格与库存、详细描述、包装与物流、其他设置等。

基本信息(见图6-4)包括产品标题、类目、产品图片、营销图等设置,还涉及产品视频上传及产品属性设置,如图6-5所示(注:设置页面中产品为商品)。

价格与库存(见图6-6)包括最小计量单元、销售方式、颜色、尺寸(部分类目)、发货地及零售价(USD)、库存数量、商品编码、区域定价、批发价(见图6-7)等设置。

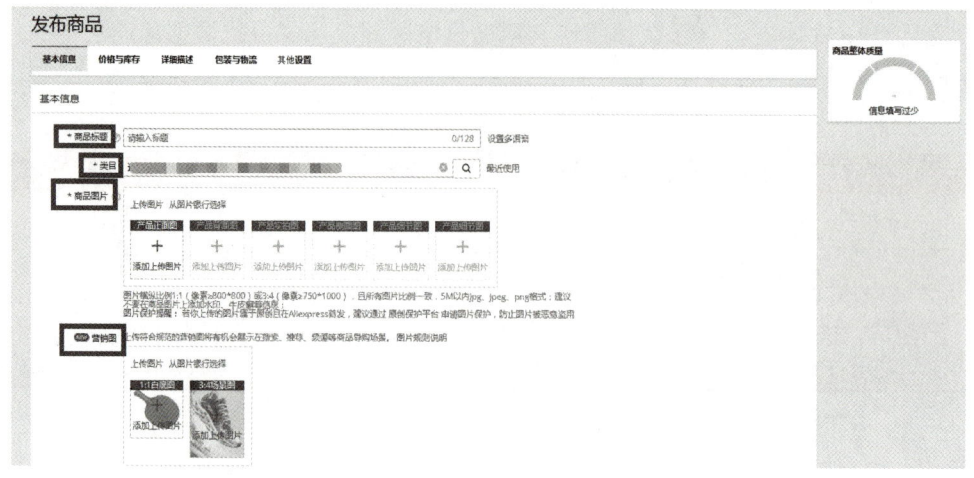

图 6-4 产品发布的编辑板块

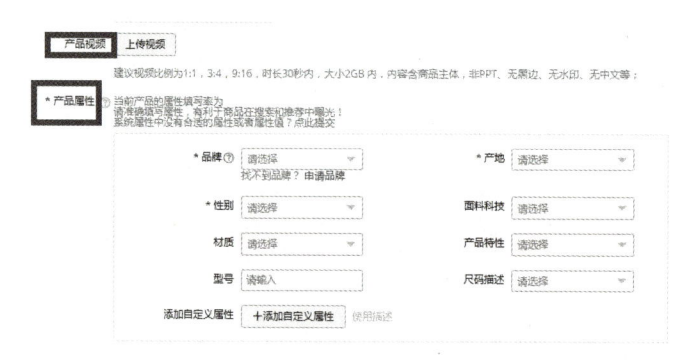

图 6-5 填写产品属性

图 6-6 价格与库存

图 6-7 区域定价和批发价设置

详细描述设置界面如图 6-8 所示。

图 6-8　详细描述设置界面

包装与物流（见图 6-9）包括发货期、物流重量、物流尺寸、运费模板、服务模板等设置。

图 6-9　包装与物流

其他设置（见图 6-10）包括商品分组、库存扣减方式、商品发布条款等设置。

图 6-10　其他设置

2. 产品发布各组成部分的要求

（1）产品标题：标题是买家搜索并吸引买家点击进入产品详情页面的重要因素。一个完整的产品名称应该包括准确的产品关键词、能够吸引买家的产品属性、服务承诺及促销语。整个产品名称的字数不应太多，应尽量准确、完整、简洁，128 个字符以内（如果标题是复制粘贴过来的，建议放入记事本去除格式后再填写）。

标题可设置17国语言（含英语），系统提供自动翻译功能（注：一旦设置了其他语言，则不直接同步英文，且有地球符号提醒）。

（2）类目：展示进入产品发布页面前已选择的类目，也可以在产品发布页面重新选择类目，或者选择最近使用的某个类目（系统显示最近使用过的10个类目）。

（3）产品图片：产品图片能够全方位、多角度地展示你的产品，大大提高买家对产品的兴趣。

图片要求：大小在 5MB 以内，采用 jpg、jpeg 格式；横向与纵向比例为 1∶1（大于 800px×800px）或 3∶4（大于 750px×1 000px），且所有图片比例一致。产品主体占比建议大于70%，风格统一，不建议添加促销标签或文字。切勿盗图、涉嫌禁限售或侵犯他人知识产权，以免受网规处罚。一款产品同时上传最多6张图片，可通过电脑上传或者从图片银行中选择。

（4）营销图：又称第7张图，仅在服饰行业类目下才会展现，非必填项。若已上传营销图，则在搜索或者推荐listing中展示营销图；若未上传则默认展示产品图片的第一张主图。

（5）产品视频：大小在2GB以内，采用 avi、3gp、mov 等格式。建议视频长宽比与产品主图保持一致，时长在30秒以内。若上传产品视频，则会展示在首页产品主图区。建议上传产品视频，可提高用户的转化率。

注意：基本信息中的产品视频无论是PC端还是App端，商品detail页面都展示在主图区域。产品详情页中也可以添加视频，且PC端和App端可以分别单独设置。

（6）产品属性：产品属性是买家选择产品的重要依据，分为必填属性、关键属性、非必填属性（系统有展示，但无特别标注）、自定义属性（补充系统属性以外的信息）。建议详细且准确地填写产品属性，完整且正确的产品属性有助于提升产品的曝光率（注：软件设置页面有时称产品属性为商品属性）。

（7）最小计量单元：你所售卖的产品的最小度量单位，即单个产品的量词。

（8）销售方式：根据重量、体积和货值决定是单件出售还是打包出售。一般地，产品单价较高、重量和体积较大的产品适合单件出售；而产品单价较低、重量和体积较小的产品（例如珠宝首饰、3C配件等）适合多个组成一包出售。

（9）颜色（SKU）：可选择一个或多个主色系，并设置对应的自定义名称或上传 SKU 自定义图片（图片可通过电脑上传或者从图片银行中选择）。自定义图片可以代替 SKU 色卡，同时图片大小不能超过200KB，格式支持jpg、jpeg。若上传了自定义图片，则在买家页面优先展示图片；若未上传则在买家页面展示自定义名称；若两者都没有设置，则展示系统默认色卡图片和名称。

（10）尺寸：对于服装等需要设置尺码的类目会展示尺寸属性。可以勾选"通用"，也可以自定义属性值名称，自定义属性值只允许包含字母和数字。

（11）发货地：根据实际情况选择一个或多个发货地。

（12）零售价：即原价（包含交易手续费），而实际收入=零售价×（1-佣金费率）。

多SKU产品在设置价格时，首先在标题栏填写价格、库存等信息，点击"批量填充"，则全部SKU价格被填充。

（13）库存数量：表示特定属性的产品是否有货，以及有多少现货。

（14）区域定价：在产品发布端，按照不同的"ship to"区域，向卖家提供差异化定价的设置。

（15）尺码表：服装、鞋子、珠宝、内衣等本身有尺码规格的产品类型，在上架产品时要创建尺码表，提供尺码详细信息，供买家在下单时进行查看和选择。

（16）批发价：指买家大批量购买产品时，在满足产品起批数量的前提下可以享受到比产品卖价更优惠的价格。如果是客单价比较低、款式多，且一般买家购买数量较多的产品类型，可以选择设置批发价，促使买家购买多件。

（17）产品详细描述：产品详细描述是买家从点击到购买至关重要的一环。产品详细描述要将买家关注的产品特色、功能、服务、包装及运输等信息展示出来，主要作用是让买家全方位地了解产品并有意向下单。优秀的产品描述能增强买家的购买欲望，加快买家下单的速度。尤其对非标产品来说，更多更高质量的详细描述展示，有助于提升买家的黏性及停留时长。一般来说，产品详细描述板块主要包含：①产品重要的指标参数和功能（例如，服装的尺码表、电子产品的型号及配置参数）及一些介绍性的产品文案；②5张及以上详细描述图片；③卖家服务板块（支付方式、物流时效、售后保证、五星好评等）。

（18）发货期：发货时间从买家下单付款成功且支付信息审核完成（出现发货按钮）后开始计时，而且是以工作日计算的。

若未在发货期内填写发货信息，系统将关闭订单，货款全额退还给买家。建议及时填写发货信息，避免出现货款两失的情况。请合理设置发货期，避免产生成交不卖的情况。

（19）物流重量：准确填写包装后的重量和产品包装尺寸，避免因填写错误而造成运费损失和交易性降低。

自定义计重：当你完整填写自定义计重的信息后，系统会按照你的设定来计算总运费，忽略产品包装尺寸。对于体积重大于实重的产品，请谨慎选择填写，可以在计算出体积重后填写。

（20）物流尺寸：长（cm）×宽（cm）×高（cm），要注意，物流尺寸应为产品包装后的尺寸信息，而不是产品本身的尺寸信息。建议填写时最好比实际测量的尺寸多出1~2cm。

（21）运费模板：只有在填写了物流重量及物流尺寸的情况下才可以选择运费模板。可选择已创建的运费模板或者直接点击"新建运费模板"跳转至新增运费模板页面。

（22）服务模板：可以选择新手服务模板或者已创建的服务模板。

（二）产品发布的流程

1. 发布入口

在产品页面可以找到发布产品入口，该场景适用于发布单个产品，如图6-11所示。

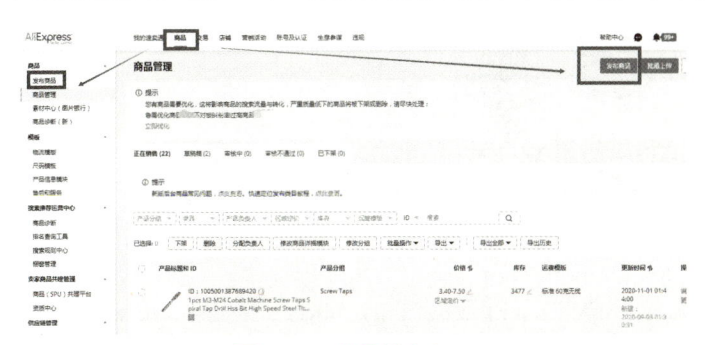

图6-11 产品发布入口

在产品页面可以找到"批量上传"按钮,该场景适用于发布多个产品。

在产品管理页面,可以管理已经上架的产品,在"更多"里面可以找到"复制"按钮,该场景适用于发布相同类目与款式、类似属性的产品。

2. 类目选择

进入产品发布页面之后,在该页面需要选择合适的产品发布类目。选择类目(见图6-12)的方式有:

(1)在类目列表中手动选择。

(2)输入类目名称/拼音首字母进行搜索。

(3)输入英文产品关键词,如mp3。

(4)从最近使用的10个类目中选择。

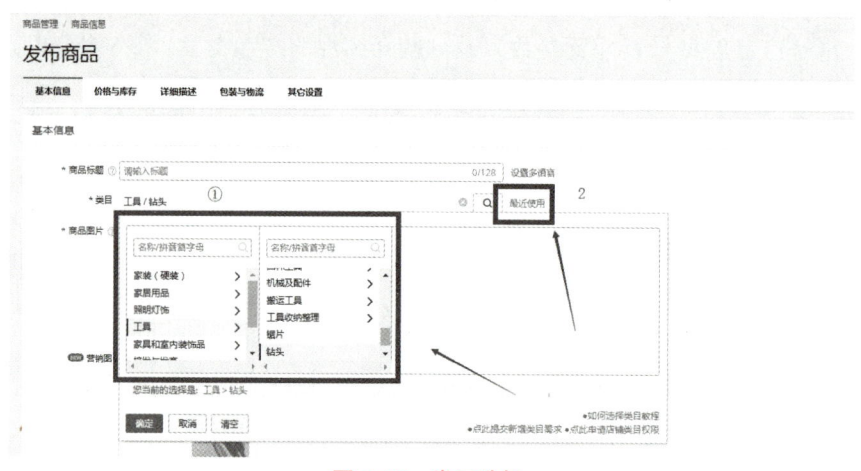

图 6-12 类目选择

3. 产品图片及视频

按照图片及视频格式,依次上传产品图片(主图6张)、营销图及产品视频,如图6-13所示,不仅要关注图片数量,还要注重图片及视频质量。

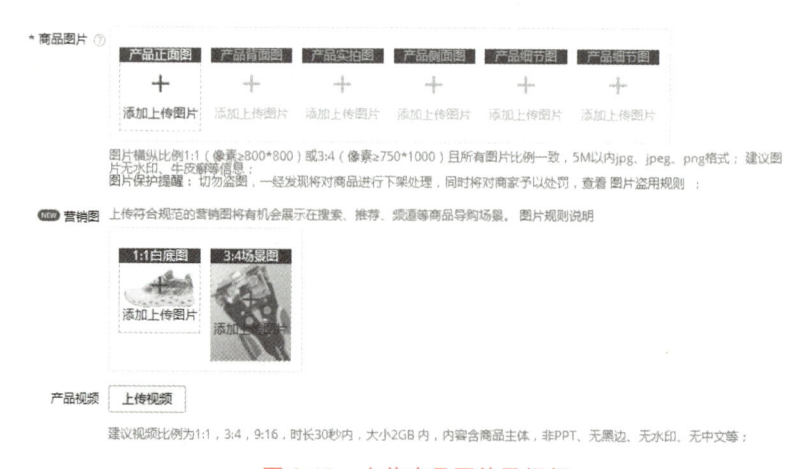

图 6-13 上传产品图片及视频

4. 填写产品属性

产品属性有系统属性及自定义属性,标记*的系统属性为必填属性,卖家必须填写。自定义属性是选填部分。属性要用英文填写，且要准确。建议详细、准确地填写产品属性（见图6-14），因为完整且正确的产品属性有助于提升产品在搜索和推荐中的曝光度。

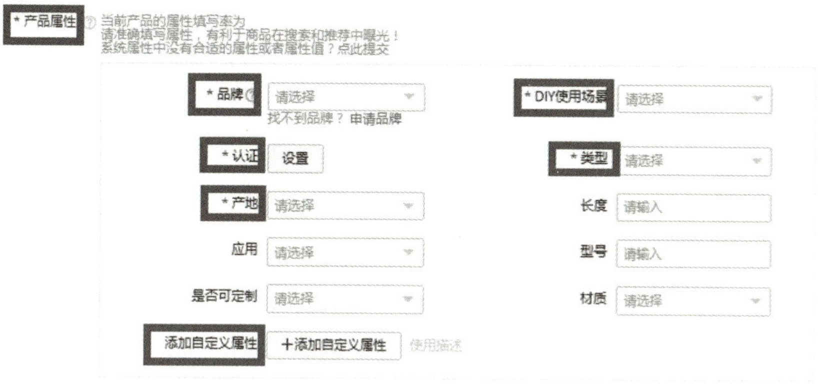

图6-14 填写产品属性

5. 填写价格与库存

根据产品特性选择合适且准确的计量单元，譬如袜子是双、衣服是件等；同时要选择准确的售卖方式，如果选择打包出售，则需要准确注明一包里面所包含的数量。

颜色一般选择跟产品颜色匹配，但是如果系统提供的颜色无法与产品颜色匹配时，可以选择任意颜色，然后对颜色添加自定义名称，同时添加产品图片，这样在买家端页面展示的就是自定义的名称及产品图片。避免出现颜色货不对版的情况，导致买家不满意。

如果是需要提供尺码或尺寸信息的产品，在这个板块也添加准确的尺码信息供买家参考选择。

发货地一般可以不选择，但是如果是有海外仓的买家或者工厂在国外的卖家，可以根据仓库的实际地址进行选择，这样买家可以根据需求选择发货地。

注意：零售价是产品上架的价格，需要明确的是，销售价格=上架价格×折扣，而成交价格=销售价格−营销优惠（满立减、优惠券、卖家手动优惠等），所以在上架产品的页面，所填写的价格是根据定价公式计算出来的原始价格，而不是折扣后的价格。

库存数量可以根据产品的实际库存填写，或者可以比实际库存略多一些，但是要注意，库存数量不宜过少，过少的库存数量，会影响产品的竞争力。

产品编码是便于卖家记录和查找自己产品的信息，可以根据自己的需求填写。

如果店铺在设置运费模板时，对部分不包邮国家进行了包邮设置，那么为了弥补运费上的损失，可以对这部分国家进行区域定价。

批发价可以根据店铺实际情况选择设置。对于支持批发的产品，可勾选"支持"。卖家可以在弹出的窗口中设置起批数量和批发价格，批发价格以折扣形式填写。例如，零售价为$100，"批发价在零售价基础上减免10%，即9折"，表示批发价为$90。

6. 详细描述

目前对于详细描述板块，平台提供了两种装修工具：PC详描编辑和无线详描编辑。

无线详描编辑的详情页在移动端的展示更友好，同时提供了视频模块供视频上传；提供了文字编辑器，可调整文字的字重、字号、颜色及对齐方式等。

PC详描编辑器详描内容用于所有非App端浏览AE商品时的详描展示，也可以添加图片、视频、信息模块等。两个编辑器的内容支持相互导入。

7. 包装与物流

发货期是指买家付款后，供应商发货所需要的生产、备货时间，超过此时间供应商没有进行发货操作，订单将自动关闭。卖家应根据自己的实际情况来设置交货时间。

除表6-3所示类目外，其他所有类目发货期最长设定限制均为7天（此处7天为工作日，遇周末、节假日顺延）。

表6-3 不同类目发货期设定限制

一级类目	二级类目	三级类目	中文翻译	发货期设定限制
Apparel & Accessories	Weddings & Events		婚礼及重要场合	30天
Home & Garden	Home Textile		家纺成品	15天
Home Appliances			家用电器	30天
Lights & Lighting	Indoor Lighting		室内灯饰灯具	15天
Phones & Telecommunication	Mobile Phones		手机	30天
Sports & Entertainment	Bicycle & Accessories	Bicycle	自行车	30天
Tools			工具	30天
除上述类目外				7天

物流重量和物流尺寸，建议根据实际产品的重量及尺寸填写，避免出现因为产品重量或者尺寸有误差，导致买家下单之后卖家实际无法发货的情况出现。

运费模板和服务模板，卖家都可以根据自己的需求进行设置和选择。

8. 其他设置

产品分组是指把同类产品集合到一起，并能够将商品整合展示在店铺中的功能。产品可以设置成不同的产品组分类展示到网站上。卖家可以根据产品的特点、类型等进行分组。

库存扣减方式建议选择付款减库存，如果选择下单减库存会出现买家下单未付款，却占用产品库存，导致产品库存不足的情况出现。

（三）产品发布的注意事项

1. 产品标题

速卖通产品的标题有128个字符的限制，建议尽量写满128个字符，而且要注意大小写字母的搭配使用，禁止使用标点符号。由于信息折叠，买家在搜索产品时并不能够直接展示给买家完整的标题，所以要尤其注意标题前部分关键词的使用。

产品标题不允许复制他人标题，不直接翻译中文标题，不堆砌关键词！

同时要注意，标题要如实描述产品属性，还要与产品描述、属性的相关内容保持一致，禁止虚假描绘产品信息，夸大产品功能。

2. 产品类目

在选择产品类目时，一定要选择跟产品一致的正确类目，避免出现类目错放（指产品实际类别与发布产品所选择的类目不一致）的情形，而被平台判定为搜索作弊，从而给店铺扣分，带来不好的影响。

3. 产品图片及视频

发布产品时，除了要注意主图、营销图、产品视频的数量外，还需要注意图片和视频的质量。在满足图片尺寸、像素要求的同时，做到最高的图片质量，避免出现图片模糊、质量不佳的情况。

主图建议不要在产品图片上添加除产品外的其他信息，如水印、牛皮癣等信息；营销图不允许出现水印、任何形式的边框及促销牛皮癣等信息。

还需要注意，切勿盗图，一经发现速卖通将对产品进行下架处理，同时将对商家予以处罚。

4. 产品属性

在设置产品属性时，不论是系统属性还是自定义属性，一定要做到全面且准确，一定要根据产品自身的性能特点进行填写，切勿填写虚假或错误属性，避免给买家造成混乱，导致纠纷。发布产品时，要注意产品是不是有两款以上的不同型号，而且适用的情况不一样，如果有，建议卖家在标题上标明型号及各自的适用情况。还要注意存储类产品，因为存储类产品有系统文件存在，实际上会比描述的小，建议卖家在描述上加以说明，避免之后可能会产生的纠纷。

5. 产品价格

发布产品时要注意，填写的价格是零售价。零售价是产品上架的价格，切勿直接填写折扣后价格，这样会给店铺造成经济上的损失。

6. 产品库存

库存数量建议根据产品的实际库存填写，或者可以比实际库存略多一些，但是要注意，库存数量不宜过少，过少的库存数量，会影响产品的竞争力；也不能超过实际库存过多，避免因为虚假库存造成发货压力。

7. 产品颜色选择设置

如果产品有多种颜色或者款式，一定要设置多个选项。一般建议选择跟产品颜色一致的颜色图代表这个产品选项。买家使用同样的图片展示不同的产品，区别在于自定义名称"Short Gold"和"Long Gold"，如图6-15所示。

图6-15 买家使用同样的图片展示不同的产品，区别在于自定义名称"Short Gold"和"Long Gold"

8. 产品详细描述

详情页包括视频、促销信息（海报）、产品文案、尺码信息、产品图片、关联产品、卖家服务板块（支付方式、物流时效、售后保证、五星好评等）、公司简介等信息。

在详情页里面，对于产品详细信息的描述文案，在编辑的时候，需要注意以下几点。

（1）尺码对照表：如衣服、裤子、鞋子类产品，一定要附上尺码对照表及测量方法图。因为尺寸问题产生的纠纷很多，而且因人而异，所以建议添加尺寸误差的提醒，比如写上手工测量，尺寸误差范围（2~3cm）等。

（2）色差：建议写明显示器或光线等不可抗力原因。

（3）多件产品：若产品有不同的尺寸，需标明1 lot中包含的尺寸和数量。

（4）多拍产品细节图，让买家可以更加理解产品的性能及特点。

（四）产品标题撰写

1. 标题的构成

速卖通的标题最多可编辑128个字符，一般情况下要求全部写满。一般的标题里都会出现品牌词、属性词、形容词、类目词等。品牌词就是自己的品牌，如果没有英文品牌或者小品牌可以直接忽略，但是一定不能不经授权使用他人的品牌；属性词就是描述产品本身的一些功能、特点、材质等，如防水、防潮等；形容词应该用适合且符合产品本身的词语，如优雅的、可爱的等，不需要过分地堆砌形容词；流量词是能够给产品/店铺带来流量的关键词，一般是产品的热搜词，可以通过平台推荐词、搜索下拉框词、直通车关键词工具等渠道获得，也有一些第三方工具可供选词。

标题撰写的要求：①要覆盖所有关键词；②关键词要有搜索人气；③关键词与产品匹配度高。

2. 标题撰写的步骤

1）获取速卖通后台关键词数据

关键词数据要来源于速卖通，也来源于买家，这样才能保证关键词与产品匹配且符合买家的搜索习惯。关键词主要来源于"速卖通后台—生意参谋—选词专家"（见图6-16）的数据。

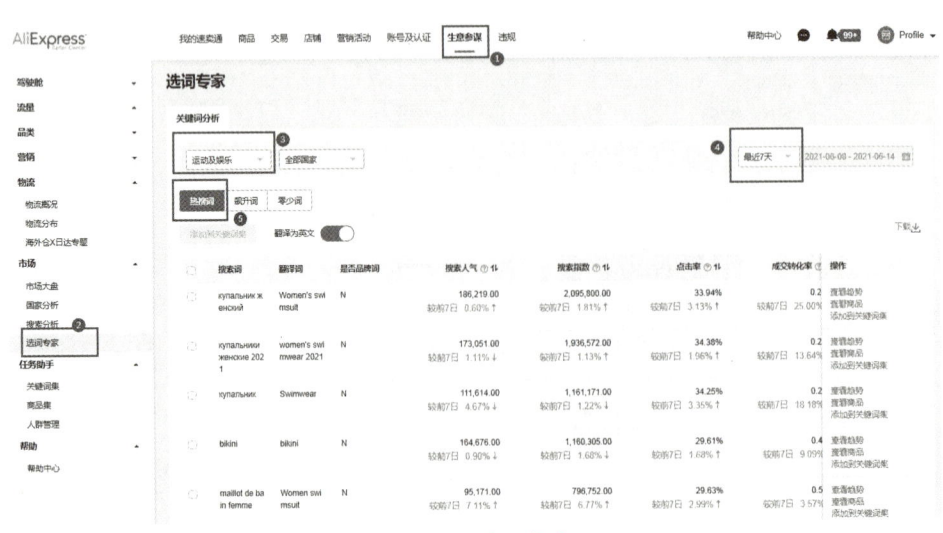

图6-16 选词专家

进入选词专家板块后，我们可以选择自己想要上架的产品的类目，将时间维度选择为30天，然后下载热搜词数据。以连衣裙类目为例，如图6-17所示。

图 6-17 连衣裙热搜词数据

2）删除多余数据，只留下搜索人气数据

需要对下载下来的热搜词数据进行处理，此时我们只需要考虑关键词的搜索人气数据，有搜索人气代表该关键词能给产品带来曝光量，由于访客数=曝光量×点击率，所以曝光量是打造产品的基础。至于产品的访客数、点击率、成交转化率与产品后期的运营有很大的关系，所以我们在筛选关键词时可以优先参考关键词的搜索人气数据。

3）去除品牌词，去除没有搜索人气的非英文字符

如图6-18所示，在剔除关键词时，一定要注意，"Y"代表品牌词，在查看的时候一定要剔除，使用品牌词会造成侵权；同时需要注意，写着"N"的不一定全部都是非品牌词，如果这个词被翻译之后不确定是什么意思，可以在搜索引擎上查询一下。特别是当你发现，这个词跟产品不是十分相关，但是它的搜索热度、转化率都很高时，那么很有可能这个词是品牌词，只不过系统目前还没有识别出来。

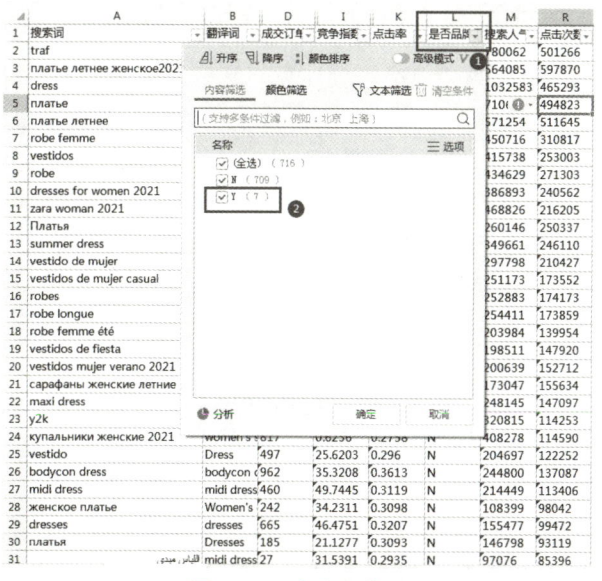

图 6-18 去除品牌词

4）翻译所有关键词

如果你不十分擅长英语，可以将筛选之后的关键词进行翻译，查看每个关键词的意思，之后再对关键词进行分类。

注意：

（1）翻译出来的和产品不相关的词可以进行百度搜索，很有可能也是品牌词，只是没被平台收录，这样也能避免乱用品牌词，这样的词是需要去除的。

（2）翻译一定要精准，翻译不精准会给后面组合标题增加难度。

（3）意思相同的关键词，需要保留，只要是英文字符就行。

（4）搜索人气极低的关键词则没有必要翻译，因为一般不会采用搜索人气极低的关键词。

5）分类所有关键词（精准关键词/长尾词/属性词/类目词/营销词/卖点词）

（1）精准关键词（核心词）：能精准表达产品且字数较少的词。

eg：for iphone 12 case。

（2）长尾词（精准词）：是由核心关键词延伸出来的关键词。

eg：for iphone 12 case silicon。

（3）类目词：平台对于产品进行分类的词。

eg：Phone bag & case。

（4）属性词：描述产品所拥有的属性的词。

eg：waterproof，silicon。

（5）营销词：能帮助产品进行促销的属性词，比如特价、热销、包邮等词组。

eg：hot sale，clearance sale。

（6）卖点词：描述产品特点、优势、利益点的词，比如面膜持久保湿、原厂质量的配件等。

eg：Original quality，for BMW。

6）根据产品组合关键词拟定标题

对删选出来的不同类型的关键词加以组合利用，简单来说，可以运用标题组合公式：品牌词+属性词+精准词+形容词+类目词+营销词+卖点词。不要在乎关键词的顺序，关键词次序可以打乱，唯一目的就是包含更多的搜索人气词，同时，将搜索人气高的词放在标题前面，这样标题获得的曝光更多，权重会更高。要注意，选定的关键词要与产品相关，且要运用好标题的128个字符，让标题既能覆盖更多流量，还要能够符合买家的搜索习惯。

7）覆盖所有平台有搜索人气的关键词

为什么要覆盖所有关键词？例如，一个子类目可用的关键词有100个，那么将这100个关键词全部用到产品当中，这样买家不管搜索什么关键词，产品都会有曝光，也会得到展示的机会，这就是覆盖所有关键词的精髓。

同时，标题的128个可以编辑的字符都是卖家可以使用的展示资源位，不要重复标题内容，否则会造成流量缺失。同时也要注意，有很多卖家在写标题的时候，会直接使用词表里的词，如 women dress、summer dress 等。标题里某一个单词重复三次以上，会被认定为关键词的堆砌，属于15类产品发布违规中的一项，会导致产品排序降权。要尽可能避免关键词堆砌的情况出现，但可以加以处理，如可以在dress后加es来避免此类情况。

3. 标题撰写要点

（1）切勿直接抄袭他人标题，也不要把采购产品的中文标题，利用机器自动翻译成英文，直接发布上去。

（2）128个字符尽量写满。买家在搜索产品时，由于信息折叠，所以在买家的搜索页面仅能展示标题前55个字符，所以标题前55个字符一定要斟酌好，可以将搜索人气高的关键词放在前面。

（3）关键词切勿堆砌，比如"dress、summer dress、cotton dress"，这样的标题关键词堆砌不仅不能提高排行，反而有可能会受到降权处分。

（4）小语种关键词，如果搜索人气高，可以用作标题，要注意小语种关键词不能过多。

（5）标题中要防止虚假描绘，比如卖家出售的产品是有线耳机，但为了获取更多的曝光度，在标题中填写相似蓝牙耳机、动圈式耳机等字样的描绘，有算法能够监测此类的作弊产品，同时虚假的描绘也会影响产品的转化状况，带来纠纷，导致更大损失。

（6）牢记标题里不要加符号，特别是引号、句号等。由于买家查找产品历来不会在关键词之间插这类符号，基本上用的都是空格，加了特殊符号会将关键词隔开，使得本来可以被搜索到的关键词组合无法被搜索到，关键词组合权重就消失了。

（五）产品定价

1. 价格之间的关系

（1）上架价格（List Price，LP）：即卖家在上架产品的时候所填的价格。

（2）销售价格/折后价（Discount Price，DP）：即产品在店铺折扣下显示的价格。

（3）成交价格（Order Price，OP）：即买家在最终下单后所支付的单位价格。

销售价格和成交价格的计算公式为：

$$销售价格=上架价格\times 折扣$$

$$成交价格=销售价格-营销优惠（满立减、优惠券、卖家手动优惠）$$

2. 常用定价法

1）成本定价法

成本定价法是以单位产品可变成本，加上一定比例的固定成本和单位产品利润来确定产品的价格的。它是以盈亏平衡分析为基础定价的方法。通常定价时，卖家一般考虑成本和利润两个因素，如卖卫衣，进货价40美元，平均邮费30美元，打完折卖80美元，卖家赚10美元。

速卖通上的定价要考虑的因素更多，一般定价时，卖家需要考虑进货价、进货国内运费、国际运费、利润、平台佣金（销售额的5%、8%）、店铺活动折扣等因素，而在后期运营过程中，还需要考虑到直通车、联盟、站外营销等推广费用；如果产品容易破损，那么还需要考虑退货退款等产生的退货率。

在速卖通平台上，一般产品的价格计算公式为：

价格=成本/汇率/（1-平台佣金）/（1-推广费用占比）/折扣率/（1-退货率）/（1-利润率）

2）竞争定价法

竞争定价法即搜索同行竞品，研究同行业卖家、同质产品销售价格，根据同行平均销售价倒推上架价格。具体定价方法介绍如下。

（1）在速卖通首页搜索产品所属类目，然后查看行业热卖价格区间。

（2）在速卖通买家网页搜索产品关键词，按照拟销售产品相关重量属性和销售条件，依照销量大小降序排列,选定竞争对手,搜索并分析同行竞品的价格。

(3)通过行业热卖价格区间及竞品价格,倒推自己的上架价格。

3)营销活动定价法

在速卖通平台,营销活动越来越多,如店铺折扣、联盟营销、直通车、平台大促活动等。活动多,意味着可能带来更多的销量,但同时,参加营销活动则意味着成本的增加、利润率的下降。所以,为了参加后续活动,需要在定价时有所考量,是所有活动都不参加直接定个最低价,还是定个稍微高点的价格,参与到平台活动中来呢?

(1)直接把价格一步到位定到最低价,几乎不参加任何活动,凭着低价,抢到了更多订单,也减少了后续为各种活动来回调整价格的麻烦。

(2)从发布产品就定很高的价格,持续高比例打折,依靠高折扣引入较多的流量(平台搜索结果中折扣在搜索优先中占有一定的百分比,具体比重多少,属于平台内部机密,作为卖家,一般获取不了各属性所占搜索权重的数据),同时还可以保持较高的利润率,最重要的是,由于持续的高折扣率,自然更容易参与到平台大促活动中来。

4)区域定价法

区域定价法主要是配合成本定价法、竞争定价法来使用的,因为速卖通面向全球用户,所以在产品定价时需要考虑各个国家是否包邮、如何包邮的问题。当然,并非每个国家都必须考虑到这一点。卖家可以结合"生意参谋"下的"市场大盘""国家分析"工具来分析产品所在的具体行业的主要流量贡献国和销售国,这些国家的用户是实际上应该考虑的主要群体。通过对这些关键国家的分析,可以了解到当地市场情况、市场购买力等,结合产品成本及运费模板,更灵活地设置产品包邮运费和价格。

3. 定价注意事项

(1)由于不同的用户偏好有不同的消费能力,因此产品的购买价格是不同的。不要为整个店铺做同样的折扣,相同或类似的产品不要定同样的价格。价格可以略有不同,并且存在差异。同时,卖方还应该划分店铺的辅助产品,根据风格款式,可以形成不同的价格层级。

(2)建议折扣参数不低于15%,因为平台大促所要求的折扣是不高于50%的,如果折扣过大容易产生虚假折扣的嫌疑。根据速卖通官方的统计,折扣在30%左右,是买家最钟情的折扣,属于合理预期范围。如果折扣设置过高,对之后参加大促活动会有一定的影响。

(3)利润不要太低,30%~50%的利润,给促销活动留出价格空间,引流款适当降低。

(4)参考同行产品价格,但不要和低价的同行打价格战,参考同行价格的目的是了解行情,防止盲目定价造成价格过高或过低,要在保证利润的基础上定价。

(5)密切关注各物流渠道的运费情况,方便提前修改运费模板,避免因为运费上涨造成损失。

三、产品测款

(一)产品测款前提

1. 做好产品定位

在新品选品上架阶段,卖家需要对自己的产品进行产品定位,要确认好以下三个方面。

1）卖什么产品

在选品阶段，卖家需要先确认好，想卖什么产品、能卖什么产品、什么产品好卖，做好行业数据分析，才好决定卖什么产品。

2）产品卖给什么人

上架产品时，要确认自身的产品适合卖给什么样的买家群体，要了解买家的性别、年龄段、购物习惯、地域特性等，确定店铺买家画像。

3）店铺产品该怎么布局

确定店铺产品类型及买家画像之后，要对店铺产品进行布局，最好能够精确到不同子类目产品上架数量、不同款式产品上架数量及价格区间产品上架数量。

2. 做好产品价格定位

上架产品之前，卖家需要综合考虑产品成本、运费、佣金比例、汇率等因素以进行合理的定价。按照定价公式，产品的成本在很大程度上影响了产品价格。给产品定价时，需要考虑以下三个方面。

1）你的产品价格能否被接受

如果售卖的产品在平台上的热卖价格区间在5～10美元，而你的店铺产品最低价格为15美元，那么你需要考虑你的产品价格能否被买家所接受。

2）怎么给产品合理定价

在给产品定价时，卖家需要考虑产品成本、产品运费、利润率、产品折扣、推广费用、退货率等因素，然后根据定价公式给产品合理定价，同时也要参考同行价格区间及结合热卖价格区间考虑。

3）店铺产品价格该怎么布局

上架产品时，并不是说所有产品的价格都需要一样或者在同一个价格区间内，因为每一款产品的作用不一样，有的是引流款，有的是利润款，有的是要做爆款的，所以要根据作用不同对产品的价格进行合理布局。

3. 上架一定的产品

在上架产品的过程中，我们需要知道，并不是上架的每一款产品都能够出单的，一个优秀的店铺，定期上新是必需的，避免盲目地铺货。在上架产品的过程中需要了解以下信息。

1）现在平台的规则是什么

现在速卖通平台鼓励做小而美的店铺，不主张大量铺货，所以卖家没有必要为了产品数量而大量铺货，但是为了确保店铺的健康发展及获得更多的转化成交量，需要定期上新。

2）现有的产品数量和上架的产品数量一样吗

店铺里面上架的产品数量和有动销的产品数量一般是不一样的，因为并不能保证上架的每一款产品都能出单，所以前期卖家可以多上新，对上架的产品进行测款，等数据积累之后，可以把一些没有动销的产品下架或删除，然后可以继续上新、测款、推爆，进行产品打造。

4. 做好产品分类

在上架产品的时候，同类目同款产品、同类目不同款产品、不同二级类目产品都是可以上架的，并不是一个店铺只能上架一个款式的产品。

1）根据作用不同进行分类

一个优秀的店铺，应该有引流款、普通款、利润款和活动款，它们的作用不同，价格设置也不同,但必须在上架的产品数量中占据一定比例。

2)通过数据分析来进行分类

前期在没有数据积累的情况下,卖家不能对店铺的产品进行分类,所以前期可以多上架一些产品,等积累一定数据之后再根据产品的作用进行筛选和分类。

5. 做到产品优质发布

在上架产品的过程中,要注意上传要点和一些细节,做到优质上新,这样后期产品测款、产品推广才能够得到最好的效果。

1)善用营销图

速卖通目前除了6张主图以外,还有白底图和营销图。速卖通对于白底图和营销图都有专门的透出渠道,特别是大服饰行业,对白底图和营销图增加了很多展示渠道,以达到流量升级的目的,所以卖家要善用营销图,抓住更多流量。

2)利用产品自定义属性埋词

产品的自定义属性一定要填写完整,一方面是因为标题有128个字符的限制,不能完全展示产品属性及特点,所以通过自定义属性增加对产品属性及特点的描述;另一方面自定义属性所填写的内容,在买家搜索产品的时候也有机会被搜索到,也就是常说的埋词的作用。

(二)测款必做

1. 确保标题关键词精准

买家使用关键词搜索自己想要的产品时,标题里面的精准词不仅能够让买家搜索到产品,还可以提高买家的下单转化率,所以在上架产品的时候,卖家一定要做到关键词精准。例如,买家在使用类目词"女装"搜索的时候,搜索的结果可能有裙子、半身裙、女士短袖、女士牛仔裤等,这种情况买家一般是观望挑选,下单转化的概率很低;但是如果买家搜索的时候使用的是"碎花连衣裙"这种精准关键词,展示给买家的搜索结果也只有碎花连衣裙这一类产品,此时如果有符合买家期望的产品,下单转化的概率就会很高。

2. 确保产品主图优质,卖点突出

在速卖通平台发布产品时,卖家可以上传6张主图,除了要满足数量要求外,同时还要满足质量要求。产品主图最大的作用就是吸引买家眼球,优质的主图将会吸引买家点击产品,提高产品的点击率;同时,产品主图展示的主要信息及卖点,决定了部分买家直接购买的意愿,也将影响产品的转化率。

3. 保证产品合理定价

速卖通的产品需要根据定价公式进行合理定价,而不是只参考同行价格进行定价,或者随意定价。成本定价法是最常用的定价方法,而对速卖通平台的商家而言,定价时必须考虑的因素有产品的成本、国内外运费、平台佣金、汇率、利润率、产品折扣,而后期运营可能还需要考虑推广成本、退货率等因素。

4. 运费合理

在上架产品时,卖家要根据各线路物流报价,结合产品重量、体积合理计算运费。因为平台上一些大促及平台活动报名,要求部分国家必须包邮,并且包邮的产品转化率普遍要高于不包邮产品,所以考虑到活动报名及产品转化率,要做到能包邮的尽量包邮。计算运费时需要注意：

（1）产品的成本包括产品本身价格、配件成本及包装成本。

（2）产品的重量包括产品本身的重量和包装重量，同时，还需要注意包装后产品的体积，避免因为体积过大导致按抛重计费。

（3）物流运费包括国内的物流运费和国际运费，因为部分商家是在其他平台或者供应商处采购产品的，并且商家所在地区可能没有物流仓库，需要自行发货，寄送产品到对应仓库，所以还需要考虑国内运费的成本。

5. 做好产品折扣及关联营销

产品上架之后，按照定价，卖家需要先对产品设置相应的折扣，同时也可以根据产品数据，设置优惠券、满减等优惠活动及关联营销。做产品关联营销时，要先确定主产品，然后确认被关联的产品，这些产品是要根据数据和营销目的来选择，并不是随便选择的。比如有的产品流量很高，但是转化率很低，此时卖家可以选择一些主打的新品，作为新的爆款去关联，给新品最多的曝光去测试。或者我们可以关联互补品，即关联与产品相关的产品，例如，卖手机的可以关联耳机，关联互补产品可以提高客单价；或者关联替代品，买家不喜欢A产品，如果你推荐了B产品可能会引起买家的兴趣，这样可以提高店铺的转化率。但是要注意，关联产品的价格不要与被关联产品的价格相差太多，特别是互为替代品的，如果价格差距较大，会影响价格高的产品的转化率。

6. 建立产品数据库

必须对自己的产品建立数据库，如果不能百分百覆盖全店铺产品，那就优先对测款的产品建立数据库，这样可以按照时间单位观察产品数据变化，了解产品的优势及问题，及时调整优化。

（三）测款方法

1. 自然流量测款

自然流量可以稳住一个自然的转化，帮助产品打下基础销量，所以可以给产品设置高折扣，通过自然流量测试产品在市场上的反应。

1）先确认店铺上传的产品，最大可以打多少折扣

产品上架之前，需要对产品进行合理定价，在定价表格里可以观察，该产品能打的最大折扣是多少。

2）持续加大折扣，积累销量，看市场反应

产品上架之后，可以先按照自己最开始设置的折扣上架，观察产品是否出单。如果产品一周未出单，可以尝试加大产品折扣力度，再观察产品是否出单。循序渐进，不要一下子打到最大折扣。

譬如产品能打的最大折扣是50%。当我们上架产品，设置25%的折扣时，该产品是有利润的，但是不出单，那这种情况下我们可以尝试将产品折扣调整到35%，再观察产品是否出单。如果还是不出单，那我们可以尝试调整折扣到45%，再来观察产品是否出单。

需要注意的是，当产品折扣定为45%的时候，我们的利润已经很少，所以要按照自己的实际情况，判断自己能做到的最大折扣，然后去设置产品的折扣力度。

3）自然流量测款分为4个周期，整个测款周期需要1个月左右

从上传产品开始，每一个周期为7天，每次折扣增加5%。

譬如你能接受的折扣是产品不赚不亏的程度，假设这个程度的最大折扣是50%，那么这种情况下，产品上架的初始折扣可以设置为35%，观察产品7天的出单量，如果不出单，那么可以将产品折扣调整为40%，依次类推。

如果产品出单了，就可以保持这个折扣，不需要再调高折扣了；只需要对其他未出单的产品调整折扣即可。

需要注意：测款是测试产品在市场上的反应，所以不是所有产品设置高折扣就都能够出单的。

2. 直通车流量测款

1）对店铺产品进行分类

将店铺内的产品进行分类，如女装类目，可以将连衣裙、牛仔裤、衬衫等进行分组；或者可以分得更加细致，如连衣裙分长款、及膝、迷你裙等。

2）新建推广计划

以5~10个产品为一组新建一个推广计划，可以选择"全店管家""智能推广—均匀曝光"来新建推广计划。

3）设置出价

如果选择"全店管家"，建议将消耗上限设置在50左右，期望出价可以设置在行业平均价；"智能推广—均匀曝光"对关键词出价不用太高，初始出价可以给出行业平均价，观察数据，再作调整，不需要一开始就出价很高。

4）配合产品高折扣

将产品加入直通车推广计划后，可以配合产品折扣一起进行测款。前期可以先按照自己最开始设置的折扣上架，配合直通车流量，观察产品是否出单，如果不出单，可以持续加大折扣，积累销量，观察市场反应。

5）确定周期

需要周期性观察产品数据，一般直通车测款分为4个周期，从上传产品开始，每个周期2~5天，一定要建立产品数据表格，对产品数据进行周期性的观察和分析。

6）观察结果

主要观察产品的点击率、收藏加购率、转化率等数据，选出其中高访客、高转化、高点击、高加购的产品，并且可以对产品进行优化。

高加购的产品：可以定向给加购物车的买家提供优惠券，看能否提高产品转化率。

高访客低转化的产品：查看产品流量的主要来源，优化产品主图和详情信息，合理精准定价。

高点击低转化的产品：可以尝试设置单品优惠券。

想一想

1. 可以直接中译英或者复制别人产品的标题吗？

答：不要直接将中文标题翻译成英语，因为会出现语法问题，也不符合国外买家的搜索习惯，而且不能直接复制别人的标题，一方面因为产品属性可能不完全一样，另一方面是因为会在标题上与其他产品构成直接竞争关系。

2. 为了获得更多流量，我们可以选择任意类目吗？

答：一定要根据自己的产品选择正确的类目，如果没有选择正确的类目，一方面可能会导致产品无法发布；另一方面类目错放违反了平台规则，会导致产品被处罚。

3. 可以随意下载他人产品的主图上传吗？

答：速卖通有图片保护功能，如果下载他人产品主图直接上传会触犯速卖通图片盗用规则，一经发现将对产品进行下架处理，同时将对商家予以处罚。

4. 产品自定义属性部分有填写的必要吗？

答：产品自定义属性部分有填写的必要，一方面，产品的系统属性并不能完全覆盖自身产品的特性及卖点，所以自定义属性可以对产品的特性及卖点进行补充；另一方面自定义属性限制少，可以根据自身及产品需要进行埋词操作。

5. 产品详情页只需要上传产品图片吗？

答：产品详情页有自己的结构，不能只上传图片，一方面，详情页是卖家与买家沟通产品信息的重要场所，所以在详情页要尽可能多地展示买家关心的信息；另一方面，详情页要有自己的布局设计，如果只有图片，不仅会导致加载慢，影响买家体验，还会显得杂乱，导致买家无法找到重点信息，影响产品转化率。

术语解释

1. 类目错放：是指产品实际类别与发布产品所选择的类目不一致，如"布料"放到"婚纱"类目、赠品/补运费/补差价/VIP/dropshipping 等特殊交易未放置到其他特殊类。这类错误可能会导致网站首页产品展示在错误的类目下。

2. 类目错放处罚：平台将对类目错放的产品采取调整搜索排名、删除产品、下架产品的措施。如违反搜索作弊规则的产品累积到一定量，平台将对店铺内全部产品或部分产品（包括违规产品和非违规产品）采取调整搜索排名的措施；情节严重的，平台将对店铺内所有产品进行屏蔽；情节特别严重的，平台将冻结账户或关闭账户。

3. 原图：所上传的图片是用照相机直接拍摄的原始图片，且未经过任何编辑图片软件编辑的图片等。

4. 如何判断原图：安装 Windows 的电脑中，简单判断的方法为：可以查看图片属性，看下是否含有相片的原始信息，比如照相机型号、光圈值、照相机制造商、焦距、曝光时间等信息，如图 6-19 所示（截图是 Win10 系统，Win 7 和 XP 系统都可以查看）。

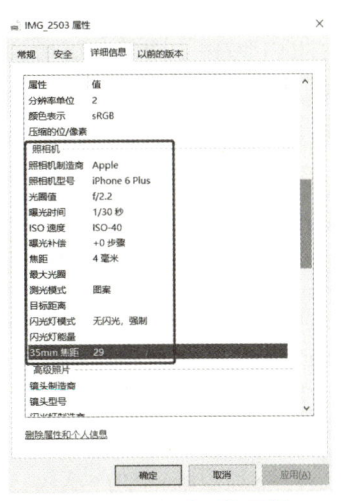

图 6-19　查看图片属性

敲黑板

1. 产品上架流程：找到产品发布入口——编辑产品标题——选择正确类目——上传产品图片及视频——填写产品属性——填写产品价格与库存——设计产品详细描述页面——填写包装及物流信息——其他设置——发布。
2. 产品发布注意事项：类目选择、标题编写、图片及视频要求、属性填写、价格库存设置、颜色选择、详细描述页面设计。
3. 产品测款之前需要做好基础工作。

总结：产品是店铺运营的重中之重，优质的产品上新能够为店铺产品运营打下坚实的基础，所以产品上新工作一定要认真对待。

店铺想要健康发展，除有一定数量的产品之外，还需要对店铺的产品进行布局，让店铺的产品形成稳定的结构，从而让产品和店铺运营更加稳定。

单元二 售后问题处理

一、速卖通纠纷概述及影响

（一）什么是纠纷

纠纷，即权利、权益争议，指争执不下的事情，没有解决的矛盾或争端。

速卖通上的纠纷一般是因为买家对产品、卖家服务、物流配送速度不满意或者没有收到包裹而产生不满，从而发起纠纷。

（二）纠纷对店铺的影响

在跨境电商行业中会遇到各式各样的问题，其中最让人头疼的就是纠纷问题。但是少量的纠纷有助于发现店铺问题，从而更好地预防和解决店铺问题。

（1）少量的物流原因纠纷，有助于发现不同物流渠道的问题及局限性，可以及时调整物流渠道或者寻找更可靠的物流方式。

（2）少量的质量原因纠纷，有助于发现产品及产品描述等方面的问题，从而及时调整和优化产品，做好产品品控。

一旦纠纷过多，就会影响产品的曝光和店铺正常经营，造成客源流失，卖家的利益也将受到影响。

1. 纠纷对产品的影响

（1）差评增多。无论是物流问题还是质量问题纠纷，都会让买家觉得这是一次糟糕的购物体验，从而很容易给出差评。

（2）DSR评分降低。DSR即卖家服务评级系统（Detail Seller Rating）。DSR评分是在订单交易结束后以匿名的方式对卖家在交易中提供的产品描述的准确性（item as described）、沟通质量及回应速度（communication）、物品运送时间的合理性（shipping speed）三方面服务做出的评价，是买家对卖家的单向评分。而纠纷订单完结后，由于糟糕的购物体验，很多买家会给出很低的评价。

（3）转化率降低。如果产品差评过多，就会导致产品评分降低，而受产品低分评价过多的影响，很多有意向的购买者往往会放弃购买或者去其他店铺购买。

（4）曝光量减少。如果产品的曝光量突然降低，一般来说是店铺或者产品受到了平台搜索排序规则的影响。如果店铺的服务等级降低、纠纷订单过多，或者卖家服务分中单品的服务分降低等，都会影响产品甚至店铺的曝光量。由于访客数=曝光量×点击率，所以曝光量对于产品而言是根基。

影响产品搜索排名的因素有很多，简单来说概括为以下五大类：①产品的信息描述质量；②产品与买家搜索需求的相关性；③产品的交易转化能力；④卖家的服务能力；⑤搜索作弊的情况。

（5）订单数累计变少。产品详情页展示的销量是最近6个月的交易成功的订单数。这里的交易成功的订单不是买家付款成功的订单，而是指买家确认收货或者确认收货超时的订单，不包括产生冻结、纠纷、风控关闭的订单。

但是系统会先统计支付成功的订单（排除风控不通过的订单），之后若订单产生冻结、纠纷、风控关闭，系统会再把数据剔除出去，所以后期会出现展示的销量变少的情况。

（6）无法参加平台活动。纠纷会影响产品的DSR商品描述分、物流服务分及产品的销量，而报名参加平台活动时，平台对产品的DSR商品描述分、物流服务分及产品的销量有一定的要求，如果产品不满足平台活动的商品资质要求，则无法报名参加平台活动，如图6-20所示。

图 6-20 商品资质要求

2. 纠纷对店铺服务分的影响

店铺当月服务等级如图6-21所示，每日服务分如图6-22所示。每日服务分越高，对搜索排序越有利（排序受多个维度影响，服务分为其中一个影响因素）。根据平台规则，店铺服务分低于60分，将不利于店铺及产品曝光；店铺服务分高于60分且低于80分，店铺及产品处于正常曝光状态；而当店铺服务分高于80分时，会有利于店铺及产品曝光。

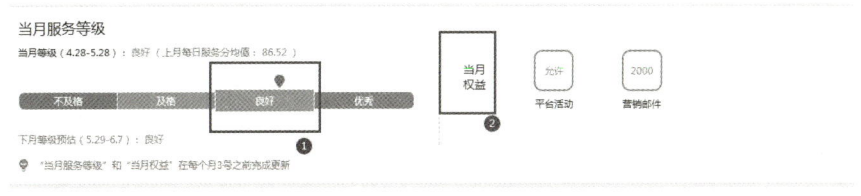

图 6-21 当月服务等级

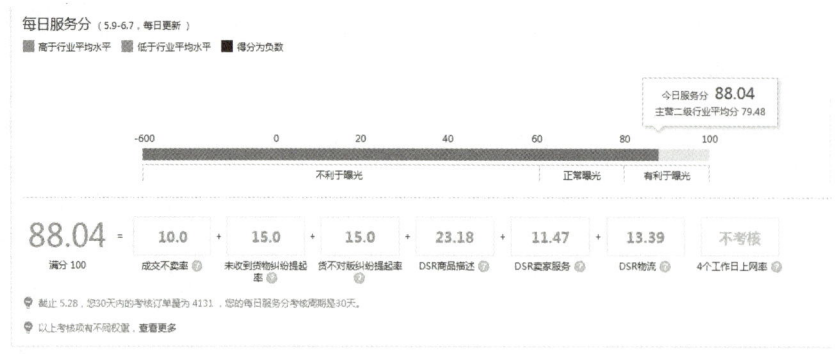

图 6-22 每日服务分

平台对于纠纷少的卖家会进行鼓励，而纠纷严重的卖家将会受到搜索排名严重靠后甚至不参与排名的处罚，当然，平台也会排除非卖家责任引起的纠纷、退款情况。

卖家的DSR评分是交易结束后买家对于商品、物流配送时效、卖家服务能力的单向评价，是买家满意与否的最直接的体现。平台会优先推荐DSR评分高的产品和卖家，给予更多曝光机会和推广资源，对于DSR评分低的卖家进行大幅的排名靠后处理甚至不参与排名的处罚。

而卖家服务分的组成部分有：成交不卖率（10分）、未收到货物纠纷提起率（15分）、货不对版纠纷提起率（15分）、DSR产品描述（30分）、DSR卖家服务（15分）、DSR物流（15分）。

未收到货物纠纷提起率+货不对版纠纷提起率占商品服务分的30%。若有纠纷被提起，由于糟糕的服务体验，极大可能会影响到买家对DSR产品描述、DSR卖家服务及DSR物流评价的得分，所以卖家服务分与买家是否提起纠纷息息相关。

3. 纠纷对好评率及活动的影响

店铺好评率=6个月内好评数（5星评价数量+4星评价数量）/（6个月内好评数+差评数的总和），如果单品的差评过多，也会影响店铺的好评率。

而平台活动的参与不仅仅需要产品的各个维度指标都达标，更注重的是需要店铺的资质达标，90天店铺好评率（见图6-23）作为最基础的限制门槛，要求想要参与平台活动的商家必须达标，而纠纷往往会带来差评，影响到整个维度的评分。

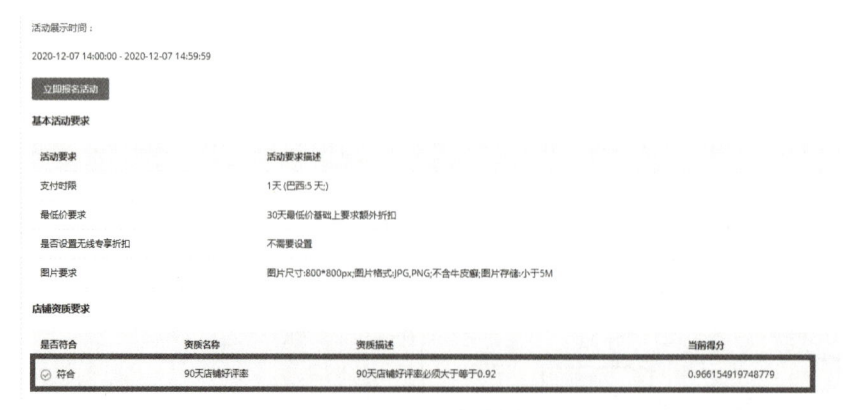

图 6-23 90天店铺好评率

4. 纠纷对资金的影响

如果纠纷判定卖家责任成立（见图6-24），卖家需对此负责，意味着这一单交易失败，卖家需要退款给买家；同时若货物已经发出，通常是无法追回的，即便退回也有高昂的物流费用，卖家会面临钱货两空的局面。

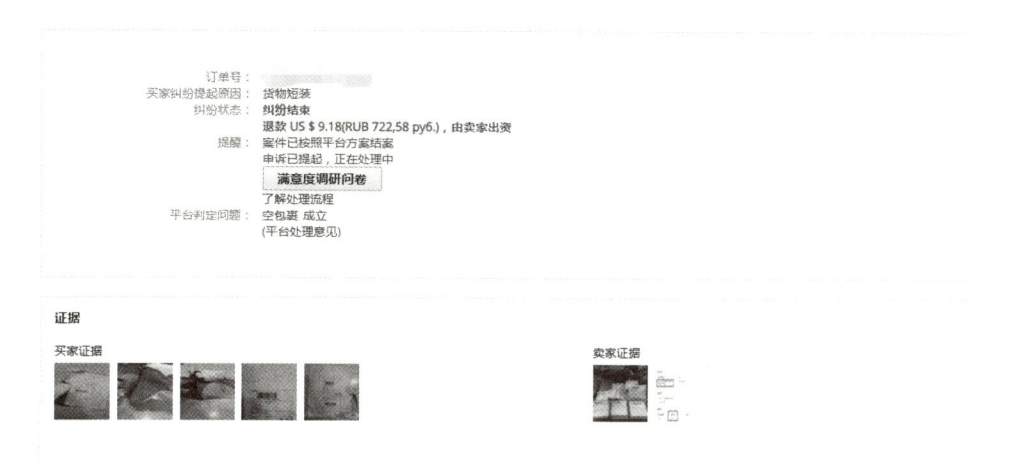

图 6-24　纠纷判定卖家责任成立

二、速卖通纠纷类型及其由来

（一）速卖通纠纷类型

速卖通平台对纠纷有详细的分类，共两类十四项。根据买家开启纠纷的原因不同，速卖通上的纠纷可以分为有关物流问题的纠纷，即"未收到货"纠纷，以及有关产品问题的纠纷，即"货不对版"纠纷。从另一个维度来看，也可以看成处于不同物流状况下的纠纷，可以分为产品已收寄的纠纷、运输过程的纠纷、产品已签收的纠纷。只有对问题加以正确分类，才能对症下药，对纠纷也是如此。

1. "未收到货"纠纷（见图 6-25）

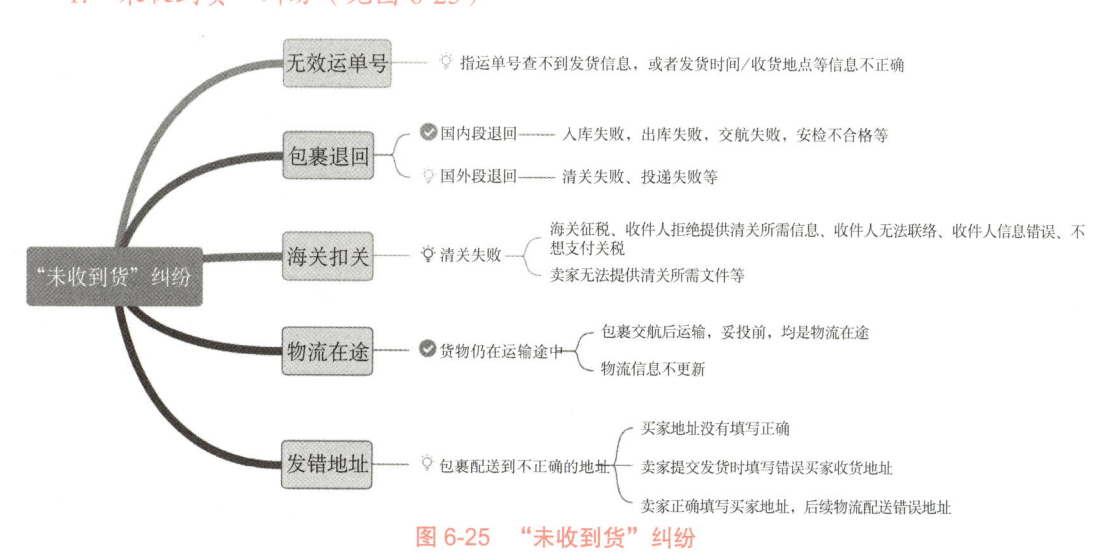

"未收到货"纠纷：
- 无效运单号 —— 指运单号查不到发货信息，或者发货时间/收货地点等信息不正确
- 包裹退回
  - 国内段退回 —— 入库失败，出库失败，交航失败，安检不合格等
  - 国外段退回 —— 清关失败，投递失败等
- 海关扣关 —— 清关失败
  - 海关征税、收件人拒绝提供清关所需信息、收件人无法联络、收件人信息错误、不想支付关税
  - 卖家无法提供清关所需文件等
- 物流在途 —— 货物仍在运输途中
  - 包裹交航后运输，妥投前，均是物流在途
  - 物流信息不更新
- 发错地址 —— 包裹配送到不正确的地址
  - 买家地址没有填写正确
  - 卖家提交发货时填写错误买家收货地址
  - 卖家正确填写买家地址，后续物流配送错误地址

图 6-25　"未收到货"纠纷

1）无效运单号

无效运单号指运单号长时间查不到发货信息或查询不到物流更新信息，或者发货时间/

收货地点等信息与买家的下单时间/收货地址不符。譬如包裹只有已揽件的信息,但是后续长时间无物流更新信息;或者发货时间早于买家下单时间;或者物流信息显示发往的国家/地址与买家的收货国家/地址不相符,这些情况均属于无效运单号。

2) 包裹退回

包裹退回指的是包裹因为某些原因被退回,导致买家无法收到包裹。包裹退回又分为国内段包裹退回和国外段包裹退回。造成包裹国内段退回的主要原因有入库失败、出库失败、交航失败等。造成包裹国外段退回的主要原因有清关失败、投递失败。

国内段包裹入库失败可能的原因是未按要求贴好面单、仓库发现破损而拒收、超出线路介绍中体积重量限制等;国内段出库失败的主要原因是收件地址、邮编错误无法分拣;而导致出现包裹交航失败的主要原因有海关/机场安检查验出超过正常航空寄送限制、海关/机场安检查验出产品涉嫌侵权、违禁品或危险品而需销毁或罚没。

国外段包裹清关失败可能的原因是目的国海关/机场查验出产品涉嫌侵权或违禁品而需销毁或罚没、产品在目的国属于禁止进口产品、清关材料缺失无法完成清关、买家拒绝缴纳关税等;而国外段包裹投递失败的主要原因有收件人地址或电话有误、自提柜未提取、收件人拒收等。

3) 海关扣关

海关扣关即海关清关未完成,导致海关扣关的主要原因有两个方面,一方面可能是因为目的国海关/机场查验出商品涉嫌侵权或违禁品而需销毁或罚没、商品在目的国属于禁止进口商品、卖家未能提供所需清关材料导致无法完成清关;另一方面可能是买家拒绝缴纳关税、收件人拒绝或未能提供清关所需信息、收件人无法联络、收件人信息错误等买家原因导致海关扣关。

4) 物流在途

物流在途指货物仍在运输途中,在途订单指的是已经发货但还没有确认收货的订单。

包裹交航后运输,妥投前,均是物流在途。

由于国际物流运输时间长,因此物流在途时间也较长,并且因为买家下单时选择的物流方式不同,有的物流方式包裹发往国外之后无法追踪物流信息,导致物流信息无法同步,订单长时间处于物流在途状态。因为每个订单都有交易保护期(卖家发货后,买家确认收货或者收货超时之后的15天内是交易订单的保护期,即买家可以开启纠纷的时间),如果交易保护期即将结束,但是包裹还是显示物流在途的话,买家为了保障自己的权益,会选择开启纠纷,申请退款。

5) 发错地址

发错地址指因买家未填写正确的收货地址;或者卖家提交发货时,填写错误买家的收货地址;或者买卖家均填写了正确的收货地址,后续物流配送错误地址而导致的包裹妥投至错误地址的情况。

2. "货不对版"纠纷

1) 质量问题

质量问题指因产品质量有问题,买家要求退款。产品褪色问题、气味问题、产品有污渍、材质轻薄、缝线问题、剪裁问题、印染问题、拉链、纽扣及锁扣问题、勾丝问题、有褶皱/折痕、产品无法正常工作、做工粗糙等均属于质量问题。需要注意的是,不同类目的产品显示的质量原因会不同。

2）货物与描述不符

货物与描述不符指买家收到的产品与卖家详情页描述或者产品图片展示的信息不相符。款式与描述不符、图案与描述不符、重量与描述不符、颜色与描述不符、尺寸与描述不符、材质与描述不符、工艺与描述不符、品牌与描述不符等均属于货物与描述不符的范畴。

3）货物短装

货物短装指买家收到货物的数量与订购的数量或者产品页面展示的数量不一致。货物短装一般有产品数量缺少及空包裹两种情况。

4）货物破损

货物破损指货物的残损，即指货物的包装或外表或货物本身发生破损、污损等。常见的货物破损情况有包裹外包装破损、包装有划痕、货物破损等。因为国际物流长途运输，运输过程中可能因为包装不当、暴力快递等原因导致货物破损情况出现。

5）配件问题

配件一般指装配机器的零件或部件，或供替换用的备用零件或部件。配件问题一般指产品配套的零件、部件等缺少、丢失或损坏等问题。

6）销售假货

销售假货指的是售卖假冒伪劣产品，包括不符合国家安全标准的货品、冒用别的品牌或仿冒别的品牌款式的货品。

7）个人原因

个人原因指买家因为自身原因提起纠纷，申请退款。常见的个人原因有买家下错订单、买家不喜欢该产品、买家找到更便宜的产品、产品不合适、买家改变主意了、买家不需要该产品了等。

8）物流方式与描述不符

物流方式与描述不符一般指卖家发货的物流方式与买家下单时选择的物流方式不一致。譬如买家下单时为了更快收到货物，选择了额外付费的标准类物流，但是卖家发货时却选择了经济类物流，导致买家收到货物时间变长或者一直未收到货物，买家有权利开启纠纷要求退款。

（二）纠纷的由来

速卖通平台常见的买家不满现象有：

（1）申请提前发货被拒绝。

（2）发货后迟迟没有物流信息。

（3）物流信息长时间不更新。

（4）产品错发漏发。

（5）产品收到时已经破损。

（6）快递服务不满意（物流方式、配送速度等）。

（7）对产品本身不满意（款式、颜色、性能等）。

（8）发错地址，或没有发到买家指定地点。

（9）海关清关问题（时间长，需提交资料等）等现象。

根据速卖通纠纷的类型，买家开启纠纷的理由多种多样，总体来说，所有的纠纷都是由不满演变而来的。想要避免纠纷，需要先理清纠纷产生的原因。导致不满演变成纠纷的主要原因有：

（1）买家期望值过高。产品描述及图片展示的产品与实际产品差别过大，产品没有达到买家的期望值是纠纷和差评的根源，也就是所谓的性价比问题。

（2）物流运输问题。物流速度是造成客户满意度下降的元凶。一方面因为国际运输物流时间长，导致买家等待时间变长；另一方面因为国际物流可追踪性差，物流丢包严重，导致买家对物流没有信心。

（3）沟通问题。卖家和买家沟通不够，或者沟通方式错误、沟通态度差让买家的不满演变成纠纷或差评。

（4）产品本身质量问题。质检是很多中小卖家店铺压根不会去做，也想不到要去做的事情。而产品本身有质量缺陷，运输途中产品或包装破损，也是很平常的事情。

（5）错发漏发问题。很多卖家在发货时，因为订单较多或者缺少检查环节，导致打包过程中出现发错货或者漏发货的情况。

（6）承诺未兑现。有时在买家咨询阶段，为了促使买家尽快下单支付，卖家会给买家承诺额外的礼物、优惠等，但是发货的时候会出现遗忘发送赠品的情况，导致买家收到包裹之后因不满意卖家承诺未兑现而申请退款。

（7）恶意纠纷。恶意纠纷有时候会让卖家手足无措。所谓的恶意纠纷也就是产品无质量问题，且物流妥投时效在正常时间内，买家以非逻辑性理由或模糊图片为依据提起的纠纷。

三、速卖通纠纷处理

（一）纠纷处理基本流程

纠纷围绕着两个基本流程。

1. 7天协商期规则（开纠纷之日起）

如果买卖双方未能在协商期达成一致，那么平台客服会介入，即纠纷会升级为仲裁（特例：物流在途类纠纷，会在保护期结束后介入）。

2. 5天超时规则

如果卖家未在5天内及时响应，那么纠纷会按照买家的方案走，如图6-26所示。也就是说，若买家的方案是全额退款退货/部分退款退货，则按照买家需求办理，此时买家无须退货。

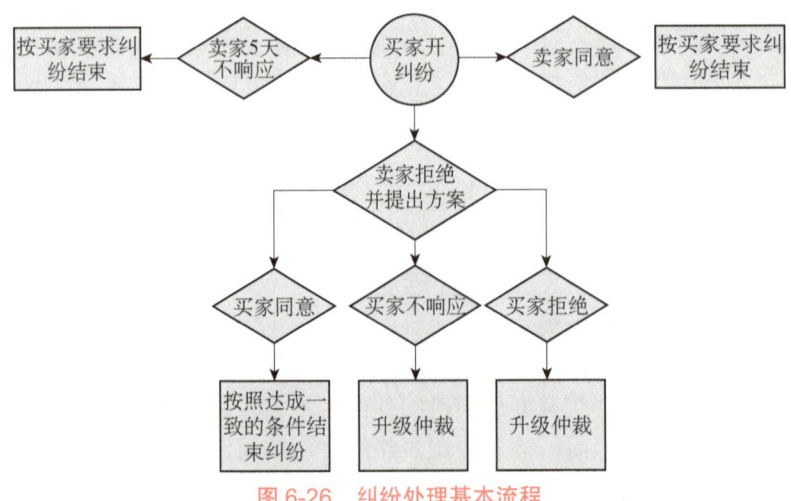

图6-26 纠纷处理基本流程

（二）纠纷类型及其响应方式

1. 类型：未收到货、货不对版

（1）未收到货分为运单号无法查询到物流信息、货物仍然在运输途中、海关扣关、包裹丢失、包裹退回、发错地址等。

（2）货不对版分为质量问题、产品与描述不符、货物短装、货物破损、配件问题、假货等。

（3）买家个人原因，如"Personal Reasons""Easy return""Shipping method was not as described"。

2. 纠纷响应入口

入口1：速卖通后台—我的速卖通—售后板块，如图6-27所示。

图6-27　纠纷响应入口1

入口2：速卖通后台—交易—纠纷中订单，如图6-28所示。

图6-28　纠纷响应入口2

进入纠纷中订单页面，可以看到如图6-29所示几种状态的纠纷订单。

其中处于"纠纷处理中"状态的订单指所有存在纠纷但是纠纷还在处理中的订单，包括买家已发起纠纷等待卖家回复、卖家已拒绝纠纷等待平台介入、平台已介入处理等状态的纠纷订单；"买家已提起纠纷，等待您确认"状态指买家已发起纠纷等待卖家回复的状态；"平

图 6-29 纠纷订单

台介入处理"状态指买卖双方未在纠纷中达成一致意见，已经升级仲裁，由平台介入处理；"售后宝平台代处理"状态指符合售后宝纠纷的订单，由售后宝团队直接介入处理；"申诉订单"状态指卖家对纠纷结果不满意，提起申诉的状态。

这些状态中，首先需要关注的是"买家已提起纠纷，等待您确认"状态下的订单，因为买家提起纠纷后，卖家有5天的响应时间，如果在5天内未及时响应，纠纷会自动结束，系统退款给买家，所以买家提起纠纷后，卖家一定要在5天内及时响应。

在"排序方式"栏中，选择"按纠纷响应剩余时间（由少到多）"开始进行纠纷处理，如图 6-30 所示。

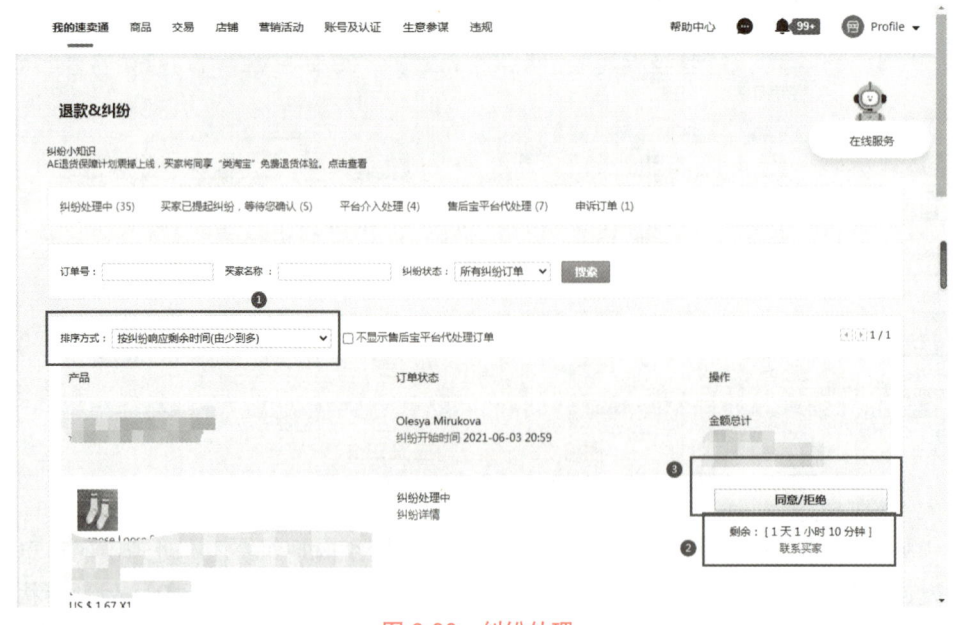

图 6-30 纠纷处理

3. 纠纷的接受和拒绝

1）买家提起退款/退货退款申请

买家提交纠纷的原因有：①未收到货；②收到的货物与约定的不符；③买家自身原因。

2）买家提交退款申请时间

除俄罗斯精品馆订单/本地仓服务订单/限时达小于10天订单外，其余订单买家可以在卖家发货的第11天到交易结束（买家确认收货或系统确认收货超时）后的15天内对订单发起纠纷。

3）买家端操作

在提交纠纷页面中，买家可以看到选项"Only Refund"和"Return & Refund"，选择"Only Refund"就可以提交仅退款申请，选择"Return & Refund"就可以提交退货退款申请。提交退货退款/仅退款申请后，买家需要描述问题与解决方案及上传证据。买家提交纠纷后，系统会给卖家5天的响应时间。

4）买卖双方交易协商

买家提起退款申请后，需要卖家进行确认，卖家可以找到待处理的纠纷，点击"纠纷详情"或者"同意/拒绝"按钮进入纠纷处理页面，如图6-31所示。

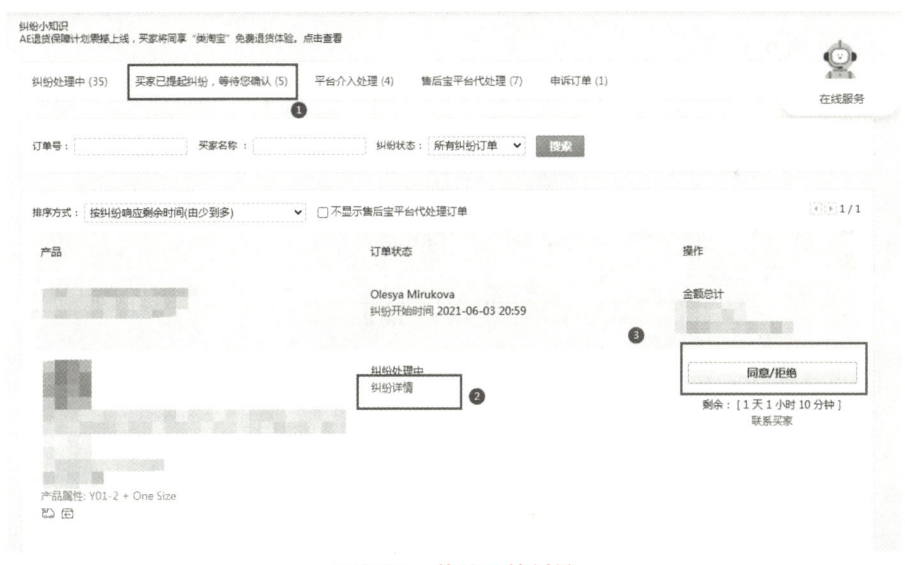

图6-31 待处理的纠纷

进入纠纷详情页面，卖家可以看到买家提起纠纷的时间、原因、证据及买家提供的协商方案等信息。当买家提起纠纷后，卖家需在买家提起纠纷的5天内接受或拒绝买家提出的纠纷，若逾期未响应，系统会自动根据买家提出的退款金额执行。建议卖家在协商阶段积极与买家沟通。

纠纷解决阶段，卖家可以接受或拒绝买家的纠纷方案，如图6-32所示。

5）卖家同意纠纷内容

若卖家同意买家提起的退款申请，进入纠纷详情页面后可以点击"同意"按钮，接受买家的纠纷方案。买家提起的退款申请有以下两种类型。

（1）买家未收到货，申请全额退款：卖家接受时会提示卖家再次确认退款方案，若同意退款申请，则退款协议达成，款项会按照买家申请的方案执行退款。

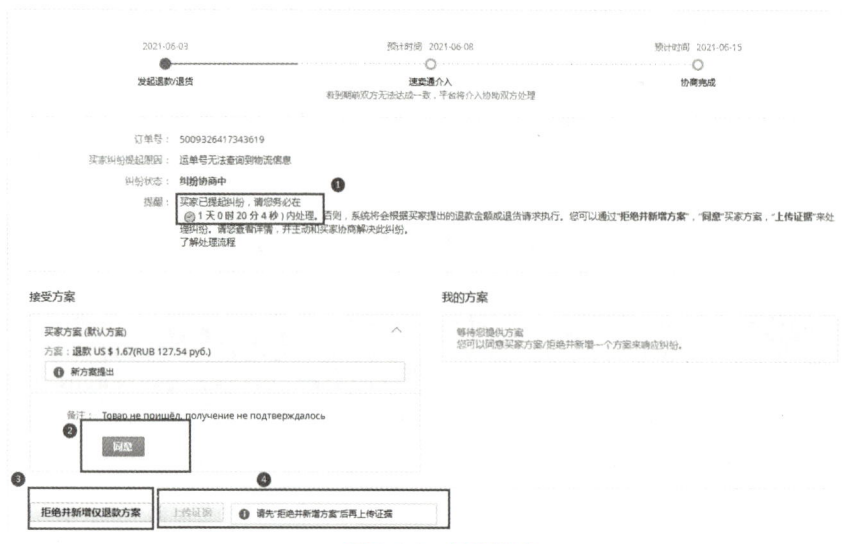

图 6-32　纠纷协商

（2）买家申请部分退款不退货：卖家接受时会提示卖家再次确认退款方案，若同意退款申请，则退款协议达成，款项会按照买家申请的方案执行部分退款及部分放款。

确认页面如图 6-33 所示。

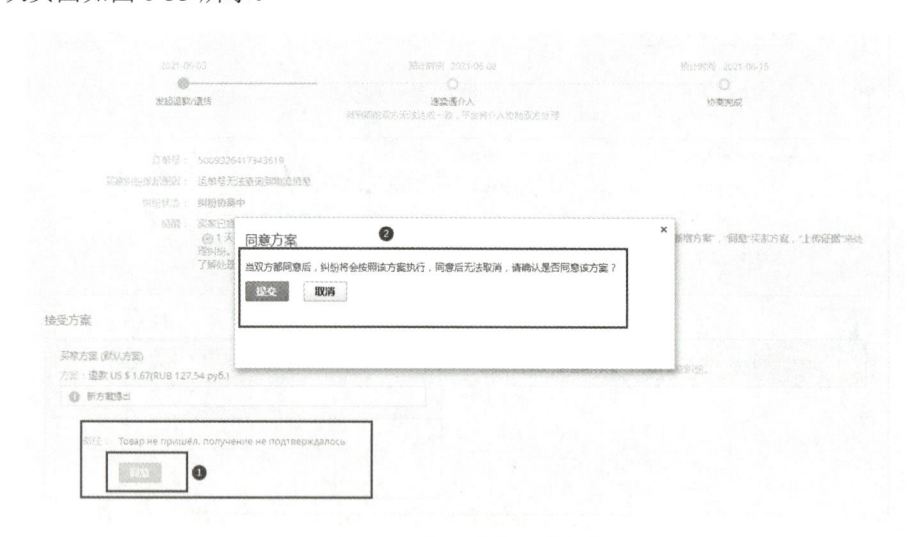

图 6-33　卖家确认退款方案

（3）买家要求退款退货：若卖家接受，则买家需要在 10 天内完成退货并填写运单号。同时也需要卖家确认收货地址，默认卖家注册时填写的退货地址，若不正确，则点击"修改收货地址"进行修改，填写退货地址页面如图 6-34 所示。

卖家确认了收货地址后，尽可能在订单留言里面给买家留言让其备注此订单的订单号，大意如下：

Please write No.####（例如 No.000000-0000-XX 举例）on the package and provide us with the tracking number after you send the item. Then we will know which order it is.

这样当仓库同事收到包裹时便可知道是哪个买家的退件，然后将该退件记入相应买家名下，可以大大加快退件处理速度。

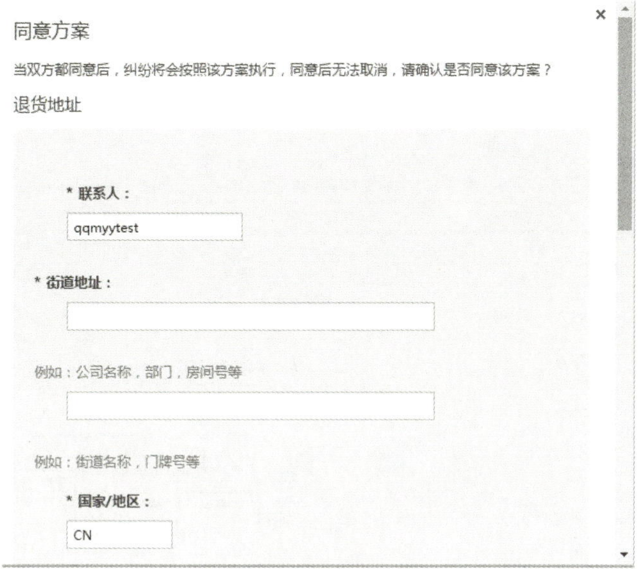

图 6-34　填写退货地址

4. 新增或修改方案或证据

1）增加/修改/删除方案

买家提交纠纷方案后，如果卖家不满意该方案，卖家可以拒绝买家的方案，并提出自己的纠纷方案，如图 6-35 所示。买卖家最多可提供两个互斥方案（方案一提交了退货退款方案，方案二默认只能选仅退款不退货的方案），同时可以修改或者删除自己的纠纷方案，如图 6-36 和图 6-37 所示。

2）上传/删除证据

当纠纷处在买卖双方协商阶段时，买卖双方均可上传或删除证据，如图 6-38 和图 6-39 所示。最多可上传 3 个文件（图片），单个文件大小不超过 2MB，支持 jpg、jpeg、png 格式。若是视频证据，则每次只能上传一个视频；文件类型支持 3gp、mp4、mpv、mov、rm、rmvb、avi、mpeg、wmv、dat、vob、flv 格式，最大支持 500MB。

图 6-35　拒绝并新增方案

图 6-36 修改或删除方案

图 6-37 修改方案

在买卖双方协商阶段,买家可取消退款申请,若买家因为收到货物取消了退款申请并确认收货,则交易结束进入放款阶段;若买家因其他原因取消(如货物在运输途中,愿意再等待一段时间),则取消纠纷后继续进行交易流程,在交易保护期内买家如果未收到货或收到货不满意还可以再次提起纠纷。

图 6-38 上传证据

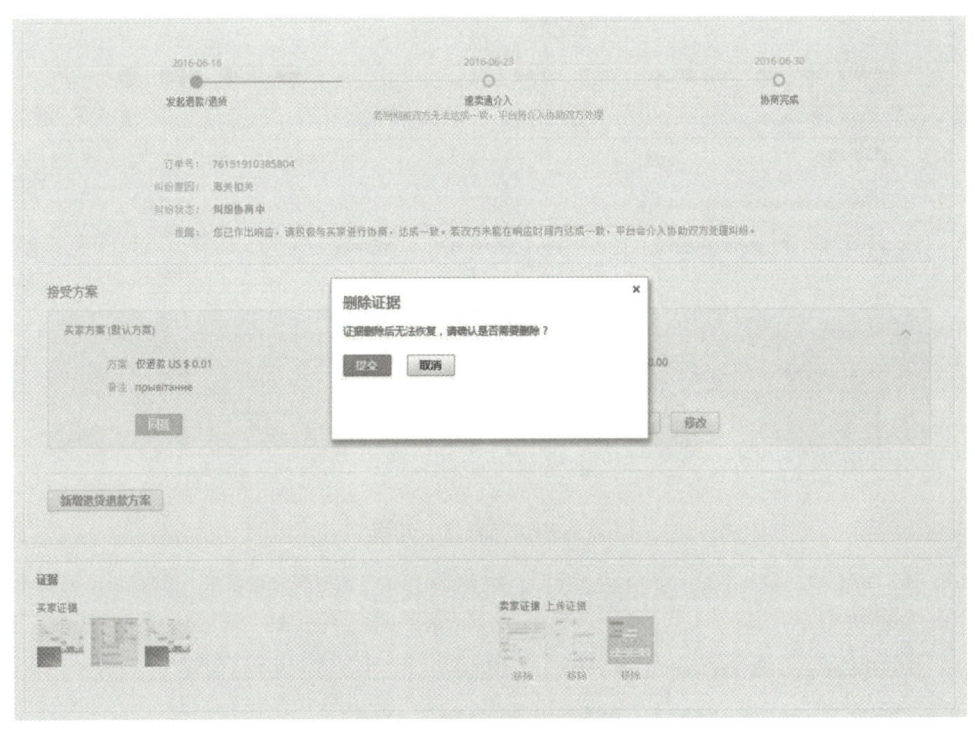

图 6-39 删除证据

5. 平台介入协商

部分纠纷由平台直接介入处理，无须卖家响应，如售后宝纠纷、无忧物流问题纠纷等。

对于普通纠纷，在买家提交后，如果买卖双方没有达成一致，纠纷小二会在7天内（包含第7天）介入处理。平台会参看案件情况及双方协商阶段提供的证明并给出方案。买卖双方在纠纷详情页面可以看到买家、卖家、平台三方的方案。在纠纷处理过程中，纠纷原因、方案、举证均可随时独立修改（在案件结束之前，买卖双方如果对自己之前提供的方案、证据等不满意，可以随时进行修改）。买卖双方如果接受对方或者平台给出的方案，可以点击接受此方案，此时双方对同一个方案达成一致，纠纷处理完成。在纠纷完成赔付状态中，买卖双方不能再协商。

平台介入处理纠纷的时效一般在7天左右,但具体时效需要以实际场景为准。譬如物流在途类型的纠纷,平台一般会结合限时达时间的情况介入,所以不一定会在7天内(包含第7天)介入处理。

注意:使用无忧物流发货的订单,买家发起未收到货纠纷后,卖家无须响应,直接由平台介入核实物流状态并判责。但非物流问题导致的纠纷,仍然需要卖家自行处理。

6. 如何响应仲裁

在纠纷处理界面点击"平台介入处理",如图6-40所示。

点击"纠纷详情",如图6-41所示。

查看平台处理状态(见图6-42)及解决方案(见图6-43),根据平台裁决情况,结合自身实际情况做出响应。平台介入处理后,纠纷升级为仲裁,仲裁的状态有提交待认领、认领待处理、待投诉双方响应、待核实投诉双方响应、待赔付、纠纷结束。

(1)提交待认领、认领待处理的状态表示纠纷上升到仲裁,但是平台纠纷团队还未开始处理。

图 6-40 平台介入处理

图 6-41 纠纷详情

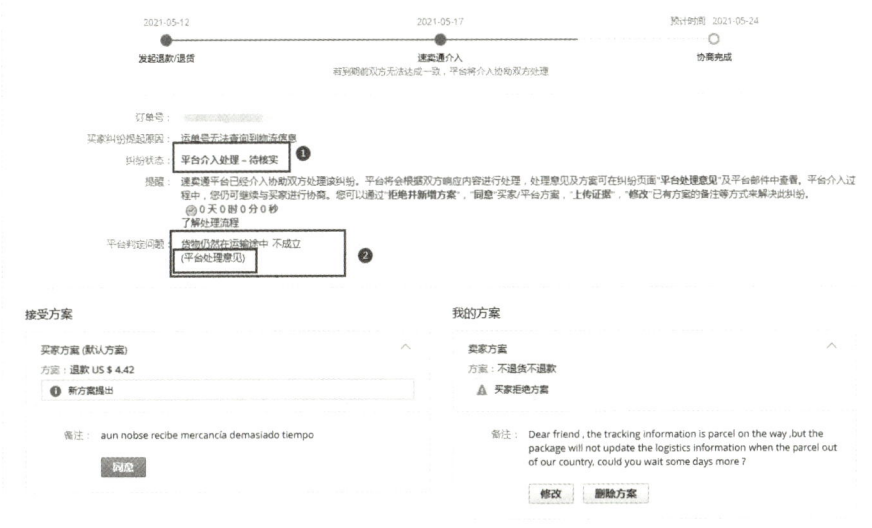

图 6-42　查看平台处理状态

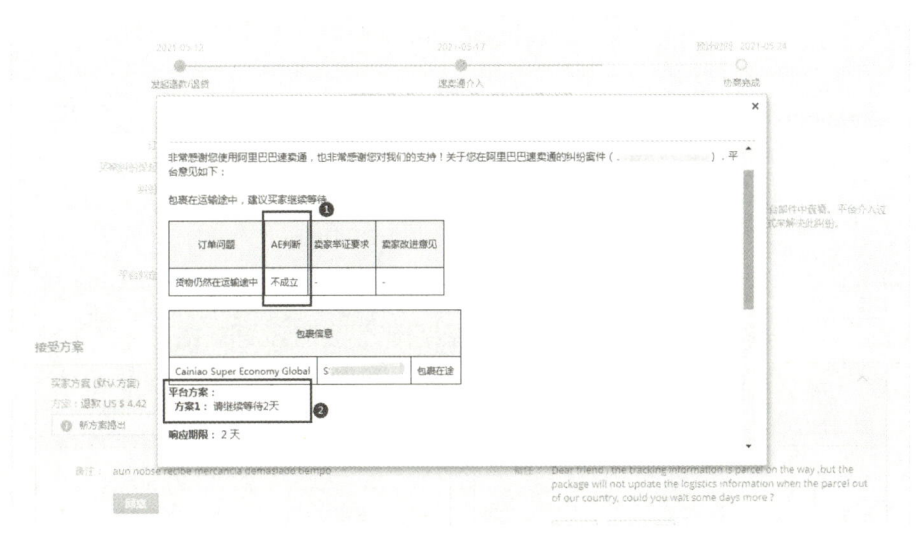

图 6-43　平台解决方案

（2）待投诉双方响应的状态表示仲裁团队在处理纠纷的过程中，需要买卖双方提交更多的证据，或者提出了除买卖双方解决方案外的第三个解决方案，需要买卖双方确认是否接受该方案。在该阶段，买卖双方均可以提交新证据，可以接受或者拒绝平台方案，可以修改自己的纠纷方案。

（3）待核实投诉双方响应的状态表示买卖双方已经对平台提出的方案做出响应，如提交新证据、接受或拒绝平台方案、修改自己的纠纷方案等。

（4）待赔付的状态表示仲裁已经有结果，等待执行仲裁最终解决方案。

（5）纠纷结束的状态表示仲裁已经结束，已经执行最终解决方案，买卖双方均可查询仲裁结果。

7. 如何查看纠纷过程及结果

纠纷历史以时间轴形式展示，如图 6-44 所示。

进入纠纷详情之后，即可查看纠纷状态，从而了解纠纷结果，如图 6-45 所示。

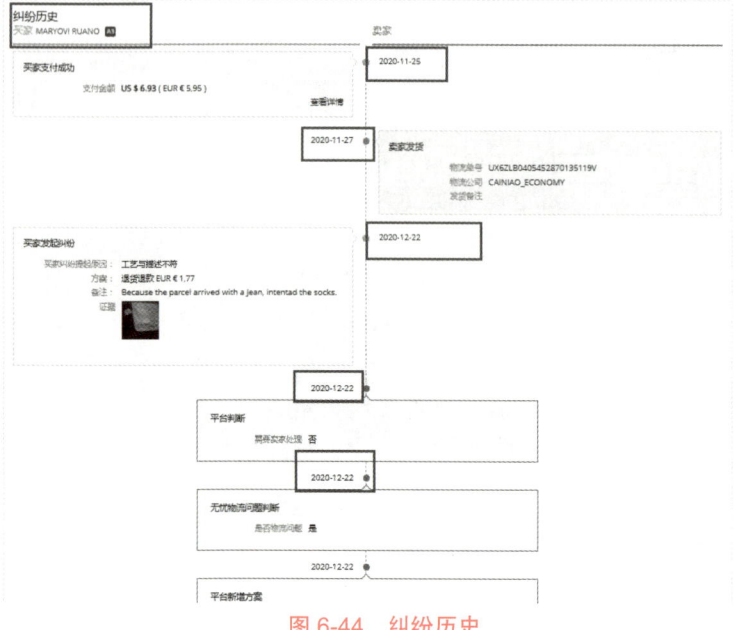

图 6-44　纠纷历史

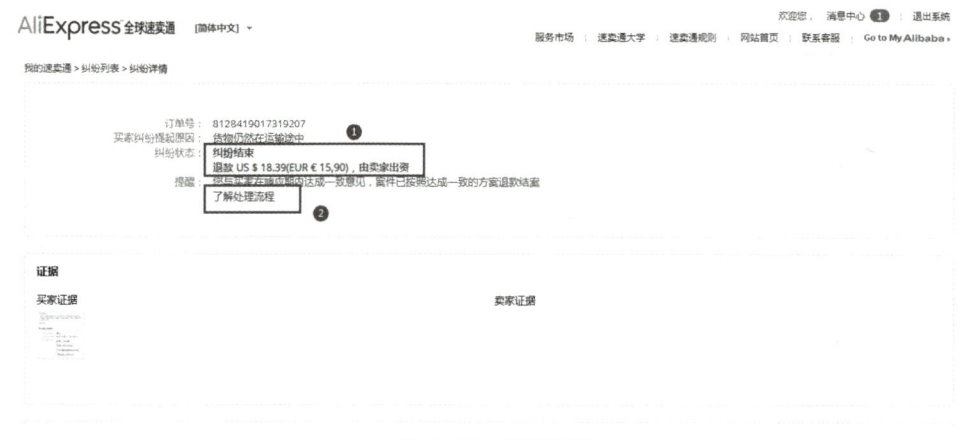

图 6-45　纠纷结果

8. 退货退款流程

当卖家和买家对退货退款达成一致之后，买家必须在 10 天内将货物发出，并且在纠纷页面填写退货单号，若 10 天内未填写，视为买家放弃退货，则系统直接放款给卖家。

卖家确认收货地址后，到买家填写退货订单号后的 30 天内，卖家均可以选择放弃退货（见图 6-46），则系统直接退款给买家。

图 6-46　放弃退货

若买家已经退货，填写了退货单号，则需要等待卖家确认，卖家需在30天内确认收到退货：

（1）若确认收到退货，并同意退款，则点击"确定"按钮，或者在30天内卖家未确认收货但也未提起纠纷，则默认卖家收货，执行退款操作，速卖通平台会退款给买家，如图6-47所示。

（a）

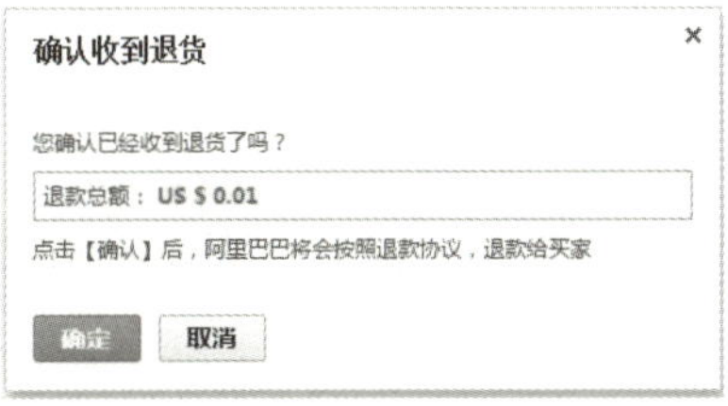

（b）

（c）

图6-47　确认收到退货

（2）若卖家在接近30天的时间内，没有收到退货，或对收到的货物不满意，可以提交至平台进行纠纷裁决，平台会在2个工作日内介入处理，卖家可以在投诉举报平台查看状态及进行响应（见图6-48）。平台裁决期间，卖家也可以点击"撤诉"撤销纠纷裁决。

图 6-48 升级纠纷

在退货退款纠纷中,买家退货并填写运单号后,卖家确认收到买家的包裹或者在30天内未确认收到包裹但是也未上升仲裁,系统都会按照约定的退款金额退款给买家。如果在30天内未收到买家退回的包裹,卖家可以选择上升仲裁,平台会介入处理,判定是否需要继续等待或者判决退款。

9. 如何申诉纠纷

如果卖家对仲裁的结果或服务专员不满意,可在7天内提交申诉。在纠纷详情页面点击"申诉"按钮,即可对纠纷进行申诉,如图6-49所示。

(a)

(b)

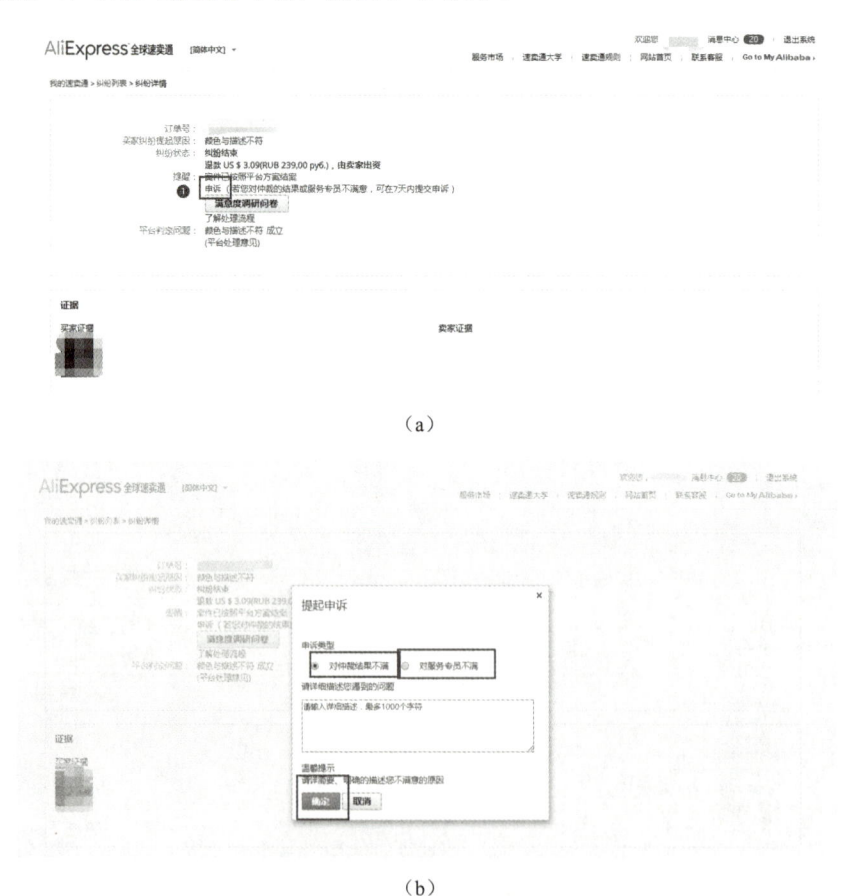

图 6-49 提起申诉

需要注意的是,提交申诉时,由于无法提交证据,所以如果有新证据需要提交的话,可以联系速卖通客服,让客服帮助提交申诉并提交新证据。

四、如何避免纠纷

纠纷会让很多速卖通卖家头痛，因为纠纷将直接影响店铺服务指标，如果服务分低，会导致产品排名靠后，曝光度下降，订单减少，造成恶性循环。所以为了店铺的健康发展，卖家需要采取有效措施，预防速卖通纠纷发生。

一个产品从上架到售卖再到买家收到产品，在整个过程当中，卖家要把握好每一个重要的环节，这样可以有效避免和解决纠纷。

（一）选品环节要把哪些关

（1）代理授权的产品一定要从原供应商拿货，必须要有品牌授权书，避免在后续上架、售卖的过程中因为品牌侵权而造成违规处罚的情况。

（2）有专利保护，又容易涉嫌侵权的产品不卖，一方面可以有效避免产品出现知识产权侵权而被投诉举报，另一方面可以有效避免销售假货的纠纷。

（3）质量有保证，涉及产品容量、性能等的描述务必真实，绝不发布虚假产品信息。

（二）上架环节要把哪些关

（1）产品描述真实全面，不能含糊不清，最保险的方法是参照产品说明书直接填写产品属性。

① 电子类产品需将产品功能及使用方法给予全面说明，避免买家收到货后因无法或不会使用而提起纠纷。

② 服饰、鞋类产品建议提供尺码表，以便买家选择，避免买家收到货后因尺寸不合适而提起纠纷等。

③ 产品描述中对于产品的瑕疵和缺陷也不应有所隐瞒，应如实告知买家，让买家可以自行判断和购买。

（2）产品描述中建议增加服务模块，注明常用的货运方式、可送达地区、预期所需的运输时间，也可添加向买家解释海关清关缴税、产品退回责任和承担方等方面的内容，让买家在下单之后就对这些信息有一定的了解。

（3）不要试图钻平台的空子，比较典型的手段有SKU作弊，如标题正儿八经写着运动鞋，但是在SKU上传的是一双鞋带，拉低产品价格，试图低价引流。

（4）图片真实拍摄，切记不要盗用同行实拍图。盗用同行实拍图不仅可能会被投诉，导致产品下架，面临平台处罚；还有可能因为图片与实物差异过大，影响买家的购物体验。

（三）沟通环节要把哪些关

（1）涉及产品参数功能等相关问题，如实回答，不能因为急于达成交易而对买家有所欺骗，如实际产品并不防水，为了促成交易，故意告知买家产品防水，这样不仅会给买家带来不好的服务体验，还容易引起纠纷退款。情节严重的话，还有可能面临平台处罚。消费类电子产品功能比较多，支持的系统也五花八门，经常会有买家询问支不支持他的设备，这个时候一定要再三确认，如实回答，否则等买家收到货之后，会因为功能不符而发起纠纷。

（2）特殊备注订单，需要单独处理。例如，有些买家会留言修改信息，如申报价值、商业发票、物流渠道、收货地址等，这种情况一定不要忘记单独处理。

（3）批发订单或者老客户，赠送小礼物。店铺成长到一定程度，其实大部分的销售额还是需要靠老客户来实现的，一个批发订单就可以顶一天的销售。为了维持与老客户的关系，可以给老客户多送一个产品，或者小礼物之类的。

（4）订单发货之后，需要做到有效沟通：

① 如果包裹发生了延误，应及时通知买家，解释包裹未能在预期时间内到达的原因，取得买家的谅解。

② 如果包裹因关税未付被扣关，应及时告知买家，联系海关缴纳关税。可部分承担买家关税，这样不仅能避免物品被退回，更能让买家因为卖家的诚意而给予好评。

③ 如果包裹因无人签收而暂存于邮局，应及时提醒买家联系邮局或者保存邮局票据，在有效期内领取。

④ 及时处理买家关于物品未收到的询问，让买家体会到卖家的真诚与服务。

⑤ 在交易过程中，要与买家保持有效的沟通，不仅能够使交易顺利完成，也将获得买家二次青睐的机会。

（四）包装环节要把哪些关

（1）产品包装一定要安全牢固。不同的产品属性用不同的包装材料：包装服装类产品大部分使用的是快递塑料袋；小型消费类电子产品使用黄色气泡袋即可；重要一点的产品，包裹要严实，多缠几次胶带保证绝对牢固。

（2）包装上有统一Logo及售后信息更好。有能力的卖家可以在包装上下点功夫，比如售后联系方式上有卖家邮箱、WhatsApp、Skype等。

（五）物流环节要把哪些关

（1）物流方式类型较多，一个产品可以使用多种物流方式，以不同物流方式运输不同产品。同时，要关注不同物流服务商的表现，择优选择。

（2）关注各个物流服务商物流报价的变化情况，及时调整物流运费。

（3）卖家有资金实力，且有合适的产品建议做海外仓。海外仓不仅能够大大缩短物流配送时间，提升物流服务体验，还能够减少丢包的情况。

（六）售后环节要把哪些关

（1）发生有问题订单时要优先处理好买家情绪。特别涉及产品质量问题纠纷，大部分买家都会先留言联系，这时候客服要先稳住买家，比如延长收货时间或者承诺退款，前提是在核实确实是卖家自己产品问题的情况下。

（2）所有涉及质量问题的情况，最好先让买家拍摄视频，然后把视频链接发过来。这个主要针对消费类电子产品，可以让买家发送YouTube视频或者其他方便打开的视频链接，这样可以更好地发现问题。

除以上方法外，在避免纠纷时，卖家经常用到的方法还有：

（1）详情页解决法，即可以在详情页增加售后板块，让买家在下单之前就对店铺的售后服务有所了解，有效避免买家未收到货或对货物不满意直接开启纠纷的情况。售后板块可以根据店铺实际情况进行设计。

（2）客服解决法，即客服发挥重要职能。一个优秀的客服所需的技能有买家情绪引导控制能力及强大的沟通能力,即能够在与买家沟通的过程中了解买家的真实诉求,安抚买家情绪,尽可能避免买家由不满向纠纷转变;在处理问题的过程中,有对损失进行控制的能力,要能够清楚认识不同解决方案的利弊,并且能控制损失,在解决买家问题的同时,将纠纷的损失降到最低。

(3)除积极的沟通外,还要学会主动倾听。倾听能让对方觉得你很尊重他,自然乐意与你沟通合作,而且在沟通过程中,可以发现买家真正的意愿,便于结合买家想法给出更多合理的解决方案。

五、纠纷处理原则

在解决纠纷时,要明确纠纷处理的原则,不要因小失大。处理纠纷时,一般要遵循以下原则。

(一)每日查看,及时响应

买家开启纠纷后,留给卖家的纠纷响应时间是5天,如果超过5天不回复,则响应超时,系统会直接退款给买家。所以不管这个纠纷是否棘手,如果剩余响应时间少于2天,可以先拒绝。

(二)以店铺安全为前提,理智处理

涉及物流原因的纠纷直接决定产品DSR评分,产品质量纠纷直接决定货不对版纠纷提起率,如果某个指标马上就要不合格了,类目面临被关掉的风险,不要再纠结这个纠纷一定要赢下来,可以线下联系买家,通过PayPal给买家退款,让买家取消线上纠纷。一定要理智处理纠纷,店铺安全第一。

(三)将纠纷损失降到最低

我们可以尝试将纠纷退款的损失降到最少,比如物流超时未送达先退款了,但是买家收到后,可以给买家留言表示部分退还;或者可以事先和买家约定,如果最后收到货了可以退还订单金额。

六、纠纷处理思路

了解了纠纷处理的基本原则,再来了解一下纠纷处理思路,面对不同类型的纠纷,有怎样的纠纷处理思路。

(一)未收到货纠纷

1. 纠纷原因:无效运单号

纠纷处理思路:查询是否发货。

(1)如果确认已经发货,那需要判断是不是物流信息还未上网更新。需要联系物流公司确认具体原因,并及时反馈给买家,寻求买家的谅解。

(2)如果出现缺货未发货,或漏发的情况,需要及时跟买家解释情况,咨询买家是否接

受补发。如果买家接受补发，则立刻安排发货，并提供给买家新的运单号；如果买家拒绝补发，不想继续等待，可以给买家部分退款，为了避免差评，还可以承诺给买家新订单优惠或者发送无门槛优惠券。

2. 纠纷原因：物流在途

纠纷处理思路：查询具体物流信息。

（1）物流信息显示2～3周包裹一直没出国。如果是大促期间，可以跟买家解释因为包裹数量过多，请买家耐心等待；如果是普通时期，可以帮助买家联系物流公司确认具体物流信息，并帮助买家延长交易保护期，让买家可以安心等待。

（2）包裹未成功发出国，显示退回。先联系物流公司或客服确认包裹退回的原因，并和买家解释退回原因，询问买家是否接受补发，并且可以承诺给买家新订单优惠。

（3）包裹已经抵达目的国，但是未配送。物流信息长时间未更新，可以联系对应物流服务商获取当地物流商的联系方式，并提供给买家，建议买家尝试联系。

（4）包裹目的国显示退回或者妥投不成功。先确认妥投不成功的原因，再建议买家联系当地物流商重新配送；如果包裹物流信息显示妥投成功，但买家说未收到，需要联系物流商索要签收证明，再请买家确认是否亲友帮助签收或检查信箱等。

（5）如果是卖家私自更改物流方式，需要先与买家解释更改物流原因，说服买家，可以承诺买家在新订单中给予优惠，提升买家好感。建议不要私自更换物流方式，如果买家选择的物流方式无法送达，可在发货前与买家沟通确认。

3. 纠纷原因：海关扣关

纠纷处理思路：确认海关扣关原因。

（1）如果是卖家无法出具进口国所需文件；产品属于假货、仿牌、违禁品；申报价值与实际价值不符等卖方原因造成的海关扣关，卖家应与买家积极协商，主动帮助买家支付部分关税，也可承诺在新订单中给予优惠。

（2）如果是买家无法出具进口国所需文件；进口国限制该货物；因关税过高，买家不愿意清关等买方原因造成的海关扣关，卖家可以建议买家联系海关积极提供清关所需材料，缴纳关税，因为清关是买家的责任。但同时，也需告知买家卖家会积极配合，为了避免差评，可以承诺在新订单中给予买家折扣。

4. 纠纷原因：买家地址错误

纠纷处理思路：确认地址错误的原因。

（1）买家提交了错误的收货地址。联系买家确认准确地址，如果两地相隔不远，建议买家尝试联系物流公司进行转运。

（2）卖家写错了地址。可以尝试让买家下新的订单购买其他产品，给买家补发；或者线下退款给买家。

（二）货不对版纠纷

1. 描述不符（尺寸、颜色、材质等）

纠纷处理思路：确认不符的地方是否影响使用。

（1）如果是轻微色差等不影响使用的不符情况，建议先和买家解释不一样的原因，请求买家的谅解，并向买家承诺下一个订单可以给买家折扣，提升买家的满意度。

（2）如果买家收到的产品与产品描述不符的地方已经影响到产品的使用，先向买家表示歉意，再尝试和解，如果产品有一定价值，可以与买家协商部分退款；或者如果买家还需要其他产品，可以在买家的新订单中给买家补发一个。

注意：尽量减少损失，同时要立刻修改产品图片及描述，避免重复出现产品与描述不符的情况。

2. 纠纷原因：质量问题——不能工作（针对电子产品）

纠纷处理思路：电子产品尽可能让客户提供照片和视频。

如果是电子产品无法工作，先给买家提供产品的使用说明视频，让买家按照正确方法操作使用，如果还是无法正常工作，让买家提供视频，检查可能存在的问题。

（1）如果是买家不会使用，先给买家发送产品的使用说明视频，解释使用方法，让买家尝试操作。

（2）确认产品无法正常使用后，如果可以维修的话建议买家进行维修，退还买家修理费；如果无法在当地维修，产品又有较高的价值的话，可以建议买家退回产品。

3. 纠纷原因：货物破损

纠纷处理思路：确认货物破损的原因及破损程度。

（1）如果仅是包裹外包装破损，不影响产品使用，先跟买家解释可能由于长途运输的原因导致包裹外包装破损，请求买家的谅解，并跟买家承诺下一个订单可以给予折扣，提升买家的满意度。

（2）如果是无忧物流运送的，经过平台的判责属于物流商的原因导致的包裹破损，平台会给予赔付。

（3）如果是卖家包装不当而导致产品破损的，先跟买家表示歉意，可以给买家退款或者如果买家表示仍需要该产品，联系买家重拍产品，重新发货。

4. 纠纷原因：货物短装

纠纷处理思路：确认是否真的短装（确认买家收到货物的重量）。

（1）如果确认包裹确实短装，直接补发或者如果买家需要其他产品，可以建议买家下单，随新订单补发。

（2）如果是买家误因产品信息或图片等以为短装，可向买家解释情况，提供发货图片及发货重量，同时，要及时调整产品图片及产品信息，避免再次出现该情况。

（3）如果是承诺买家的赠品未发，可以跟买家解释情况，并答应给买家新订单折扣或者价值更高的免费礼物，请求买家帮助取消纠纷。

5. 纠纷原因：销售假货

纠纷解决思路：前提是你的产品确实是正品。

可以直接向买家提供品牌授权证书或者查询网址，让买家可以自行验证。

（三）纠纷升级仲裁之后的解决思路

1. 关于未收到货的仲裁

要确认买家未收到货的原因，并且根据不同情况，采取不同的应对策略。

（1）若买家投诉虚假单号，卖家需要查询并核实货运单号是否真实有效，并在纠纷升级后尽快提供发货单号、发货证明、查询网址给调解中心。若经纠纷专员判定单号为虚假单号，卖家会因此受到处罚。

（2）若买家未收到货发起投诉，经核实货物在途，卖家需要联系物流或货代公司了解包裹的现状，并将详细信息和有效的物流官网信息反馈给纠纷专员，也可以主动帮助买家延长交易保护期，保障买家权益。

（3）若买家投诉海关扣关，需要卖家跟货运公司联系，查询扣关原因，如果需要卖家协助清关，及时提供给买家清关的文件或者授权；如果是属于需要买家清关的情况，要积极与买家沟通，建议买家联系海关清关，并在仲裁中上传与买家的沟通证据。

（4）若涉及货运风险方面的问题，比如买家要求调整订单报关金额等，如果买卖双方有进行前期的沟通，可以提供沟通截屏，便于纠纷专员判定责任方。

2. 关于产品与描述不符的仲裁

在仲裁阶段，卖家要关注平台的方案，根据平台提供的方案，卖家可以补充对自己有利的证据：

（1）若买家投诉产品不符（包括外观不符、质量不符），卖家需要将买家反馈的问题、实际收到的产品图片与自己的产品描述进行比对，查看是否有误差或者没有明确的地方，沟通并提供解决方案的同时及时调整产品歧义内容。另外，如果卖家发货前有拍下产品状态图片或有该货物的库存，应在规定时间内上传到指定位置，方便纠纷专员参考并做出裁决。

（2）若买家投诉的是产品功能与描述不符，卖家可以根据产品以往集中的投诉点，积极反馈一些有效的解决方案，如手机、电脑类产品涉及操作系统的投诉，可以提供适用于此类投诉的操作指南图片或视频、链接等。

（3）若买家投诉收到的货物少了或者缺少配件，则需要清点发货数量和对比发货单据等信息，以核实是否误操作或判断其他可能的原因，并上传相应的底单信息到仲裁页面，方便纠纷专员参考并做出裁决。

（4）关注平台仲裁团队的方案及邮件，及时说明订单详情，便于仲裁顺利解决。

（四）注意事项

在处理纠纷的过程中，提醒大家注意以下几点：

（1）要在订单完成过程中，与买家保持沟通，可以利用 ERP 等软件及时给买家发送消息，如发货后留言、到货提醒留言等，让买家感受到卖家的服务与责任心，消除买家顾虑，避免买家在等待货物的过程中，因担心而提起纠纷。

（2）设置快捷短语，争取做到手机端 App 账户全天在线，这样买家发来消息能够第一时间收到提醒，做到及时回复，增强买家的信任和好感。

（3）对物流出现延迟的情况，如果交易保护期少于 5 天，建议主动延长交易保护期，保障买家权益，让买家可以安心等待包裹送达。

（4）当买家提起纠纷时，作为卖家需要及时响应纠纷，并且通过站内信与买家积极沟通，了解买家遇到的具体问题及真实需求，用良好的态度有效地帮助买家解决问题，争取让买家取消纠纷。

（5）具体事情具体解决，不同情况要有不同的应对策略。如果是卖方的问题，如无物流信息，或者产品质量问题（产品损坏，不能正常使用），可根据买家不同态度进行不同处理：

① 如果买家提起纠纷之后就没有再回复信息，可借助 WhatsApp、Skype 等软件联系买家，进行线下协商。如果还是没有回复，可以在纠纷响应时间到期之前（买家开启纠纷后 5 天内），先拒绝纠纷，再争取时间来等待买家回复。

② 如果买家拒绝接受任何线下解决方案，坚持要通过纠纷方式解决，如果确实是属于卖方责任的，建议通过纠纷方式解决，或建议买家更改纠纷原因，或承诺买家额外折扣、优惠券等，请求买家纠纷结束后不要给出差评，将损失降到最低。

③ 如果遇到恶意买家骗钱骗货的情况，先尝试与买家沟通，尽可能让他取消纠纷。如果恶意买家坚持不取消纠纷，要求退款，当买家的要求不合理，升级仲裁后有较大概率可以赢得纠纷的情况下，卖家可以拒绝纠纷，让纠纷上升到仲裁，并在仲裁中提供相应证据，让纠纷专员或称纠纷小二进行判决。如果是卖家赢得仲裁，那么此纠纷将不计入纠纷提起率。

（6）定期统计及跟踪纠纷，一方面可以了解店铺纠纷数量，另一方面还可以总结纠纷原因，并根据纠纷原因对店铺及产品及时做出优化。

七、售后宝纠纷

售后宝订单目前开通的行业有珠宝、手表、服装、家居、假发、玩具、灯具、美容健康、母婴童、电子元器件、特殊类目、办公文具、珠宝配件类、汽摩配、通信及配件 Phone & Accessories 的部分类目，箱包、假发自营类目，旅游及代金券，以及工具、家装（硬装）、运动娱乐、电脑和办公、消费电子等几个行业的部分类目。

售后宝行业下的订单产生"货不对版"类纠纷，直接由平台介入核实处理，无须卖家自行处理（假货、短装等纠纷仍需卖家配合举证）。

若买家提起"未收到货物"类纠纷，仍然需要卖家自行处理，即当买家提起退款后，请卖家在买家提起纠纷的5天内接受或拒绝买家提出的纠纷，若逾期未响应，系统会自动根据买家提出的退款金额执行。

若买家以"无理由退货/买家个人原因"提起的纠纷，则直接进入退货流程。买家个人原因有买家下错单、买家不再需要订单产品、买家购买了更低价优质的产品、物流方式不一致等。

售后宝纠纷处理流程如图6-50所示。

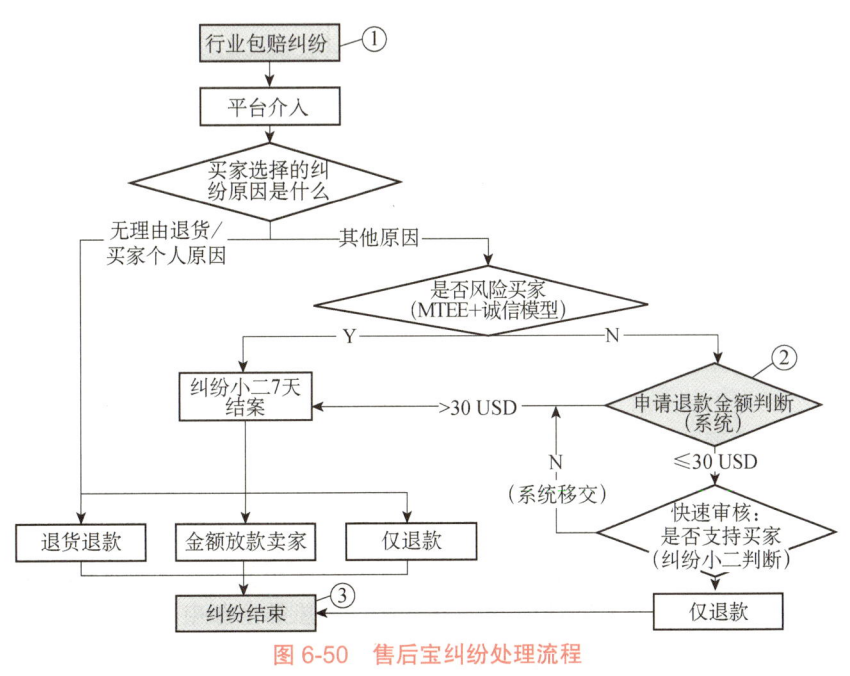

图6-50 售后宝纠纷处理流程

八、恶意纠纷介绍及处理方式

所谓的恶意纠纷也就是产品无质量问题，且物流妥投时效在正常时间内，买家以非逻辑性理由或模糊图片为依据提起的纠纷。常见的恶意纠纷有质量问题恶意纠纷、海关收税恶意纠纷、邮局收费恶意纠纷等。

如果发现可疑的恶意买家，可以在后台"违规—我要举报—举报恶意买家"中发起举报，如图6-51所示。

图 6-51 举报恶意买家

符合恶意纠纷的场景如下：
（1）买家举证内容、图片、视频中产品与本订单产品无关。
（2）买家已收到货但提交未收到货纠纷。
（3）买家证据不真实（使用买家秀、赠品、网上下载图片等举证）。
（4）不同产品交叉举证、不同纠纷用相同证据举证。
（5）疑似人为破坏产品。
（6）退货纠纷订单没收到退货或者收到的退货有问题（调包、产品破损等）。
（7）多账号团伙提纠纷。
（8）其他投诉（平台判责不合理等）。

如果恶意纠纷举报成立，则对举报方（卖家）来说，举报提交之后，相关团队一般会在7~15个工作日内完成审核，举报成立后平台会于1~2个工作日内完成数据指标清洗，即由该买家导致的不良订单将不计入卖家服务等级指标中，但产品和店铺中的差评并不会删除。

需要注意的一点是，卖家发起的举报成立情况，一个举报ID仅针对一个订单做免责处理，备注中如果有其他的订单，是无法被系统识别到的，也是没有办法做免责处理的，所以不同的订单要分别进行举报。

对被举报方（买家）来说，平台会基于该买家的整体网站行为来判断是否为恶意买家，不会仅仅因为某个纠纷订单买家的理由奇怪或提交的证据图片错误之类而做出判断。

九、PayPal 纠纷

PayPal 纠纷是买家使用 PayPal 方式支付订单之后，后续因产品、物流、服务等方面的问题，在 PayPal 侧发起的纠纷或拒付。因为纠纷/拒付发生在 PayPal 侧，所以无法直接在速卖通平台处理，那面对 PayPal 纠纷/拒付问题时，为了保障自身权益，我们需要了解 PayPal 纠纷/拒付问题的处理流程及举证要求。

（一）PayPal 纠纷处理流程

1. 站内信通知纠纷发起

买家使用 PayPal 支付方式支付且在 PayPal 侧发起纠纷时，平台会通过后台站内信通知卖家，问题订单将同时被冻结。请卖家及时关注站内信"平台通知—拒付通知"下的 PayPal 纠纷发起消息。

2. 商家举证响应

为了减少买家单方面举证获得退款情况，所有纠纷订单均需要卖家在收到通知后 6 天内提供举证响应。纠纷原因及举证入口可以在站内信中找到，需要卖家根据指示提交资料举证。

3. 站内信通知纠纷结果

PayPal 会根据举证信息审核并在发起纠纷后 30 天左右确认结果，平台将通过站内信告知处理结果。

（二）PayPal 纠纷类型及举证要求

1. 未收到货（举证要求见表 6-4）

表 6-4　未收到货举证要求

纠纷原因	举证要求
未收到货	必选：物流单号+物流信息追踪截图 必选：物流底单（包含单号、物流地址、发货时间） 可选：妥投证明（包含单号、地址、签名信息、日期等） 针对物流时间周期较长的，提供预计妥投时间的凭证（可提供限时达相关截图）

3. 未授权交易（举证要求见表 6-5）

表 6-5　未授权交易举证要求

纠纷原因	原因解析	举证要求
未授权交易	该笔支付未经买家授权但扣款问题	服务交付记录（包含服务内容、交付时间、用户信息等） 交易凭证/订单明细（交易 ID、用户姓名等）

4. 货不对版（举证要求见表 6-6）

表 6-6　货不对版举证要求

纠纷原因	举证要求
货不对版	必选：交易快照中产品关键信息，如货物图片（发货前的照片）、产品规格说明等 可选：买卖双方沟通记录（买卖双方针对产品数量/质量达成一致的聊天记录） 可选：订单评价（此买家对此产品的评价，历史上其他买家对于产品的评价仅供参考）

5. 未收到退款（举证要求见表 6-7）

表 6-7 未收到退款举证要求

纠纷原因	举证要求
未收到退款	（1）如果买家没有联系过卖家，提供没有联系的凭证（如沟通记录）+发货凭证 （2）如果买家联系过卖家，卖家不同意退款，提供退款政策，并说明为什么不同意+发货凭证 （3）如果买家联系过卖家且卖家同意退款，但由于买家没有退回物品最终未退款，提供沟通记录或物品没有退回的凭证 （4）如果已经退款，提供退款凭证（包含交易 ID、交易日期、退款日期等）

买家在 PayPal 上发起纠纷之后，该笔订单会被冻结，卖家要及时关注站内信通知，举证时应尽可能提供详细资料，以提高胜诉的概率。PayPal 纠纷由 PayPal 方做最终判责的，纠纷发起后约 30 天左右 PayPal 会确认结果，如果卖家对 PayPal 纠纷的处理解决不满意，可以联系速卖通平台协助处理。

PayPal 纠纷响应流程介绍如下。

步骤 1. 收到站内信通知，如图 6-52 所示。

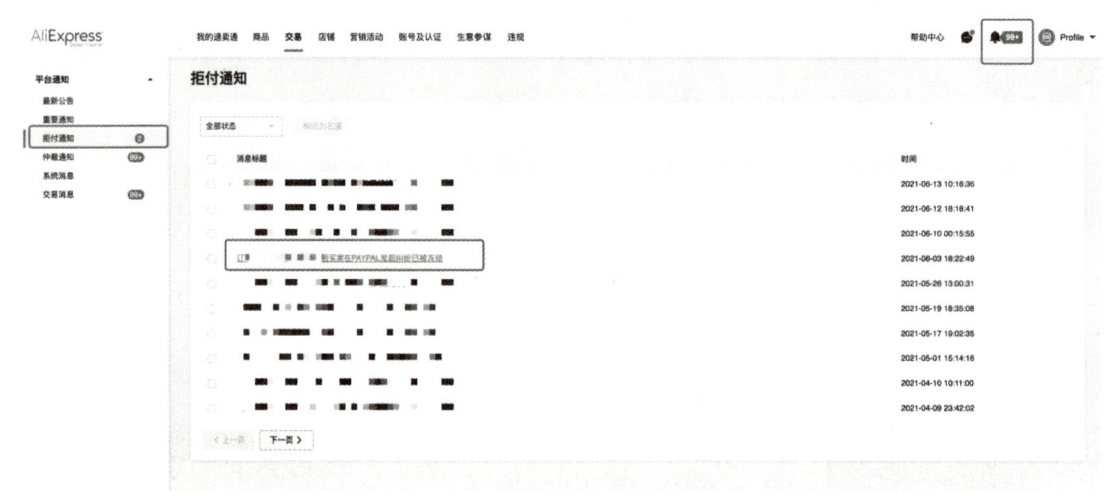

图 6-52 站内信通知

步骤 2. 点击查看详情并回复，如图 6-53 所示。

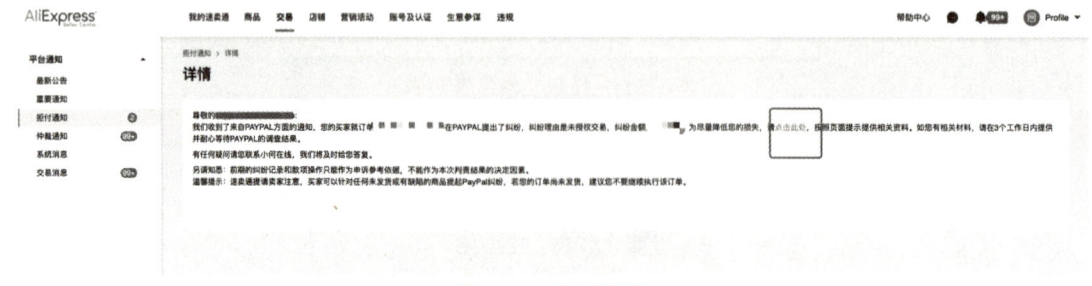

图 6-53 查看详情

步骤 3. 查看纠纷类型并上传对应证据，如图 6-54 所示。

(a)

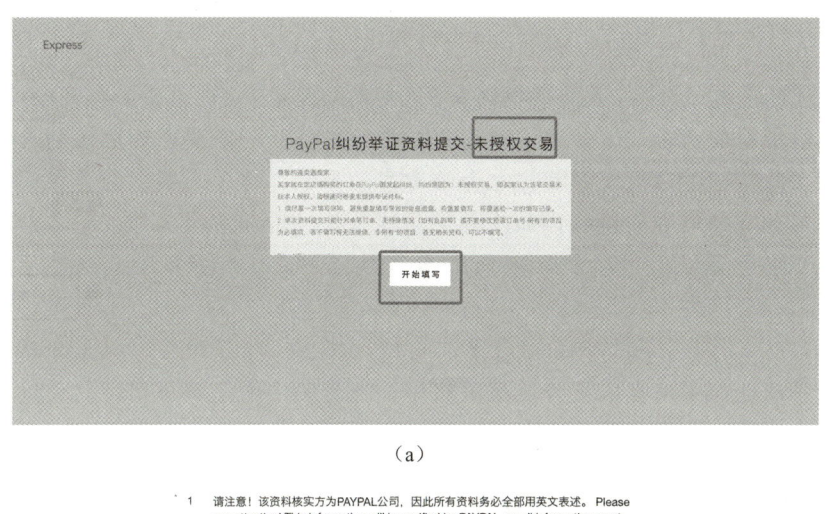

(b)

(c)

图 6-54　提交举证资料

> **想一想**
>
> 1. 所有纠纷的处理流程都是一样的，即买家开启纠纷后，均需要卖家在5天内响应？
> 2. 纠纷不需要卖家自己处理，等待平台介入处理即可？
> 3. 纠纷上升仲裁之后，卖家不需要上传证据，等待平台判决即可？
> 4. 面对恶意纠纷、恶意买家，卖家只能自认倒霉吗？

敲黑板

> 纠纷处理的基本流程：7天协商规则及5天超时规则。
>
> 总结：纠纷处理是店铺运营过程中非常重要的工作，一定要合理地控制店铺的纠纷，过多的纠纷会给店铺带来很大影响，也会给卖家的日常工作带来不少的负担。与其更好地处理纠纷，不如有效地避免纠纷，如改善供应链结构、增加质检操作、完善产品质量、完善产品描述（从色差、尺寸等方面着手）、改进物流方式、加强风险意识（预防拒付及骗钱骗货）。
>
> 在完善预防工作后，相信纠纷数量肯定会随之减少。除了预防，以上分享中关于纠纷处理的注意事项也能帮助卖家更好地解决纠纷，良好的沟通是解决问题的关键。即使没达成共识而上升仲裁，我们也要积极地向平台提供对自己有利的证据。

单元三 产品及数据优化

一、商品数据维度解析

（一）商品数据类型解读

（1）访客数：美国时间当天访问相关页面的去重人数，一个人在统计时间范围内访问多次只记为一个。所有终端访客数为App端浏览量和非App端浏览量直接相加之和。特别说明：注意区分店铺访客数和商品访客数。

（2）浏览量：美国时间当天店铺所有页面被访问的次数，一个人在统计时间内访问多次记为多次。所有终端浏览量为App端访客数和非App端访客数直接相加之和。

（3）跳失率：统计时间内，访客中没有发生点击行为的人数/访客数，即1-点击人数/访客数。该值越低表示流量的质量越好。多天的跳失率为各天跳失率的日均值。

（4）人均浏览量：浏览量/访客数，多天的人均浏览量为各天人均浏览量的日均值。

（5）平均停留时长：来访店铺的所有访客总的停留时长/访客数，单位为秒，多天的人均停留时长为各天人均停留时长的日均值。

（6）新访客数：统计时间内，第一次访问店铺的访客数。

（7）新访客数占比：新访客数/访客数。

（8）商品访客数：美国时间当天商品详情页被访问的次数，一个人在统计时间范围内访问多次记为多次。所有终端访客数为App端访客数和非App端访客数直接相加之和。

（9）商品收藏人数：统计时间内，成功收藏商品的去重人数，先收藏再取消收藏，仍然统计在内。

（10）商品加购人数：统计时间内，成功添加购物车的去重人数，一个人在统计时间内加购多次只记为一个。如加购后又从购物车移除，仍然统计在内。

（11）支付买家数：美国时间当天支付成功去重买家数。按天去重，周和月的数据按日累加。

（12）支付金额：美国时间当天支付成功的订单金额，含之前下单当天支付订单。预售阶段付款在付清当天才计入内。特别说明：①由于汇率问题，实时数据会与历史数据有误差；②按照创建订单的设备来区分App和非App的数据。举例：用手机创建在电脑上支付的订单，支付金额统计入App。

（13）支付转化率：支付买家数/访客数，即来访客户转化为支付买家的比例。特别说明：店铺的支付转化率=店铺支付买家数/店铺访客数，商品的支付转化率=商品支付买家数/商品访客数。与数据纵横对比数据时，要注意指标的区别。

（14）UV价值：支付金额/UV，即平均每个访客的支付金额。

（15）客单价：支付金额/支付买家数，即平均每个支付买家的支付金额。

（二）商品搜索排名规则

速卖通搜索的整体目标是帮助买家快速找到想要的商品并且能够有比较好的采购交易体验，而搜索排名的目标就是要将最好的商品、服务能力最好的卖家优先推荐给买家，谁能带给买家最好的采购体验，谁的商品就会排序靠前。

在排序过程中，速卖通给予表现好的卖家更多的曝光机会，降低表现差的卖家曝光机会甚至没有曝光机会，优胜劣汰。

1. 速卖通"赛马制"与"千人千面制"

在了解速卖通搜索排名规则之前，应该先了解一下速卖通的"赛马机制"和"千人千面机制"。所谓"赛马制"，就是跑得越快（销量多），排名就越靠前（流量和曝光越多）。相反地，跑得越慢（销量少），排名就越靠低（流量和曝光越少）。

跑得快的考核主要指标有三个：①短期类的订单累积量；②转化率；③好评率。

而所谓"千人千面制"，就是每个买家搜索到的页面都是和他们之前搜索过的商品及购买过的店铺、商品、品牌有一定相关性的，系统通过大数据计算，推送给买家的搜索页面都是不一样的。买家看到的是个性化搜索结果。

目前速卖通流量也越来越个性化，搜索引擎会针对买家以往的购买经历、浏览轨迹、消费水平进行分类，打上不同标签，当不同购买特征的买家搜索或寻找想要的商品时，速卖通依据买家数据对不同买家展示不同的商品，以便更好地匹配上买家的需求，让买家能以更短时间、更少精力淘上心仪商品。

所以对卖家而言，意味着"同一个商品，同一搜索关键词下，不同账号内搜索排名不一样，有些甚至会差异很大"。

2. 影响商品搜索排名的因素

1）商品的信息描述质量

（1）商品信息要如实描述。这是最基本的要求，销售的是什么样的商品，在商品描述的时候一定要真实、准确地告诉买家，帮助买家快速地做出购买决策。由虚假描述引起的纠纷会严重影响商品的排名情况，甚至可能受到平台网规的处罚。

（2）商品描述信息应尽量准确完整。商品的标题、发布类目、属性、图片、详细描述对于买家快速做出购买决策来说都是非常重要的，务必准确、详细地填写。

① 标题是搜索中非常关键的一个因素，卖家务必在标题中清楚地描述清楚商品的名称、型号及一些关键的特征和特性，帮助买家一看就清楚地知道你卖的商品是什么，从而吸引进入详情页进一步查看。

② 发布类目的选择一定要准确，切忌将自己的商品放到不相关的类目中，一方面，类目不相关，买家搜到的概率比较小，搜索到了之后点击率也不会高；另外一方面，类目错放情节严重的会受到平台的处罚。

③ 商品的属性填写一定要尽量完整和准确，因为这些属性将帮助买家快速地判断你的商品是不是他们想要的商品。此外，标题里可以展示的关键词及信息有限，而商品的属性除了系统属性以外，还有自定义属性可以编辑，所以我们可以通过商品属性的编写，展示更多的商品信息。还有很重要的一点，如果你的标题中没有某个关键词，但是商品属性中有，那么当买家在平台搜索这个关键词的时候，也能够搜索到你的商品。

④ 详细描述的信息一定要真实、准确，最好能够图文并茂地向买家介绍商品的功能、特点、质量、优势，帮助买家理解。商品图片采用实物拍摄，美观、整洁、大方的页面排版设计，会吸引买家的眼球，提升商品成交的机会。

⑤ 配以高质量的图片展示。商品的主图是商品展示中一个不可或缺的部分，买家更加喜欢实物拍摄的高质量、多角度的图片，因为这些能够帮助他们清楚了解你的商品，从而做出购买决策。

速卖通提倡卖家对自己所销售的商品进行实物拍摄，在进行展示的时候，能够进行多角度、重点细节的展示，图片清晰美观，这些将有利于让买家快速了解商品，做出购买的判断。要注意的是，速卖通严格禁止盗用其他卖家的商品图片。

2）商品与买家搜索需求的相关性

搜索引擎在判断买家想看或者需要什么商品时，会对搜索词进行分析，比对搜索词下大部分人的浏览或点击行为，然后再展现相应的商品。当买家在速卖通上输入搜索关键词时，搜索引擎会在海量的商品当中依据用户的搜索词来找到相关的商品，这时候就是要看商品本身和用户的搜索输入词的相关程度，速卖通在判断相关性的时候，最主要考虑商品的标题，其次会考虑发布类目的选择、商品属性的填写及商品的详细描述的内容。

可以考虑以下几个方面：

（1）商品的标题描述作为商品描述的主要信息项，是搜索匹配的关键因素。

（2）商品的属性作为描述商品的关键信息，也会作为搜索排序的主要因素。

速卖通搜索引擎还没有智能到直接判读图片里的信息，所以判断是否匹配或是相关的思路是将类目、商品标题、商品属性及详情页中的相关文字，与搜索关键词"靴子"进行对比，根据其算法，综合判断哪些商品更像是"靴子"，这些商品就能够有"曝光"的机会。即关键词相关度越高，初始情况下排名越靠前。

如果你的商品能够承接这些流量，那搜索引擎就会给你下一波曝光量，慢慢地就会越来越多。

（3）商品所在类目和搜索关键词的相关性对商品排名也会有一定的影响。

简单来说，同一个搜索关键词，在搜索后被点击的商品属于哪个类目的数量就决定了这个类目和这个搜索关键词的相关性。而对卖家来说，在上传商品时，选择商品的所属类目就成了影响商品搜索排序的主要因素。所以要提高商品排名，类目不能放错，如果你不知道放什么类目，可以在后台点击商品发布入口，用关键词搜索，平台会提供给你和关键词相关的几个类目；或者在速卖通前台通过类目导航栏观察。

假设极端情况下，平台上所有经营女式T恤的商品全部上架到连衣裙类目下，用不了多久，当买家搜索T恤类似关键词时，平台优先展示的是连衣裙，因为搜索大数据下，每当用户搜索 T 恤类关键词，他们点击、浏览、发生交易行为都在连衣裙类目下。故要提高商品排名，类目不能错放。

3）商品服务质量

商品服务质量是平台评估卖家商品品质和服务的一个指标。一方面我们要看买家对商品的评价，即商品的评价得分；另一方面，可以观察商品服务分。商品服务分由成交不卖率（10 分）、未收到货物纠纷提起率（15 分）、货不对版纠纷提起率（15 分）、DSR 商品描述（30 分）、DSR 卖家服务（15 分）及 DSR 物流（15 分）组成。

成交不卖率：指的是在考核时间内，买家在订单付款后，卖家逾期未按订单发货的订单数占总订单数量的比例。

未收到货物纠纷提起率：指的是在考核时间内，买家因未收到货物提起纠纷订单数占总订单数量的比例。

货不对版纠纷提起率：指的是在考核时间内，买家选择"收到货物"—"描述不符"或"质量不符"等原因提起纠纷的订单数占总订单数量的比例。

以下属于货不对版情况：

（1）描述不符：存在颜色、尺寸、产品包装、品牌、款式/型号等方面的差距。

（2）质量问题：货物出现品质、功能、使用方面的问题。

（3）货物破损：买家所收到的货物存在不同程度的外包装或产品本身有损坏的情况。

（4）货物短装：买家所收到的货物数量少于订单上约定的数量。

DSR 商品描述：指的是 DSR 评分里，买家在订单交易结束后以匿名方式对卖家在交易中提供的商品描述的准确性（item as described）做出的评价。

DSR 卖家服务：指的是 DSR 评分里，买家在订单交易结束后以匿名方式对卖家在交易中提供的沟通质量及回应速度（communication）做出的评价。

DSR 物流：指的是 DSR 评分里，买家在订单交易结束后以匿名方式对卖家在交易中提供的物品运送时间合理性（shipping speed）做出的评价。

4）卖家服务表现

除商品本身的质量外，卖家的服务能力是最直接影响买家采购体验的因素。

在搜索排名上面，速卖通非常看重卖家的服务能力，能提供优质服务的卖家排名将靠前，服务能力差、买家投诉严重的卖家会受到排名严重靠后甚至不参与排名的处罚，同时也可能会受到平台网规的相关处罚。

卖家表现影响的是店铺旗下的所有产品。一个店铺，卖家表现得好坏，要从卖家服务分和店铺违规与否来看。卖家服务分由成交不卖率（10 分）、未收到货物纠纷提起率（15 分）、货不对版纠纷提起率（15 分）、DSR 商品描述（30 分）、DSR 卖家服务（15 分）及 DSR 物流（15 分）组成，反映的是近段时间内全店在物流、品质、服务上的综合情况。卖家服务分越高，店铺权重越高，旗下商品权重也高，这对商品排名提升是个助力。但若店铺服务分低，不仅享受不到额外的曝光扶持，还会对商品造成排名上的拖累。

卖家表现还有一个重点就是店铺违规与否，我们可通过卖家后台首页的"违规"（见图 6-55）入口进行了解。一般来说，造成店铺违规的是侵权和运营操作，常见的有交易违规、知识产权禁限售违规等。要避免这两点，卖家需要多了解所属行业的品牌知识，还需要经常学习平台规则。

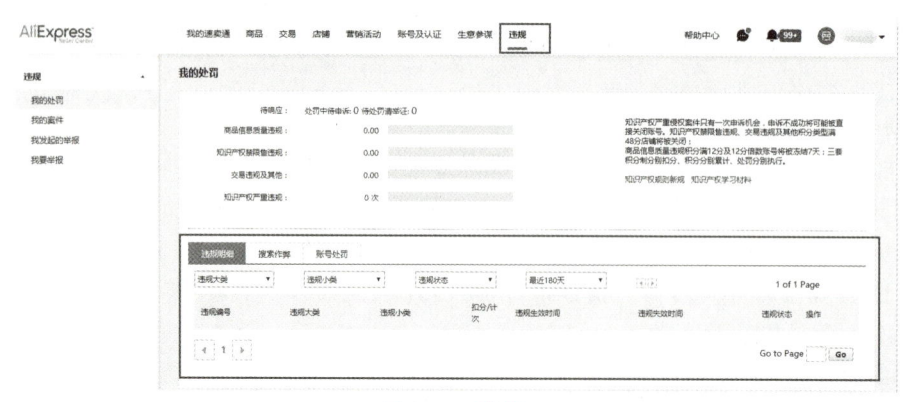

图 6-55 违规

5）商品转化能力

商品转化能力，即商品下单/支付转化率，是影响商品搜索排名最重要的因素。速卖通看重商品的交易转化能力，一个符合海外买家需求、价格/运费设置合理且售后服务有保障的商品是买家想要的。速卖通会综合观察一个商品曝光的次数及最终促成了多少成交来衡量一个商品的交易转化能力，转化率高代表买家需求高，有市场竞争优势，从而会排序靠前，转化率低的商品会排序靠后甚至没有曝光的机会，逐步被市场淘汰。其他数据好，但商品转化率不高，也会拉低商品排名。商品的转化能力，一靠流量，二靠单价，三靠营销。

一个商品累积的成交和好评，有助于帮助买家快速地做出购买决策，会排名靠前。如果一个商品买家的评价不好，会严重地影响商品的排名。

6）买家偏好

具有相同或类似行为特征的买家，平台会将其归为一类，打上标签，不同标签的买家，搜索同一关键词时，速卖通会依据此类买家前期浏览行为、消费情况、购买特征等综合因素，匹配不同的商品。千人千面的搜索算法下，目标买家能更快地找到心仪商品。这也意味着相较于以前，在现在整个搜索环境下，虽然流量分散化，但买家也更精准了。

二、通过站内搜索优化提升商品排名

（一）标题关键词优化

标题的重要性不言而喻，买家都是通过搜索关键词来搜索商品的，因此优化标题关键词显得尤为重要。

第一步：找词

平台提供多种找词、搜集关键词的渠道。其中最常见的是利用"生意参谋"下的"选词专家"工具进行热搜词下载。可以选定行业，设置时间维度30天后点击"下载"，然后根据曝光量、转化率等指数筛选出表现不错的关键词。还可以下载近7天"飙升词"表格进行关键词的再处理，删选出"飙升词"表格中表现较好的关键词与原先各渠道下筛选出的关键词进行交叉选择。

第二步：搜集与整理词

搜集关键词有很多渠道，如平台选词专家、搜索下拉框词、直通车选词工具等。可以将所有渠道下搜集的关键词进行整理，除了关键词曝光量、转化率等表现，还要依据两大原则——

"产品描述一致""产品相关性"进行筛选，经过筛选后得到的词再根据关键词分类进行分词，再进行标题撰写。

第三步：标题撰写需考虑产品所处的竞争环境

有些类目的产品偏实际型，如工具、照明、玩具、安防等类目，用户存在实际需求，不像服装、帽子、眼镜这类解决买家对"美""时尚"……这种实际看不见的功能。故此类下的类目，在撰写标题时，关键词要与产品匹配，且描述一致。

（二）提升产品自身质量

产品自身质量主要包含4个因素：产品的图片质量、产品的价格、产品的销售情况及产品的支付转化率。

（1）产品的图片质量。只要卖家能够在上传产品图片时，保证主图上传6张，营销图上传2张，图片清晰且符合要求，包含了产品的主体图、细节图、包装图、材质图等，足以让买家通过图片了解到产品的主要特性，就可以在产品质量的图片分数上，得到一个比较高的得分。

（2）产品的价格。产品的定价需要考虑平台产品热卖价格区间及买家的价格偏好，鼓励卖家在设置价格时要尽可能符合平台上该类产品的主流卖价，越贴近于平台上的主流价格就会在价格上有更高的得分。

（3）产品的销售情况，即产品的销售数据。如果其他条件相同，一定时期内，产品的订单量累积越多，越有利于产品曝光，提升产品排名，所以可以通过累积产品订单量提升产品权重。

（4）产品的支付转化率。如果其他条件相同时，在近期内该产品的销量越高，则该产品的搜索排名就会越高。如果一段时间，持续高曝光，但出单很差，支付转化率低，那就会出现产品的权重下降的情况，所以在提升产品曝光的同时也要关注产品的支付转化率。

（三）选择正确类目

可以通过速卖通前台类目导航栏搜索产品类目，确保选择的类目准确，如图6-56所示。

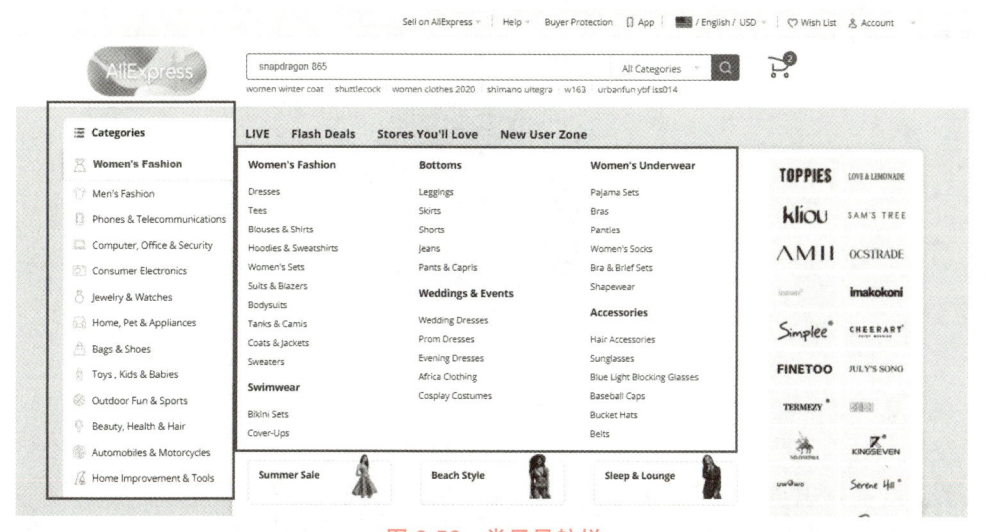

图6-56 类目导航栏

或者也可以用关键词搜索，通过搜索结果可以找到与自己产品相似的产品，复制产品ID，在店铺后台的客服页面找到"商品发布类目查询工具"（见图6-57），粘贴产品ID进行搜索（见图6-58），通过其他卖家的产品类目确定自己产品所在的类目。

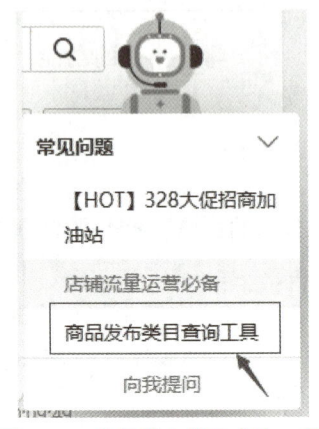

图6-57　商品发布类目查询工具 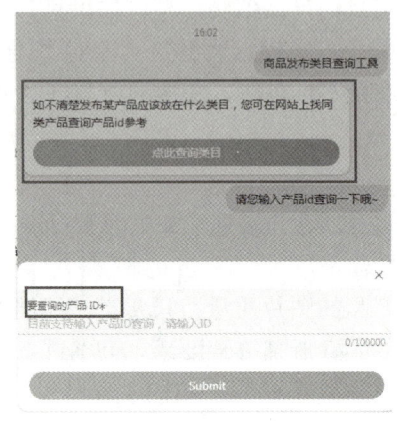　　　　图6-58　粘贴产品ID进行搜索

（四）提升产品的DSR评分

DSR是指卖家服务评级系统（Detailed Seller Ratings），包括买家在订单交易结束后以匿名方式对卖家在交易中提供的产品描述的准确性（item as described）、沟通质量及回应速度（communication）、物品运送时间合理性（shipping speed）三方面服务做出的评价（单向评分）。因为DSR评分涉及产品描述、服务态度、物流上网速度三个方面，所以DSR评分优化是一个系统的全面的优化过程，各方面都要做到更好。

想提升店铺及产品DSR评分，可通过"服务分快速诊断"（见图6-59）工具来判断店铺或产品哪项得分低，然后有针对性地进行优化。

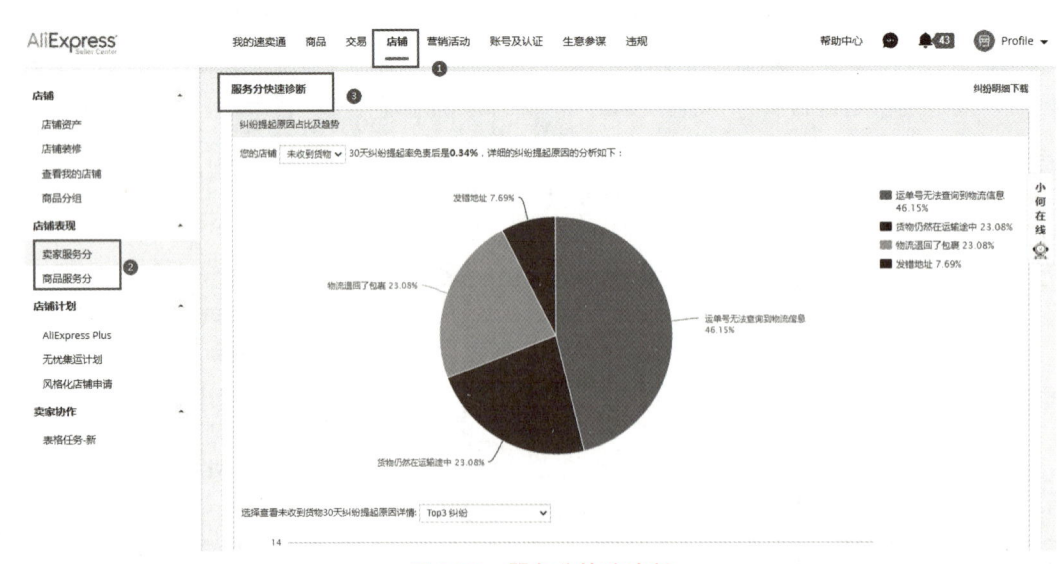

图6-59　服务分快速诊断

想提升产品DSR评分，卖家需要在订单执行力上多下功夫：
（1）在进货前做好品质检查，在发货前再做产品检查。

（2）在发货前做好发货检查，确保自身方面无问题。

（3）要提高发货速度，发货期最好不要高于7天，如果订单均能在48小时内发货，将非常有利于搜索曝光。

（4）在客情接待上，要做到站内信及时回复，解决客户问题，缩短客户在线等待时长，提高在线消息回复效率。可以充分利用速卖通App，在手机端登录账号，客户发来消息有提醒，可以做到实时回复。

（5）在纠纷退款问题上，要及时处理纠纷，给出客户合理的解决方案，可以有效降低交易纠纷率。

（6）在订单的客户评价（feedback）上，要做好评价监控，处理好产品差评。

（7）在客户管理问题上，要做好客户分组及管理，增强与客户的联系，有效提高客户重复购买率等。

（五）做好产品优化

1. 标题优化

"关键词相关度"是排序基础。对于一个新品或者权重不高的店铺来说，搜索流量非常重要。假设发布了新品（拖鞋），那买家在搜索框中输入"拖鞋"的关键词进行搜索，或者通过类目进行搜索时，谁的产品排名在前呢？这首先要看谁的产品与买家的需求"拖鞋"更加匹配。速卖通搜索引擎一般通过类目、产品标题、产品属性及详情页中的相关描述信息进行判断。所以你的标题中有没有买家搜索的关键词，整个子类目的产品标题是否覆盖所有关键词；标题中的关键词是否有搜索人气；产品标题与产品是否有相关性和匹配度，这些就显得十分重要。

2. 图片优化

目前除了产品主图以外，还需要关注产品营销图。根据平台对主图及营销图的要求，结合产品特性及卖点进行拍摄处理，提高图片质量。通过图片能够吸引访客并产生点击。一般，如果产品图片优质且有吸引力的话，产品访客越多，点击率就越高；点击率越高，平台系统会认为这个产品对访客有用，产品展示位置就会提升。

3. 属性及详情描述优化

产品属性分为系统属性和自定义属性，系统属性要填写完整且正确，自定义属性作为产品介绍的补充，要依据产品实际情况编辑。详情页产品描述也可以设置搜索大词，让系统检测到更多的关键词，这样有利于产品的排名。当然，关键词不是越多越好，太多了会被认为关键词堆砌，反而得不偿失。

（六）设置好产品活动

1. 店铺活动

建议在设置限时限量折扣、店铺优惠券等店铺活动时，时间周期可以设置得短一些，譬如3天一次，或者10天、15天一次，尽可能不要设置1个月一次。还需要注意的一点是，营销与活动要配合着一起做，只单靠活动或者单靠营销，效果是有限的。

2. 平台活动

速卖通产品打造的一个重点就在于到底能不能报名参加平台的活动。因为速卖通流量最集中的地方就在平台活动。打个比方，Flash Deals，每场只有6个小时的时间，只要参加过这种活动的卖家都知道，大概一次活动可以累积到几十笔甚至上百笔订单。再比如试用活动，一场活动可以给产品带来上千的访客及上千的粉丝。其实活动的意义就在于此，可以在短时间内累积到订单。尽管一场活动结束之后产品价格恢复到原价，但是却可以短时间提升产品排名。

三、产品数据优化

（一）产品重要数据及其影响因子

1. 产品流量

1）流量来源

流量根据来源渠道可分为站内流量和站外流量两部分。站内流量，指网站内部流量，主要来源有：

（1）搜索：通过AE搜索进入店铺的访客（含直通车），以及来自搜索（文字搜索、图片搜索、类目导航）的访问。

（2）首页：平台基于算法推荐而进入店铺的访客，如首页推荐、心愿单推荐、购物车推荐。

（3）产品页面：通过产品详情等产品相关页面进入的访客。

（4）买家后台：通过买家后台进入店铺的访客，比如在买家后台的订单列表页进入店铺。

（5）购物车：通过购物车进入店铺的访客。

（6）收藏夹：通过网站收藏夹进入店铺的访客。

（7）活动：通过网站所有活动页面带来的流量。

（8）店铺页面：访问店铺页面的访客，如访问店铺首页、店铺商品列表等。

（9）内容：通过feed、短视频等渠道进入店铺的访客。

（10）会场：通过会场进入店铺的访客，这里的会场一般是促销活动搭建的活动会场、行业会场、主会场、人群会场等。

（11）导购频道：通过AE前台导购场进入店铺的访客，如榜单、Flash Deals、金币频道、行业馆、新人专区、AE Plus、直播、俄罗斯Tmall等。

（12）其他：除以上渠道外进入店铺的访客，如关联搭配等。

站外流量指从速卖通网站以外的地方带来的流量，主要来源有：

（1）速卖通联盟：通过联盟站外渠道推广链接带来的流量。

（2）SEO：站外搜索引擎带来的流量，如Google、Yandex等。

（3）SNS：站外社交网站带来的流量，如Facebook、VK等。

（4）站外其他：站外流量除上面渠道外其他站外链接带来的流量。

2）流量的去向

访客进入产品页面或者店铺后，根据访客的操作不同，可能会去向不同的页面，所以根据访客的操作不同，流量的去向有：

（1）下单页面：用户访问产品页之后，点击了该页中的"立刻购买"按钮，会到产品下单页面。

（2）购物车页面：用户访问产品页之后，点击了该页中的"加入购物车"按钮，将产品加入购物车中。

（3）收藏夹页面：用户访问产品页之后，点击了该页中的"wish list"按钮，将产品加入收藏夹中。

（4）本店其他产品页：用户访问当前产品页之后，点击本店其他产品页面，跳转到同店铺其他产品页面。

（5）本店其他页面：用户访问当前产品页之后，点击了该页中的链接，进入到本店其他页面，如店铺首页、店铺优惠券页面等。

（6）退出本店：该用户访问当前页之后，未点击该页中的任何链接（比如：关闭该页、刷新该页），或者点击了该宝贝页中的店外链接而离开店铺。

3）流量的质量

产品流量的数量重要，质量更重要，高质量的产品流量通常能够给产品带来更高的点击率和转化率，获得更多的价值。流量的质量表现在以下5个方面。

（1）平均访问深度：即用户浏览速卖通店铺的过程中浏览了该店铺的页数的平均值，这个比值越大，用户体验度越好，店铺的黏性也越高。

（2）平均停留时长：来访店铺的所有访客总的停留时长/访客数，单位为秒，多天的人均停留时长为各天人均停留时长的日均值。平均停留时长越长，说明产品对用户越有黏性，那就是你的产品对用户的吸引力越强，成交概率更高。

（3）跳失率：统计时间内，访客中没有发生点击行为的人数/访客数，即1-点击人数/访客数。该值越低表示流量的质量越好。多天的跳失率为各天跳失率的日均值。跳失率数值越小代表产品可能越受欢迎，客户更愿意访问更多的页面，反之数值越大说明越不受欢迎。

（4）来源转化率：即来访店铺的所有访客转化为下单、支付、加购、加收藏的人数/访客数，即来访客户转化为下单买家、支付买家、加购买家、加收藏买家的比例。转化率越高说明访客转化成下单买家、支付买家、加购买家、加收藏买家的数量越多。

（5）ROI：指的是投入产出比，即一项资金投入中获取的资金回报与资金投入的比值，ROI=客单价×转化率/平均点击花费。当成交金额越多，花费越低的时候ROI就越高，表示产品越挣钱，所以ROI越高越好。

2. 产品转化率

店铺转化率根据买家的行为不同可以分为静默转化率、询盘转化率；根据买家操作不同可分为支付转化率和加购、加收藏转化率。

（1）静默转化率：指的是访问店铺或产品并自主下单的访客数/总访客数。影响静默转化率的主要因素有访客精准度、产品详情页、产品性价比、图片设计、产品布局陈列、销量口碑等因素。

（2）询盘转化率：指的是访问店铺或产品并且咨询客服后下单的访客数/总访客数。影响询盘转化率的主要因素有客服的响应速度、服务态度、知识/经验、催付效果等因素。

（3）支付转化率：指的是支付买家数/访客数，即来访客户转化为支付买家的比例。

（4）加购转化率：指的是统计时间内，加购人数/访客数，即来访客户转化为加购买家的比例。

（5）加收藏转化率：指的是统计时间内，加收藏人数/访客数，即来访客户转化为加收藏买家的比例。

影响支付转化率、加购转化率及加收藏转化率的主要因素有访客精准度、产品详情页、产品性价比、图片设计、产品布局陈列、销量口碑，以及客服的响应速度、服务态度、知识/经验、催付效果等。

3. 产品客单价

产品客单价=产品支付金额/产品支付买家数，即平均每个支付买家的支付金额。

决定店铺客单价有两个因素，即支付金额和支付买家数，所以我们需要关注买家数量、买家质量、订单数量及订单价格。

（1）买家数量主要体现在新买家和老买家两个方面。新买家即统计时间内，第一次访问产品页/店铺的访客；老买家则指的是统计时间前有过支付行为的买家，在统计时间内再次购买该产品的买家。

（2）买家质量则体现在活跃买家数、沉睡买家数及买家复购率三个方面。活跃买家即经常访问店铺/产品或者经常购买产品的买家数；沉睡买家指之前访问过店铺或者产品，但是之后在统计时间内，没有再访问过店铺的买家数；而买家复购率指的是买家对店铺产品或者服务的重复购买次数。

（3）订单数量可以从总订单量、支付订单量和取消订单量三个方面进行统计。总订单量指统计时间内，店铺所有订单总数，包含支付成功的订单、下单未支付的订单及下单后取消的订单；支付订单量则指的是统计时间内支付成功（排风控）的订单数量；取消订单量指的买家下单或者支付成功之后取消成功的订单数量。如果支付订单量远小于总订单量，说明有很多买家下单未支付，可以督促客服做好订单催付工作，并且要确认好，买家未付款的原因，对产品及服务做相应的优化；如果买家取消订单量大，需要确认买家取消订单的主要原因，了解买家取消订单的真实原因，并结合问题做相应优化。

（4）订单价格除了与单品价格有关，还与关联营销及店铺的营销活动有关。一方面单个产品价格会影响订单的价格，另一方面，利用互补产品或者互为替代品的产品关联销售或组合销售的关联营销可以帮助提高订单的客单价；同时店铺的营销活动、平台活动不仅可以吸引买家下单，而且满立减、满件折额、满包邮等活动还可以促使买家多买，提高客单价。

（二）优化提升产品重要数据

1. 提升流量

根据流量的主要来源，卖家可以从以下几个方面提升流量：

（1）提升搜索流量：①标题关键词要精准，可以通过搜索词分析、下拉框搜集整理关键词、平台推荐关键词、直通车选词、平台搜索第一页的标题关键词等方法来尽可能搜集更多与产品有关，且符合产品描述一致的词；②产品属性的填写完整准确，产品详细描述真实准确均有助于买家通过关键词搜索、属性的筛选快速地定位到自己想要的产品，给产品带来更多搜索流量。

（2）提升类目流量：①产品发布类目的选择一定要准确，正确的类目选择有助于买家通过类目浏览或者类目筛选快速定位到自己想要的产品；②提升店铺层级及产品权重，处于不同的层级，面对的竞争环境是不同的，假设你在第一层级，就是和10 000个人去竞争那100个访客，而当你在第六层级的时候，则是和100个人去竞争10 000个访客；③提升产品排名，也可以增加产品曝光量，为产品争取更多流量。

（3）提升活动流量：①定时设置店铺活动，如优惠券、单品折扣、满减活动等；②根据自身需求和条件，积极报名参加平台各种活动；③做到活动与营销相结合，除了要做活动，还要做好营销，利用互动活动及粉丝营销，挖掘更多流量来源。粉丝营销首先要根据推广对象不同，制定不一样的主题，然后要先对意向用户进行差异化分组，对特定群体定制活动、价格，同时配合其他促销活动一起做才更好。另外还要坚持做，才会出效果。

（4）提升购物车/收藏夹流量：一旦买家加购或加收藏之后，产品出现降价的情况，系统会自动发送邮件给买家，引导买家点击产品，所以卖家可以周期性地设置折扣或者积极参加平台活动；通过营销定期给加购加收藏买家发送定向优惠券及营销邮件，吸引买家访问产品或店铺。

（5）提升自主访问流量：①有效利用平台奖励的橱窗，被橱窗推荐的产品将在同等质量的产品中优先排名，进一步提升曝光；②固定频率上新，若店铺上架数超过 130 款，每天可上新 1~2 款或每周固定一天时间上新 5~8 款；若店铺上架数很多，如 500 件以上，不必再每天上新，每周固定时间上新即可，一方面可以养成客户定期回访的习惯，另一方面可以获得平台上的新流量，比如大服饰行业，可利用平台给予的对新品打 NEW 标产品的曝光扶持。同时也应做好对上架许久但流量少且不出单的产品相关优化工作；③做好店铺装修及店铺产品优化，包括主图、标题、价格及评价各个方面的内容。主图要能吸引客户的注意力，引导其点击产品；标题真实准确地描述产品，并突出卖点，吸引客户；合理的价格也容易吸引客户的眼球；销量和评价体现店铺产品的热销程度和客户对店铺的认同，增强客户的购买信心；④充分利用好关联营销，一方面能给客户提供更多产品选择，促进客户更多消费，减小客户流失；另一方面也可以通过搭配销售有效提高单个订单的客单价。

（6）提升频道流量：积极报名参加平台频道招商活动，给产品争取更多的透出渠道，从而提升产品流量。

（7）利用好直通车：充分利用直通车中的各项推广计划，自主设置多维度关键词，免费展示产品信息，利用大量曝光产品来吸引潜在买家，通过直通车推广快速提升产品及店铺流量。

（8）提升其他流量：例如，可以提高产品销量和评价，产品的评分和销量高是会有机会展示在速卖通主页的轮播海报等位置的，增加产品曝光，从而获得更多流量。

（9）利用好联盟营销：参加速卖通联盟推广计划，充分运用不同的推广计划，结合联盟 App、社交、导购网站等站外渠道有效推广产品，获取站外流量。

（10）提升 SEO 流量：站外搜索引擎优化可作为站内搜索优化的一个补充，拓展站外流量渠道，如全球性搜索引擎如 Google、Yandex 等。

（11）提升 SNS 流量：社交网站作为人群比较集中的地方，具有明显的层次性，商家所卖产品可针对不同的社交网站进行推广，譬如 Facebook、Twitter、VK、INS 等社交平台，从而为店铺引入大量站外流量；同时，通过与网红、网红机构合作，利用红人效应，在社交推广平台上推广产品及品牌，拓展流量渠道。

2. 提升转化率

转化率是衡量一款产品、一家店铺运营好坏的重要指标，所以提升转化率对产品及店铺的运营尤为重要。

1)提升静默转化率的方法

(1)提高访客精准度——精准引流,老客户。很多卖家站内流量还没成熟,站外渠道就推广起来了,但是往往会出现推广不精准,导致访客精准度不够,这样不仅不能提高转化率,反而可能因为短时间涌入大量访客导致转化率下降,建议一方面要精准引流,另一方面还要针对老客户去做一些定向营销。同时,利用直通车推广时,以精准词为主,大词低价使用为辅,尽可能捕捉精准流量,提高访客精准度。

(2)优化店铺装修——自身风格,充分利用。根据自己店铺主营类目产品,选择搭配的装修风格,产品分类要简洁明了,并及时地根据季节、节日等进行适当的修改;同时,要利用好店招,在客户浏览店铺的时候,店招始终会显示在页面的上方,是很好的展现位。

(3)美化产品详情页——结构,卖点,关联。产品详情页是买家决定是否下单的最后一站,所以详情页做得好不好,直接影响了产品的转化率,一个好的产品描述需要从买家的角度出发,包含买家可能需要的各个方面的信息。

(4)做好图片设计——专业,风格,细节。图片设计感也会影响到买家的下单转化情绪,功能性产品对图片要求会稍低一些,但是快消品类的产品,一个店铺产品图片的专业度、细节图片、场景图是能够抓住买家眼球的。

(5)提高产品性价比——品质,价格。价格对于成交转化率虽然不是决定性因素,但是一定占到了很大的比重,是一个很重要的指标。合理定价首先要根据产品的市场定位,分析受众人群消费能力和消费习惯,再结合竞争对手的价格和产品的成本分阶梯进行定价。

(6)设计产品布局陈列——路径,导航,分类。店铺的产品布局了导航栏,则产品分类一定要做起来,让买家能够快速准确地了解店铺里面有哪些产品,每个产品类目推荐的产品有哪些,将这些流量留在自己店铺,降低跳失率,并最终产生转化。

(7)提升销量口碑——评分,好评,销量。提高产品和店铺评分,产品评价的好坏是影响买家下单提高转化率的重要因素,同时也会影响产品的自然搜索排名及能不能参加平台活动的机会。

(8)利用店铺活动——折扣,优惠,粉丝营销。一些转化率偏低的产品,可以将关联模块放在产品详情页的上方,从而减少买家流失,提高转化率;搭配套餐热销产品,与此产品进行搭配促销。店铺自主营销工具有限时折扣、满立减、全店铺折扣、店铺优惠券等,优惠信息和折扣会刺激买家下单。固定的平台活动有 Todays Deals、俄罗斯团购、无线抢购、无线全球试用及全网大促销等,这一类的活动流量高,平台推广力度大,订单数量多。

2)提升询盘转化率的方法

(1)提高响应速度。建议利用速卖通卖家 App,实时关注买家消息,访客不多的时候有留言快速回复;同时可以在速卖通消息后台设置快捷回复短语,避免因时差问题无法回复买家。

(2)强化服务态度。对待客户态度要好,能够耐心解决客户问题,安抚客户情绪,针对一些常见问题可以准备话术,提高服务技巧。

(3)丰富知识/经验。作为客服,要多熟悉自己的产品,了解产品的特性及卖点,以及买家的关注点,这样才能有针对性地帮助买家解决问题,赢得买家的信任。

(4)注重催付效果。下单未付款的订单,可以给买家发站内信,及时和买家进行沟通,了解买家未付款的原因。如果是价格、运费问题,可以适当地加以调整,给予折扣;如果是关于产品的问题,进一步地展示产品,提供图片,描述细节等。注意,如果下单未付款的买家在 24 小时内仍未付款也没有给予回复，可以考虑主动调整价格，系统会自动发送调价后的邮件通知买家重新关注下单未支付的产品。如果觉得有必要的可以通过 WhatsApp 或 Skype 进行电话沟通，但一定要注意催付的频率！

3）提升下单/加购/加收藏转化率方法

对于被购物车、收藏夹添加的次数多的产品要做重点优化，促进提升这些产品的支付转化率。同时，也可以通过促销打折降价，系统会发送降价提醒给客户；或者通过客户营销发送定向优惠券或营销邮件给添加购物车收藏夹的客户，可以注明付款后会有礼品相送等方式提高支付转化率。

3. 优化提升客单价

客单价=支付金额/支付买家数，即平均每个支付买家的支付金额。想要提高客单价需要从增加买家数量、提升买家质量、提高店铺的订单量和提高订单价格这几个方面加以关注。

1）增加买家数量

（1）通过店铺活动吸引新买家，比如限时限量折扣可以设置新买家额外折扣率，利用大折扣吸引新买家；粉丝营销或者互动活动可以设置互动优惠券，刺激买家下单。

（2）对买家进行客户管理：可以通过客户管理，对店铺买家进行分类，制订相应的店铺促销和营销计划，定期进行老买家站内信、邮件及定向优惠券营销。

（3）通过平台活动、互动活动及站外推广等方式，积累店铺粉丝；在社交平台创建店铺官方账号，吸引粉丝，尝试店铺会员制，强化粉丝黏性，增加粉丝对店铺销量的贡献。

2）提升买家质量

（1）定期发布各类帖子，定期上新，让买家养成定期回访店铺的习惯。

（2）利用互动活动或者营销手段，增加买家黏性，提高买家好感度。

（3）提高买家的回购率：①统计买家消费行为数据。通过统计买家消费行为数据并结合经营产品的品类周期分析来挖掘有价值的数据。根据一次重复购买、两次重复购买、多次重复购买等不同的数据类型，分析这些现象的客观因素，并制订相应的店铺促销和营销计划，以提高买家的重复购买率。②提升物流配送的手段。买家对物流运输的速度非常敏感，物流的速度直接决定了买家对产品的期望值及客户满意度。所以改善物流配送方式，优化内部出货流程、实时更新物流信息、选择高效运输渠道这些都可以显著提高回购率。③提高产品质量优势。买家需要产品，质量直接决定产品的销售，注重提升产品质量，提高产品的独特性，使产品具有绝对优势，买家不能不选择。④推新品，丰富产品种类。不同消费者、不同时期的消费者需求都不一样，所以在产品选择和数量方面需要慎重考虑，产品系列、种类方面需要丰富，同时进行相关营销，满足消费者的多样化需求。⑤参与平台促销活动。积极主动报名参加服务平台主题活动，能够提高店面曝光量，自身店面还可以做一些付费的营销推广，以此推动销售量。⑥优化售后服务质量。良好的售后服务可以解决纠纷，提升买家留存率，改善用户体验。要做好售后服务，纠纷要及时处理，所有买家问题要处理好，有条件的可以建立强大的客户服务团队，任何潜在客户和回头客都不要放弃。

3）提高店铺的订单量

提升店铺流量，给店铺带来更多访客，从而提高店铺订单量，可以从以下几个方面着手。

（1）搜索流量：相较其他流量，该流量的转化要更好，可以从新品及部分老品身上入手。

（2）直通车流量：作为引流助力，对卖家来说，以提升流量为目标的运营策略中必须包含直通车，需要结合自身的营销预算费用。

（3）联盟营销流量：按成交收费，能给店铺带来可观的站外流量。

（4）活动流量：是平台利用自身资源扶持的一个推广入口。

（5）客户互动流量：包含粉丝内容营销及会员营销管理等活动，需要结合客户的消费频次与消费金额对客户进行分组划分，定期进行粉丝营销活动，也可以结合平台大促或店铺自身策划的店庆类活动。

（6）网红粉丝流量：利用网红影响力，是获得最高性价比的流量的最佳手段。

4）提高订单价格

（1）提高订单价格，首先要关注单品价格，对产品进行合理定价时，除了考虑产品成本及各种费用以外，还需要注重物流方式的选择和物流模板的设置，选择适合的物流方式及巧妙地设置运费模板，不仅可以合理控制运费成本，增加产品的竞争力，也可以增加老客户的回头率。

（2）通过关联营销有效提高订单价格，一方面关联营销能给买家提供更多产品选择，促进买家更多消费，减少买家流失；另一方面也可以通过搭配销售有效提高单个订单的客单价。

（3）充分利用营销活动，达到提高订单价格的目的。例如，满减活动可刺激买家多买，提升店铺的客单价；优惠券可以刺激新买家下单和老买家回头购买，提升购买率及客单价；满包邮活动可以配合运费模板和满立减工具，实现满多少美元包邮，刺激买家多选多买。

想一想

1. 影响产品搜索排名的主要因素有哪些？
2. 如何提高产品的搜索排名？
3. 产品优化的内容有哪些？
4. 产品标题优化的技巧有哪些？
5. 如何提升产品的流量、转化率及客单价？

术语解释

赛马制：赛马制是购物网站搜索的底层算法，顾名思义，速卖通会拿你店铺的数据细分出各个维度，去跟你的竞品进行比较，谁更好，谁就跑到前面给用户展现，谁跑得快，谁的权重就高，谁的排名就靠前。

千人千面：一种搜索引擎的补充机制，也是统计学的应用。它能够做到搜索个性化，在速卖通大数据的支持下，精准推广产品给用户。

敲黑板

产品运营是店铺运营的重要环节，一个店铺是由一个个单品链接组成的。单品运营包含了产品上架、产品活动运营、产品测款、产品数据分析、产品优化等，所以不论是产品运营还是店铺运营都不是独立的，是各个环节相辅相成的。而运营的最终目的必然是销售额的成长，所以，成功的运营最终就是提高销售额。销售额的两个影响因素为客单价和成交笔数。从中可以得出结论：运营就是解决产品与客户两大块。所以产品及其数据优化尤为重要。

练 习 题

一、单项选择题

1. 关于定价时产品的利润，下列说法中正确的是（　　）。
   A. 利润要尽可能得低，这样产品的价格可以更低
   B. 产品利润要尽可能得高，这样卖一件能多挣钱
   C. 利润不要太低，要留 30%～50%的利润率，给促销活动留出价格空间
   D. 全店铺所有的产品利润要保持一致

2. 进行产品款式布局时，可以参考的数据有（　　）。
   A. 生意参谋—返回数据纵横—选品专家—热销属性数据
   B. 速卖通前台—广告位展示产品
   C. 速卖通销量最高产品
   D. 朋友的建议

3. 标题里面不使用特殊字符的原因是（　　）。
   A. 特殊字符无法在标题里面展示
   B. 填写了特殊字符之后产品无法发布成功
   C. 特殊符号会占多个字符
   D. 速卖通平台的算法里系统会把前后的关键词进行组合，如果加个符号进去相当于把前后隔断了，没法组合在一起，这样组合权重就消失了

4. 下列关于复购率的说法中错误的是（　　）。
   A. 复购率指的是买家购买单件产品的件数，复购率越低越好
   B. 复购率指的是买家对店铺产品或者服务的重复购买次数，复购率越高越好
   C. 复购率指的是买家重复访问店铺/产品的次数，复购率越高越好
   D. 复购率指的是买家对店铺产品或者服务的重复购买次数，复购率高低对店铺没有任何影响

5. 下列关于加收藏转化率的说法中正确的是（　　）。
   A. 统计时间内，加收藏人数/访客数，即来访客户转化为加收藏买家的比例
   B. 统计时间内，加收藏人数
   C. 统计时间内，加购物车人数/访客数，即来访客户转化为加收藏买家的比例
   D. 统计时间内，加购人数

二、多选选择题

1. 下列因素会影响静默转化率的有（　　）。
   A. 访客精准度　　B. 宝贝详情页　　C. 产品性价比　　D. 图片设计
   E. 客服服务态度　　F. 客服响应速度

2. 下列关于标题优化技巧的说法中正确的是（　　）。
   A. 要用足 128 个字符　　　　　　　　B. 去掉不必要的连词
   C. 选择搜索指数比较高的词　　　　　D. 单词拼写一定要正确

E. 标题字母要全部大写

3. 速卖通产品测款之前必须做的事情有（　　）。

A. 标题关键词精准　　　　　　　　B. 主图高清，卖点突出
C. 合理定价　　　　　　　　　　　D. 设置折扣活动优惠
E. 合理的运费　　　　　　　　　　F. 做好竞品分析

4. 下列属于海外社交媒体（SNS）的有（　　）。

A. Facebook　　　B. Twitter　　　C. VK　　　D. INS
E. 抖音　　　　　F. Sina Weibo

5. 下列哪些方式能够帮助提升复购率（　　）。

A. 统计客户消费行为数据　　　　　B. 提升物流配送的手段
C. 提高产品质量优势　　　　　　　D. 推新品丰富产品种类
E. 优化售后服务质量

三、判断题

1. 进行产品布局仅仅是为了增加店铺产品的数量。（　　）
2. 买家开启纠纷后，卖家无须响应，等待升级仲裁即可。（　　）
3. 标题里面可以使用不同品牌的品牌词。（　　）
4. 成本定价法只需要考虑产品成本和运费两个因素就可以。（　　）
5. 店铺产品的价格应该统一定价。（　　）

四、案例分析题

1. 速卖通上某女鞋店铺，要上架一款女士运动鞋（见图6-60），运营人员统计了产品的包邮运费、成本、利润率、佣金等影响价格的因素后，想以俄罗斯为基准国，现在要运用成本定价法计算产品销往俄罗斯的销售价格，因为前期店铺的推广预算有限，暂时不考虑产品的推广成本。请计算产品的最终定价。

女士运动鞋	成本	重量	俄罗斯无忧标准运费	国内运费	平台佣金	利润率	折扣率	汇率
	40元	0.5kg	56.5/KG，挂号费16.5	3	8%	30%	35%	6.4

图6-60　某女鞋情况

2. 通过女士T恤热销属性数据（见图6-61），判断应该优先布局什么材质及什么图案的女士T恤。

行业	国家	商品关键词	属性名	属性值	属性值	成交指数
女装>上衣,T恤>T恤	全球	t-shirt	材料	cotton	棉	154643
女装>上衣,T恤>T恤	全球	t-shirt	材料	polyester	聚酯纤维	144396
女装>上衣,T恤>T恤	全球	t-shirt	材料	spandex	氨纶	59461
女装>上衣,T恤>T恤	全球	t-shirt	材料	modal	莫代尔	7771
女装>上衣,T恤>T恤	全球	t-shirt	材料	lycra	莱卡	4539
女装>上衣,T恤>T恤	全球	t-shirt	图案类型	solid	纯色的	70058
女装>上衣,T恤>T恤	全球	t-shirt	图案类型	print	印花	65738
女装>上衣,T恤>T恤	全球	t-shirt	图案类型	letter	字母	38338
女装>上衣,T恤>T恤	全球	t-shirt	图案类型	cartoon	卡通图案	14475
女装>上衣,T恤>T恤	全球	t-shirt	图案类型	striped	条纹的	9810

图6-61　女士T恤热销属性数据

模块七　站内营销推广

【学习目标】

1. 了解站内营销活动的重要性，熟悉跨境电商主要平台营销活动的类型；
2. 掌握速卖通平台活动、店铺活动、联盟营销、直通车、内容营销的含义和推广规则；
3. 掌握亚马逊广告活动、秒杀、优惠券等营销工具的含义和推广规则。

【技能目标】

1. 能区分速卖通各种站内营销活动及其推广规则；
2. 能区分亚马逊各种站内营销活动及其推广规则。

【素养目标】

1. 培育和践行社会主义核心价值观；
2. 培养诚实守信、遵纪守法的职业道德；
3. 培养精益求精的工匠精神；
4. 强化数字素养，提升数字技能；
5. 培养互联网思维、创新思维和数据思维。

【思维导图】

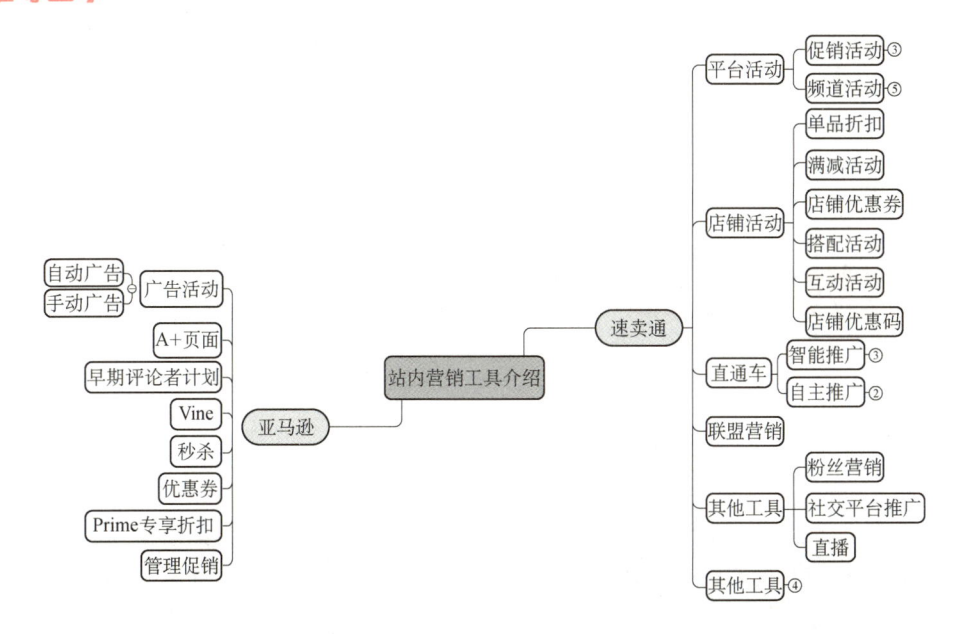

```
                                        ┌─ 平台活动 ─┬─ 促销活动①
                                        │           └─ 频道活动⑤
                                        │
                                        │           ┌─ 单品折扣
                                        │           ├─ 满减活动
                                        │           ├─ 店铺优惠券
                                        ├─ 店铺活动 ─┼─ 搭配活动
                                        │           ├─ 互动活动
                                        │           └─ 店铺优惠码
                        ┌─ 速卖通 ──────┤
                        │               ├─ 直通车 ──┬─ 智能推广③
                        │               │          └─ 自主推广②
                        │               │
                        │               ├─ 联盟营销
                        │               │
                        │               │           ┌─ 粉丝营销
站内营销工具介绍 ───────┤               ├─ 其他工具 ─┼─ 社交平台推广
                        │               │           └─ 直播
                        │               │
                        │               └─ 其他工具④
                        │
                        │               ┌─ 广告活动 ─┬─ 自动广告
                        │               │           └─ 手动广告
                        │               ├─ A+页面
                        │               ├─ 早期评论者计划
                        └─ 亚马逊 ──────┼─ Vine
                                        ├─ 秒杀
                                        ├─ 优惠券
                                        ├─ Prime专享折扣
                                        └─ 管理促销
```

引导案例 ▶▶▶

速卖通荣耀商家Fairyland、VNOX、智云站内营销推广策略

Fairyland品牌以客户管理与营销、VNOX品牌以粉丝营销、智云品牌以平台营销活动等为亮点入选全球速卖通荣耀商家，其入选理由如下。

Fairyland品牌主打定制玩偶及周边产品，是集自主研发、生产及销售于一体的速卖通店铺，意在满足二次元群体的玩具喜好和个性化需求。它根据客户对产品的喜好风格进行标签区分，营销时有针对性地推送产品。对相对稳定的老客户会在产品迭代或升级后进行有效营销互动，并持续通过平台粉丝营销利器种草新客户，不断地带动新客户成长为老客户，老客户的GMV占比长期保持在50%～60%。店铺访客也在粉丝营销的拉动下同比增长57%，更有单品的GMV同比增长71%。

正在走出国门的小而美品牌VNOX专注商品个性化定制研发，全链路打通针对个性化新品的站内外营销。首先，通过粉丝营销开展会员日活动，包括会员单品专享折扣、会员专属优惠券和满减、赢免费产品等，通过老客户的反应做出新品的初步产品反馈。第二阶段，通过联盟营销扩大辐射潜在粉丝，产品在5～7天内表现出明显差距。第三阶段通过直通车着重单品推广。系统化的粉丝营销促使新品在店铺TOP的占比已超过40%。

智云主营产品Smooth 4是一款为手机拍电影而设计的稳定器，一键操控满足消费者实现随手拍大片的酷炫体验。销售主要目标国家包括俄罗斯、韩国、墨西哥、西班牙、沙特阿拉伯、法国等。2018年，韩国销售额反超俄罗斯，成为第一，占比12.07%。在参与平台活动的过程中，擅长配合达人任务平台店铺同步推广，定期发布粉丝营销，针对老客户发放专属优惠券刺激回访，2018年老客户占比从5%增长到20%。

案例来自：速卖通大学—卖家故事《全球速卖通荣耀商家——【平台产品及工具使用】专题》（Fairyland、VNOX、智云）

结合案例，思考并回答以下问题：
1. Fairyland站内营销的策略是什么？其取得了什么效果？
2. VNOX站内营销的策略是什么？其取得了什么效果？
3. 智云品牌站内营销的策略是什么？其取得了什么效果？

单元一　站内营销工具简介

一、速卖通营销工具介绍

（一）平台活动

平台活动分为促销活动和频道活动。

1. 促销活动

促销活动主要包括每次的大促、中促和日常促销活动。参加平台活动可以提高产品曝光量，获得大流量，快速出单，提高转化率。

中大促活动：如"328""618""715""803""828""双 11""双 12"及其他一些特殊大促活动。

日常促销活动：除中、大促之外的平台日常促销活动，如购物券、人拉人活动、砍价活动等。

2. 频道活动

频道活动主要为目前几个固定的频道活动（见图7-1），包括Flash Deals（含俄罗斯团购）、品牌闪购频道、试用频道、金币频道、拼团频道等。

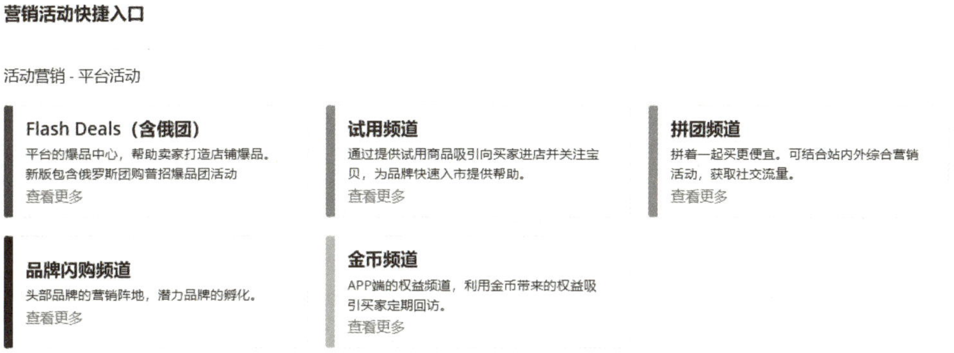

营销活动快捷入口

活动营销 - 平台活动

Flash Deals（含俄团）
平台的爆品中心，帮助卖家打造店铺爆品。
新版包含俄罗斯团购普招爆品团活动。
查看更多

试用频道
通过提供试用商品吸引向买家进店并关注宝贝，为品牌快速入市提供帮助。
查看更多

拼团频道
拼着一起买更便宜。可结合站内外综合营销活动，获取社交流量。
查看更多

品牌闪购频道
头部品牌的营销阵地，潜力品牌的孵化。
查看更多

金币频道
APP端的权益频道，利用金币带来的权益吸引买家定期回访。
查看更多

图7-1 频道活动

（二）店铺活动

速卖通店铺活动主要有单品折扣、满减活动、店铺优惠券、搭配活动、互动活动、店铺优惠码。

1. 单品折扣

单品折扣是指单品级打折，是产品成交转化提升利器。单品级打折优惠用于店铺自主营销，单品的打折信息将在搜索、详情、购物车等买家路径中展示，提高买家购买转化，快速出单。

2. 满减活动

满减活动是一款店铺自主营销工具，只要你开通速卖通店铺，即可免费使用。其活动类型有满立减、满件折、满包邮。

3. 店铺优惠券

店铺优惠券是指全渠道推广的虚拟券，用于店铺自主营销，可有效促进引流，刺激下单。

店铺优惠券可以通过多种渠道进行推广，通过设置优惠金额和使用门槛，刺激转化，提高客单价。

4. 搭配活动

搭配销售是将店铺产品进行组合销售，刺激转化，提高客单价。卖家可关联产品推荐，让买家搭配买更优惠，以提高买家购买欲望。卖家可以将店铺产品进行组合销售，刺激转化，提高客单价。

新版搭配销售去掉了算法搭配折扣比例，卖家可以编辑算法创建的搭配套餐，进行自主定价。新系统的搭配活动不与活动折扣叠加，按照搭配价设置显示，如原价（包含差异化定价）小于搭配价的，则展示原价。

5. 互动活动

店铺互动活动分为互动游戏和拼团两类。拼团活动已经下线，店铺互动活动目前仅可设置互动游戏。互动游戏中，卖家可设置"翻牌子""打泡泡""收藏有礼"三种互动游戏，其中活动时间、买家互动次数和奖品都可自行设置，设置后放入粉丝的帖子中，可快速吸引流量到店。

6. 店铺优惠码

（1）店铺优惠码。店铺优惠码是一种新的营销工具，卖家可以针对产品设置一串优惠码（以下简称code），买家下单时输入优惠码即可享受相应优惠。优惠码在海外市场广受买家欢迎，使用习惯更符合海外买家偏好，是帮助卖家提升交易转化的利器。

（2）买家使用流程。

① 获取code。买家可以在产品详情页复制code，也可以通过社交渠道如直播等获取code，如图7-2所示。

② 使用code。买家获取code后，可以在下单时输入code进行核销，如图7-3所示。

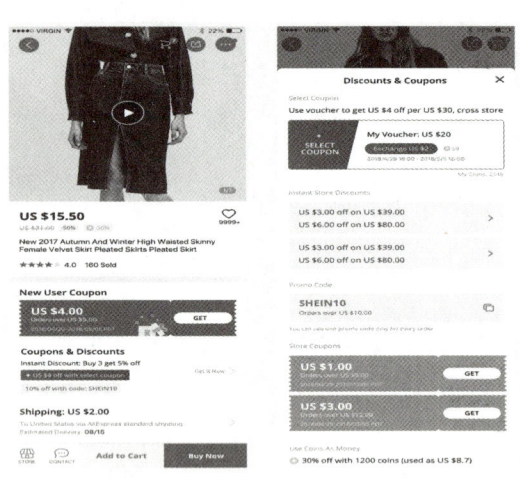

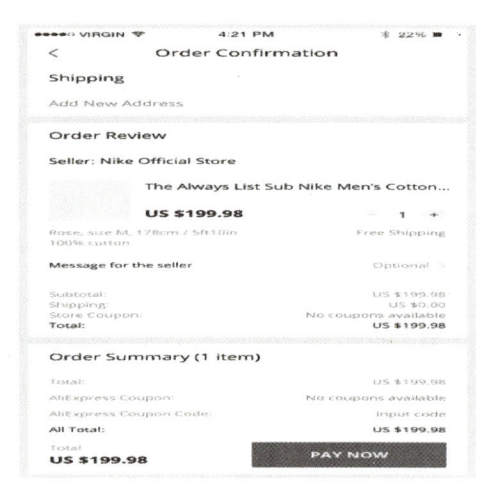

图7-2　获取code　　　　　　　图7-3　使用code

③ 订单优惠明细（见图7-4）。支付成功后，可在订单详情查看优惠明细。

图7-4　订单优惠明细

（三）直通车

自主操盘优化流量，精准匹配买家需求，按照点击扣费，卖家成本可控，全面进行效果追踪。直通车推广分为全店管家、智能推广–均匀曝光、重点推广和快捷推广。

1. 全店管家

商家无须选择推广商品，全自动化托管，设置每日消耗上限、期望出价及出价方式，系统自动推广。

2. 智能推广–均匀曝光

智能推广–均匀曝光（即原智能测款）指系统将根据商家出价进行智能调整，商品组中的每个商品获得均衡曝光流量，测试商品市场热度，快速掌握测款数据。

3. 重点推广

重点推广指商家需选择推广的商品，设置商品组预算后，需要自行为商品选择关键词和对应出价。

4. 快捷推广

商家可打包推广类似产品，批量选品选词，产品和关键词无须一一对应。

（四）联盟营销

联盟营销是针对卖家做站外引流的营销产品，按成交量计费（CPS）。卖家自主操盘，网罗全球海量买家；按成交量付费，预算可控；效果可清晰衡量，是获取海外流量的高性价比的推广首选利器。

卖家参加联盟营销，联盟会将卖家的产品投放到App、社交、导购网站等站外渠道进行推广，若有买家通过联盟营销的链接进入店铺购买产品并交易成功，卖家需要支付佣金给联盟。

卖家加入联盟营销还需重点关注以下信息：

（1）卖家支付佣金=商品实际成交价格（不包含运费或其他第三方服务商费用）×商品佣金比率，卖家支付佣金是在订单交易成功（确认收货）时从店铺绑定的支付宝账户中扣除的。

（2）卖家加入联盟推广默认全店产品参加，无法选择某一产品参加或者不参加。

（3）卖家可针对不同产品设置不同佣金比率，未设置佣金比率的产品将默认按照该产品对应类目下的标准佣金比例计算佣金。

（五）内容营销

1. 粉丝营销

卖家粉丝运营阵地，帮助卖家更高效地运营粉丝，提供新的消费者触达方式。

2. 社交平台推广

社交推广平台是品牌/店铺与网红/达人、机构进行端内外内容&粉丝推广的AE官方平台。它可以帮助卖家吃透社交流量红利，拓展客群来源，是卖家社交推广运营的首选平台。

3. 直播

随着直播的兴起，很多平台都搭建起直播带货系统，为主播和平台运营方的产品营销加油助力。直播在国外也称为LIVE。速卖通直播实际上就是将店铺私域和直播工具进行串联，实现流量互补、用户积累和成交增长。

直播间内直观详细的产品介绍会激发观看直播的用户的兴趣，引导用户到店铺，促进用户下单，进而达成更多的销售目标。同时，通过直播间可以吸引更多的粉丝同步到店铺，从而达到沉淀粉丝的目的，长此以往，实现更多的买家触达。也就是说直播就是通过流量的提升，实现粉丝的增长，进而带动店铺销量攀升的。

通过速卖通官方网站首页的"Live"，即可观看平台的直播。英文版移动客户端主页Feed 的 LIVE 是观看直播入口。

（六）其他营销工具

1. 购物券活动

购物券活动是平台发起基本规则，卖家参与的活动。购物券由平台发放给买家，买家领到后可跨同门槛的店铺凑单使用，每满 X 美元减 Y 美元，上不封顶。抵扣的购物券金额从支付金额中扣除，且不放款给卖家。购物券活动一旦报名就不能退出。参与平台活动需要设置的购物券优惠金额要求可具体参看平台活动要求。

2. 关联营销

（1）概念。关联营销是寻找产品、品牌、品类等所要营销实物的关联性，通过相关设置，实现产品、品牌、品类的交叉营销，为店铺及产品实现深层次、多方位的引导推广。

在关联营销中，一家企业的网站上或者其他平台有另一家企业所售产品的描述、评价、评级和链接。也可能是同一家企业对同款产品的交叉但有关联的引导销售，即一款产品的销售页面上除了本身产品的一些信息之外，还有同类型或者有关联的产品信息，实现多款对比，提高了用户的自主选择和网站黏性。关联营销一般称为"购物篮分析"，也被比喻为"零售分析皇冠上的明珠"。

（2）优势。能够提升转化率，提高客单价，提高店内宝贝的曝光率，同时可以让进店的访客在店铺内流转，了解店铺及更多产品，提高访客价值。

（3）产品关联的类型。

① 互补关联。互补关联强调搭配的产品和主推产品有直接的相关性，如主推产品为鼻贴，那可以搭配面膜、洗面奶等同场景产品。

② 替代关联。替代关联指主推产品和关联产品可以完全替代，如主推产品为圆领T恤，那么关联产品可以是V领T恤，也可以是立领T恤等。

③ 潜在关联。潜在关联重点强调潜在互补关系，这种搭配方式一般不推荐，但是针对多类目店铺时，可以考虑，如主推产品为泳衣，那么潜在关联的产品可以为防晒霜，表面上，两种产品毫无关系，但是潜在意义上，买泳装的人可能在户外游泳，那么防晒霜也是必要的。

（4）设置关联营销的位置。大多数商家都喜欢把关联产品的信息放在产品详情页的前面，这样做的目的是快速让用户浏览到其他的产品，提升其他产品的曝光量及出单机会，其目的是好的，但是做法并不完全正确。

关联模块的放置位置，也需要根据产品具体情况进行调整。

① 当你的产品流量较大，跳失率较高的时候，可以选择在详情页的前段增加关联推荐模块，给买家更多购买选择，让访客在店内流转，降低跳失率，增加转化率。注意要控制展示产品的数量，否则会直接影响用户体验。

② 当你的产品流量较大，转化率较高的情况下，如果想要增加关联模块，可以将关联模块放在详情页的底端，因为买家能够花费这么长的时间浏览产品详情页，证明该买家对这款产品非常感兴趣，购买欲望强烈。那么此时，我们在详情页的最后加上相关产品、热卖产

品或者配套产品,无论从点击率还是购买率来看,都会有明显的提高。

只有合理嵌入相关产品,才能够起到事半功倍的效果,当然,关联营销的设置很灵活,需要根据网店特点进行设置。不管怎么设置,其前提都要遵循产品的关联性。

3. 大促承接页

在平台一些促销活动中,如速卖通"双11"大促,"6·18"大促等活动中,平台会提供大促承接页供店铺装修。可以将店铺促销活动承接页装修与店铺首页海报、产品详情页的促销海报相结合,制作能给买家带来视觉冲击的海报,不仅可以吸引买家的注意力,还有利于做好活动预热,提升产品的曝光量。

4. 客户营销

速卖通后台的场景营销属于客户营销。对于曾经建立了联系,如访问过的用户、加购用户、加收藏用户、下过订单的用户等,卖家可以通过这些渠道去进行二次营销,通过二次营销,唤醒老客户,提升转化率。

场景营销中营销触达的主要渠道有 EDM 邮件、买家会话(站内信)、定向优惠券,即通过邮件、站内信等方式将卖家的营销内容以邮件形式发送到买家的注册邮箱中,或者以会话的形式发送到跟买家的对话中,从而达到营销目的。在"营销活动"→"客户管理与营销"中,可以找到这个功能。

二、亚马逊营销工具介绍

在亚马逊平台上,营销工具主要有8个选项,包括广告活动、A+页面、早期评论者计划、Vine、秒杀、优惠券、Prime 专享折扣及管理促销。

(一)广告活动

亚马逊广告活动分为两种:自动广告和手动广告。

1. 自动广告

(1)概念。亚马逊自动广告(见图7-5)是由系统推荐的,默认的匹配类型是广泛匹配。

(2)位置。亚马逊主搜索页面及 listing 详情页、Today's Deals 页面、Browse 浏览界面。

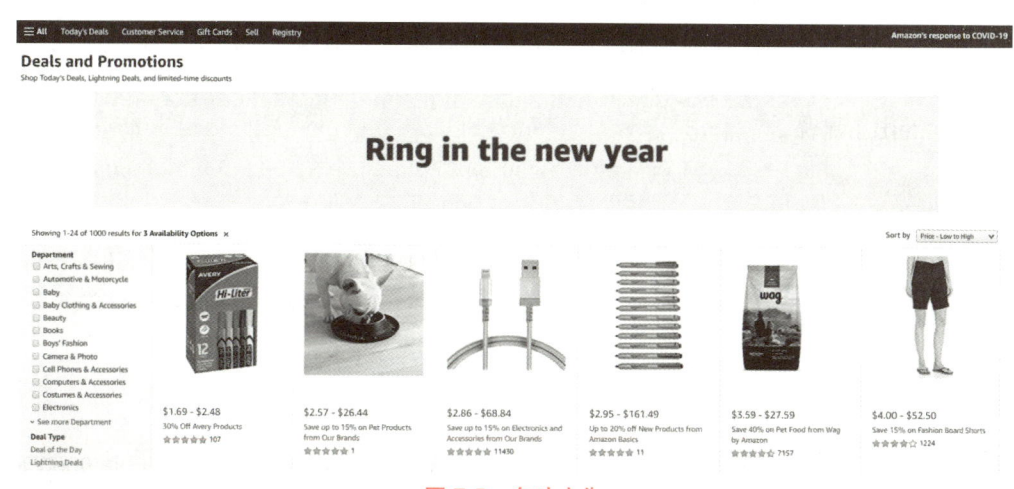

图7-5 自动广告

2. 手动广告

（1）概念。亚马逊手动广告俗称 CPC，是用户通过搜索关键词，在亚马逊上精准定向展示产品的广告形式，按实际点击次数收取费用。

（2）位置。在亚马逊搜索框之内搜索相关关键词之后，亚马逊展示的结果中带 sponsored 标志的广告位。

（二）A+页面

A+页面展现产品设计理念、品牌特点及公司初衷，给买家带来良好的印象，有利于为品牌做宣传，提高品牌知名度，包括精美的图片和详细生动的产品描述，可以吸引买家购买，提高转化率。

实际数据表明，带有 A+页面的产品转化率比普通产品高出 40%以上。详细的内容介绍可以让消费者在购买产品之前充分了解产品的相关信息，可以降低买家退货或留下差评的概率。

（三）Vine

Vine 是亚马逊为卖家提供的获取评论的服务，门槛较高，价格昂贵（每个 ASIN 需花费 2 500～7 500 美元，并倒贴产品成本），但一劳永逸。品牌商先将包装好的高质量产品寄给亚马逊，然后亚马逊再将产品免费寄给专业评论员，要求其撰写最真实的评论。

Vine 评论需产品质量过硬，且有显著特色，否则一旦收到差评，对产品的打击也是致命的。Vine 产品的评论整体排名很高，且能永久停留在产品页上，更能赢得买家的信任。Vine 适合制造商或是有专利产品生产线的卖家，不适合大多数卖家，但只要申请成功将可以省去很多学习经营亚马逊的时间。

（四）秒杀

秒杀是亚马逊的一种限时促销工具，参与秒杀的产品会在亚马逊"Z 秒杀"页面（亚马逊上的热门页面）特别展示几个小时。

秒杀只需少量的费用，短期内能够迅速吸引流量提高排名，能够很好地帮助买家发现卖家的产品，并提高销量，因为买家更有可能购买促销的产品。

秒杀出现在亚马逊访问量最大页面之一的促销页面上，且秒杀产品在搜索结果中带有标记，可吸引买家的注意力；在秒杀活动结束后有短时期的连锁效应，即买家留有印象并持续关注该产品，增加产品的搜索和销售量；有助于清空库存或即将过季的产品，减少旧产品的库存费用，推出新选品。

（五）优惠券

优惠券是亚马逊的一款帮助卖家增加站内曝光量的工具，可以通过优惠券设置一定的折扣比例或者折扣金额，从而增加产品的转化。一般新品都可以使用，还可以通过买家定位精准投放，减少无效曝光，提高转化率。

（六）Prime 专享折扣

数据显示，亚马逊拥有3.1亿+的活跃用户，仅美国所拥有的 Prime 会员便已达9000万+。

平均每位会员每年花费1.5万美元，其中7%的Prime会员每天都会购物。

此外，该活动可免费参加，通过设置至少20%的折扣或低于原价的优惠金额，便能较大限度地引进流量，并提升转化率，增加产品的订单，从而提升品类排名。

（七）管理促销

管理促销包含满减及折扣、免运费、买赠三种方式，而在其操作中会遇到优先促销码、无限制促销码和独立促销码三种选择。

促销并不像优惠券那样在产品页留有特殊标志，因此设置促销并不能对销量起到明显的拉升作用，但对店铺的其他产品能起到很好的引流作用。它在两产品间搭建同品类的关联性桥梁，让产品从彼此独立到彼此交叉，从而牢牢地锁住客户，增进店铺相关产品的曝光量。

术语解释

单品折扣：单品折扣是指单品级打折，是产品成交转化提升利器。

满立减：满立减是一款店铺自主营销工具，只要你开通速卖通店铺，即可免费使用。

店铺优惠券：店铺优惠券是指全渠道推广的虚拟券，用于店铺自主营销，可有效促进引流，刺激下单。

搭配销售：搭配销售是将店铺产品进行组合销售，刺激转化，提高客单价。

店铺互动活动：店铺互动活动分为互动游戏和拼团两类。互动游戏中，卖家可设置"翻牌子""打泡泡""收藏有礼"三种互动游戏。

店铺优惠码：店铺优惠码是一种新的营销工具，商家可以针对产品设置一串优惠码，买家下单时输入优惠码即可享受相应优惠。

直通车：速卖通直通车是卖家通过自主设置多维度关键词，免费展示产品信息，通过大量曝光产品来吸引潜在买家，并按照点击付费的全新网络推广方式和快速提升流量的营销工具。

联盟营销：联盟营销是针对卖家做站外引流的营销产品，按成交量计费（CPS）。卖家自主操盘，网罗全球海量买家；按成交量付费，预算可控；效果可清晰衡量，是获取海外流量的高性价比的推广首选利器。

关联营销：寻找产品、品牌、品类等所要营销实物的关联性，通过设置关联营销，实现产品、品牌、品类的交叉营销，为业务实现深层次、多方位的引导推广。

亚马逊优惠券：亚马逊优惠券是一款帮助卖家增加站内曝光量的工具，可以通过优惠券设置一定的折扣比例或者折扣金额，从而增加产品的转化。

亚马逊秒杀：亚马逊秒杀是一种限时促销，参与秒杀的产品会在亚马逊"Z秒杀"页面（亚马逊上的热门页面）上特别展示几个小时。

亚马逊自动广告：亚马逊自动广告是由系统推荐的，默认的匹配类型是广泛匹配。

亚马逊手动广告：亚马逊手动广告俗称CPC，是用户通过搜索关键词，在亚马逊上精准定向展示产品的广告形式，按实际点击次数收取费用。

敲黑板

速卖通营销工具主要有平台活动、店铺活动、直通车、联盟营销、内容营销、其他营销工具等。速卖通平台活动分为促销活动和频道活动。促销活动主要包括每次的大促、中促和日常促销活动。频道活动包括Flash Deals（含俄罗斯团购）、品牌闪购频道、试用频道、金币频道、拼团频道等。店铺活动主要有单品折扣、满减活动、店铺优惠券、搭配活动、互动活动、店铺优惠码。直通车推广分为智能推广和自主推广。内容营销包括粉丝营销、社交平台推广和直播。其他营销工具有购物券活动、关联营销、活动海报、客户营销等。

亚马逊营销工具主要有广告活动、秒杀、优惠券、A+页面、早期评论者计划、Vine、Prime专享折扣等，其中广告活动分为自动广告和手动广告。

单元二　站内营销工具选择

一、速卖通营销工具选择

速卖通站内推广，一般店铺活动可模仿竞争对手，平台活动有入口就报，直通车自动先开一个星期，再分析数据，挑词选品进行推广。集中所有的资源如平台活动、店铺活动、关联营销、联盟营销、活动海报、客户营销等给数据较好的产品，让它们卖得更好，所以我们要根据数据做营销。

（一）平台活动

1. 活动分类筛选（见图7-6），快速定位查找活动

将平台活动分为促销活动和频道活动，便于活动查找。

图7-6　活动分类筛选

在促销分类下快速找到大促活动，在频道分类下进入频道活动报名，同时可单独查看有店铺玩法要求的活动。

2. 清晰直观的主活动详情页

进入主活动详情页（见图7-7），选择自己想要报名的子活动，在下方查看所有活动的要求和资质情况。

报名时须仔细阅读全球速卖通官方平台活动协议并确认，随后便可以开始圈选你的活动商品。

图 7-7　主活动详情页

3. 全面灵活的商品选择器

可根据发布类目、商品分组、商品是否可报名进行筛选添加商品。

同时在"商品状态"一列可看到当前商品报名活动的内容，包括已报名其他活动的名称和时间，如图 7-8 所示。

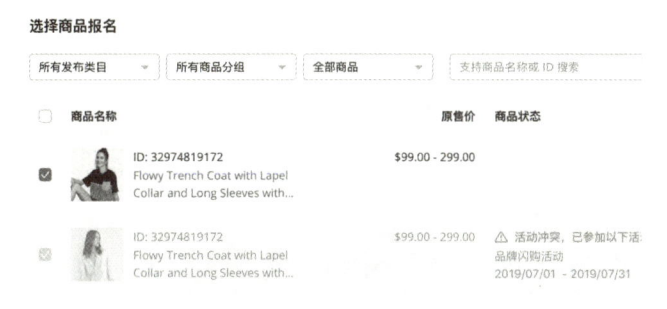

图 7-8　选择商品报名

4. 便捷高效地提交活动商品信息

提供两种商品提交模式，支持单个提交与批量全部提交。在设置完每个商品的折扣率、库存与每人限购数后，可以一次性批量提交全部商品，无须烦琐地单个进行提交，如图 7-9 所示。此外，上传活动图片时可直接选择之前曾提交过的图片。

图 7-9　提交活动商品信息

5. 随时随地查看与操作当前活动

无论活动是正在参与中还是已结束都可以随时查看当前活动的报名详情（见图 7-10），也可以随时进行相关操作。

门洞	展示时间	活动状态	操作
			查看主活动详情
02/01 00:00:00 /01 24:59:59	2019/02/01 00:00:00 2019/03/01 24:59:59	参与中	查看活动详情
02/01 00:00:00 /01 24:59:59	2019/02/01 00:00:00 2019/03/01 24:59:59	参与中	查看活动详情
/01 00:00:00 /01 24:59:59	2019/02/01 00:00:00 2019/03/01 24:59:59	已结束	查看活动详情
/01 00:00:00 /01 24:59:59	2019/02/01 00:00:00 2019/03/01 24:59:59	已结束	查看活动详情

图 7-10　随时查看当前活动的报名详情

（二）店铺活动

1. 单品折扣活动

单品折扣活动：单品级打折优惠，原全店铺打折+店铺限时限量工具结合的升级工具，用于店铺自主营销。单品的打折信息将在搜索、详情、购物车等买家路径中展示，提高买家购买转化率，快速出单。每个店铺一般都设置单品折扣活动，其设置支持以下场景。

（1）单场活动最长支持设置180天。

（2）允许在活动进行中暂停活动（适用于活动设置错误时快速止损）。

（3）活动进行中允许操作新增/退出商品（无须暂停活动即可操作），以及编辑折扣，且实时生效。

（4）取消锁定商品编辑及运费模板，编辑后可实时同步到买家前台（仅针对用单品折扣活动的商品生效）。

（5）单场活动支持最大设置10万个商品。

（6）可通过Excel表格批量上传。

（7）支持单个商品设置粉丝/新人专享价。

以上场景均适用于日常活动，大促场景下的单品折扣活动不允许暂停活动，预热开始后不允许新增/退出商品，不允许编辑商品（同平台活动锁定逻辑一致）。

2. 满减活动

满减优惠包括满立减、满件折、满包邮三种活动类型，均不限制活动时长和活动次数。

（1）满立减：卖家可以根据自身经营状况，对店铺设置"满X美元优惠Y美元"的促销规则，即订单总额满足X美元，买家付款时则享受Y美元优惠扣减。

（2）满件折：卖家可以根据自身经营状况，对店铺设置"满X件优惠Y折"的促销规则，即订单总商品满足X件，买家付款时则享Y折优惠，卖家无须修改价格。

满件折/满立减的优惠是与其他店铺活动优惠叠加使用的，对于已经参加折扣活动的商品，买家购买时以折扣后的价格计入满件折/满立减规则中。所以，同时使用打折工具和满件折/满立减工具时，一定要计算好利润。

（3）满包邮：卖家可以根据自身经营状况，对店铺设置"满N美元/件包邮"的促销规则，买家下单时，若是订单总商品数超过了所设置的N美元/件，在买家付款时，在指定的地区范围内，系统将自动减免邮费。

满包邮活动通过包邮作为利益点，可有效提升客单价。满减优惠同店铺其他活动优惠可累计使用。对于已经参加单品折扣活动的商品,买家购买时以单品折扣活动后的价格计入满减优惠规则中,请准确计算利润。

3. 店铺优惠券

店铺优惠券,用于店铺自主营销。根据发放渠道不同,店铺优惠券可以分为店铺常规展示优惠券、官方推广渠道优惠券及所有定向渠道优惠券。

(1) 店铺常规展示优惠券,属于领取型优惠券,用户可以在商品详情页、购物车、店铺看到并领取该券。用户获取后到店购买使用,是引流、转化、拉新的有效手段。

买家使用范围:可以根据不同会员等级设置优惠券(只有对应等级及以上的买家才可以看到,如设置铂金等级的,那么铂金和钻石等级的买家可见,金牌和银牌的买家则不可见)。

优惠券商品使用范围:可以选择全店商品,也可以圈选部分商品。

优惠券适用国家:可以选择全部国家,也可以选择部分国家。

面额:优惠券的优惠金额,若优惠券为满X美元优惠Y美元时,这里的面额指的是Y。

订单金额门槛:可设置为不限(订单金额满优惠券面额+0.01),也可以设置为有最低金额门槛,满X美元优惠Y美元,这里的最低金额门槛指X。

发放总数:可任意设置。

每人限领:可以设置每个买家限领的优惠券张数。

使用时间:可以设置买家领取成功起的有效天数,比如领取后7天内有效;也可以设置指定有效期,如1月1日—1月5日,需要注意的是,制定有效期的开始时间不能早于优惠券活动开始时间。

(2) 官方推广渠道优惠券。官方推广渠道优惠券也属于领取型优惠券,官方推广渠道的优惠券将有可能展示在领券中心及卡包推荐页,领券中心在买家App端-Account-Coupon Center。

优惠券商品使用范围:只能选择全店商品。

优惠券适用国家:同店铺常规展示优惠券。

面额:同店铺常规展示优惠券。

订单金额门槛:同店铺常规展示优惠券。

发放总数:同店铺常规展示优惠券。

每人限领:同店铺常规展示优惠券。

使用时间:只能设置买家领取成功起的有效天数,比如领取后7天内有效。

(3) 所有定向渠道优惠券又可以分为所有定向渠道、客户营销渠道、粉丝营销(feed)渠道及互动游戏渠道4种渠道发放的优惠券。

① 所有定向渠道优惠券即在客户营销、粉丝营销或互动游戏中发放的优惠券。

优惠券商品使用范围:可以选择全店商品,也可以选择部分商品。需要注意的是,如果设置全部商品可用,那活动开始时间为即时开始;如果设置部分商品可用,那活动开始时间为2小时后生效。

优惠券适用国家:只能选择全部国家。

面额:同店铺常规展示优惠券。

订单金额门槛:同店铺常规展示优惠券。

发放总数:同店铺常规展示优惠券。

每人限领:同店铺常规展示优惠券。

使用时间:同店铺常规展示优惠券。

② 客户营销渠道优惠券，即卖家可以通过买家会话、邮件、定向优惠券发放将该店铺优惠券发送给买家。

优惠券商品使用范围：可以选择全店商品，也可以选择部分商品。需要注意的是，如果设置全部商品可用，那活动开始时间为即时开始；如果设置部分商品可用，那活动开始时间为 2 小时后生效。

优惠券适用国家：只能选择全部国家。

面额：同店铺常规展示优惠券。

订单金额门槛：同店铺常规展示优惠券。

发放总数：同店铺常规展示优惠券。

每人限领：同店铺常规展示优惠券。

使用时间：同店铺常规展示优惠券。

③ 粉丝营销（feed）渠道优惠券，卖家可以在内容营销-粉丝营销中发帖时添加该优惠券，买家可在 feed 看到并领取。

优惠券商品使用范围：同店铺常规展示优惠券。

优惠券适用国家：只能选择全部国家。

面额：同店铺常规展示优惠券。

订单金额门槛：同店铺常规展示优惠券。

发放总数：同店铺常规展示优惠券。

每人限领：同店铺常规展示优惠券。

使用时间：同店铺常规展示优惠券。

④ 互动游戏渠道优惠券，卖家可以在互动游戏的奖励选择中选择该类型优惠券。

优惠券商品使用范围：同店铺常规展示优惠券。

优惠券适用国家：只能选择全部国家。

面额：同店铺常规展示优惠券。

订单金额门槛：同店铺常规展示优惠券。

发放总数：同店铺常规展示优惠券。

每人限领：同店铺常规展示优惠券。

使用时间：同店铺常规展示优惠券。

4. 搭配活动

搭配销售：可以将店铺商品进行组合销售，刺激转化，提高客单价。

新版搭配销售去掉了算法搭配折扣比例，卖家可以编辑算法创建的搭配套餐，进行自主定价。

搭配套餐设置成功后会自动在 PC 和 App 端展示出来。设置的搭配价并非最终的买家购买价，搭配价和基准价中的较低者乘以卖家设置的活动折扣才是买家购买价格，因此请勿设置过低的搭配价，如有国家差异化报价，则以国家差异化报价为基准价，否则以商品零售价为基准价。

搭配销售用于店铺内商品组合搭配销售方案，同时提供算法搭配功能。选择 1 个主商品和 1~4 个子商品，同时设置搭配价。一个商品最多可作为主商品搭配在 3 个套餐中，最多可作为子商品搭配在 100 个套餐中。

5. 互动活动

互动游戏中，卖家可设置"翻牌子""打泡泡""收藏有礼"三种互动游戏，其中活动时间、买家互动次数和奖品都可自行设置，设置后选中放入粉丝趴帖子中可快速吸引流量到店。

（1）翻牌子：是一种九宫格互动活动，有8张牌对应8个不同的奖励，买家可以通过点击不同的牌获取不同的奖品，其中的奖励由卖家自行设置（可以有空奖），一个买家一次只能点击一张牌。

（2）打泡泡：是一种买家发射箭击破泡泡的互动活动，每个游戏有18个泡泡，其中的奖励由卖家自行设置（可以有空奖），买家一局游戏只能互动一次。

（3）收藏有礼：是一种卖家自行设置的互动活动，买家收藏店铺之后，可以获得相应的奖励，奖励由卖家自行设置。

6. 店铺优惠码

（1）设置活动起止时间。活动起止时间一律为美国太平洋时间（比北京时间晚16个小时，如北京时间20:00相当于美国太平洋时间04:00），活动有效期最长可设置180天。活动起止时间等同于code有效期。

（2）选择code生成方式。目前提供两种code生成方法：商家自定义、随机生成。

商家自定义：商家可以手动填写一串code，由6～12位数字与英文字母组成，无法重复使用，建议使用随机生成。

随机生成：可以一键生成code（平台推荐使用）。

（3）code展示。可以选择是否在商品详情页或者在店铺展示，若设置为展示，则该code将展示在商品详情页及店铺页面的优惠入口和优惠弹层，如果没有开启相应的展示渠道则不会在商品详情页及店铺页面展示，商家可以通过其他方式将code分享传播。

如果选择在联盟渠道展示，请务必到联盟后台"推广计划管理"的"买家权益计划"激活，联盟渠道的推广才会生效。当前联盟渠道的店铺code不支持设置为限定国家。

特别注意：若1个商品同期存在2个及以上生效中的code在商品详情页或店铺展示，将只展示优惠力度最大的一个。

（4）活动使用范围。目前提供全部商品和部分商品两种类型。

① 全部商品：店铺全部商品，包括后续上新的商品，都将在该活动下生效。

② 部分商品：手动挑选部分商品在该活动下生效，请在活动基本信息填写完毕后提交活动，后续可以手动添加或删除。

（5）发放总数。即该活动下，code（含多个，社交推广平台会生成1个或多个code）可被所有买家使用的总次数。如某活动发放总数为10 000，且有10个code，则无论使用哪个code下单，最终合计使用次数不超过10 000。活动进行中时，可通过修改发放总数来满足更多买家的需求。注意：若1笔订单最终被取消，则发放总数相应退回1次。

（6）每人限制使用次数。该活动下，每个买家可使用code（含多个）的总次数，最多可设置为5。如某活动设置每人使用次数为3次，活动有10个code，则无论使用哪个code下单，最终使用次数不超过3。若1笔订单最终被取消，则使用次数相应退回1次。活动暂停时优惠码会失效。

优惠码和优惠券的区别是，优惠码是复制粘贴一串字符就能核销使用的，而优惠券需要领取后再选择使用。优惠码只能用在速卖通产品场景中，支持在商品详情页、店铺及联盟渠道展示，卖家也可以自由地将code传播在其他社交平台或者站外渠道。code支持与其他店铺活动优惠叠加使用，参与计算的优惠如下：平台活动价/店铺单品折扣—石油计划（即跨店铺满包邮）—店铺满件折—店铺满包邮—店铺满立减—店铺券—跨店购物券—平台优惠券/平台（店铺）code。需注意的是每个类型均可与其他类型叠加计算，每个类型不可与自己叠加；计算方式为递减计算；所有的优惠都不包含运费。

（三）直通车

智能推广—均匀曝光、重点推广和快捷推广的区别介绍如下。

智能推广—均匀曝光即系统帮助选择关键词和根据商家出价进行动态调价，商品组中的每个商品获得均衡曝光流量，测试商品市场热度，快速掌握测款数据。

重点推广即自行选择关键词和设置出价，一个推广计划可以同时选择多款商品，每个商品最多匹配200多个关键词（一个商品对应多个关键词，精细管理商品和关键词）。

快捷推广即批量选品选词，打包推广类似商品。一个推广计划可同时选择多个商品进行推广（一般建议商品数少于10个），商品和关键词无须一一对应，系统会择优对相关性强的推广商品和关键词建立绑定关系，可设置单个词出价，也可批量调价。

根据直通车使用情况，速卖通直通车会员每月将被赋予一个成长值及对应的成长等级，即每个会员将拥有一个成长等级及对应的成长值评分，成长等级由成长值评分决定，成长值越高，成长等级越高，享受到的会员权益越大，成长等级共有5个挡位，从低到高分别是实习车手、中级车手、高级车手、资深车手和车神。成长等级越高，享受到的会员权益越大。

（2）快捷推广：适用于普通商品的批量推广。卖家最多可以建30个快捷推广计划，每个计划最多可容纳100个商品、20 000个关键词。快捷推广中的批量选词、出价等功能可以帮助卖家更加快速地建立自己的计划，捕捉更多流量，并从中删除无推广潜力的商品。

直通车的当月等级：实习车手≥0、中级车手≥1 500、高级车手≥2 500、资深车手≥5 000、车神≥10 000。各成长值由"基础指标""效果指标""消耗指标"3个维度构成。

（四）联盟营销

1. 联盟营销的优势

（1）免费曝光，成交收费。联盟营销是按照CPS成交计费的推广方式，只有买家购买了商品才需要支付费用，不需要先充值，也不需要在前期投入资金。

（2）费用可控，效果可见。可自主选择推广的商品和设置不同比例的佣金，预算灵活可控。推广后效果清晰可见，为店铺带来多少流量、流量转化了多少订单、预计要支付多少费用，都清晰可查。

（3）海量买家，精准覆盖。加入联盟的商家可获得在不同国家、不同App、不同社交或导购网站等站外渠道的海量推广资源，提升店铺销量及市场占有率。

2. 加入联盟营销的门槛

申请加入联盟暂时没有门槛，所有商家都可以通过联盟进行推广，后期会增加准入门槛。

申请加入后店铺的所有商品都会通过联盟推广，商家可以针对部分重点推广的商品去设置更高的佣金。无法仅设置部分商品推广的原因是联盟的流量引入后有可能在店铺其他商品成交，且商家也是希望流量引入后能在店铺内循环的。

3. 联盟营销和直通车的区别

（1）流量来源不同。直通车帮助卖家在速卖通网站内获得更多的曝光，而联盟营销则帮助卖家获取更多的速卖通网站外的流量。

（2）付费模式不同。直通车按每次点击进行付费，联盟营销则按每笔成交进行付费。

4. 单品营销计划

（1）单品营销计划是联盟推出的用以帮助卖家推广重点单品，打造确定性流量的推广方式。

（2）推广优势：区别于其他商品，单品营销有如下几层优势。

① 强站内阵地曝光。曝光渠道包括联盟商家专属阵地（best.aliexpress.com）搜索、首页推荐、商品详情页推荐和所有联盟专属频道，采用高佣高曝光原则（商品评分、信息质量等一致的前提下）。

② 强站外渠道推广动力。针对单品营销有专属的推广物料和优先归属的特殊优势。从物料上，渠道后台不同物料方式可以帮助渠道快速获取营销品—营销品物料专区、营销品专属的批量获取工具、营销品榜单等。从归属上，可以提前锁定买家优势。

③ 强营销资源加持。各招商活动重点推广营销品，大促级别招商活动、优质营销品活动期加权，部分招商频道可以降低营销品准入门槛。

（4）平台推荐商品（见图7-11）。平台推荐商品是平台基于买家的浏览订购数据与店铺内商品的销量转化情况的结合推荐给卖家"添加后有机会有获得更多流量和成交"的商品。可结合营销品报表关注该部分商品的流量和成交变化，自主选择商品也可以手动添加商品。它每日更新，但结合店铺的情况每日更新出的商品量略有不同，建议卖家至少每周关注一次。

图7-11 平台推荐商品

二、亚马逊营销工具选择

平台让利引流工具主要有广告活动、秒杀、优惠券、Prime专享折扣、管理促销，从使用频率上看，广告活动管理>秒杀>优惠券>管理促销>Prime专享折扣。

品牌形象塑造工具主要有 A+页面、早期评论者计划、Vine，从使用频率上看，A+页面>早期评论者计划>Vine。

与时俱进，随机应变，是店铺长久发展的必备技能。店铺需根据亚马逊运营所处的不同时期，采取不同的广告策略。对于新入驻亚马逊的卖家来说，为了先闯入消费者眼球，一般会先选择秒杀、优惠券及广告活动，先吸引一批更注重"价比三家"的消费者，积累一些免费的review及QA。毕竟亚马逊运营在新品上架前期必定会花费一笔不小的费用来送测、上直评及QA。新品被送上亚马逊推荐排行榜，得益于折扣优惠力度及买家点击浏览率。以优惠力度提高买家的点击浏览率，从而让新品荣登亚马逊推荐的前几榜。下面重点介绍秒杀、优惠券、广告活动三种工具。

（一）秒杀

Lightning Deals（秒杀）是一个非常好的引流利器，在亚马逊搜索栏的下面一行有个专门为秒杀提供了一键进入的入口，如果卖家的产品符合条件并且申报成功，就可以点进去进行秒杀活动的设置。一般而言，对于参加秒杀活动的产品，在秒杀期间，其流量会大幅地增长，订单量也会飙升，相应地也有可能给店铺其他产品带来流量。但是，在选择产品的时候一定要考虑该产品是否适合参加秒杀活动，容易在秒杀中获得效果的产品大多都是符合消费者即兴购买的产品，而对于那些难以激发消费者购买欲望的产品需谨慎参与。

1. 秒杀的好处

（1）改善品牌和商品的可发现性。通过在亚马逊"Z秒杀"页面上特别展示卖家的商品，以前可能从未触及的买家将有机会发现卖家的商品。卖家可以为任何推荐商品创建秒杀，但是向买家展示新商品不失为绝佳的选择。

（2）为整个品牌制造光环效应。推出秒杀后可能造成销售激增，在秒杀时段过后这种激增可以持续，我们称为"光环效应"。除了提高商品的可发现性，在推出秒杀后的一个月里一些卖家的推荐商品和其他品牌目录商品还会保持销量增长的态势。

（3）清空积压或季末库存。如果亚马逊物流库存出现积压或者希望清空季末库存，秒杀也非常适用于清空当前亚马逊物流库存。

2. 秒杀资格

目前，仅专业卖家（需要支付月服务费）有资格推出秒杀活动。

3. 参与秒杀的商品条件

符合以下条件的合格商品会自动显示在秒杀控制面板的"推荐"部分中。

（1）质量：商品星级必须至少为3星，虽然这可能会因商城而异，且在一年中的不同时段会有所变化。

（2）变体：秒杀应包含尽可能多的商品变体（如：尺寸、颜色、款式等）。对于某些商品（如服装和鞋靴），平台会在卖家创建秒杀时具体说明预设的商品变体最小比例。

（3）分类：可能令人不快或在其他方面不适合的商品不符合条件。不符合条件的商品包括但不限于酒类、成人用品、医疗器械、药物和婴儿配方奶粉等。

（4）配送方式：商品必须符合Prime要求。卖家可以在配送设置中选择亚马逊物流（FBA）或卖家自行配送网络（MFN）Prime。

（5）状况：只有新品符合参与秒杀的条件。

（二）优惠券

设置优惠券可享受由亚马逊提供的自动推广服务，并同时显示在亚马逊购物商城的PC端和移动端，并设置特殊促销标志。由于优惠券无须ASIN拥有销售历史，因此对新品来说是个极佳的促销手段，一般新品都可以使用优惠券，一定程度上能增加商品流量，还可以通过买家定位精准投放，减少无效曝光，提高转化率。单纯从盈利的角度来看，Coupons（优惠券）的效用不算太大，不过设置了Coupons的产品，在搜索结果页面的listing上面会有一个非常显眼的Coupons标签，使你的产品更加吸引消费者的注意力，在一定的程度上，是可以提升流量的，合理运用的话，对运营有一定程度上的作用。

图 7-12 所示的是设置了 Coupons 和没有设置 Coupons 的 listing 的前台展示效果对比。

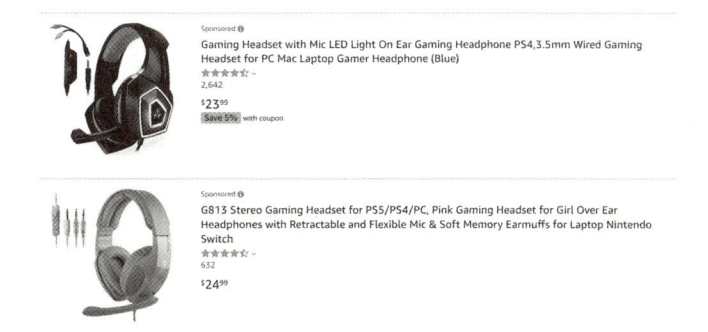

图 7-12　有无设置 Coupons 的 listing 的前台展示效果对比

而图 7-13 所示的则是设置了金额优惠券和百分比优惠券的 listing 的对比。

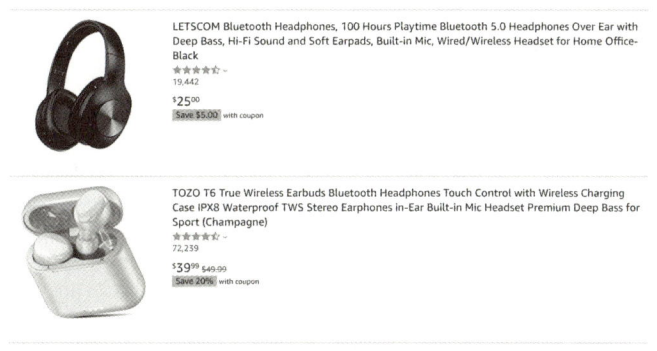

图 7-13　设置了金额优惠券和百分比优惠券的 listing 的对比

从上面的对比中，我们不难看出，相对于没有设置 Coupons 的 listing，设置了 Coupons 的 listing 在搜索结果展示中显得格外亮眼，而对于设置金额优惠和百分比优惠的 listing，则会因为产品的单价高低而各显其对消费者的吸引力。

与此同时，如果是正在进行站内广告推广的 listing，站内广告已经将 listing 展示在搜索结果靠前的位置，而同时 listing 又拥有 Coupons 的标志，在双重加持下，listing 被点击的可能性也会大大增加，如图 7-14 所示。

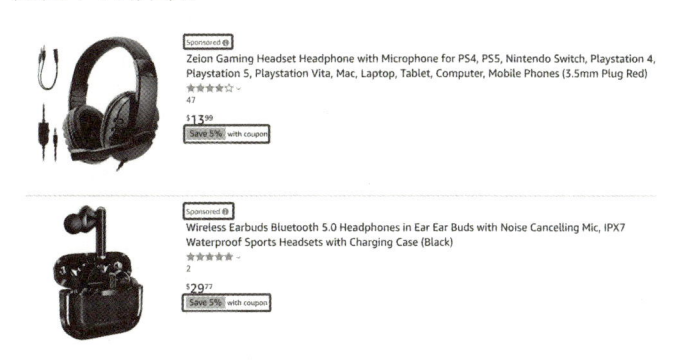

图 7-14　listing 拥有 Coupons 的标志

Coupons 充分利用了消费者图便宜和捡便宜的心理，吸引消费者点击，进而转化为订单。所以，对于卖家来说，如果能够充分利用好 Coupons 的设置，可以在一定程度上拉升

listing 的销量，起到为运营加分的效果。

（三）广告活动

卖家可以根据产品和预算，通过自动或手动的方式设置站内广告，广告的设置能让 listing 的搜索结果排名靠前，而手动设置关键词的 listing 会优先出现在搜索页面结果上，不仅能吸引更多流量，并且流量的转化率也会比较高。

1. 自动广告

优点/作用：用于检测 listing 文案、测试关键字。

2. 手动广告

优点/作用：新品期，帮助系统快速抓取和收录并匹配大量关键词，可以快速获取大量流量且通过关键词出单提高关键词排名。稳定期，可以持续带来大量流量，保证产品销量持续增长，稳定排名，协助占领类目坑位，增加品牌曝光，配合产品促销或者清货。

3. 自动广告和手动广告的区别

（1）自动广告是优先展示在别的产品详情页内的广告；而手动广告是通过买家搜索关键词展示出来的。

（2）自动广告设置简单，曝光量大，广告成本偏高；手动广告在设置中需要添加广告关键词，且并不一定带来预期流量和销量。

（3）自动广告的广告位优先展示在相关 listing 的详情页面中间位置，其流量的来源往往经由其他相关 listing 页面导入；手动广告因为在投放中设置了关键词，曝光和流量的来源会由这些关键词直接导入。

4. 自动广告和手动广告综合使用

起初投放广告不知道需要投放什么词时，可通过自动广告投放来获取产品流量关键词，然后通过手动广告投放来将高效的关键词进行更精准的投放。广告投放的正确与否直接作用于店铺流量，可多尝试几种广告投放方式，找出最适合自己的营销工具。

他山之石

2021 年 7 月 19 日，全球最大童装 DTC 品牌 PatPat 宣布完成 5.1 亿美元 C 轮系列、D 轮系列融资。其中，C 轮系列融资由鼎晖百孚、今日资本、泛大西洋资本（General Atlantic）联合领投，SIG、Ocean Link、渶策资本等跟投。D 轮系列融资由 DST Global 领投，泛大西洋资本（General Atlantic）、Ocean Link、GGV 等跟投，指数资本连续担任独家财务顾问。此前，PatPat 曾屡获 IDG、SIG、红杉中国、峰瑞资本等投资机构青睐，股东阵容堪称豪华。截至目前，PatPat 已刷新国内跨境电商行业已披露的最大单笔融资金额的纪录，正式进入互联网独角兽行列。

2014 年成立于美国硅谷的 PatPat，是全球最大、增长最快的童装 DTC 品牌，用户覆盖全球 100 多个国家和地区。面对品类单一、上新慢的海外母婴市场，丰富的款式、优质的产品使得 PatPat 在全球母婴用品市场上保持着强劲的竞争力。在由 OneSight 与 Morketing 研究院合作编制的《BrandOS TOP 100 出海品牌社交平台表现力白皮书》中，PatPat 位居电商类目 Top1 及总榜 Top9。此外，据公司介绍，美国童装品牌中，PatPat 用户推荐指数排名位居前列，广受美国消费者的欢迎。

　　PatPat在Facebook上是粉丝数600万+的大V账号，长期保持飞速增长，并已与众多全球顶级明星IP达成全球合作，国际影响力日益增强。另一项令人瞩目的成就是，据多项权威市场调研结果显示，PatPat在美国所有童装品牌中，用户推荐指数排名第一，牢牢占领美国消费者的心智。在下一步的战略规划上，PatPat将利用欧美市场的强势品牌效应，进军中东和南美市场。

　　资料来源：Morketing Global，有删减。

术语解释

　　以下为速卖通店铺活动相关术语解释。

　　1. 满减活动包含满立减、满件折、满包邮三种活动类型。

　　（1）满立减活动：卖家可以根据自身经营状况，对店铺设置"满X美元优惠Y美元"的促销规则，即订单总额满足X美元，买家付款时则享受Y美元优惠扣减。

　　（2）满件折活动：卖家可以根据自身经营状况，对店铺设置"满X件优惠Y折"的促销规则，即订单总商品数满足X件，买家付款时则享Y折优惠，卖家无须修改价格。

　　（3）满包邮：卖家可以根据自身经营状况，对店铺设置"满N美元/件包邮"的促销规则，买家下单时，若是订单总商品数超过了设置的N美元/件，在买家付款时，在指定的地区范围内，系统将自动减免邮费。

　　2. 优惠券有领取型、定向发放型、互动型。

　　（1）领取型优惠券：用于在各种渠道发放，用户获取后到店购买使用，是引流、转化、拉新的有效手段。

　　（2）定向发放型优惠券：针对指定用户发放优惠券，凡是与店铺有过交易、加过商品到购物车或者Wish List的买家都可作为定向发放对象，用于人群定向营销。定向发放型优惠券分为"直接发放"和"二维码发放"两种。

　　① 直接发放型优惠券：直接给予用户，可配合营销邮件一起给予用户进行优惠券的营销，刺激用户前来下单。

　　② 二维码发放型优惠券：给予买家的是二维码，这种类型的优惠券可搭配在发送给予买家的包裹中，买家通过扫码的形式就可以领取到优惠券。

　　（3）互动型优惠券有金币兑换、秒抢、聚人气三种。

　　① 金币兑换优惠券：用于AliExpress App的金币频道。AliExpress金币频道是目前手机App上高流量、高黏度频道。频道中包括了各类的游戏玩法和红包优惠，吸引着全球买家回访和转化。

　　② 秒抢店铺优惠券：通过无门槛的大额店铺优惠券吸引买家到店，可有效提高买家的活跃度。秒抢优惠券是平台发起商家参与的活动，该类活动不会主动在店铺中呈现，在参与的平台活动中不定时获得曝光。

　　③ 聚人气优惠券：通过买家人传人的形式快速给店铺带来新流量，买家分享、邀请其他买家帮其领取，即可获得此店铺优惠券。

　　3. 搭配销售：可以将店铺商品进行组合销售，刺激转化提高客单价。

　　（1）人工搭配销售：搭配销售用于店铺内商品组合搭配销售方案，同时提供算法搭配功能。

（2）算法搭配销售：通过打开算法搭配套餐，系统每天会为卖家创建根据算法推荐的搭配套餐，套餐价为商品原价，卖家可以删除或者编辑算法搭配套餐。如果不需要，则不开启开关，则后续不会再生成新的算法创建搭配套餐。

4. 互动活动。互动游戏中，卖家可设置"翻牌子""打泡泡""收藏有礼"三种互动游戏。

（1）翻牌子：是一种九宫格互动活动，有8张牌对应8个不同的奖励，买家可以通过点击不同的牌获取不同的奖品，其中的奖励由卖家自行设置（可以有空奖），一个买家一次只能点击一张牌。

（2）打泡泡：是一种买家发射箭来击破泡泡的互动游戏，每个游戏有18个泡泡，其中的奖励由卖家自行设置（可以有空奖），买家一局游戏只能互动一次。

（3）收藏有礼：是一种卖家自行设置的互动活动，买家收藏店铺之后，可以获得相应的奖励，奖励由卖家自行设置。它是新卖家、新店、新品促销首选互动活动。

敲黑板

速卖通站内推广，一般店铺活动可模仿竞争对手，平台活动有入口就报，直通车自动先开一个星期，再分析数据，然后挑词选品再进行。

亚马逊新店新品站内营销，可以参与秒杀、优惠券营销活动，设置付费广告，配合关键词来冲排名。起初投放广告不知道需要投放什么词时，可通过投放自动广告来获取产品流量关键词，然后通过投放手动广告来将高效的关键词进行更精准的投放。广告投放直接作用于店铺流量，可多尝试几种广告投放方式，找出最适合自己的营销工具。

单元三 站内营销工具使用

一、速卖通营销工具的使用

（一）平台活动

报名平台活动步骤：

（1）在"营销活动"—"平台活动"中选择活动进行报名，如图7-15所示。

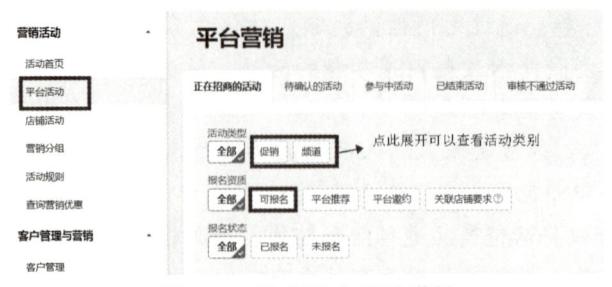

图7-15 平台活动-平台营销

（2）找到想要参加的活动，在右侧点击"立即报名"，如图 7-16 所示。

图 7-16 立即报名

（3）添加要报名活动的商品，设置活动基本信息（含折扣率、库存等），如图 7-17 所示。

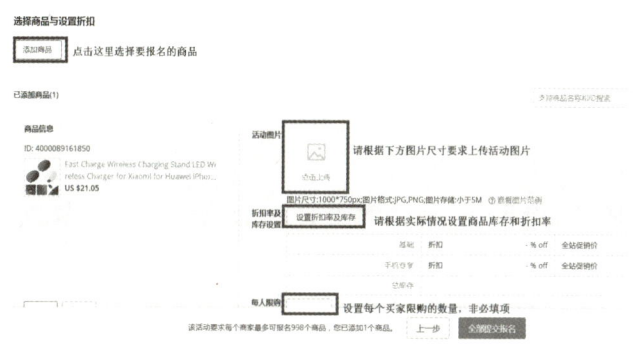

图 7-17 设置活动基本信息

（4）设置完毕后，点击下方的"全部提交报名"，等待活动审核。

（二）店铺活动

以单品折扣为例，做速卖通店铺活动的使用示范操作。

1. 单品折扣活动设置入口

登录商家后台，依次点击"营销活动—店铺活动—单品折扣活动"，如图 7-18 所示。

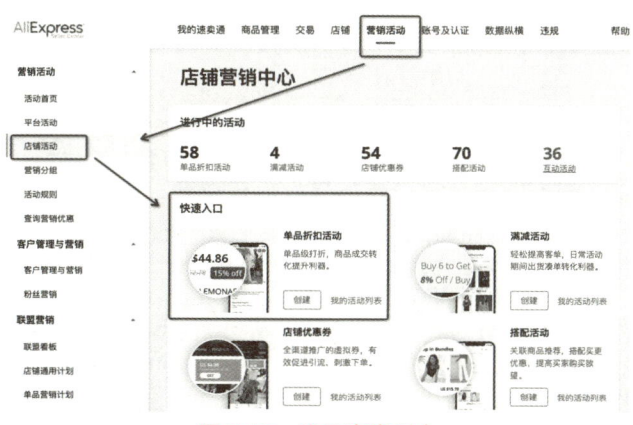

图 7-18 登录商家后台

2. 创建店铺单品折扣活动

（1）活动基本信息设置。

① 可点击"创建"进入活动基本信息设置页面，如图 7-19 所示。

② 活动名称最长不超过 32 个字符，只供查看，不展示在买家端。

③ 活动起止时间为美国太平洋时间。

④ 最长支持设置 180 天的活动，且取消每月活动时长、次数的限制。

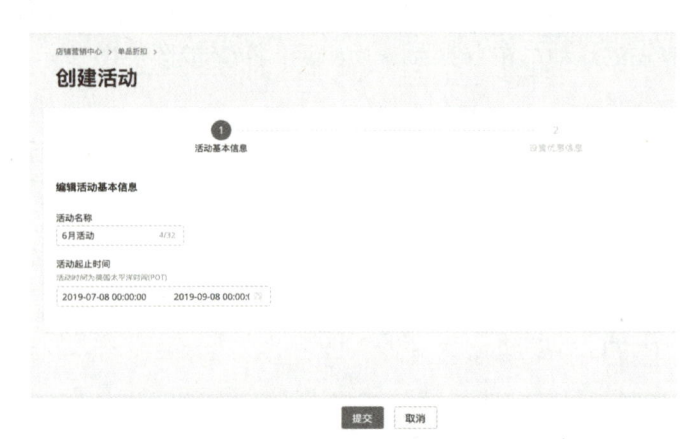

图 7-19　填写活动基本信息

⑤ 活动设置的时间开始后，活动即时生效（请注意，如在设置过程中已到活动展示时间，则活动即开始）。

⑥ 点击"提交"后进入设置优惠信息页面。

（2）活动优惠信息设置。

① 可筛选全部已选商品和未设置优惠商品，支持商品 ID 搜索，如图 7-20 所示。

图 7-20　筛选全部已选商品和未设置优惠商品

② 支持批量设置，根据营销分组、表格导入形式设置。

一是支持批量设置折扣（见图 7-21）、批量设置限购、批量删除（默认所有 SKU 都参加活动）。

图 7-21　批量设置折扣

二是支持按照营销分组设置折扣（见图 7-22），分组内的商品会被导入活动内。

特别注意：目前设置 App 折扣不具备引流功能，因此营销分组设置折扣处取消了设置 App 折扣的功能。如需设置 App 折扣，可回到单品选择页面再进行设置。

温馨提示：如只设置全站折扣，即 PC 端和 App 端均展示同一个折扣。

三是支持通过表格形式批量导入（见图 7-23），需下载表格模板。

图 7-22 按营销分组设置折扣

图 7-23 批量导入

下载表格模板后，注意表格的填写。

Product ID：必填项，可以在商品管理处获取 ID。

Product Title：非必填项，可以复制商品的标题。

Discount：必填项，填写商品折扣率，比如希望设置 10%off，则填写 10 即可。

Mobile Discount：非必填项，填写 App 端折扣率，如不设置，默认 App 和 PC 端折扣率一致。

Target People：非必填项，此处填写 store_fans 或者 fresh_member，store_fans 是指额外设置粉丝价，fresh_member 是指额外设置新人价，二者只能选一进行设置。

Extra Discount：非必填项，定向人群额外折扣，比如想要针对新人设置额外折扣 1%，那么可以在此处填写 1，在 Target People 列填写 fresh_member。

Limit Buy Per Customer：非必填项，每个买家限购数量；如希望设置每个买家限购 2 件，输入 2 即可。文件最多包含 30 000 个商品，如多次提交失败，请适当减少商品，且注意表格不要带有空格，不要随意调整表格格式。

表格填好后，点击"上传文件"即可。点击"导入历史"，此处可查看错误报告，如图 7-24 所示。

（3）支持单个商品设置粉丝/新人专享价。

（4）不支持部分 SKU 参加活动，不想参加的 SKU，请修改商品普通库存数为 0，如图 7-25 所示。

图 7-24 导入历史

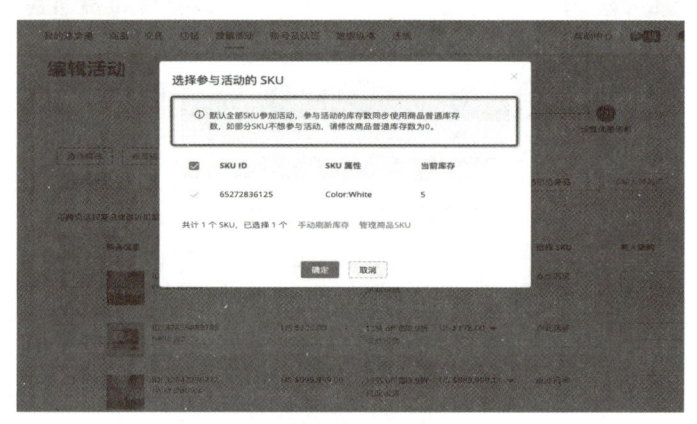

图 7-25 选择参与活动的 SKU

（5）保存并返回后即完成创建活动，等活动开始后即时生效。

（6）同一个商品同个时间段内只能参与一场单品折扣活动。

（7）可同时参加同个时间段的平台活动，平台活动等级优先于单品折扣，因此会生效平台活动折扣。

3. 单品折扣活动状态

活动状态分为未开始、生效中、已暂停、已结束，如图 7-26 所示。

图 7-26 单品活动折扣状态

（1）未开始状态会展示倒计时，可编辑（进入活动基本信息页）、管理商品（进入优惠信息编辑）、暂停活动。

（2）生效中状态可查看活动详情、管理商品、暂停活动，暂停活动适用于快速止损整个活动，如对单个商品可直接修改。

（3）已暂停状态可重新生效活动、查看活动详情。

（4）已结束状态可查看活动详情。

（三）直通车

卖家在店铺缴纳直通车推广费后，就可以进行直通车推广。下面以自主推广中的智能推广–均匀曝光推广方式为例，做推广示范操作。

（1）登录速卖通，点击"营销活动"，再点击"直通车营销"，进入直通车推广页面（见图7-27）。

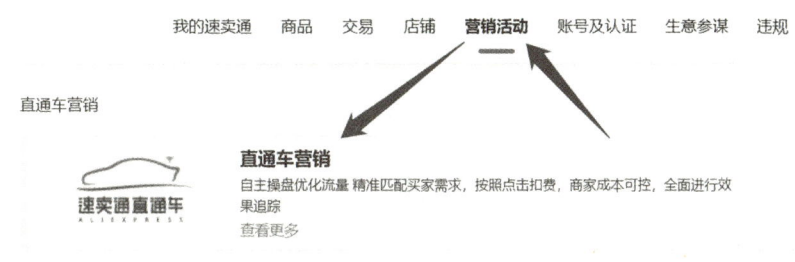

图7-27　直通车推广页面

（2）点击"推广管理"，在左侧找到"新增推广计划"，点击进入推广创建页面，如图7-28所示。

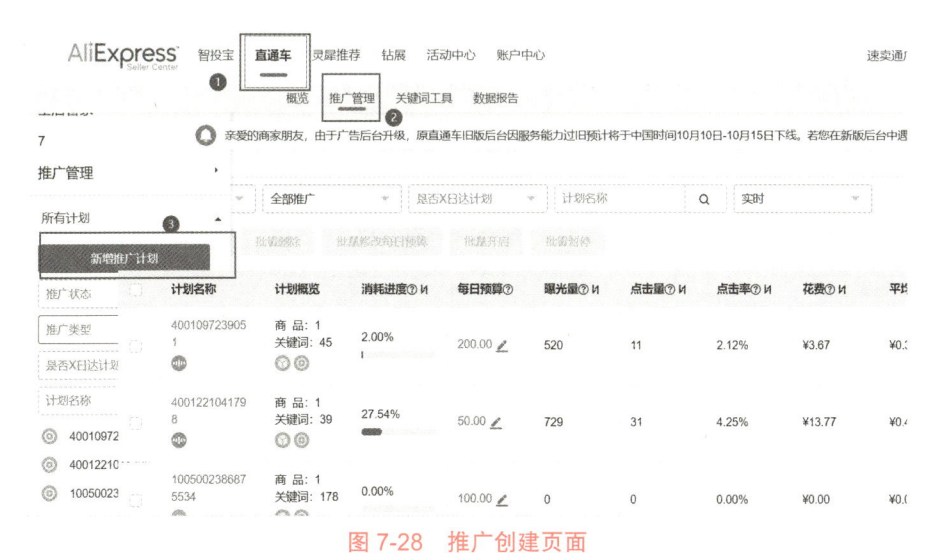

图7-28　推广创建页面

（3）根据自身推广需求，选择合适的商品，如图7-29所示。

（4）选择合推广方式，完成推广计划创建。填写计划推广名称，设置每日预算，如图7-30所示。注意：单个商品建立计划时，可以设置最低预算10元；多个商品建立计划时，可以设置最低预算50元。

图 7-29 勾选推广的商品

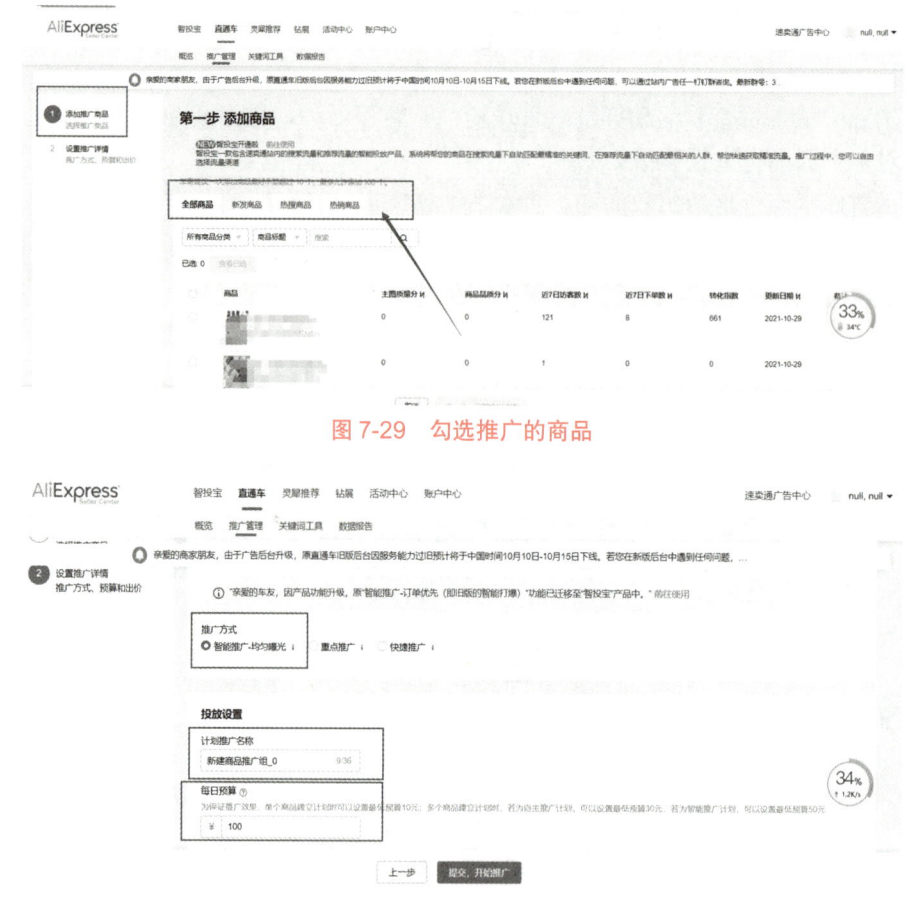

图 7-30 选择推广方式

（5）设置出价。需要设置 App 端及 PC 端出价。设置出价时，可以参考建议出价范围进行设置，如图 7-31 所示。注意，智能推广设置的是最高出价，实际出价不会超过卖家设置的最高出价。

图 7-31 设置出价

（6）提交推广计划。设置完 App 及 PC 端出价之后，点击"提交，开始推广"，如图 7-32 所示。需指出的是，在开展直通车推广前，需做好选品或精选店铺已有商品并对其进行优化。推广方式、关键词和出价等设置，都有不少技巧，这里只做直通车使用的示范。初学者开展直通车推广时，需密切关注推广效果，并及时做出调整，不然起不到推广作用。

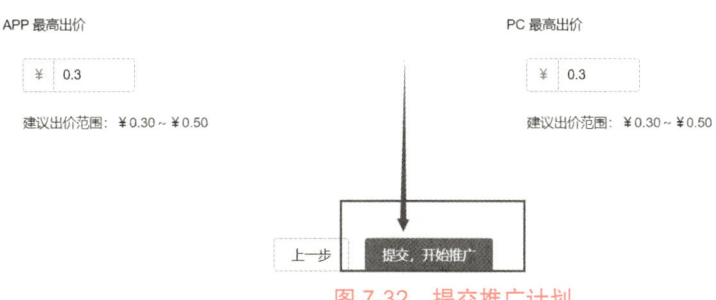

图 7-32　提交推广计划

（四）联盟营销

1. 加入联盟营销

可以在速卖通后台点击"营销活动"—"联盟营销",阅读《海外联盟营销服务协议》,确认服务协议后加入。加入联盟营销立即生效。店铺的所有商品自确认开通后都会以默认的店铺佣金比例进行推广。

2. 状态确认

开通后在"营销活动"页面,可进入联盟营销页面进行操作管理,即表示已加入成功。

3. 联盟营销展示位置

店铺加入联盟营销后,商品会有机会在站内、站外等不同网站展示。

（1）站内：基于联盟流量阵地 best.aliexpress.com 展示。

（2）站外：基于速卖通的全球流量矩阵展示,可以分为三大块：全球性的网络、区域性的网盟、本地的媒体。全球性的网络有如 Google 等搜索引擎,Facebook 等社交网站,YouTube 等视频网站,华为、三星等手机厂商。区域性的网盟即类似该区域的流量一级代理概念。本地的媒体有导购网、返利网、比价网、测评网等本地化的媒体和垂直的网站。

4. 查看联盟营销整体效果

可以在"营销活动"—"联盟营销"—"联盟首页"中查看单品营销计划和店铺通用计划的近 7 日订单金额,以及不同时间内联盟为店铺带来的浏览数、访客数、支付金额、支付订单数、预计佣金、结算佣金,如图 7-33 所示。

5. 进行推广计划管理

可在"营销活动"—"联盟营销"—"推广计划管理"处选择需要的推广计划,然后手动添加联盟营销产品,如图 7-34 所示。

可批量设置佣金比例,或者单个手动设置佣金比例,如图 7-35 所示。

6. 查看联盟营销效果明细

可以在"营销活动"—"联盟营销"—"推广效果报表"中查看营销品报表、报表明细、营销品排行榜和店铺效果报表。

7. 查看联盟营销佣金支出明细

可以在"营销活动"—"联盟营销"—"成交详情"中查看成交详情报表（见图 7-36）,

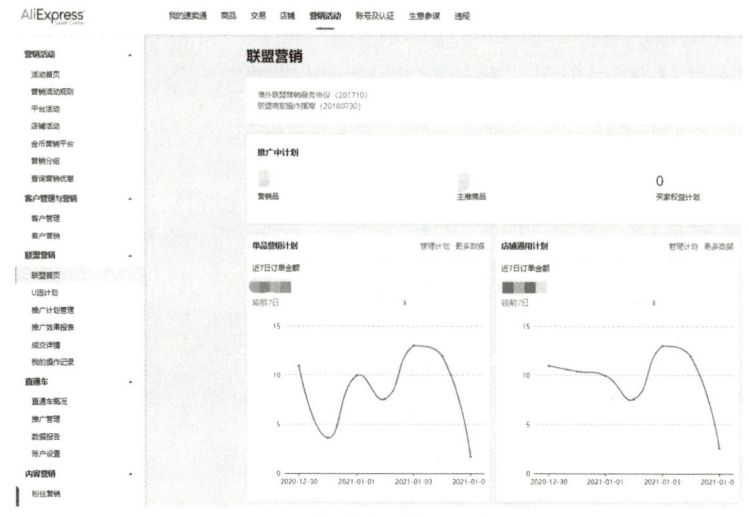

图 7-33 查看联盟营销整体效果

图 7-34 推广计划管理

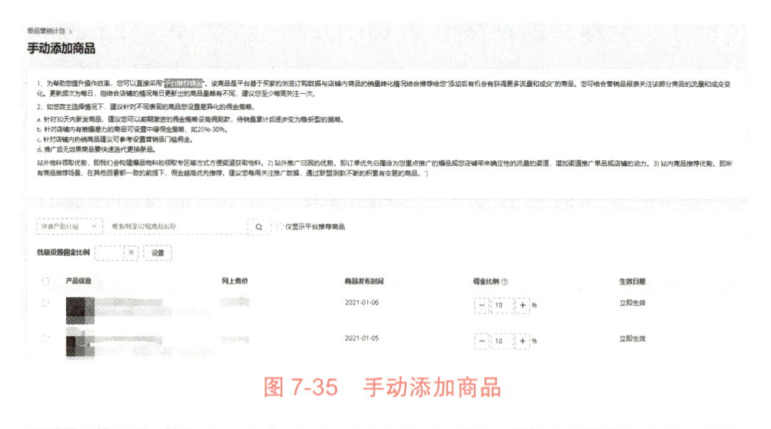

图 7-35 手动添加商品

图 7-36 成交详情报表

联盟营销扣费明细记录包括成交时间、订单号、成交金额、产品信息、佣金比例、实际联盟佣金、佣金总和。

8. 我的操作记录

可以在"营销活动"—"联盟营销"—"我的操作记录"中查看卖家的操作时间、操作者、操作类型、详细（ID，名称）、佣金比例、生效时间，如图7-37所示。

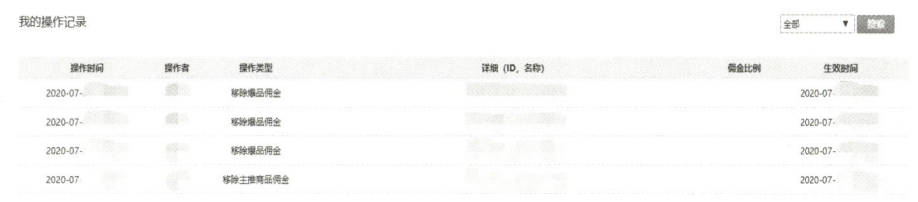

图7-37 查看"我的操作记录"

9. 买家退款联盟佣金扣款情况

如果是交易期内买家进行退款的联盟订单，那么会退回联盟佣金。

如果交易结束后，买家正常退货，由于联盟网站已经完成流量引导、导购及转化的服务，且速卖通平台已经在交易结束时把这笔钱支付给联盟站长，所以联盟佣金是不退还的。

（五）客户营销

以场景营销中的推荐营销场景营销计划创建步骤为例进行详细介绍。

（1）依次点击"营销活动"—"客户管理与营销"—"客户营销"，如图7-38所示。

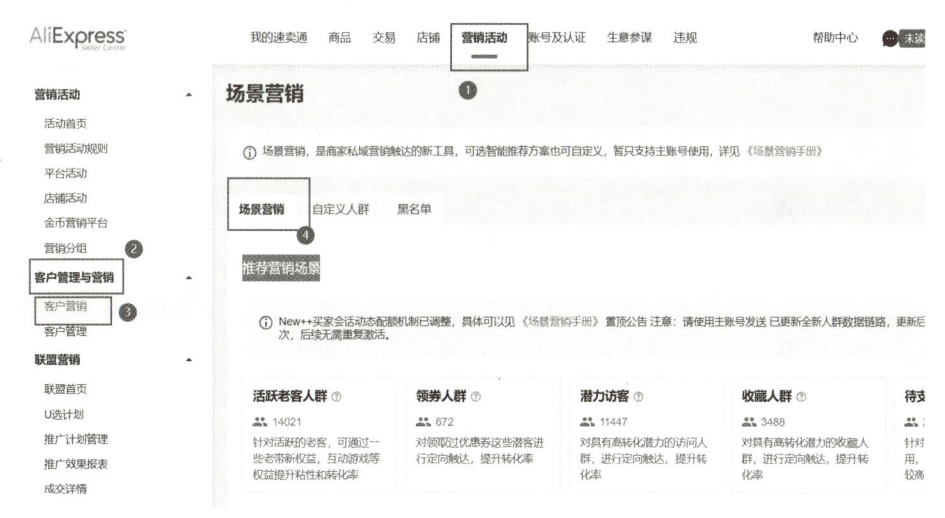

图7-38 客户营销

（2）选择想要营销的人群（见图7-39），进入新建/编辑场景营销计划的页面。

（3）选择触达渠道。场景营销的触达渠道有买家会话、邮件营销、定向优惠券，还有其他渠道也正在介入中。根据自身需求，选择合适的触达渠道（见图7-40）。

（4）人群集筛选。营销人群明细（不可编辑），如当前场景人群名称、定义人群规则、预测人群规模，可以通过高级定向筛选功能，对人群进行更详细的筛选，如图7-41所示。注意，高级定向筛选功能除催付场景以外的其他系统推荐场景均可使用。

图 7-39 选择想要营销的人群

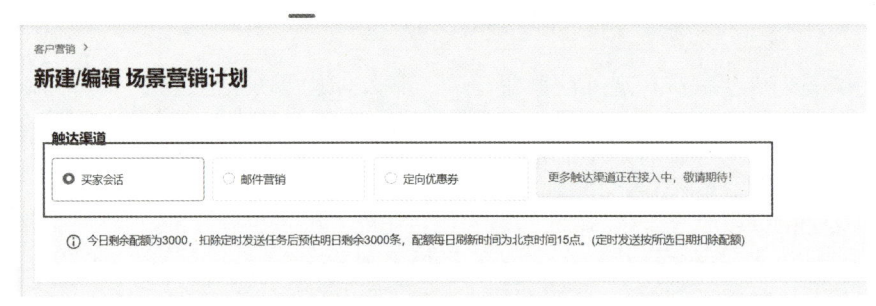

图 7-40 选择触达渠道

图 7-41 人群集筛选

（5）设置营销内容（见图 7-42）。

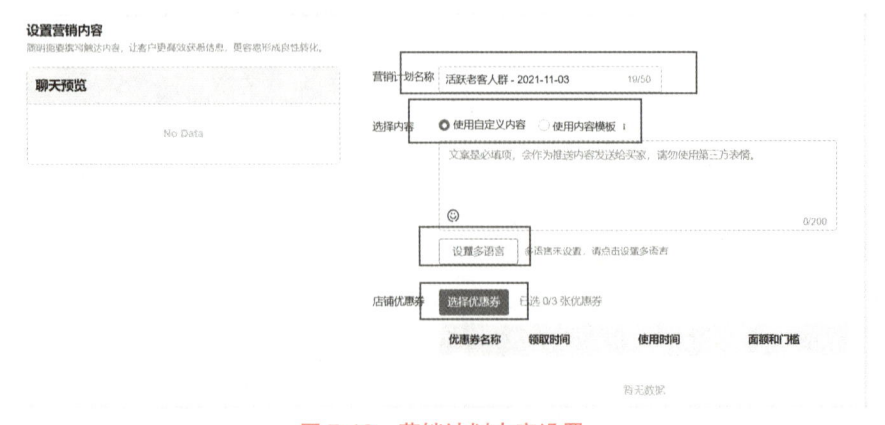

图 7-42 营销计划内容设置

① 营销计划名称（可编辑）：默认为［场景名称］-［日期］。

② 选择内容（可编辑）：文案+权益+商品+图片+发送时间+发送内容可预览或者可以使用内容模板。

③ 先输入英文营销文案，然后点击"设置多语言"→校验无误后→确定，即完成多语种文案的配置。

④ 点击图7-42中的"选择优惠券"，即打开弹窗，选择当前已创建的定向优惠券（最多3张）。

⑤ 每个计划内可选至多4款商品推荐；如果高级筛选中可以筛选国家，此时可获得国家热卖商品推荐。

⑥ 可添加大小在5MB以内的营销图片，支持JPG、JPEG、PNG格式，建议结合场景进行设计，例如，新品首发、"双11"大促等，如图7-43所示。

（6）设置发送时间，完成创建。可以选择即时发送，也可以选择定时发送。设置好发送时间，最后点击"发送"按钮，就创建成功了，如图7-44所示。

图7-43　营销图片

图7-44　设置发送时间

二、亚马逊营销工具的使用

（一）营销活动

1. 秒杀

下面以亚马逊美国站为例，进行亚马逊秒杀营销活动的设置。

（1）进入亚马逊美国站店铺后台，点击"广告"—"秒杀"（见图7-45）。

（2）跳转到秒杀页面，点击"创建新促销"，如图7-46所示。

图 7-45 亚马逊美国站店铺后台

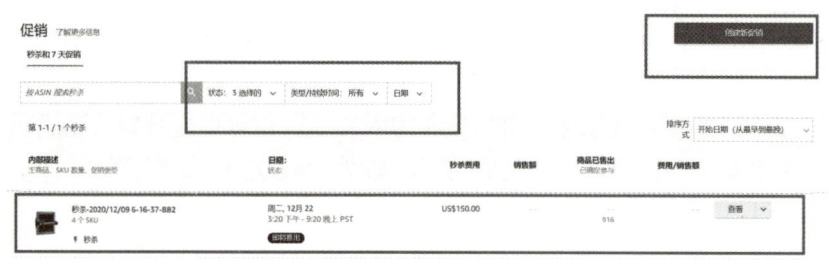

图 7-46 创建新促销

（3）跳转页面，选择符合条件的商品，如图 7-47 所示。

图 7-47 选择符合条件的商品

（4）点击"选择"，选择符合条件的商品进行秒杀设置，如图 7-48 所示。

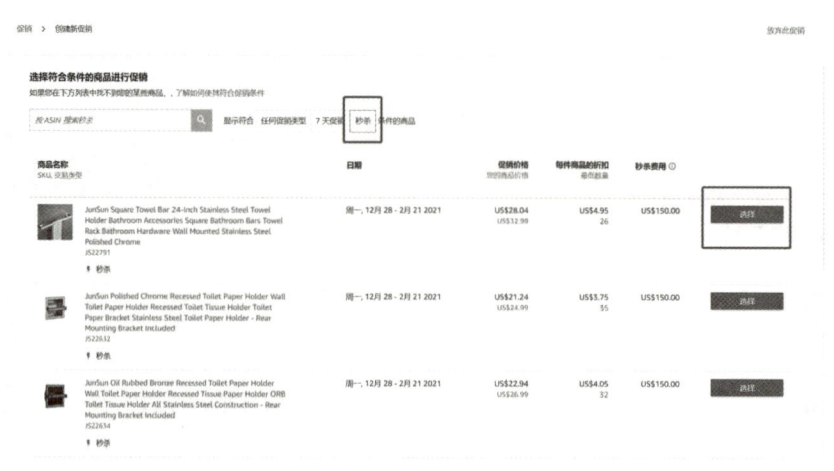

图 7-48 进行秒杀设置

（5）选择参与秒杀的时间段，每个秒杀时间段都有对应的秒杀费用（见图 7-49）。务必在提交前查看费用信息。亚马逊将根据具体商城和秒杀时间收取费用，且仅在秒杀活动结束后收取。

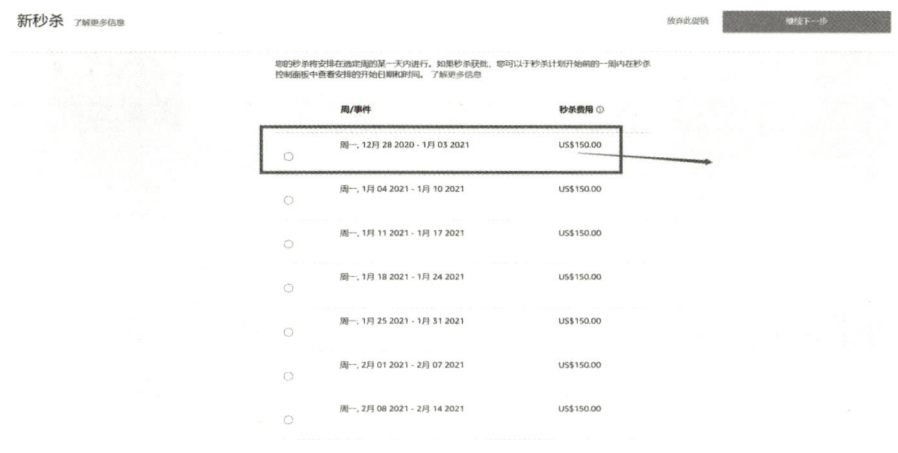

图 7-49　查看秒杀费用

（6）对于参与秒杀的商品，设置每件商品的促销价格、每件商品的折扣、已确定参与（最低数量）及主要商品，即设置 listing 下面的不同 SKU 变体为此次秒杀活动的主要商品，如图 7-50 所示。

图 7-50　设置秒杀活动的主要商品

（7）跳转页面，检查秒杀活动的参与时间及秒杀费用，确定参与秒杀后点击"提交促销"（见图 7-51），秒杀活动设置成功；否则，点击"放弃此促销"，取消此次秒杀活动的设置。

对于提交并成功完成的每个秒杀均需付费，而更改变体数量、商品数量和商品价格不会影响该费用。

创建完秒杀后，请检查以下各项：
① 确保拥有充足的库存，满足秒杀数量。
② 确定秒杀计划后，请务必确认秒杀的具体日期和时间。

图 7-51 "提交促销"

③ 监控秒杀状态。

④ 在亚马逊秒杀计划开始的 24 小时前，可以随时使用控制面板取消秒杀。

2. 优惠券

下面以亚马逊美国站为例，进行亚马逊优惠券营销活动的设置。

（1）进入亚马逊美国站店铺后台，点击"广告"—"优惠券"，进入优惠券营销活动的设置界面，点击"创建新的优惠券"（见图 7-52）。

图 7-52 创建新的优惠券

一个优惠券（Coupons）的设置（见图 7-53）包括 4 个步骤：搜索和添加商品、预算和折扣、价目表和目标、查看并提交。

图 7-53 设置优惠券

（2）第一步是添加需要设置此Coupons的ASIN，按照系统的提示，一个Coupons一次最多可以添加200个ASIN。

把计划设置Coupons的商品搜索出来后，点击商品右侧的"添加至优惠券"（见图7-54），即把其添加到右侧待设置区域。当然，对于待设置区域的商品，也可以进行移除操作。

图 7-54　点击产品右侧的"添加至优惠券"

（3）设置完成，点击"继续下一步"，进行下一步操作，如图 7-55 所示。

图 7-55　继续下一步

（4）商品选定后，开始设置优惠类型、优惠幅度、优惠券使用方法和预算。优惠类型分为现金优惠和百分比优惠两种，百分比优惠的幅度要求是5%～80%。勾选买家可使用优惠券的次数，一个买家一次或一个买家可以多次重复使用。预算费用最低为 100美元，主要用于支付此商品的优惠（卖家优惠部分由自己承担）和每次成交后亚马逊收取的0.60美元的费用，当预算用完，优惠券就会下线。如图 7-56 所示，点选"满减"，需填写现金优惠金额；点选"否，允许同一个买家多次兑换优惠券"，则允许同一个买家多次兑换优惠券，然后设置预算。

如图 7-57 所示，点选"减免折扣"，需填写折扣百分比；点选"否，允许同一个买家多次兑换优惠券"，则要设置预算。设置完上述项目，点击"继续下一步"，进行下一步操作。

（5）设置优惠券的名称、面向的目标买家和使用时限（见图7-58）。优惠券名称是展示给买家看的，所以，可以设置一个简洁易懂的名称；优惠券所面向的目标买家可以选择所有人群或者精准指向的某个群体。

图 7-56　点选折扣

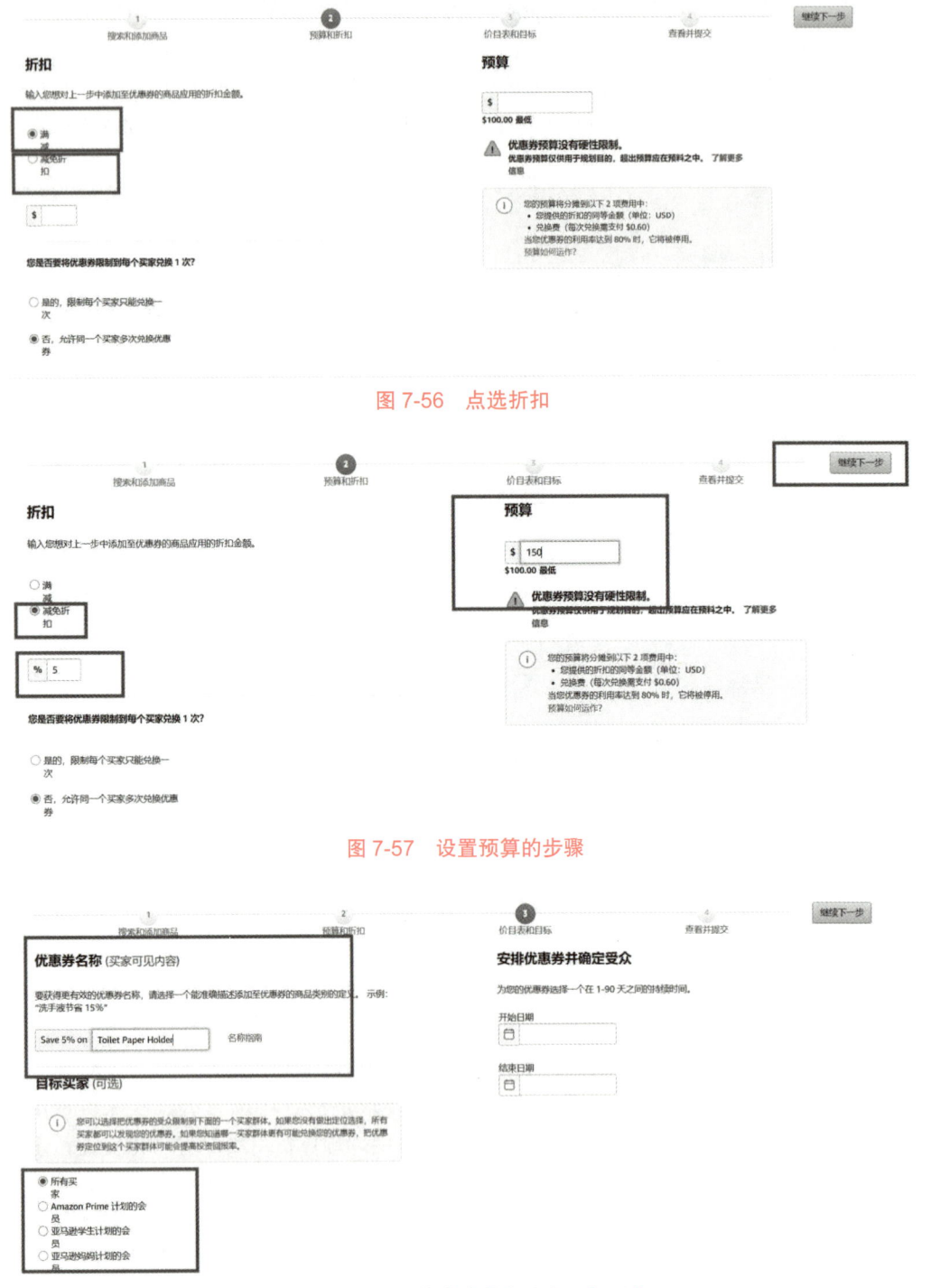

图 7-57　设置预算的步骤

图 7-58　设置优惠券的名称和目标买家

（6）使用时限，需要设置开始日期和结束日期，最长不超过 90 天，如图 7-59 所示。点击"继续下一步"，进行下一步操作。

（7）预览（见图 7-60）之后，如果没有问题，就可以提交，等待优惠券生效。

图 7-59　设置开始日期和结束日期

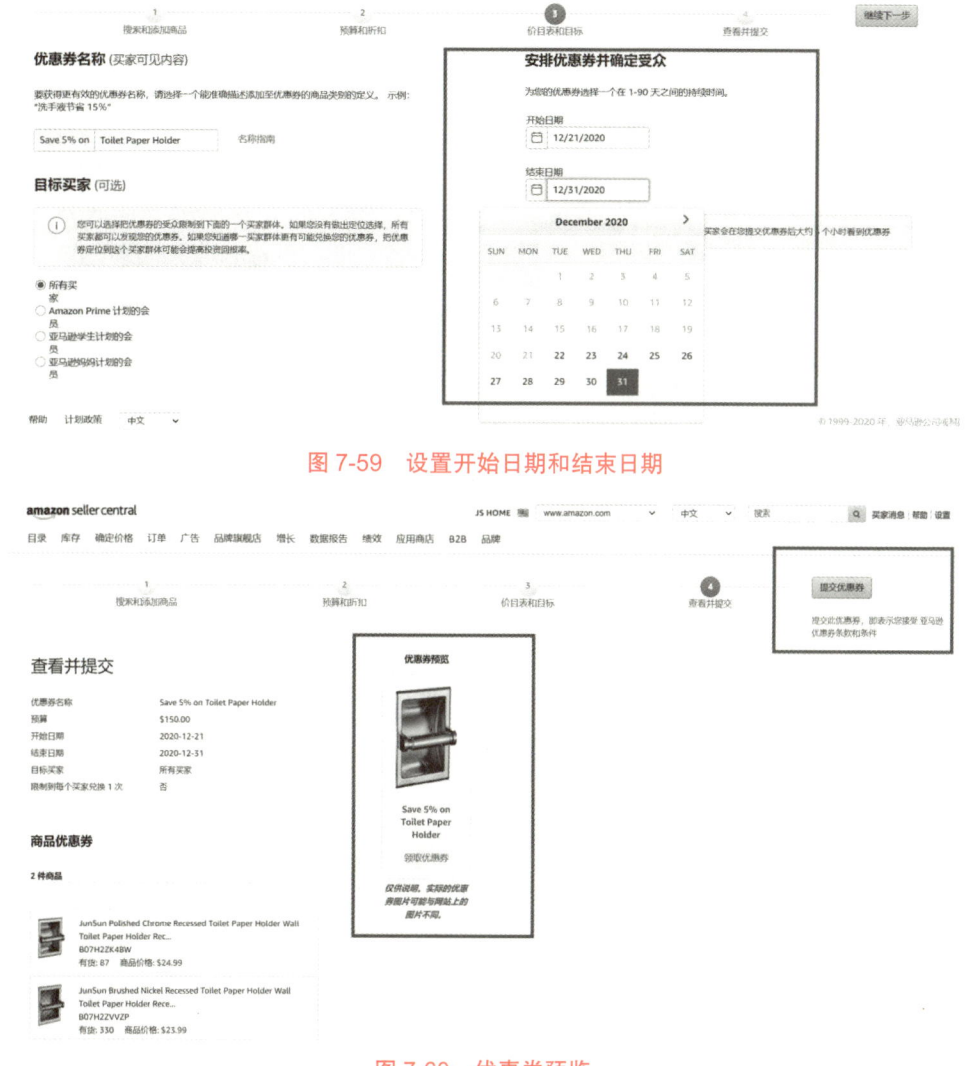

图 7-60　优惠券预览

（二）广告活动

1. 手动广告

下面以亚马逊美国站为例，进行亚马逊手动广告的设置。

（1）进入亚马逊美国站店铺后台，点击"广告"—"广告活动管理"，进入广告活动效果展示和广告活动创建页面，如图 7-61 所示。

（2）进入之后，在"管理"板块，显示广告活动花费、销售额、ACOS、曝光量、每次点击费用（CPC），再往下显示有效广告活动的详细数据，如图 7-62 所示。点击"创建广告活动"，进入选择广告活动类型的操作界面。

（3）在跳转页面，选择广告活动类型。选择"商品推广"，点击"继续"。

亚马逊广告活动有三种类型：商品推广、品牌推广、展示型推广，如图 7-63 所示。

① 商品推广：向在亚马逊上积极使用相关关键词进行搜索或查看类似商品的买家推广商品。

图 7-61　广告活动管理

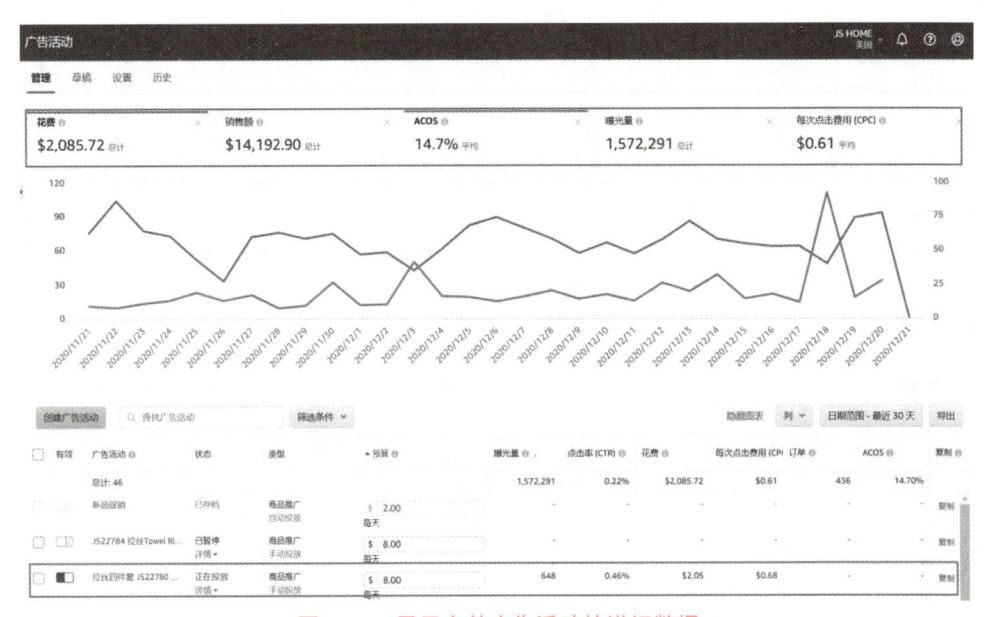

图 7-62　显示有效广告活动的详细数据

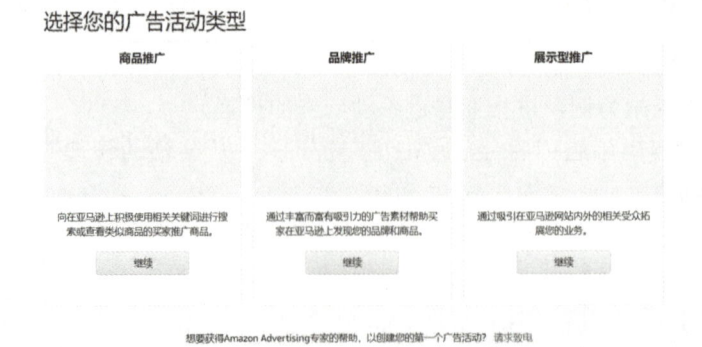

图 7-63　选择广告活动类型

②品牌推广：通过丰富而富有吸引力的广告素材帮助买家在亚马逊上发现卖家的品牌和商品。

③ 展示型推广：通过吸引在亚马逊网站内外的相关受众拓展卖家的业务。

（4）在跳转页面，设置广告活动名称、广告开始时间和结束时间、每日预算，"定位"点选"手动投放"，然后设置广告活动的竞价策略，如图 7-64 所示。

图 7-64　设置广告活动名称

（5）选择最有可能带来转化的商品进行投放推广，也可输入商品标题、ASIN 或 SKU，点击"搜索"，这样可以节省时间，从左边点击"添加"按钮将搜索出来的商品添加到右边，如图 7-65 所示。

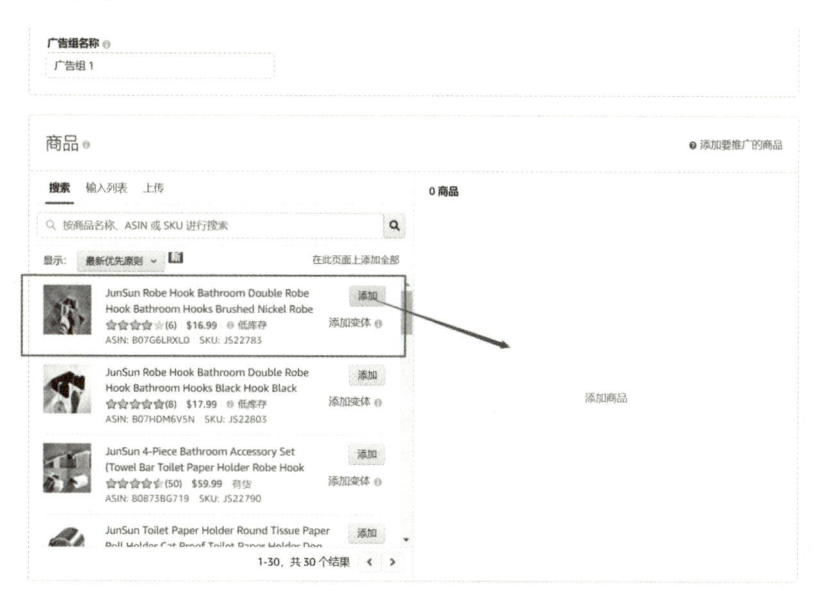

图 7-65　将搜索出来的商品添加到右边

（6）右边显示已选择并添加的商品（见图 7-66），ASIN：B07G6LRXXLD、SKU：JS22783。

（7）对准备进行投放的商品设置投放类型：关键词投放或商品投放。

① 关键词投放：如果选择"关键词投放"（见图 7-67），那投放的商品一般会出现在关键词搜索页面上及竞争对手的商品详情页中（一般出现在详情页的下方）。

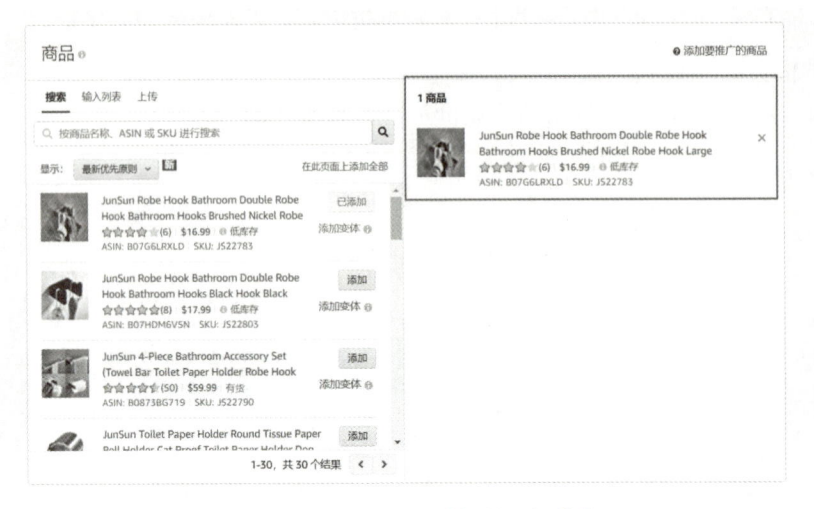

图 7-66 右边显示已选择并添加的商品

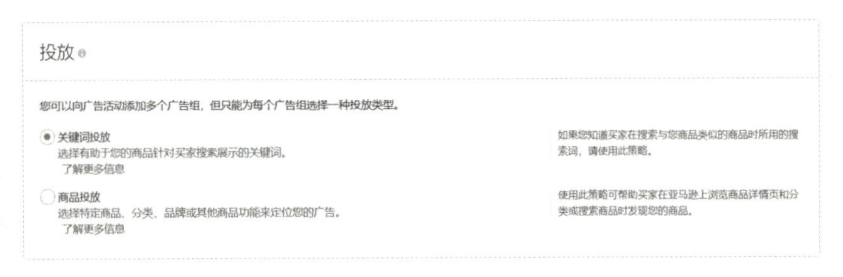

图 7-67 关键词投放

② 商品投放：如果选择"商品投放"，则投放的商品一般会投放到商品的分类当中。例如，售卖高跟鞋，若选择"商品投放"，官方就会把商品投放到高跟鞋这个类目里，而不会出现在拖鞋、平底鞋这些类目里。这样面向的消费人群会更加精准，节省了广告投资。

（8）设置关键词竞价筛选条件。关键词筛选条件有三种，分别是广泛、词组和精准，如图 7-68 所示。

① 广泛：为广告带来广泛的曝光量。如果买家的搜索查询包含所有关键词或其同义词，都会被系统视为匹配。广泛匹配关键词可以带来最大限度的曝光量，采用广泛匹配条件的花费也最高。

② 词组：买家的搜索查询必须包含准确的短语或词序。与广泛匹配相比，该类型的限制性更强，通常会将广告显示在相关度更高的位置。

③ 精准：买家的搜索查询必须与关键词的词序完全匹配，广告才会显示。

三种关键词的广告效果比较如下：

曝光量：广泛>词组>精准。

广告转化率：精准>词组>广泛。

单次点击花费：精准>词组>广泛。

注意事项：发布广告时建议设置每日最高限额，避免花钱过多。"广泛"非常烧钱，请谨慎采纳，关键词最多可添加 1 000 个。

（9）最后启动广告活动，手动广告就设置完成。设置完毕后，要经常跟踪投放广告活动的效果，如果效果不理想，或者想更改推广的商品，或者找到了更能带来流量的关键词，可

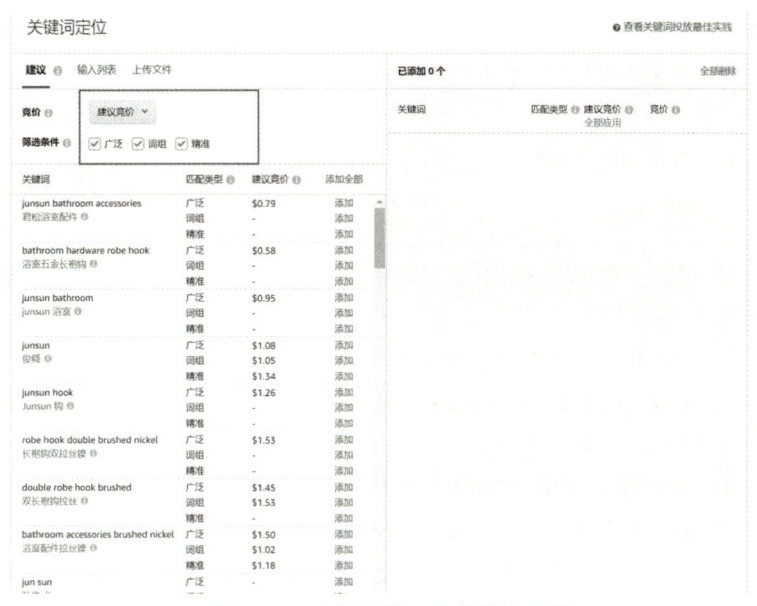

图 7-68　设置关键词竞价筛选条件

以选择手动暂停该项广告，再重新建立新的广告。

2. 自动广告

自动广告设置的（1）～（3）设置步骤与手动完全相同，截图略。

（1）进入亚马逊美国站店铺后台，点击"广告"—"广告活动管理"，进入广告活动效果展示和广告活动创建页面。

（2）进入之后，显示广告活动花费、销售额、ACOS、曝光量、每次点击费用（CPC）。点击"创建广告活动"。

（3）在跳转页面，选择广告活动类型。选择"商品推广"，点击"继续"。

（4）接着，设置活动名称，设置开始日期和结束日期，输入每日预算等信息，点选"自动投放"，然后选择广告活动的竞价策略，如图 7-69 所示。

图 7-69　设置广告活动名称和每日预算

(5)选择最有可能带来转化的商品进行投放推广,也可输入商品标题、ASIN或SKU,进行搜索,这样可以节省时间,从左边点击"添加"按钮将搜索出来的商品添加到右边。操作上与手动广告完全相同。

(6)最后启动广告活动,自动广告即创建成功,返回可查看。

他山之石

1. 2020年"双11"手机品牌UMIDIGI的筹备周期长达2个多月。整体来看,筹备主要侧重产品端上新优化和店铺引流的阶段性打法来布局:预热期宣传造势;中期孵化培育新品着重预热引流;后期多渠道打开流量入口以承接"双11"期间的爆单潮。

2. 手机品牌UMIDIGI精准爆单的运营策略是:一是沿用2019年的新品首发、加购抽奖;二是新增多语种直播带货,全面引爆"双11"。具体操作如下。

一是沿用2019年的新品首发、加购抽奖。通过2019年的实践发现10月份发布的新品在"双11"期间的爆发力很强,所以2020年依旧保留了新品首发和加购抽奖环节,以此将流量导入站内,吸引买家关注店铺和产品。设置抽奖、粉丝频道,再设置加购有礼、翻牌子及关注获得优惠权利等玩法。例如,10月26日预热开始后,买家可以根据卖家提示分阶段完成解锁任务;加购不同产品得到对应的累计任务积分;最后系统根据积分排名进行抽奖,中奖者将免费获得品牌新品或爆品。

二是新增多语种直播带货,全面引爆"双11"。2020年天猫"双11",速卖通联合阿里巴巴达摩院推出AI实时翻译直播;中国商家只需用中文一键开播,就能同时覆盖全球英语、西班牙语、俄语区的逾10亿人口。2020年5月,UMIDIGI首次尝试多语种直播带货,直播间观看量达10万人次,交易额达6万美元!2020年"双11"首日的单场次直播最高观看人次超过20万,交易额最高突破10万美元,几乎翻倍增长!

术语解释

1. 亚马逊ACOS,是用来衡量用户在亚马逊市场的广告投入表现的关键指标,也就是指在广告上的支出占广告销售额的比例,计算公式为:

$$ACOS=ad\ spend(广告投入)/sales\ revenue(销售额)$$

ACOS值越小,说明广告投入所产生的效益越好。

2. 亚马逊广告活动有三种类型:商品推广、品牌推广、展示型推广。

(1)商品推广:向在亚马逊上积极使用相关关键词进行搜索或查看类似商品的买家推广商品。

(2)品牌推广:通过丰富而富有吸引力的广告素材帮助买家在亚马逊上发现卖家的品牌和商品。

(3)展示型推广:通过吸引在亚马逊网站内外的相关受众拓展卖家的业务。

敲黑板

根据平台营销活动的条件要求和营销工具的使用规则,符合平台条件的商品积极参与平台活动,店铺参与联盟营销,持续不断使用店铺活动工具,保持并提升店铺及其商品曝光量、点击率、转化率等,在直通车加持下,可短时间提升店铺及商品曝光量。

> 亚马逊广告活动的基本操作设置主要是关键词的匹配,亚马逊系统提供了广泛匹配、词组匹配和精准匹配三种方式,设置时要注意灵活变通。在广告运行中,卖家要根据广告数据反馈,进行有针对性的优化,包括广告关键词的更改与添加、广告竞价的涨降、日预算的调整,以及根据广告报表数据删除一些转化率差的关键词等。广告要注重一些细节,细节做好了,整体绝不会太差。

练 习 题

一、单项选择题

1. 速卖通平台中,以下哪个促销活动可以在活动开始后添加库存?（　　）
   A. 秒杀　　　　B. 试用　　　　C. 限时限量折扣　　D. 金币兑换
2. 速卖通平台中大促活动的价格门槛维度是多少天的最低价?（　　）
   A. 30　　　　　B. 90　　　　　C. 120　　　　　D. 180
3. 店铺设置了满999美元减130美元,还有满100美元减10美元的可叠加优惠券。那么如果买家购物全额是1 000美元整,请问最终成交价是多少美元?如果买家购买的商品都是已经设置20%off的商品,且成本占折前售价的65%,请问是否赔本?（　　）
   A. 890,不赔　　B. 840,赔　　　C. 860,不赔　　　D. 790,赔
   E. 840,不赔
4. 在速卖通卖家后台的"联盟营销-联盟看板"中,商户不可以查看近期的哪些指标?（　　）
   A. 浏览量　　　B. 访客数　　　C. 支付金额　　　D. 预计佣金
   E. 纠纷提起率　F. 支付订单数
5. 在速卖通直通车中,卖家成长值是除（　　）外的指标构成诊断维度。
   A. 基础指标　　B. 效果指标　　C. 消耗指标　　　D. 推广指标

二、多项选择题

1. 根据亚马逊平台美国站商品捆绑销售政策,以下描述中正确的有（　　）。
   A. 捆绑商品内的所有商品均必须符合亚马逊的销售政策
   B. 捆绑商品必须由具有高度互补性的商品组成
   C. 如果捆绑商品中的商品来自多个分类,则此捆绑商品可发布在多个分类下
   D. 捆绑商品不得包含任何单独的保修商品或延期保修服务
2. 亚马逊广告活动有哪几种三类型?（　　）
   A. 商品推广　　B. 品牌推广　　C. 展示型推广　　D. 付费推广
3. 速卖通平台中,A+计划(AliExpress卖家营销扶植计划)包含哪些内容?（　　）
   A. 卖家自主生成链接,用于站外引流
   B. 卖家后台可随时查看站外引流效果
   C. 对站外带来更多精准流量的卖家进行激励
   D. 提供海外站外引流的建议,不定时开展线上和线下的培训课程

4. 速卖通卖家后台的直通车"数据报告"的"账户报告"中可以查看哪些数据？（　　）
A. 七日曝光量　　　B. 七日点击量　　　C. 七日点击率　　　D. 七日总花费
E. 平均点击花费　　F. 七日退款率

5. 速卖通卖家后台的"客户管理"具有人群分析功能，可以先筛选出指定人群后，再对该人群根据分析因子，进行人群分布分析。请问以下哪些是平台提供的分析因子？（　　）
A. 国家　　　　　　B. 性别　　　　　　C. 年龄　　　　　　D. 身高
E. 宗教信仰　　　　F. 爱好　　　　　　G. 下单数　　　　　H. 支付订单数

三、判断题（5小题）

1. 亚马逊手动广告设置完毕后，可以跟踪投放的效果，即使效果不理想，也不可以暂停该项广告再重新建立新的广告。（　　）

2. 亚马逊ACOS值越小，说明广告投入所产生的效益越差。（　　）

3. 如果产品并未受到平台处罚，无法推广及曝光量异常是由于平台自然搜索排序影响导致的。（　　）

4. 速卖通关联营销模板最多可添加6个关联产品。（　　）

5. 亚马逊手动广告关键词筛选条件有三种，分别是广泛、词组和精准。（　　）

四、案例分析题

小明毕业后到深圳一家跨境电商公司上班，由于小明学得快，动手能力强，公司主管决定让小明运营一个亚马逊店铺。小明接手店铺，优化好产品后，决定投放广告，店铺是否有资格投放广告？如何投放广告？广告投放的原理是什么？广告投放后，需付出什么代价，在前台展现？有可能取得什么效果？这些问题小明都想弄明白，于是便请教师傅，师傅对小明的问题一一做了答疑。如果你是小明的师傅，你该如何答疑？

模块八　海外运营推广

【学习目标】

1. 了解海外社交媒体的定义与分类；
2. 了解六大海外社交媒体平台；
3. 了解海外社交媒体营销的原理；
4. 掌握海外社交媒体Facebook的营销方法；
5. 掌握海外社交媒体TikTok的营销方法；
6. 了解海外视频营销的发展趋势；
7. 熟悉海外视频营销的含义、特点；
8. 熟悉利用工具进行海外视频营销的日常运营和推广，捕捉精准客户。

【技能目标】

1. 能结合第三方跨境电商平台特点，根据产品要求，精准选择海外社交媒体，制定运营策略，提升运营效果；
2. 能够根据海外社交媒体推广方案，注册海外社交媒体账号，根据产品特点，持续创造适合同社交平台的内容，吸引精准粉丝，扩大海外营销影响力；
3. 能根据海外社交媒体账号表现，深入分析帖子的触达人数及帖子的点赞、留言和转发等海外消费者行为数据，调整运营策略，引入社交媒体广告和海外网红等优质流量，获得粉丝和转化；
4. 能够运用各种工具进行海外市场和用户数据分析；
5. 能够独立搭建和运营海外品牌视频频道；
6. 能够掌握海外视频营销的流程和技巧；
7. 能够利用海外视频营销进行目标客户精准开发。

【素养目标】

1. 培育和践行社会主义核心价值观；
2. 培养诚实守信、遵纪守法的职业道德；
3. 培养精益求精的工匠精神；
4. 强化数字素养，提升数字技能；
5. 培养互联网思维、创新思维和数据思维。

【思维导图】

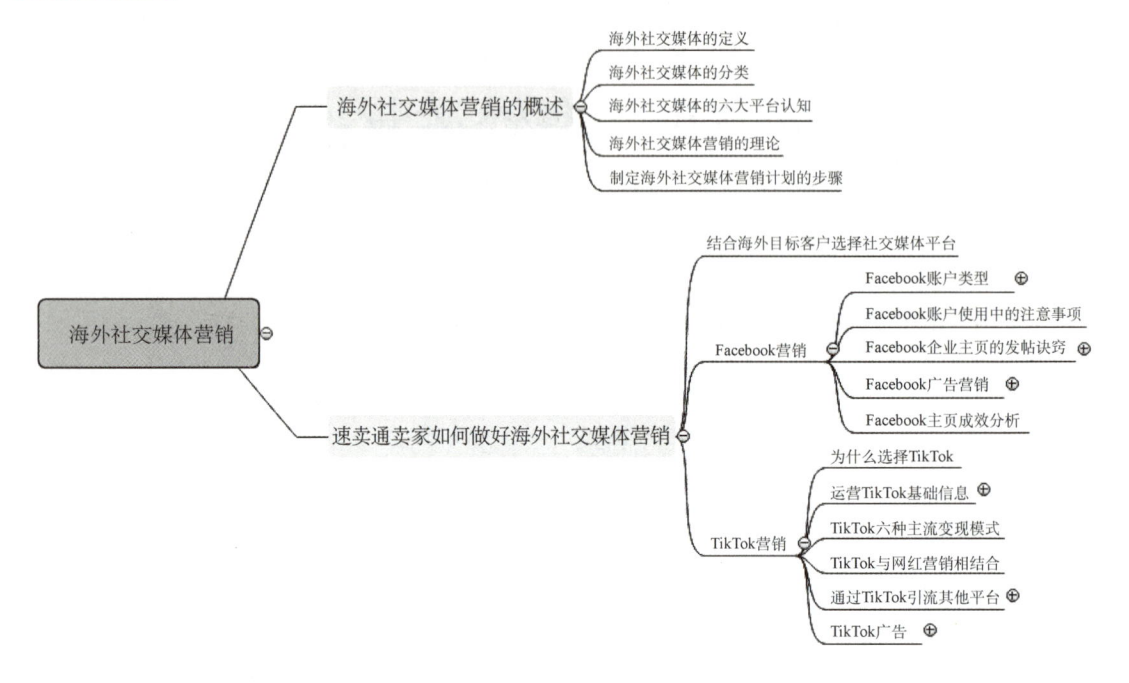

```
                                        ┌─ 海外社交媒体的定义
                                        ├─ 海外社交媒体的分类
                    ┌─ 海外社交媒体营销的概述 ─┼─ 海外社交媒体的六大平台认知
                    │                    ├─ 海外社交媒体营销的理论
                    │                    └─ 制定海外社交媒体营销计划的步骤
                    │
海外社交媒体营销 ─────┤                    ┌─ 结合海外目标客户选择社交媒体平台
                    │                    │              ┌─ Facebook账户类型 ⊕
                    │                    │              ├─ Facebook账户使用中的注意事项
                    │                    ├─ Facebook营销 ─┼─ Facebook企业主页的发帖诀窍 ⊕
                    │                    │              ├─ Facebook广告营销 ⊕
                    └─ 速卖通卖家如何做好海外社交媒体营销 ─┤              └─ Facebook主页成效分析
                                         │              ┌─ 为什么选择TikTok
                                         │              ├─ 运营TikTok基础信息 ⊕
                                         └─ TikTok营销 ──┼─ TikTok六种主流变现模式
                                                        ├─ TikTok与网红营销相结合
                                                        ├─ 通过TikTok引流其他平台 ⊕
                                                        └─ TikTok广告 ⊕
```

引导案例 »»»

中国全球化品牌50强上榜品牌Anker成立于2011年，在创办之初它就选择了走出海之路，选择入驻Amazon，并且在海外建立了自己的独立站。在Amazon上线的第一年，就获得1 900万美元的销售额，独立站在海外电商中起到了非常重要的作用。

随着移动互联网的兴起，当然Anker的知名度也越来越高，它不再将产品营销的目标用户定义在只喜欢高科技、电子类的用户身上，而将目标用户定义得更日常、更广泛，社交媒体逐渐开始展现重要的渠道用途，Anker在Facebook、YouTube、Twitter、LinkedIn及Instagram上广泛布局。

Anker看重的视频这种方式能对用户直接诠释产品特点的独有价值，直观、简洁，并且具有说服力。2012年11月，Anker开通了YouTube官方账号，开启海外视频营销之路。

结合案例，思考并回答以下问题：
1. 案列中Anker是如何做社交媒体营销的？
2. 本案例对做跨境电商创业的你有何启示？
3. 如何开展海外视频营销？

单元一 海外社交媒体营销介绍

一、海外社交媒体的定义

"无社交，不营销"。做跨境电商的企业，一定绕不开海外社交媒体营销，大家熟知的社交平台有 Facebook、YouTube、Instagram。那么，什么是社交媒体呢？社交媒体（Social Media）是一个非常宽泛的术语，社交指通过与他人共享信息并从他人处接收信息来与他人进行交互，而媒体是指一种通信工具。从这两个单独的术语中，我们可以将其基本定义结合在一起：社交媒体是基于Web的交流工具，使人们可以通过共享和使用信息来相互交流。从而我们可以简单理解社交媒体营销（Social Media Marketing），它是指使用社交媒体平台与受众建立联系，以建立公司的品牌，增加网站流量并扩大和增加销售。

基于社交媒体营销，目标受众定位更加精准，投资回报也更高。即便没有像大公司一样的广告预算，至少也可以通过内容营销积累你的人脉，提升品牌形象，并逐渐转化为销售业绩。

二、社交媒体的意义

1. 推动企业信息透明化

社交媒体比以往任何一次技术革新都更能够促进企业的协作精神，从而使得所有的公司和组织都能够处于公众的监督之下。企业对社交媒体的积极性越高，其透明度也就越高。例如，惠普的员工博客计划使得外界能够更好地洞察惠普的内部状况；沃尔玛等公司甚至还邀请客户来撰写博客。在未融入社交媒体之前，大型企业很难与用户进行互动，也就无法获取反馈。融入社交媒体后，用户可以直达企业高层。除此之外，所有的企业面对环境问题、产品标准及消费者和员工权益等问题时，也不得不更加慎重。

2. 提升产品质量

社交媒体使得所有消费者都可以针对产品发表评论并提出批评，因此厂商的产品必须有过硬的质量。产品质量不过关的厂商将会被曝光并最终失败。这也是为什么好的产品往往在传统营销上投入的资金更少的原因所在。社交媒体的存在使得优秀的产品能够获得自己用户和粉丝的追捧。

3. 能够创造消费者真正需要的产品

星巴克、戴尔和宝洁都采取了这种模式，与用户互动，听取用户的意见和反馈，并借此创造更好的产品。大型企业对此越积极，就越能促进这种模式的发展。

4. 消费者可自主控制社交关系

消费者可以选择关注英特尔或福特的员工，至于是否需要加入他们的社区则完全由消费者做主。这与传统媒体产生了鲜明的对比，在传统媒体中，消费者完全无法控制自己与大型公司之间的关系。

5. 提供有趣的资讯，增加亲密度

如果某些品牌希望通过社交平台来发布视频且做法得当，那么消费者就可以从中获得资讯。比如可口可乐在其博客上发布的公司发展史及耐克在YouTube上发布的足球视频。

三、海外社交媒体的分类

不同人群的不同需求促进了不同社交媒体平台的产生和发展。常见的社交媒体的形式有社交网络、社交分享、博客与论坛、社交新闻等。

（1）社交网络：社交网络是最知名的社交媒体之一。基于社交网络，人们与朋友、同

事、同学等具有相同兴趣爱好和背景的人连接在一起，分享信息和展开互动。最知名的社交网络有Facebook、Twitter、Google+和LinkedIn，如图8-1所示。

#	Network Name	Number of Users (in millions)	Country of Origin
1	Facebook	2,498	United States
2	YouTube	2,000	United States
3	WhatsApp	2,000	United States
4	Facebook Messenger	1,300	United States
6	Instagram	1,000	United States
11	Reddit	430	United States
13	Snapchat	398	United States
14	Twitter	386	United States
15	Pinterest	366	United States
17	LinkedIn	310	United States
19	Discord	250	United States
18	Viber	260	Israel
5	WeChat	1,165	China
7	TikTok	800	China
8	QQ	731	China
9	Qzone	517	China
10	Sina Weibo	516	China
12	Kuaishou	400	China
16	Baidu Tieba	320	China

图 8-1　知名的社交网络

（2）社交分享：使用社交分享，用户可以上传自己的视频、音频或者图片，并通过分享网站与其他网友进行分享与互动。例如，如果想通过视频吸引客户，那么 YouTube 是一个很好的渠道，它是海外最大的视频分享网站。在图片分享上，图片社交巨头 Instagram 的月活量截至2019年已经超过10亿，而 Pinterest 每月也有超过2.5亿的活跃用户。如果你拥有一家花店，可以分享你插花的图片供客户进行选购。

（3）博客与论坛：博客与论坛是出现历史最久的社交媒体形式之一。使用者通过发布内容和基于内容的互动进行营销推广。在博客中，Tumblr 是最受欢迎的博客平台之一，拥有超过4.3亿个账户。免费博客包括 blogspot.com、WordPress.com 等。

（4）社交新闻：通过社交新闻网站，用户分享或直接上传文章和新闻，网站用户可以对这些文章和新闻进行评价。社交新闻网站则基于评价对文章进行评级，并将评级最高的内容呈现给更多读者。这种网站出现得很早，最知名的 Reddit 都已经创建将近10年。如果想通过传播知识来建立品牌知名度，Quora 就是一个不错的社交网站，将允许你回答与行业有关的问题，并帮助人们获得所需的信息。

四、海外社交媒体平台的认知

社交媒体是企业在互联网上推广自己品牌的主要资源，作为跨境电商卖家，主要任务是要了解目标受众所使用的社交网站。图8-1中显示了2020年4月份各社交媒体平台月活跃用户的数量。结合以往数据可以看出，社交媒体的格局一直保持不变，Facebook、YouTube 和 WhatsApp 仍然是精英，Instagram 活跃用户有所上升，达到了10亿。来自中国的抖音（TikTok）和微信（WeChat）也已迅速成为世界上最受欢迎的社交媒体网站之一。接下来我们重点介绍下排名前10的几个重要平台。

1. Facebook（脸书）

Facebook（见图 8-2）是一个在线社交网站，于 2004 年 2 月由马克·扎克伯格与他的校友在哈佛大学创建。用户可以在 Facebook 上关注好友、名人，可发布文字、共享照片、视频、直播，附带评论、转发、收藏、点赞等功能，是目前全球最大的社交网站，用户多达 22 亿。Facebook 网站上每天的评论达 32 亿条，超过 50%的用户每天都会登录 Facebook，在 Facebook 上获取客户、投放广告来促销产品已经是一种国际趋势。盈利模式主要是广告坑位费和第三方付费应用分成（如游戏）。

图 8-2　Facebook 图标

2. YouTube（油管）

YouTube（见图 8-3）是全球最大的视频网站，于 2005 年 2 月 15 日，由美籍华人陈士骏等人创立。用户可以在 YouTube 网站上上传、观看、搜索、分享和评论视频。2006 年 11 月，Google 公司以 16.5 亿美元收购 YouTube，并把其当作一家子公司来经营。截至 2020 年，其用户数量达 18 亿，YouTube 每分钟上传的视频时长超过 400 小时，每天的观看时数长达 10 亿小时。盈利模式主要为广告赞助付费流媒体音乐服务和付费视频点播。

图 8-3　YouTube 图标

3. LinkedIn（领英）

LinkedIn（见图 8-4）成立于 2002 年 12 月 14 日，于 2003 年 5 月 5 日正式上线，目前无疑是最受欢迎的职场社交媒体网站。该网站目前提供 24 种语言支持，注册全球会员超过 6 亿，覆盖 200 多个国家及地区。用户可以在 LinkedIn 平台与类似行业的人建立联系，求职招聘、拓展人脉、查询薪资等。盈利模式主要是广告和付费服务。

图 8-4　LinkedIn 图标

4. Instagram（照片墙）

Instagram（见图 8-5）是一个照片共享平台，由 Kevin Systrom 和 Mike Krieger 在 2010 年 10 月创建并推出，目前是 Facebook 旗下的品牌。许多用户用它发布关于旅游、时尚、食物、艺术等类似主题的信息。该平台还以其独特的过滤器及视频和照片编辑功能而著称，允许用户把照片分享在各种社交网络平台，比如 Facebook 和 Flickr。截至 2020 年，Instagram 每月的活跃用户就已达到 10 亿。盈利模式主要为广告推送（图片、视频广告），广告主以知名品牌为主。广告的形式基本以简洁的内容为主。

图 8-5　Instagram 图标

5. Twitter（推特）

Twitter（见图 8-6）是一家美国社交网络及微博客服务的平台。该平台于 2006 年 3 月由杰克·多西与他的合伙人共同创建。用户可以在 Twitter 上发布不超过 140 个字符的消息（推文），也可以跟随自己喜欢的 Twitter 用户。在 Twitter 平台，从突发事件、娱乐讯息、体育消息、政治新闻，到日常资讯、实时评论对话全方位地展示了故事的每一面，用户可以加入开放的实时对话，或观看活动直播。到 2020 年，Twitter 平台每月活跃用户超过 3.3 亿，每天发布 5 亿条推文。对于公司来说，可以使用 Twitter 与潜

图 8-6　Twitter 图标

在客户进行互动,回答问题,发布最新消息,同时针对特定受众投放目标广告。盈利模式主要是广告、数据售卖。

6. TikTok(抖音)

TikTok(见图8-7)是由今日头条孵化的一款音乐创意短视频社交软件,该软件于2016年9月20日上线,是一个面向全年龄段的音乐短视频社区平台。2017年11月,今日头条收购了北美音乐短视频社交平台Musical.ly。目前抖音国际版TikTok在155个国家和地区可用,它提供75种语言版本。用户可以通过这款软件选择歌曲,拍摄

图8-7 TikTok图标

音乐短视频,形成自己的作品,抖音也会根据用户的爱好,更新并推送用户喜爱的视频。抖音国际版TikTok下载和安装量曾在美国市场跃居第一位,并在日本、泰国、印尼、德国、法国和俄罗斯等国家,多次登上当地App Store或Google Play总榜的首位。截至2020年4月,抖音App的全球下载量已超过20亿次,拥有8亿活跃用户,用户平均每天在应用程序上花费52分钟。盈利模式主要是广告和电商带货的佣金。

五、海外社交媒体营销的理论

任何一个事物要想长久发展,其背后必定有一套强大理论的支撑,要想玩转社交媒体,还要先了解其背后的理论。下面介绍两个社交媒体背后的理论,分别是150法则和六度空间理论。

1. 150法则

150法则(即著名的"邓巴数字")由牛津大学的人类学家罗宾·邓巴提出。该定律根据智力与社交网络推断出:人类智力将允许人类拥有稳定社交网络的人数是148人。每个人最多能影响身边的150个人,超过150人,就没有交流效果。从工业社会到网络社会,这个150人大致不变,也就是说,每个人背后都有150人,与自己紧密联系,当你赢得一个人的好感,就赢得了他背后150个人的好感,当你得罪了一个人,那么就相当于得罪了他背后的150人。所以,150定律在社交媒体非常关键,特别是在营销方面。150法则在现实生活中的应用很广泛。比如中国移动的"动感地带"SIM卡只能保存150个手机号,微软推出的聊天工具"MSN"(也是一种SS),一个MSN只能对应150个联系人。

2. 六度空间理论

简单地说,六度空间理论(见图8-8)就是你和任何一个陌生人之间所间隔的人不会超过6个。互联网社交网络的时代,人与人之间的关系开始变得密切,连接方式也变得相对开放而简单,六度空间理论在社交中开始应用起来。对六度空间理论打主意最早的是商家,在他们眼里,这种人际关系链就是传播链,当然借助六度空间理论进行传播最成功的还是谷歌Gmail的邀请注册。在邀请码刚出现时,Gmail的邀请码甚至可以卖到60美元,自然而然地,Gmail邀请在六度空间网络中疯狂传播,人人都以拥有一个Gmail账号为荣,这为Gmail的普及打下了基础。而六度空间理论也说明了在社会中普遍存在的"弱纽带"的效果,通过弱纽带,人与人之间的距离变得更容易建立信任。

图8-8 六度空间理论

六、制订海外社交媒体营销计划的步骤

海外社交媒体营销计划应涵盖公司准备在社交媒体营销中要做的一切,以及公司希望通过社交网络达成的业务目标。社交媒体营销计划还应涵盖客户现状审视、希望引导客户达到的目标,以及为实现上述目标公司拟使用的所有社交媒体工具。一般而言,公司制订的计划越具体,计划实施的效率就越高。如图8-9所示为社交媒体营销计划步骤图。

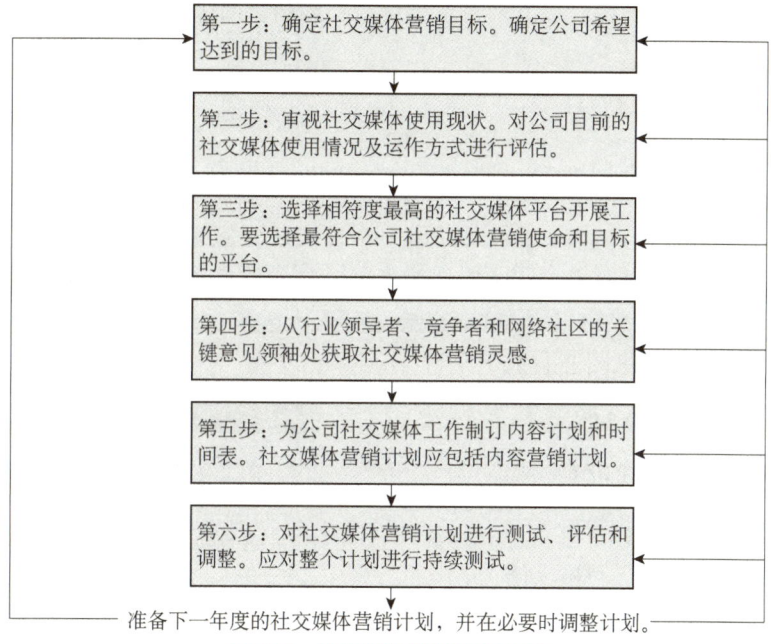

```
第一步:确定社交媒体营销目标。确定公司希望达到的目标。
   ↓
第二步:审视社交媒体使用现状。对公司目前的社交媒体使用情况及运作方式进行评估。
   ↓
第三步:选择相符度最高的社交媒体平台开展工作。要选择最符合公司社交媒体营销使命和目标的平台。
   ↓
第四步:从行业领导者、竞争者和网络社区的关键意见领袖处获取社交媒体营销灵感。
   ↓
第五步:为公司社交媒体工作制订内容计划和时间表。社交媒体营销计划应包括内容营销计划。
   ↓
第六步:对社交媒体营销计划进行测试、评估和调整。应对整个计划进行持续测试。
   ↓
准备下一年度的社交媒体营销计划,并在必要时调整计划。
```

图 8-9 社交媒体营销计划步骤

七、社交媒体营销应遵循以下基本原则

(1)社交媒体营销不是一个独立的可以支撑起企业品牌塑造的渠道,只是辅助手段。

(2)设计社交媒体营销的活动时,需要回归到传播的内容,内容必须具有创造性,信息的传达方式须简单、效率和有趣。

(3)社会化媒体活动的最基本原则就是内容互动和真实,信息需要持久性,坚持不懈地更新,这样你的客户会保持忠诚度,最终取得一个很好的口碑传播。

(4)后续延伸需要线上线下结合。

(5)需要成立专门机构负责社会化媒体营销。

单元二　海外社交媒体推广

一、结合海外目标客户选择社交媒体平台

在2018年、2019年全球App的下载排行中,速卖通在购物类App里排行是非常靠前

的，仅次于亚马逊。作为跨境卖家要想在速卖通上做好自己的产品和店铺，就势必要学会站外营销，而站外营销的前提是结合速卖通平台的海外用户群体来选择正确的社交媒体平台。2016年以前，速卖通最大的市场是巴西，平台上的商品也以一些低廉的小商品为主，平台管理比较混乱；2016年以后，平台逐步转型，实现品牌化管理，消费市场也逐渐转移到俄罗斯、美国、法国等消费力更高的国家（见图8-10）。

结合速卖通目标客户的群体以及社交媒体平台的特点，我们确定以Facebook和TikTok作为主要的社交媒体营销的平台，接下来将从理论和实践两方面来入手，指导如何营销。

二、Facebook营销

（一）Facebook账户类型说明

个人账户：免费开通，建议一个人开通一个真实的活跃账户。个人账户可以创建主页（商业主页）和管理多个商业主页。个人账户是Facebook的基础，需要保证账户的安全与稳定，以便长期使用。个人账户只需在 www.facebook.com 依次填写姓名、电子邮件等信息就能完成个人账户的注册（见图8-11）。

图8-10　速卖通平台主要的海外客户群体

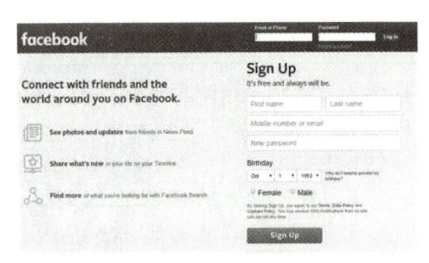

图8-11　个人账户注册

个人主页：注册了Facebook账号后，就有了个人主页，这其实类似于注册了微信后就有了朋友圈一样。个人主页代表单个社交媒体用户，讲述该用户自身的故事，可以添加朋友（上限5 000好友）、家人并分享自己的照片、视频及生活的状态等（见图8-12）。小组也是Facebook个人主页中的一个特色，建立小组便于一群志同道合的人进行互动和分享信息，类似于微信群。Facebook不允许在个人主页投放广告，否则特别容易被封，这样的话充进去的广告费也取不出来了。但是正常的主页更新、发帖子是可以的。

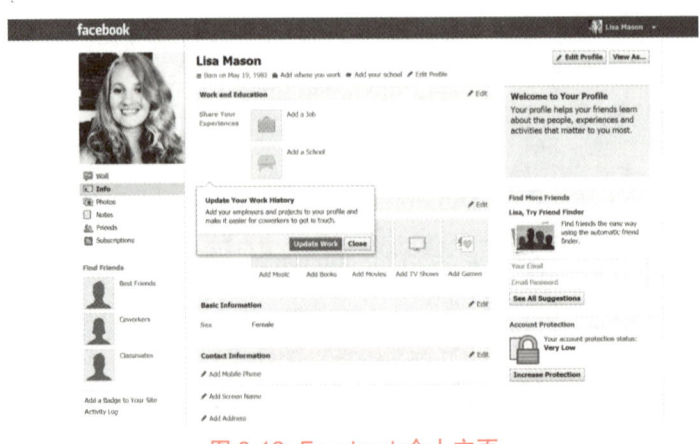

图8-12　Facebook个人主页

商业主页：个人主页代表个人，而商业主页则是供品牌、商家、组织和公众人物在 Facebook 平台打造影响力的地方。任何 Facebook 个人账户都可以创建多个商业主页（如图 8-13 所示为星巴克 Facebook 商业主页）。给商业主页点赞的用户及其好友就成为商业主页的粉丝，可以在动态消息中看到商业主页的最新动态。Facebook 营销的大部分都是基于主页来完成的，使用主页可以进行很多营销活动，如发布最新动态、图片、声音和视频；开通签到服务，将你的生意和基于位置的 LBS 服务集成；投放广告，宣传品牌；分享应用程序。

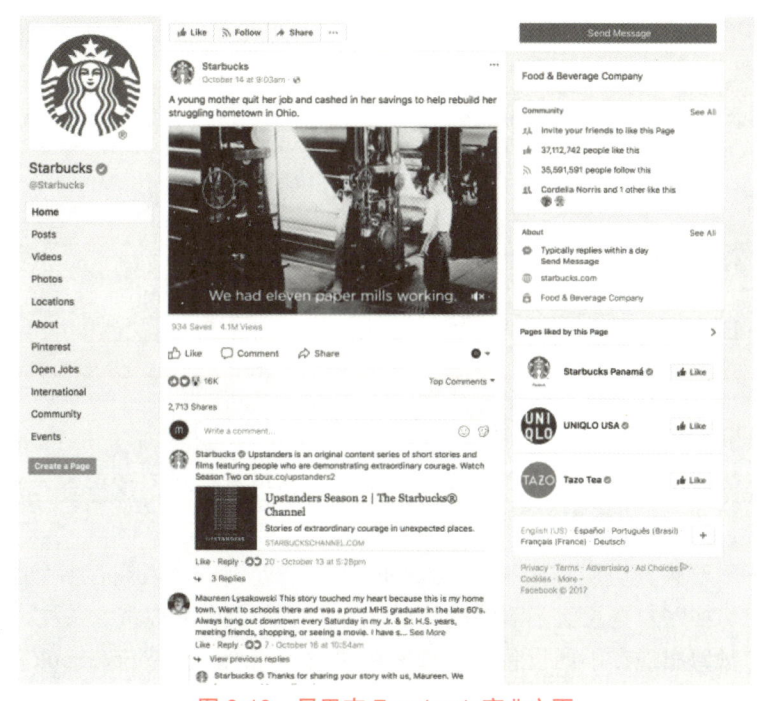

图 8-13　星巴克 Facebook 商业主页

商业广告账户：主要用于打广告扣款。Facebook 严禁国内用户使用个人账户投放广告，而要求使用商业广告账户投放广告。商业广告账户通过代理商开通或者自行开通，一个公司目前可以开通两个商业广告账户，如图 8-14 所示。注意，商业广告账户不像个人账户一样可以登录，它是通过商务管理平台来管理的。

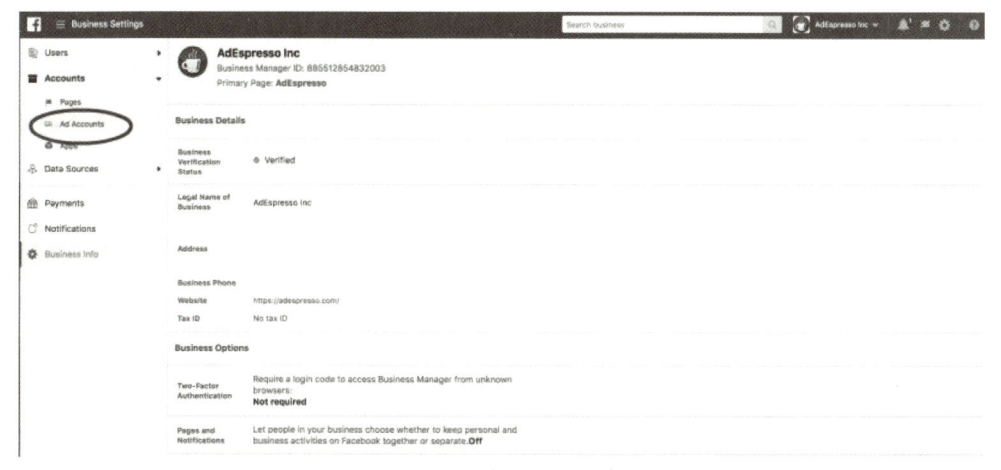

图 8-14　商业广告账户

通过前面的分析我们最后得出 Facebook 各账户之间的差异并做成表格，如表 8-1 所示。

表8-1　Facebook 各账户之间的差异

	商业主页	个人主页	小组
我是否可以建立品牌形象？	是	否	是
需要花多少钱？	免费	免费	免费
用户如何与我进行业务沟通？	收件箱：Messenger、Facebook 评论、Instagram 评论	Messenger	Messenger
在哪里可以查看我的业务在 Facebook 上的表现情况？	"成效分析"选项卡 广告管理工具 商务管理平台 主页管理应用	不适用	小组成效分析
我是否可以使用这个平台投放广告？	是	否	否
推荐的目标是谁？	商家、本地店铺/商店、组织、非营利机构、公众人物和政界人士	个人	个人、公共主页
这些平台上还提供哪些其他工具？	帖子、快拍、活动、预约、招聘、小组、广告、Marketplace	帖子、快拍、活动	帖子、快拍、活动

（二）Facebook 账户使用中的注意事项

当我们已经完成了 Facebook 账户注册后，尽量避免以下操作，这样会有效降低被封停账户的概率。

同一个设备不要频繁切换其他账户：Facebook 是不允许一个人拥有多个账户的，当你在同个设备上频繁切换账户登录又不清除浏览器缓存的话，很容易被重点关注，并被封号。

同一个账户频繁出现在不同设备上：频繁切换设备登录，会被 Facebook 认为你的账户被盗，从而冻结你的账户。

IP 地址不固定：一个正常的用户，每天登录的 IP 地址基本都是一样的。如果每次登录的 IP 地址是不固定的，会大大增加账户被封停的风险。如果条件允许的话，建议开发者自己搭建服务器或不改变 IP 地址来增加稳定性。

不正常的操作，动机过于明显：短时间内频繁主动大量加好友或者加入不相关的群组。这种行为伤害了 Facebook 的用户体验，会被 Facebook 认定为是不友好的账户。现在 Facebook 对任何账户的频繁操作都异常敏感，你的任何操作都要适当。

如果我们不幸中招被封停账户，请根据 Facebook 的申诉提示进行申诉。由于申诉时需要提供大量的注册信息，因此建议开发者在注册时尽量填写真实信息，或注册时备份当初填写的内容，以便后续申诉使用。

（三）Facebook 主页的发帖诀窍

1. 更新主页状态

更新主页状态是 Facebook 营销中最常用的操作。你可以将有趣的文章发布在 Facebook 上，也可以转载 YouTube 视频或博客文章。更新主页状态这一看似简单的信息发布功能，却有很多技巧，例如：

- 状态更新的内容风格；

- 发布内容的时间；
- 设置内容相关的地点；
- 转载图片、视频和博客文章。

2. 发布照片和视频

趣味横生的照片或视频的传播效果胜过千言万语。照片和视频也是我们Facebook社会化媒体营销中经常会使用到的。上传照片和视频之后可以对说明内容进行各种常规设置，包括添加主题标签、设置帖子的发布时间、设置照片或视频的地址。

此外，照片和视频帖子有两个实用却往往会被忽略掉的功能：调整图片位置和圈图片、圈视频。

3. 发布活动信息

在Facebook的主页中还可以召集品牌社区的粉丝们参加线上或线下活动。你可以在主页的状态更新中选择"活动、大事记+"，添加活动，然后再邀请你的好友、生意伙伴等参加这个活动。在创建活动之前，最好能准备好一张高质量的活动封面照片，因为刚创建的活动是没有封面照片的。在活动创建之后，马上进入活动页面将照片更新。在广告营销中，优秀的广告创意能带来良好的转化，优秀的图片创意对于广告转化率的贡献最大。和广告营销一样，高质量的活动图片也能带动转化率的提升。

4. 发布大事记

大事记是你的产品或品牌在成长过程中所经历的重要的具有纪念意义的事件。这样的大事记会记录在主页的关于页面中。如果浏览英文版的Facebook，简体中文中的"大事记"和繁体中文中的"里程碑"在英文版中的名称是Milestone，而简体中文中的简介页面的"大事记"栏目及繁体中文中的"人生大事"和"生活要事"的英文名称是Life Events。

发布大事记的入口和状态更新在一起，选择最后一个"活动、大事记+"，然后再选择下面的大事记就可以添加大事记了，可以选择将大事记在主页的时间线中以通栏的样式呈现出来，也可以选择将大事记从时间线中隐藏，而只出现在"关于页面"中。这都是要根据你的内容和你的选择来定的。

5. 建立小组讨论

小组是一个类似于微信群讨论组的社交工具。基于小组，你和你的粉丝们可以就某个特定的主题展开讨论。很多公司通过建立小组加强与铁杆粉丝们的互动交流。在加入某些感兴趣的小组后，你可以在小组中讨论有趣的话题，分享经验和方法。在小组中，发帖子的方法和在个人账户或者主页中的方法非常类似，大致包含发表留言、添加照片和视频、提问、添加文件这几种，其中的提问和添加文件是主页中所没有的。

提问是小组讨论中比较常用的功能。你可以提出一个开放性的问题，你的粉丝们进行回答。或者，你在提问的时候同时提供若干个选项，你的粉丝们在回答的时候，选择你的问题的答案即可，同时粉丝的头像会出现在这个选项的后面。

（四）Facebook广告营销

1. Facebook广告概念

互联网广告是在网络媒体上投放的广告，以网站中的广告横幅、文本链接、多媒体等形式,展示给互联网用户。而这其中,以Facebook为代表的社交媒体平台收集了大量用户的人口统计数据,吸引了越来越多的用户参与互动与分享,也吸引越来越多的企业从事社交媒体广告营销。

Facebook广告是以人为本的精准营销策略,通过收集、整合跨平台的大数据,对真实用户的人口统计资料、兴趣、使用方式及消费习惯等信息进行分析,从而达到精准的受众定位,发掘最具价值的客户,最大化广告投资回报率。

2. Facebook广告特点

与其他广告相比,Facebook广告具有如下特点。

(1)跨设备展示广告:通过众多可选的移动端或桌面端广告版位,无论受众使用哪种设备,你都可向他们展示广告。

(2)了解目标受众:直接切中受众的需求,或消除妨碍受众转化为客户的障碍。建议针对不同的受众考虑使用不同的创意,确保迎合每一个受众群的需求。

(3)视频广告动态展示:截至2020年,视频广告预计将吸引82%的移动访问量,Facebook为企业提供不同的视频广告类型、版位和平台,可让企业通过与受众上网方式相匹配的内容向他们推广业务。

3. Facebook广告形式

Facebook的广告形式分为照片广告、轮播图广告、精品栏广告、视频广告、全屏广告等多种广告形式(见图8-15),用不同的形式投放广告会收到不同的广告效果,所以在投放广告时一定要选择合适的广告形式,充分考虑到受众用户的心理,这样才能收到比较好的宣传效果。

(1)照片广告:照片广告(Photo Ads)具有简洁明了的特点,可用于展示富有吸引力的图片和文案。这种广告能让企业利用高品质图片或插图展示品牌及业务。

(2)视频广告:视频广告(Video Ads)可通过动态画面和声效体验讲述品牌故事。这种格式可采用各种长度和风格,包括可随时观看的动态消息类短视频和更适合坐下来慢慢观看的长视频。

(3)即时体验广告:即时体验广告(Instant Experiences Ads)以前称为全屏广告(Canvas Ads),适合移动设备、响应快速而且具有深度的沉浸式体验。即时体验广告非常适合直复营销和品牌推广活动,能为你的观众提供丰富的视觉体验,并且在突出你的品牌和产品时,提升和保持他们的参与度。

(4)Messenger:Messenger广告(Messenger Ads)方便用户发起与商家的对话。这种广告可助商家与现有或潜在客户建立密切联系,且广告体验中可增加互动或自动功能。

(5)轮播广告:轮播广告(Carousel Ads)可在单条广告中展示多达10张图片或10段视频,且不同的图片或视频可设置独立的链接。这种格式可用于凸显不同的商品或跨多张轮播图讲述品牌故事。

(6)幻灯片广告:幻灯片广告(Slideshow Ads)是类似于视频的广告,由动态画面、声音和文本组成。这些轻量级视频片段有助于商家在任何网速下和各种设备上呈现精彩的品牌故事。

(7)精品栏广告:精品栏广告(Collection Ads)让用户可以发现、浏览和购买商家的商品或服务。用户轻触精品栏广告后,即可进入快速加载的广告体验,详细了解具体商品。

（8）线索广告：线索广告（Lead Ads）就是表单广告，你可以在Facebook平台内创建信息收集表。线索广告可用于邀请用户订阅电子期刊、提供估价、接听跟进电话以及接收商家信息等。这一过程中，你不但能获得自己需要的信息，也能找到优质的潜在客户。

图 8-15　Facebook 广告形式

（9）动态广告：动态广告（Dynamic Ads）动态广告可根据用户在网站、应用或其他网络平台表现出的兴趣，自动向他们推广相关库存。外观而言，动态广告与Facebook中的其他单图片广告、轮播广告或精品栏广告并无不同，但动态广告无须针对每种推广商品单独创建广告，相反，您可以创建一个广告模板，让模板自动调用待推广商品目录中的图片和信息。

4. Facebook 广告设计与投放

Facebook 广告设计有投放流程如图 8-16 所示。

选择目标 → 选择受众群体 → 决定广告的投放位置 → 设置预算 → 选择格式 → 下单

图 8-16　Facebook 广告设计与投放

（1）Facebook 广告营销目标。Facebook 广告提供多个营销目标，可助商家实现业务目标。营销目标是指商家希望用户在看到广告时采取的操作。创建Facebook广告时，第一步是选择目标，即选择营销目标，选择的营销目标要与整体业务目标相契合。Facebook广告系列目标分为品牌认知、购买意向、行动转化（见图 8-17）。

① 品牌认知（Awareness），营销漏斗顶层，提升知名度。

品牌知名度（Brand awareness），向更可能花更多时间浏览你广告的用户推广。

覆盖人数（Reach），向尽可能多的用户推广。

② 购买意向（Consideration），营销漏斗中间层，提升参与度。

访问量（Traffic），向更可能访问目标位置（网站等）的用户推广。

参与互动（Engagement），向更可能发生互动的用户推广，互动包括点赞、评论、分享、活动响应等。

应用安装量（App installs），向更可能安装应用的用户推广。

图 8-17　Facebook 广告系列目标

视频观看量（Video views），向更可能观看视频的用户推广。
应用安装量（App installs），向更可能安装应用的用户推广。
视频观看量（Video views），向更可能观看视频的用户推广。
潜在客户开发（Lead generation），向感兴趣的用户收集潜在客户信息。
消息互动量（Messages），吸引更多用户通过 Messenger 联系你。

③ 行动转化（Conversion），营销漏斗底部，提升转化量。

转化量（Conversions），向更可能产生转化的用户推广，转化包括添加到购物车的动作等。
目录促销（Catalog sales），根据目标受众自动展示目录商品。
店铺访问量（Store visits），向周边用户推广多家分店。

（2）Facebook 广告受众群体。

俗话说："知彼知己，百战不殆。"想要广告投放效果好，肯定要先了解广告受众，要知道受众跟我们的广告是息息相关的，选择合适、精准的受众群体不仅能帮我们省掉大量的广告费，还能大大提高广告效果。广告受众分类如图 8-18 所示。

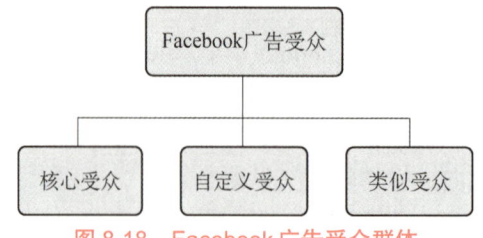

图 8-18　Facebook 广告受众群体

① 核心受众（选择想要覆盖的人群）：根据人口统计特征、地区、兴趣和行为等方面向受众营销。初期创建广告没有相关数据时，通过 Facebook Audience Insights 能为你找到相关的核心受众。

② 自定义受众（与已知用户取得联系）：自定义受众是指广告客户利用已经掌握的用户个人信息与Facebook用户进行匹配，来定位Facebook用户的一种定位方式。用户个人信息包括用户邮箱地址、手机号码、Facebook用户ID等。现在很多网站允许新用户使用邮箱或者手机号码作为用户名。从用户角度来说，这为他们省去了思考个性化的、不重复用户名的麻烦，便于登录和找回密码，也有助于提高参与度。为了管理方便，大多数用户习惯用一个他们使用最频繁的邮箱来注册网站。例如，一个用户使用同一个邮箱注册了电商网站和Facebook。试想一下，又有多少人会经常更换他们的邮箱和手机号呢？这也就是说，如果知道了这些信息，广告客户可以非常精准地定位到这些用户。

③ 类似受众（找到与已知用户类似的人群）：类似受众是指与自定义受众相似的，可能对你的业务感兴趣的新用户。在创建了自定义受众之后，你可以在此基础上创建与你的自定义受众列表相似的用户。类似受众会与当前的自定义受众列表中的用户存在相似的兴趣，包括共同粉丝、站点注册、优惠券领取、相同活动等。例如，Facebook通过自己的算法对你创建的自定义受众进行分析得出一些属性，如热爱购物、喜欢时尚、追星、演唱会、音乐等。然后，Facebook会根据这些属性在自己的数据库里找到和这批属性类似的人群。

（3）Facebook广告版位。Facebook广告版位是广告展示的平台和网络。Facebook的广告不仅仅展示在Facebook上，它主要展示在Facebook、Instagram、Audience Network和Messenger这四大版位上。在Facebook上做广告时，广告版位对广告成本有巨大影响。有数据显示，依据选择的广告版位，单次点击费用可能相差550%以上，因此要合理选择广告版位，即决定广告的投放位置。目前，Facebook有超过10种不同的Facebook广告版位可用：①动态；②即阅文；③视频插播位；④右边栏；⑤推荐视频；⑥marketplace；⑦快拍；⑧Instagram；⑨Facebook Audience Network；⑩Messenger。

（4）灵活的广告预算。预算是广告客户愿意为营销花费的最高金额，因此要合理设置预算。这里讨论的预算指的是广告系列的预算。投放Facebook广告有两种预算类型可以选择：每天预算和总预算。选择"每天预算"，输入的金额是广告系列单日消费的上限，选择"总预算"则是广告系列的总消费上限。

预算类型的选择是跟时间联系在一起的，通常是同排程一起设置的。你需要考虑广告营销的周期，同样有两种选择：

- 从今天起长期投放广告系列；
- 设置开始和结束日期。

前者表示不设截止时间，从创建广告系列开始投放广告直到预算花完为止。后者表示广告系列在指定的周期内花完预算，Facebook广告系统会自动在整个营销周期内平均分配支出。例如，如果为一个为期10天的广告系列指定1 000元人民币的预算，每天一般会花费100元人民币。如果广告系列在第一天只花费了50元人民币，系统将尝试在剩余9天内的某一天花掉少用的那部分费用。在设置预算时，你可以看到"¥ CNY"这样的货币符号；在设置排程时，你会看到"美国西岸太平洋时间"这样的时区信息。通常要设置的信息包括账户货币、账户国家或地区及账户时区。这些都是在你第一次创建广告时需要设置的。

（5）选择格式，即选择广告形式。有9种功能灵活的广告格式或形式可供选择，且它们适用于各种设备和网速条件。可以选择在广告中展示一张图片或一段视频，也可采用展示空间更充裕的多图片轮播格式，视频展示会比图片效果好。

（6）下单。广告提交后将进入广告竞拍流程，该流程有助于你将广告展示给相关的目标受众。

和拍卖类似，广告竞拍的作用是根据广告的总出价确定广告的展示及成交广告的最终收费。Facebook广告平台本质上是一个竞拍系统，你需要和其他广告客户一起竞争目标受众。举个例子，一个Facebook用户在个人信息中填写了自己的喜好，比如喜欢咖啡、旅游和摄影。那么他可能既是咖啡企业的目标受众，又是旅行社的招揽对象，也可能是摄影仪器制造商的潜在客户。尽管三个广告客户的业务不尽相同，但是三家企业都需要为争取对该用户的广告展示出价竞争。

关于广告出价，广告客户可以决定他们愿意为哪种结果支付费用，选择适当的广告出价类型。Facebook提供了3种出价类型：CPC、CPM和OCPM。

CPC（Cost Per Click）表示单次点击成本，指的是每次用户点击广告客户愿意支付的最高价格。只要用户点击广告，广告客户就需要向Facebook支付费用。同一个用户点击两次广告，你需要支付两次点击费用。对于广告展示，Facebook则不会收取任何费用。

CPM（Cost Per Mile）是指每1 000次的浏览成本，即只要有1 000人看过你的广告，你就需要支付的成本，与是否点击或与广告产生互动无关。CPM的受众覆盖人数最多，适用于提高在Facebook上的曝光率和知名度，多数用于发布新产品或活动。

OCPM（Optimized-CPM，优化的CPM）本质上也是CPM，它是一种自动优化展示的出价类型。换句话说，广告客户无须自己设置广告出价，Facebook代替广告客户自动调整出价，目的是让广告获得更多的点击或者更多的展示。

（五）Facebook主页广告成效分析

可以通过Facebook的追踪像素（Pixel）查看Facebook的表现形式，也可以通过点击Facebook的Ads Manager，在Performance中点击"Customize Columns"（见图8-19），查看以下指标（图8-19只显示部分）：

- Performance：广告的结果，到达率，花费。
- Engagement：帖子的点赞度，页面的参与度，帖子的参与度。
- Videos impressions：视频的浏览量。

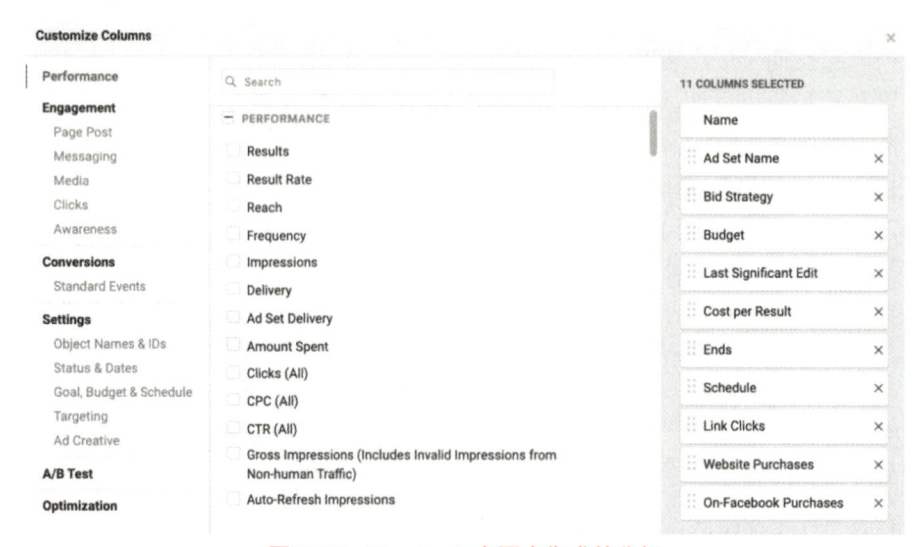

图8-19　Facebook主页广告成效分析

- Website：网站的点击量，结算，支付信息，添加到购物车。
- Apps：App 的安装量。
- Events：活动有多少人参与，响应度怎么样。
- Clicks：独立 IP 访问，点击率，点击量。
- Settings：广告跑的时间，结束的时间，竞价，以及广告目标的选择。

三、TikTok 营销

（一）为什么选择 TikTok

在介绍 TikTok 营销之前我们可以看一组数据，这些数据告诉我们 TikTok 作为新型的社交媒体平台，其海外影响力与日俱增，其月活跃用户已经超过了 Instagram 和 Twitter 等存在时间更长的平台。截至 2021 年 2 月，TikTok 官方推出的最新数据如下。

（1）TikTok 在全球除中国外拥有 8 亿月活跃用户，成为用户数量第七大的平台，领先于 Snapchat、Pinterest 和 Twitter 等存在时间更长的平台。加上中国版 TikTok（抖音）的 5 亿日活跃用户，全球共有 13 亿活跃用户。

（2）TikTok 在全球下载量（Apple Store 和 Google Play 下载）已超过 26 亿次。

（3）TikTok 在美国拥有超过 1.3 亿活跃用户，美国 62% 的 TikTok 用户年龄在 10 岁至 29 岁之间。相比之下，50 岁以上的人只有 7.1%。

（4）每个用户平均花费在 TikTok 上的时间约为 52 分钟，每天打开 TikTok 的次数为 8 次。

（5）TikTok 在 155 个国家和地区可用，有 75 种语言版本。

（6）90% 的 TikTok 用户每天都会访问这款应用，68% 的 TikTok 用户会观看别人的视频，55% 的用户上传过自己的视频。

（7）在不到 18 个月的时间里，美国成年 TikTok 用户的数量增长了 5.5 倍。

（8）社交媒体网红们开始在 TikTok 上创建平均 500 美元的付费内容。

（二）运营 TikTok 基础信息

虽然抖音和 TikTok 使用的商标、用户界面和内容几乎完全一样，但 TikTok 和抖音是两个独立的应用程序。

1. TikTok 注册登录

国内抖音的注册登录方式主要包括手机号码、微信、QQ、头条号和微博，抖音账号一般分为个人号和企业蓝 V 号。抖音企业蓝 V 号是在抖音企业号的基础上进行认证申请的，需要交服务费 600 元/年，享有全部认证企业号功能特权。

TikTok 的注册登录主要包括海外手机号码、Facebook 账号、Instgram 账号、Google 账号、Apple 账号及 Twitter 账号，如图 8-20 所示。账号主要以个人账号（Personal Account）和创作者账号（Creator Account）为主，另外还有企业号（Business Account）、蓝 V 号（BA with Blue V）和仅企业使用的广告账号（ADs Account）。

图 8-20　TikTok 登录方式

这里我们重点讨论 TikTok 的 3 种账号：个人账号（PA）、创作者账号（CA）和企业账号（BA），如图 8-21 所示。

账号类型	WebStie	Email	Analytics	置顶	APP下载	创作者市场	版权音乐库
PA号	1000粉丝	无	无	无	无	无	较丰富
CA号	1000粉丝	无	有	无	无	有	较丰富
BA号	立即开通	仅单视频分析	无	无	无	无	版权限制
BA with blue V	多一个官网红色链接	有	有	有	有	无	版权限制
ADS广告账号	独立体系，与前几种账号没有打通						

图 8-21　TikTok 的 3 种账号

（1）Personal Account：个人账号，也是初始默认的账号，适合个人仅用于查看，不用于发布作品，只是来学习或纯娱乐消费时间的。个人账号不方便营销，因为个人账号是没有办法选择类别的，也无法填写邮箱和网站。创作者基金也是没有的。如果有 1 000 粉以上，个人账号就有主页直链的功能。

（2）Creator Account：创作者账号，适合内容创作者、公众人物、艺术家和有影响力的 KOL，如图 8-22 所示。这个类型有个人也有企业。创作者账号有数据分析功能，这对于创作者来说是非常有用的。通过数据后台可以看到视频的流量来源，以及每个国家流量的占比。通过数据分析你的用户画像、用户行为、用户的爱好等，再根据用户的各种行为来优化视频的内容，从而获得更好的变现。

（3）Business Account：企业账号，适用于公司，适合品牌、零售商、组织和服务提供商，如图 8-23 所示。所以它所用到的音乐、道具都是商用的，在版权上会有所限制，有部分音乐无法使用。

图 8-22　CA 账号

图 8-23　BA 账号

账号之间是可以随意切换的，Personal Account、Creator Account 和 Business Account 可以随时切换，平台非常鼓励用户自己来产生内容。对于做跨境电商的卖家，建议在 Creator Account 和 Business Account 中选一个类型来长期操作。一般来说，建议使用创作者账号（Creator Account）来运营和增加个人影响力。

2. 注册 TikTok 账号需要准备的工具

一般来说，中国用户要想成功注册 TikTok 号，需要准备如下工具。

（1）准备一个闲置手机或 iPad，专门用来运营 TikTok，因为插国内手机卡后，不能正常登录。

（2）搭建模拟 VPN 环境，或者直接使用海外手机卡的流量，登录海外苹果/谷歌商店搜索下载。

（3）不需要海外手机号，直接使用邮箱注册登录TikTok。

3. TikTok 用户界面

TikTok用户界面和功能与国内抖音一样，呈现的视频是竖屏的，分辨率比例为9∶16。视频长度一般为6～15 s，最长不超过60 s。在使用界面上面，可以看到内容主要分为两个部分："关注（Following）"和"推荐（For you）"。在界面右侧，心形图标表示"喜欢（Like）"，接着是"评论（Comment）"图标和"分享（Share）"图标，如图8-24所示。

图 8-24　TikTok 用户界面

视频页面的下面有 5 个功能键，点击中间的加号"+"可以制作和发布视频，还配有各种编辑和声音工具。剩下的图标从左到右分别是"首页（Home）""发现（Discover）""消息（Inbox）""我（Me）"，如图8-25所示。

图 8-25　"首页（Home）""发现（Discover）""消息（Inbox）""我（Me）"图标

4. TikTok搜索规则和推送规则

（1）平台的搜索规则。对于账号搜索，直接可以搜索到全球的账号。整体上来说，TikTok上的内容呈现和Facebook是差不多的，优先并倾向本地化。

（2）推送规则。当一个新的视频制作完成并发布后，系统会抓取视频的画面、标题关键字进行随机匹配用户，审核通过后会进行低流量推送，平均一般有500～1 000个曝光，一般会优先推送本地区内容。推送一段时期后，系统会根据流量算法关键内容，也就是点赞量、关注率、转发量、评论量和视频完播率来衡量是否将该视频投放进更大的流量池。

（三）TikTok 主流的 6 种变现模式

TikTok 主流的 6 种变现模式如图 8-26 所示。

1. 广告红人

很多脱口秀名人、Instagram 红人、电影和音乐明星等流量红人纷纷入驻 TikTok，在

TikTok 发布作品，持续扩大自己的影响力，并且通过为商家提供广告植入服务赚取广告费。

图 8-26　TikTok 主流的 6 种变现模式

2. 电商（橱窗购物车）

目前 TikTok 还没有开通视频电商的功能，但是后期会开通。目前通过电商的引流方式主要是个人主页的直链功能，类似抖音的橱窗功能。在视频中通过字幕、标题、评论区引导用户转到主页界面，告诉他可以点击个人介绍中的链接直接买到视频中展示的商品。因路径较深，目前的转化率比较低。

3. 直播

目前 TikTok 的直播只针对部分国家开放，产品功能和形态类似国内 2016 年前后的直播状况。首先需要找一个英语口语比较不错并且懂老外习惯的人做主播，在国外待过或者本身就是外国人最好。整理一套针对自己产品的直播话术，通过烘托直播间气氛引导产品出来（最好是跟账号本身标签相同的产品），提供优惠码引导粉丝点击进入主页链接进行下单。这种方式适合做亚马逊并且有外国人资源的朋友，现在真实测评价格很高，不失为一个非常不错的变现模式。

4. 引流

很多国内跨境电商卖家都会把 TikTok 当作一个引流平台。例如，通过 TikTok 视频引流用户到 Facebook，或引流到 Amazon 或者第三方独立站 Shopify，然后通过销售产品赚取利润等。这种模式需要先养 TikTok 账号，再通过各种手段获得几百上千此品类的素材，建立针对此品类的素材库，接着批量剪辑原素材，再批量上传视频，所有主页挂上该引流链接即可。

5. 创作者基金

创作者基金又叫 TikTok Creator Fund，成立于 2020 年 8 月，是为回馈优质创作者而设立的，未来三年全美预计发放 10 亿美元，全球总计将超过 20 亿美元，如图 8-27 所示。因为创作者基金是基于 TikTok 账号有了一定播放量（过去 30 天 1 万以上播放量）才会有的奖励，所以需要创作者本身对 TikTok 运营就有一定经验。目前创作基金只能提现到 PayPal 账户里面，所以在开始之前需要注册一个 PayPal 账号。

图 8-27　创作者基金

6. 衍生周边服务

TikTok 发展至今已经成为一个生态了，在 TikTok 快速发展的过程中，基于其衍生出来的商业变现模式日渐增多，包括 TikTok 培训&社群、TikTok 辅助工具（比如客户管理软件和视频批量处理软件）、TikTok 代运营等。

（四）TikTok 与网红营销相结合

前面我们讨论了 TikTok 的 6 种主流变现模式，但是作为跨境电商卖家，主要以网红营销变现（见图 8-28）和引流其他平台为主。接下来我们讨论如何制定海外网红营销策略。一般来说，营销人员需要遵循以下 4 个步骤。

图 8-28　网红营销

第一步，判断 TikTok 的海外用户是否和你的受众群体一致。

在行动之前，你需要了解你的产品活动受众是谁，你的海外目标用户是否会通过 TikTok 来获取最新内容，这个是非常关键的。

第二步，确定 TikTok 的营销目标。

考虑你的活动的最终目标，是推动用户原创内容？还是鼓励用户购买你的产品？要提前考虑结果并设置 KPI 来衡量活动是否成功，明确的目标可以更好地衡量你的整体战略的投资回报率。

第三步，研究和审查 TikTok 的网红。

仔细探究和审核你想要合作的 TikTok 网红，这里可以给自己提供三个问题：他们在提供高质量内容和赢得积极参与方面是否有可靠的记录呢？他们的粉丝和你的产品目标受众一致吗？他们的兴趣和价值观真的与你的品牌相符吗？要尽力确保他们是你产品的合适人选的同时，要多和 TikTok 网红沟通，因 TikTok 的网红通常是比你更加了解粉丝的关注点。他们知道什么样的内容形式可能更有效，并能帮你创造出更加真实的信息，而不是产生千篇一律的公式化内容。

第四步，衡量TikTok活动的结果。

毫无疑问，执行一个活动而不知道如何衡量它的表现是徒劳的。正确地衡量你的品牌营销结果，才可能有机会不断地测试和优化你的TikTok海外网红营销策略。如果你的目标是品牌认知度，看看增加了多少浏览量，以及有多少参与的帖子产生；如果你的目标是提高销量，看看有多少人通过CTA抵达你的产品界面。

一个网红平台运行一套完整的网红营销流程，需要从需求沟通开始，到筛选网红，再到网红接受邀约，进行内容创作、内容上线、数据反馈、版权内容下载。

（五）通过TikTok引流到其他平台

这种模式需要很好地运营TikTok号，积累一定量的粉丝才能进行。粉丝的积累需要有一定的技巧，比如定时发布高质量视频，与粉丝互动，使用TikTok广告等。下面我们将讨论优秀视频的六要素、TikTok视频制作的素材、视频发布时间的技巧和TikTok的广告。

1. TikTok优秀视频的六要素

我们来看一下TikTok上优秀的视频都带了哪些参数。优秀视频最主要的因素是视频内容，其他元素都是辅助性的，可为视频加分，如图8-29所示，具体包括如下几项。

（1）文字，一般在视频的顶端，属于视频制作的内容，帮助我们理解视频或者引导我们看下去，增加用户在视频下的停留时长。

（2）道具，这其实是视频内容制作或编辑的一部分，可以给视频加分。

（3）视频描述，也叫文案，看完视频一般会看文案，看看作者想表达什么。充分利用文案使留下的客户观看更久是你的视频能够得到推荐的重要手段，比如可以用疑问句，引发用户留评，引导用户去看评论区。在文案中使用精准的关键词也可以帮助视频被更加精准地推送。

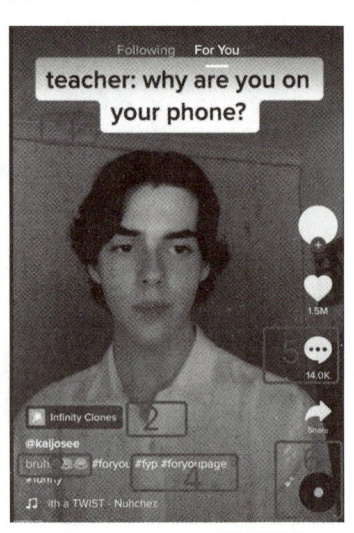

图8-29 TikTok视频元素

（4）Hashtag，视频标签，目的是帮助系统给视频精确定位，利于视频被用户搜索到，增加曝光。这里要注意的是，需要慎重使用热门话题标签，使用不当，视频的推荐量一定会受到影响。

（5）评论，这里可以看到作者和粉丝的互动，也可以做评论引导。

（6）音乐，配音和视频制作是一体的，背景音乐在TikTok内容制作方面的重要程度和视频本身的作用相当。在运营过程中你也会发现很多用户是冲着你的背景音乐点赞、留评、转发的。如果你的粉丝量超过50万，会有独立音乐人或团队找上门来付费请你帮助他们宣传音乐，即在你的某个视频中使用他们制作的背景音乐。

还有视频合拍，合拍需要现场拍摄然后上传，合拍可以增加一定的曝光率和播放量。

2. TikTok视频制作的素材

对于刚刚进入TikTok的用户来说，最头疼的就是视频的制作。优质素材该从哪里找？是原创视频制作还是"搬运"视频？其实原创视频是TikTok运营的一个非常好的起点，也是平台非常受欢迎的，但原创视频的制作成本非常高，而且需要在不确认内容受欢迎程度的前提下投入资源制作。所以，最开始的原创视频可以从模仿开始：找到和你领域最相关的20个过百万粉丝的账号，把它们最火的视频下载下来进行拆解，分析文案、镜头、剧情、背景音乐。然后，逐帧模仿剧本、镜头和演绎方法。在没有把握的情况下，逐帧模仿这些爆款作品是最快能够把握用户喜好的方法。

百万粉丝账号可以到国内短视频平台，比如抖音、快手、微博、火上小视频、B站等去寻找，也可以通过国外YouTube、Facebook和Instagram获得。

短视频剪辑工具包括抖音官方出品工具剪映、快影、巧影和360出品的快剪辑。

各种短视频数据分析平台有滴答狗、抖抖侠、抖查查、新抖平台。

要注意的一点是，你做TikTok的初衷是什么？每个阶段的目标不一样，我们当前的目标是涨粉还是卖货还是引流？明确阶段性目标之后我们再去找大量的同行对标账号进行研究。

3. TikTok 视频发布时间

对于国内的跨境电商卖家来说，要按目标国家的粉丝活跃时间来发布视频是有困难的，我们可以使用TikTok新出的功能——预约发布视频，前期可以根据目标国家的用户活跃时间段来发布视频，如图 8-30 所示，也可以参考其他社交平台，如Facebook、YouTube等平台的用户活跃时间段，后期就根据自己账号的后台数据来调整发布视频的时间。新视频发布后不仅要推送给你的粉丝，最重要的是精准投放给目标用户。

在你有了一定的粉丝后，你的视频播放量会随着粉丝的增长而增长，与此同时你必须要持续地创作视频，这样你的粉丝才能持续地关注你，尽量保持每天更新3~8个视频。

TikTok热门国家发布视频"黄金时间"
仅供参考，视频选材和养号更重要。

国家	当地时间	北京时间	高峰点（北京时间）
美东时间	12:00~16:00 19:00~23:00	00:00~04:00 07:00~11:00	00:00 02:00
日本	13:00~23:00	12:00~22:00	15:00 17:00
欧洲	11:00~22:00	19:00~04:00	22:00 02:00
泰国	12:00~21:00	13:00~22:00	15:00 18:00
俄罗斯	14:00~23:00	19:00~04:00	00:00 03:00
巴基斯坦	14:00~20:00	17:00~23:00	19:00 20:00
土耳其	14:00~20:00	19:00~03:00	22:00 23:00
越南	09:00~11:00 16:00~20:00	10:00~12:00 17:00~21:00	11:00 18:00
巴西	15:00~17:00 21:00~22:00	02:00~04:00 08:00~09:00	03:00 08:00
沙特阿拉伯	13:00~21:00	18:00~02:00	18:00 23:00
印度尼西亚	09:00~12:00 15:00~18:00	10:00~13:00 16:00~19:00	11:00 18:00

图 8-30　TikTok 热门国家发布视频"黄金时间"

4. TikTok 视频内容注意事项（具体参考 TikTok 社区规则）

（1）暴力行为：在TikTok上不欢迎煽动或挑起针对个人或一群人的暴力（包括种族、种族、宗教、性取向等）的视频，一旦被平台查到会限流封号。

（2）血腥内容：TikTok是一个全球性社区，其崇尚创造力，但并不追求震撼价值或暴力。作为这个充满活力的社区的成员，不得发布描述对人或动物的伤害或残忍或以其他方式鼓励人们伤害自己的帖子。平台上不欢迎任何血腥或令人震惊的视频。

（3）次要安全：我们致力于确保TikTok上未成年人的安全。严禁任何描述、涉及对未成年人的性剥削的视频，或可能对未成年人造成伤害的任何视频，并应接受执法和当局的干预。

（4）误导或侵权内容：TikTok是表达真实和诚信的"家"。当在TikTok上发布视频时，

"社区"希望并相信用户是真实的,并且视频是原创作品。禁止在平台上误导他人或侵犯他人商标或版权或任何知识产权的视频。

(六)TikTok 广告

1. TikTok Ads Manager 介绍

TikTok Ads Manager 拥有创建、启动、管理和跟踪 TikTok 广告活动所需的所有工具。这里我们将介绍 TikTok 广告管理器的每个部分。

(1)信息中心 Dashboard(见图 8-31)。在信息中心上,能获得有关 TikTok 广告数据的概述,并能够跟踪效果变化,也能看到有效的广告系列、广告预算支出、一段时间内的广告效果等相关的信息。

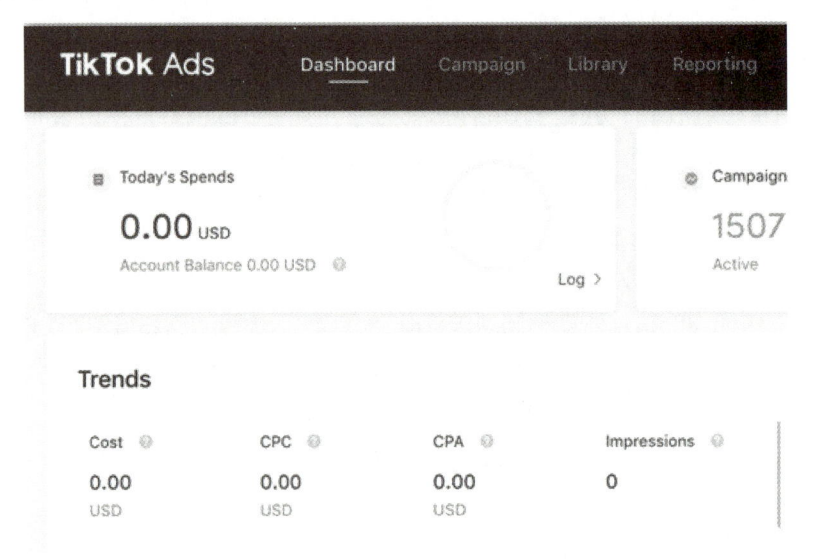

图 8-31　TikTok 信息中心 Dashboard

(2)竞选 Campaign。在 Campaign 页面上,可以看到所有的活动、广告组和广告,并对它们进行管理。点击"创建"按钮,可以立即创建广告。

(3)图书馆 Library。TikTok 广告管理器的这一部分是存放广告资源的地方。在这里,可以找到创建或管理广告创意、受众、像素等所需的一切。

(4)报告 Reporting。在 TikTok 广告管理器的 Reporting 部分,可以创建自定义广告报告或使用其中一个预定义模板创建报告。可以动态运行报告,也可以安排报告在需要的时间和地点交付。

2. TikTok Ads 类型

在 TikTok Ads 中注册了账户后,为广告设定明确的目标非常重要,因此,需了解平台上制作的广告类型。

(1)Biddable Ads(可竞价广告),即 In-feed Native Video,如图 8-32 所示。大多数社交媒体网络平台(Facebook)都有可竞价的广告流程,通常以自助平台的形式出现,营销人员可以在平台上自行设置和运行广告。其好处之一是,可以创建自定义受众群体,并按性别、地理位置和年龄及基本知识来定位受众群体。但是,目前无法按兴趣细分受众群体,从而限制了对潜在客户的访问。

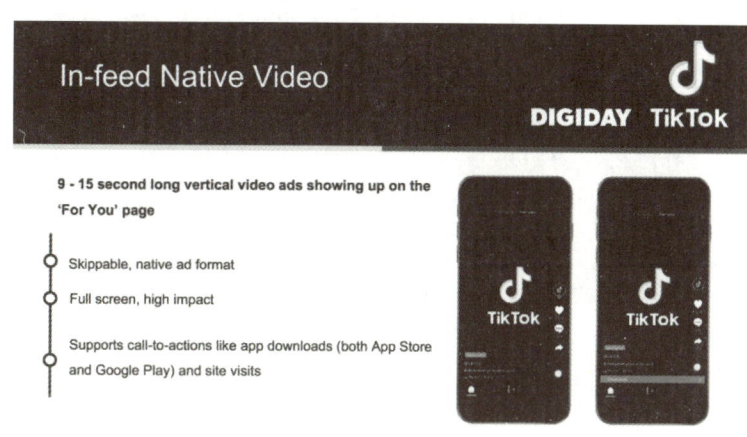

图 8-32　Biddable Ads（可竞价广告）

　　这些类型的广告只需要较少的投资，并且允许在9到15秒之间播放视频，可以在此处根据广告空间出价，共有三种付款方式：CPC（每次点击成本）、CPM（每千次展示的成本）、CPV（每个6秒的访问成本），具体采用哪种方式取决于目标。鉴于 TikTok 是一个短视频剪辑的 feed，这种格式就非常有意义，因为该平台将其用户群引入了 feed 中的广告。

　　（2）Brand Takeover（品牌接管），如图 8-33 所示。当用户打开应用时，这些类型的广告会立即显示。它们占据整个屏幕，并且可以是静态图像或视频，并将用户重定向到内部 TikTok 配置文件或外部链接，例如，任何特定产品的页面。这些类型的广告是最昂贵的，而且只有那些想要在 TikTok 上推广其产品的大品牌才能触及。导致价格如此昂贵的主要原因是 TikTok 每天只允许一位广告客户使用。该平台 Voluum 在自己的博客上说这个广告可以产生每天$50 000的成本。

图 8-33　Brand Takeover（品牌接管）

　　（3）Branded Lenses（品牌镜片），如图 8-34 所示。当一个 TikTok 用户创建一个视频时，有无数的过滤器可供他们使用。与 Snapchat 的品牌镜片类似，TikTok 的品牌镜片广告选项允许广告商设计一个过滤器来推广他们的品牌或产品。这些镜头一次最多可以直播10天，并鼓励用户以该品牌为最前沿创造内容。这些类型的广告还允许每天投资不超过80 000美元的大品牌在 TikTok 上添加过滤器，以便用户可以将其添加到他们的视频中。建议除非确定已经创建了一个非凡的过滤器以达到数百万美元，否则请勿进行此类投资。

图 8-34　Branded Lenses（品牌镜片）

（4）Hashtag Challenge（标签挑战），如图 8-35 所示。借助这些类型的广告，该品牌会发起一个标签挑战，用户可以参与其中。这是品牌广为传播并增加观看次数的好方法。

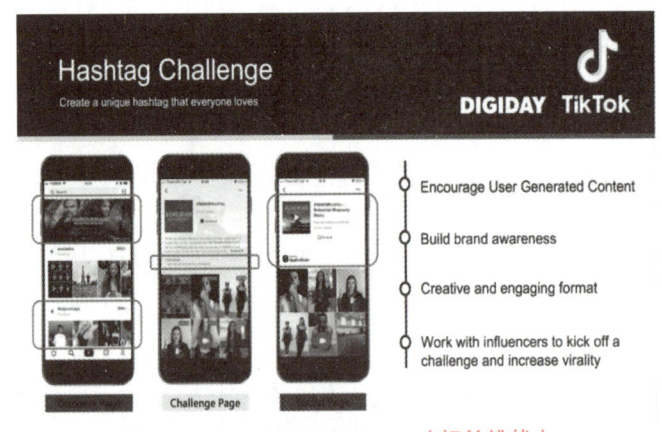

图 8-35　Hashtag Challenge（标签挑战）

使用这种类型的广告，会在 6 天的趋势标签中看到横幅。用户可以在此页面中找到挑战的说明。根据 Voluum 的博客，这类广告的价格约为每周 15 万美元。

（七）TikTok广告优化

当广告投放在 TikTok 后台设置完成，准备工作、视频也审核通过后，就到了 TikTok 的后期优化阶段，它分为两个阶段。

第一阶段，官方叫作冷启动阶段，也叫作账户起量期，意思就是在一定时间内，如果产品转化率很低，这说明该产品不适合在 TikTok 上投放，广告主也就不需要再继续投放这个视频，或者也说明视频内容可能存在问题，如人群不符合，这都需要通过数据进行分析进而优化。遇到这种情况则需要调整，先检查视频是否本地化、是否能吸引用户（包含视频中的产品价格、品类、促销活动等），然后检查选品是否合理，此要结合大盘数据进行品类选择，尽量选择爆品，以便更快看到是否有转化。

第二阶段，过了冷启动阶段之后，就到了稳定体量阶段了，说明所投放产品适合 TikTok，并且有更大的空间可以发展。那么，后期优化主要体现在两大方面：在内容素材方面，由于 TikTok 对于内容要求很高，建议一个产品每隔 7 天就要更新一次素材（每周至少 2～3 次的内容更新频率），大约 10～20 个素材。在视频中增加价格、产品促销和其他元素可以提高点击率和转化率。另外，文案和音频等元素应尽可能地本地化，否则点击量不会很高。在受众群体方面有两种情况：首先，可以设置广告组中受众群体的年龄和性别，包括兴趣爱好等；其次，可以在以后的阶段添加自定义受众包，例如，良好购买效果的类别、生成受众包及在产品投放一段时间后扩展相似的受众群体，以帮助投放者准确定位受众群体，使转化更加准确，并在以后增加购买量。竞价广告投放后，将显示在TikTok视频信息流中，并将对该广告进行标记。视频展示量、点击率等都可以在TikTok竞标广告后台中看到。

他山之石

社交媒体营销，是指使用社交媒体平台与受众建立联系，以建立公司的品牌，增加网站流量并增加销售。

Anker起初是以低价手机配件品牌的形象进入Amazon美国市场的，主要销售手机充电配件，通过免费寄送产品给美国红人，进而通过红人测评文章获得关注，然后在YouTube、Facebook、Twitter、Instagram及LinkedIn上，都建立了自己的主账号，用来发布新品，与客户日常联系，建立公司的品牌。Anker通过社交媒体营销了解客户的需求，定期更新产品，塑造品牌形象，建立人们对品牌的信任。同样的产品，人们却愿意支付更多的钱购买知名品牌的产品，这不仅仅因为产品的包装不同，还源于人们对于品牌的信任。

除了亚马逊，Anker还开设了eBay、速卖通及自建站的线上店铺，同时也在美国线下经营，为客户提供多方购买渠道。在这一系列扩张过程中，Anker一直致力于建立其品牌声誉。在产品上，Anker将产品多样化，从手机配件到智能家居系统都有所涉及，迎合了不同市场需求，并争取各品牌能在各自的领域都做到最好。

术语解释

1. 150法则，指人类智力将允许人类拥有稳定社交网络的人数是148人。每个人最多能影响身边的150个人，一旦超过150人，就没有交流效果。

2. 六度空间理论，简单地说就是你和任何一个陌生人之间所间隔的人不会超过6个。

3. CPC（Cost Per Click），表示单次点击成本，指的是每次用户点击广告客户愿意支付的最高价格。

4. Facebook Pixel像素，就是一串代码（JavaScript），可以追踪广告的转化量，改进受众定位，使广告花费回报最大化。

5. 创作者基金，又叫TikTok Creator Fund，成立于2020年8月，是为回馈优质创作者而设立的，未来三年全美预计发放10亿美元，全球总计将超过20亿美元。

6. 视频标签，也就是视频标签关键词，目的是帮助系统给视频精确定位，利于视频被用户搜索到，增加曝光。

敲黑板

1. 社交媒体营销，是指使用社交媒体平台与受众建立联系，以建立公司的品牌，增加网站流量并增加销售。设计社交媒体营销的活动时，需要回归到传播的内容，内容必须具有创造性，信息的传达方式需简单、效率和有趣。

2. Facebook是全球最大的社交媒体营销平台，创建商业主页是Facebook营销的第一步,结合Facebook主页的发帖诀窍及Facebook广告来增加商业主页的粉丝,进而引流到网站增加销售。

3. TikTok作为新型的社交媒体平台,其海外影响力与日俱增,通过注册创业者账号,每周定时发布3~5个优质短视频,以及TikTok广告来进行粉丝积累进而变现,对于跨境电商卖家来说,也可找到TikTok网红来进行营销。

单元三　海外视频营销

一、海外视频营销的概念及发展

(一)海外视频营销的概念及特点

海外视频营销是海外内容营销的一种,主要借助视频的形式,通过精准地找到目标受众人群,向他们传播有价值的内容,吸引目标受众人群了解跨境企业品牌、产品和服务,最终实现营销目标。做海外视频营销,最重要的就是找到目标受众人群和创造有价值的内容。

随着全球5G时代的来临,海外视频营销将成为主导营销方式之一。和海外其他营销方式相比,海外视频营销具有如下特点。

1. 更具表达力

比起图文,视频更直观、立体,结合声音、动作、表情等于一体,可以让用户获得更真切的感受。研究数据表明,大脑处理可视化内容的速度要比纯文字快60 000多倍,从生理角度来分析,人类更乐于接受视频。因此毋庸置疑,视频是更具表达力的推广方式。

2. 更具互动性

用户可以通过与跨境企业发布的视频进行互动,表达自己的意见和建议。这种互动性不仅能使视频快速传播,还能使企业的营销效果实现有效提升。视频时代,我们不再只是一名被动的观众,我们还是主动的参与者。

与此同时,消费者还可以向企业或生产商提出自己对产品的想法或对公司的建议,参与到企业的产品开发和改进工作中。

3. 更具竞争力

视频在制作、传播、维护等方面的成本都更具竞争力。简单的团队+好的创意,就可以制作出目标受众喜爱的视频,从而吸引流量。

4. 更具高效性

海外视频营销的高效性在于消费者可以直接通过视频的展示对产品进行购买,或者通过海外直播体验实现下单。

> **想一想**
>
> 根据上述内容,请思考同样是图像呈现和推广方式,视频营销与电视营销相比,有什么相同点和不同点呢?

（二）海外视频营销的发展和趋势

2005年早春时分，贾韦德·卡里姆（Jawed Karim）前往圣迭戈拜访一些朋友，他们约在城中小有名气的圣迭戈动物园碰面。来到大象展区的时候，卡里姆掏出了随身携带的数码相机，对朋友说："嘿，我想拍一个关于动物园的视频。你可能会觉得挺傻，不过我列了个单子，上面是我想做的视频，这就是其中之一。"2005年4月23日，《我在动物园》的试播视频成为YouTube的第一个官方视频。

十几年来，YouTube已经成为全球最大的视频网站。

1. 全球视频消费者线性上升，超过39%的人口将是视频观众

美国人口普查局预测，到2023年，世界人口将首次接近80亿，与其同时，全球超过39%的消费者都会是数字视频观众，相比起2019年的35%，有所增加，如图8-36所示。

图8-36 2019—2023年全球视频消费者人数

2. 全球视频流量将占所有IP流量的82%

思科视觉网络指数报告：2021年全球IP通信量将迎来大爆炸，视频将占所有IP流量的82%，高于2016年的73%。2016—2021年全球视频流量数据，如图8-37所示。

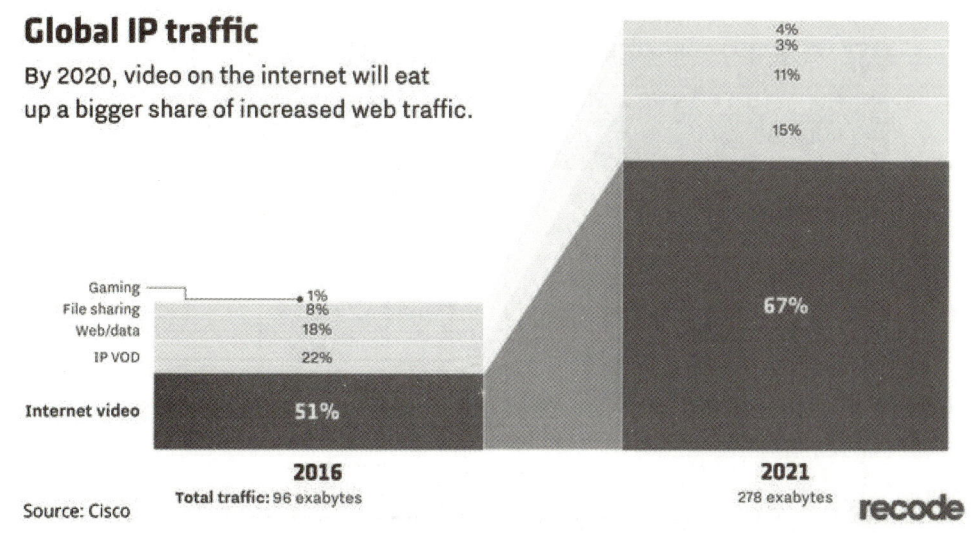

图8-37 2016—2021年全球视频流量数据

3. 94%的消费者在购买过程中会观看产品视频

随着移动视频的普及，有更多的内容创作者推动知识的传播。同时，消费者不但观看视频，还会通过视频获取知识。比起其他内容形式，68%的用户更愿意通过短视频来学习新的产品或服务。视频也对消费者的购买旅程产生了不少影响，94%的消费者在考虑购买的时候，会看产品视频以便了解产品。

4. 超过85%的企业将布局视频营销

2020年12月，Wyzowl通过对813个营销专家和在线消费者进行了调查，发现以下现象：企业采用视频作为品牌宣传和推广方式的企业数量逐年上涨，85%以上的企业采用视频作为营销工具，高达93%的营销人员认为视频是他们重要的营销策略。2015—2021年视频营销数据，如图8-38所示。

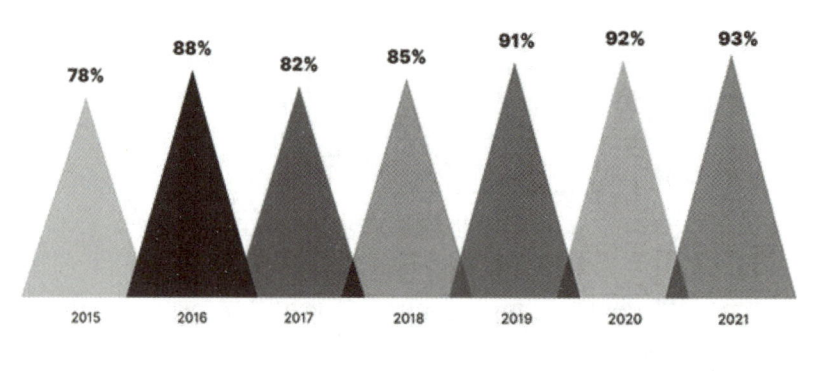

图8-38　2015—2021年视频营销数据

5. 越来越多的商家采用视频营销进行宣传，视频营销的竞争将非常激烈

2020年，单是美国，视频广告支出就达到99.5亿美元。预计到2021年，这一数字将增长13%，达到112.4亿美元。预计视频广告支出在未来几年将继续增长，到2024年将达到126.6亿美元，如图8-39所示。当越来越多的商家采用视频营销进行宣传以后，视频营销的竞争将非常激烈，建议跨境企业要提前开始布局海外视频营销之路。

图8-39　视频广告支出

> **想一想**
>
> 在视频爆发的时代背景下,企业们纷纷投入视频营销的战役当中,是否说明其他的营销方式已经过时了呢?

(三)海外视频营销的误区

1. 海外视频营销主要适用于B2C企业,B2B企业不需要

早在2017年,阿里巴巴国际站就开始鼓励商家使用视频营销。近年来,国际站已全面迈入视频时代,优质资源均会倾向拥有主图视频的商品。同时,商品视频已被列在旺铺质量分的考核中,影响着商家星等级的信息展示分数。

除了阿里巴巴国际站,海外采购商年轻化的趋势也迫使B2B企业需要采用更适合采购商需求的营销方式。让我们来看几组数据。

(1)用户习惯在发生改变。据数据统计,用户月平均浏览视频量32.2条,75%以上的用户与在线视频广告互动,75%的公司高管,每周在商业网站上至少观看一次工作相关视频,36%的在线消费者信任视频广告。可见,视频对用户的影响已经深入人心,而且遍布全球。

(2)视频已成为B2B移动内容增长最快的部分之一。谷歌的数据调研报告表明,全球已经有一半左右的B2B企业CEO会通过视频类内容来查询行业产品相关信息了,并且鉴于移动端的重要性,B2B企业也已经早早地采取了移动端的优化行动,使自己的视频内容可以有更好的移动端浏览体验。

(3)视频对采购决策有重要影响。有数据表明,70%的B2B采购人员会在调研过程中观看相关行业的视频内容,进而辅助他们进行决策。其中51%的采购人员会关注描述产品或者服务特点的视频,46%的会观看专业的评论,32%的会关注用户的分享和评论,64%的会观看用户的购买倾向影响。由此可以看出,视频对B2B采购企业已经有了很大的影响。

因此,对于B2B企业来说,海外视频营销也是不可或缺的。

2. 海外视频营销需要专业的团队拍摄剪辑视频,成本很高

本尼·法恩(Benny Fine)和拉菲·法恩(Rafi Fine)是两兄弟,生活在纽约布鲁克林,他们从孩提时代就喜欢拍这拍那。2011年,法恩兄弟的频道在YouTube爆红,频道里的《儿童的反应》系列视频引发了收视狂潮。再后来,兄弟俩成立了法恩兄弟娱乐公司(Fine Brothers Entertainment),开始有了专业的团队和摄影棚。

其实,在YouTube平台上,像法恩兄弟这样草根出生的制作团队到处可见,他们认为:互联网够大,任何真诚的创作它都容得下。我们鼓励跨境企业内部的"95后""00后"员工积极参与到海外视频营销的工作中来,发挥年轻员工对视频营销的兴趣,稍加一些拍摄和剪辑技巧的培训,就能做出吸引人的视频来。一般情况下,海外视频营销主要包括创意和文案(脚本)、拍摄、剪辑、运营这四项工作,建议跨境企业可以先挖掘公司内部有潜力的员工,同步招聘外部的优秀人员。

当然,在条件允许的情况下,跨境企业也可以聘请专业的视频制作和营销机构,协助公司进行海外视频营销工作,包括内容生产、频道运营、视频广告投放等工作,促使海外视频营销的作用最大限度地发挥。

3. 我们先把海外平台做好,再做海外视频营销

在跨境电商蓬勃发展的今天,跨境企业仅仅局限于海外平台运营,已经有些捉襟见肘

了。通过海外视频营销，一方面提升品牌和产品曝光度，另一方面为频道和独立站引流，促进业绩的增长，这和海外平台的运营工作是相辅相成的，建议跨境企业尽早、持续开展。在我们的引导案例中，Anker已经做出了很好的榜样，值得广大跨境企业借鉴学习。

二、如何开展海外视频营销

（一）海外视频营销常用平台

1. YouTube

YouTube是全球最大的视频网站，同时也是全球第二大的搜索引擎。截至2021年4月，YouTube月登录用户超过20亿，2021年第一季度YouTube广告业务营收60.05亿美元，2020年同期为40.38亿美元。

与此同时，在美国，YouTube也是年轻人中最受欢迎的应用，年龄在18～24岁、25～34岁之间的YouTube用户超过了其他任何应用。此外，90%以上的美国人都是YouTube用户。在英国，YouTube同样在年轻人群体中占主导地位。根据castfromclay数据，YouTube用户家庭收入最高超过100 000美元，城乡之间的差距不大。显然，YouTube成为吸引各行各业消费者的有效渠道之一。

从性别上看，62%的YouTube用户为男性，而女性占比为38%。从地区分布看，80%的用户来自非美国的国家和地区。另外，YouTube全网流量的70%来自移动设备，观看会话持续时间超过了40分钟。由于YouTube的用户量和谷歌的服务优势，有约62%的企业都选择了YouTube。

2. TikTok

TikTok是海外版的抖音，是一个帮助用户表达自我、记录美好生活的短视频平台。据移动应用数据分析机构Sensor Tower发布的一份数据显示："到2021年5月，TikTok（海外版和抖音）是全球下载量最多的非游戏应用程序，下载量超过8 000万。TikTok下载量最多的国家是巴西，占16%，其次是中国，占12%。"有业内人士认为，TikTok的持续增长，也凸显出该平台对年轻用户的重要性在日益上升。

3. Facebook

早在2016年4月，Facebook就改变了世界交流的方式，正式向所有人开放直播功能Facebook Live，之前能使用这项功能的仅限于认证过的名人和媒体。2020年5月20日，据外媒报道，Facebook首席执行官马克·扎克伯格宣布推出新产品Facebook Shops，以帮助小企业缓解压力，这将使公司更容易在Facebook和Instagram上列出其产品。

2020年8月，Facebook在美国和其他50多个国家和地区推出短视频应用"Instagram Reels"。10月，Instagram Reels进行购物测试，以实现货币化。与此同时，Instagram还为其长视频平台"IGTV"添加购物功能。

4. B2C平台

阿里巴巴全球速卖通、亚马逊、Shopee等国内外B2C平台都尤其重视短视频营销和直播功能，鼓励商家通过短视频和直播获取更多的流量和转化。

（二）海外视频营销的流程及技巧

接下来，我们重点分享一下如何借助 YouTube 平台进行海外视频营销的流程和技巧。其他平台可以借鉴以下流程和技巧。

1. 制定不同阶段的海外视频营销目标

海外视频营销首先要考虑的就是营销目标了。目标包括确定哪类目标客户、使用什么视频营销平台、达到什么转化指标等。

目标是构成整个海外视频营销的基础，而且跨境企业在不同的发展阶段，目标也会有所不同。比如在跨境品牌建设初期，海外视频营销的目标一般是提升品牌曝光率，增加与用户沟通的渠道；当跨境品牌有了一定的知名度后，海外视频营销的目标就是要辅助其他营销方式，为品牌销售业绩快速增长而努力；当竞争对手在海外视频营销上开始布局的时候，跨境企业又要思考如何用更好的方式弯道超车等。

2. 通过数据分析精准了解海外买家需求

海外视频营销的第一步，我们需要筛选属于我们的客户群体。通过分析客户群体，就可以更精准地定位我们的目标受众，将视频推到更有需求的用户面前，这样的话就可以找到更多的高价值客户，实现跨境企业做海外视频营销的目标。

首先，我们从一位客户本身的特质来分析，比如他/她的年龄、性别、受教育程度、收入等，然后分析他/她所处的环境，比如所在国家、兴趣、爱好、访问的网站类型、使用的设备、使用过的应用软件等。

其次，分享针对三种客户群体的分析工具和方式。

（1）分析对我们产品有需求的客户——Find My Audience。分析我们的产品需求者都有什么样的特征，这可以用到一款谷歌的分析工具——Find My Audience（见图 8-40）。它可以帮助我们锁定 YouTube 上的客户群体，比如他们的兴趣、爱好和购买行为等，从而帮助找到和我们业务目标相匹配的新客户群体。

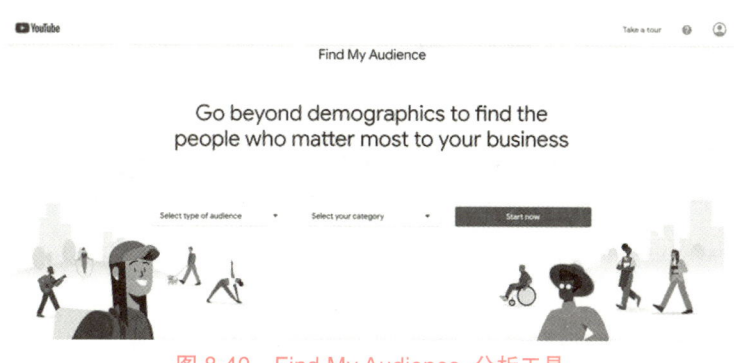

图 8-40　Find My Audience 分析工具

> **想一想**
>
> 你觉得研究海外客户需求的数据分析对于视频投放者具有什么意义？

（2）分析来访过我们网站上的客户——Google Analytics（见图 8-41）。与此同时，我们自己的独立站也是一个很大的流量池，网站访客也可以作为我们的受众分析基数。我们可以通过 Google Analytics 查看到达我们网站上的客户都有一些什么特征。我们可以从受众群体报表中分析受众特征和人群的属性及兴趣。比如来我们网站上的用户年龄；男性多还是女性多，从而分析出哪个年龄段的用户对我们的产品更感兴趣；相比较男性，女性对我们产品的感兴趣程度是多还是少；还可以分析出访问过我们网站的客户，都对什么事情感兴趣，从而可以针对网站访客感兴趣的内容来准备相关的视频内容。

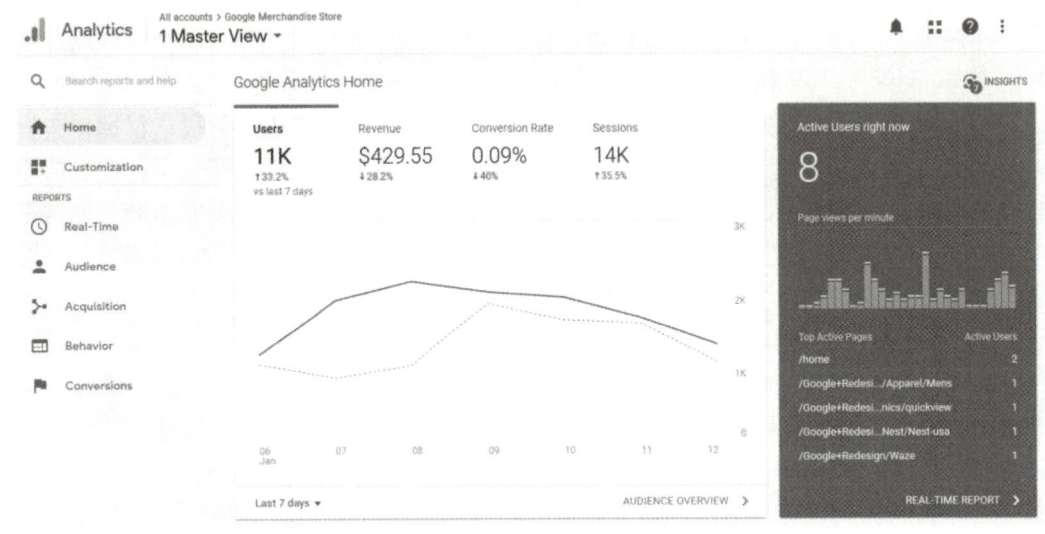

图 8-41　Google Analytics

（3）分析访问了竞争对手网站上的客户——Similar Web（见图8-42）。除了分析我们自己的数据，我们还可以参考同行的数据，通过这些分析结果可以定位到我们所能想到和接触到的以外的人群。Similar Web可以针对竞争对手的网站分析，帮助我们了解竞争对手的客户相关信息。比如通过社交媒体这项数据，我们可以知道竞争对手的用户都在使用哪些社交软件，进而我们可以把视频发布到这些社交平台上。

再比如受众群体内容，这个部分包含了访客感兴趣的类目（见图8-43），他们访问过的网站和感兴趣的话题。通过这些内容，我们就可以了解到相关的用户对什么内容感兴趣，还在关注什么内容，更全面地了解相关用户。我们就可以根据用户感兴趣的话题，撰写视频文案，拍摄相关视频了。

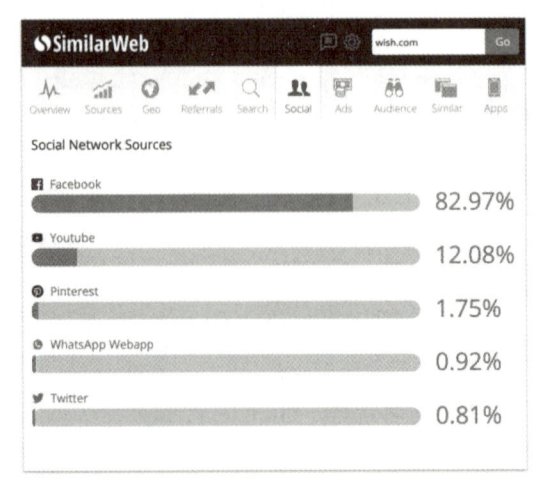

图 8-42　Similar Web

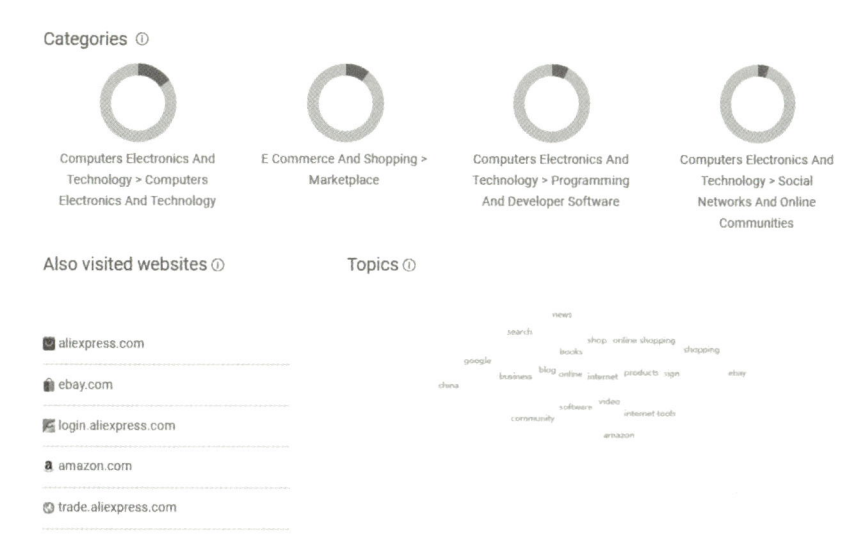

图 8-43　访客感兴趣的类目

当然，我们要深入了解竞争对手的海外视频营销情况，还要全面地分析他们在海外视频网站上的内容及运营情况，从中总结出目标客户的喜好。

最终，根据我们的分析结果来确定我们选择什么平台进行海外视频营销，我们制作怎么样的内容客户可能会喜欢。甚至在配音的语言和出演的模特上，我们都要尽可能根据目标客户的偏好来选择。

3. 做好定位，搭建和运营平台视频频道/专区

不论是B2B还是B2C，想要在YouTube平台上向全世界展示品牌和产品，主要的展示载体就是YouTube频道，可以说YouTube频道就相当于跨境企业的视频版品牌官网。

接下来，我们来分享一下搭建和运营YouTube频道的基本流程。

（1）清晰的频道定位让目标客户轻松找到你。在做YouTube账号前，我们必须清楚以下几点：我们现阶段的视频营销目的是什么？现在可以着手做的内容是哪些？哪些视频是受目标客户欢迎的？这几点会帮助你的频道完成最基本也是最重要的一项。

因此，频道的清晰定位就是我们要明确向目标客户传达的内容是什么，然后我们以什么样的形式来呈现。根据知名的定位理论，我们需要避开竞争对手在客户心智中的强势，或是利用其强势中蕴含的弱点确定品牌的优势位置，这就是定位。因此将竞争对手的YouTube频道情况收集起来，重点进行内容和呈现形式的对比分析，进而找到自己的切入点。

从内容角度来说，B2C企业的内容主要从品牌和产品入手，比如品牌故事、产品使用、客户反馈等，这相对容易；对于B2B企业来说，挑战是很大的，我们分享一个小技巧——多模仿。例如，丝网机械行业可以参考盘点类视频制作，如可以盘点顾客购买大型丝网机械十大避坑技巧，即对客户购买咨询较多的问题进行汇总解答。

从形式角度来说，是讲故事的还是搞笑的？或者是日常生活类的？据统计，目前YouTube频道最受欢迎的七大视频类型是评测类、教程类、Vlog、游戏类、搞笑类、盘点类、开箱类，这些形式都值得跨境企业借鉴参考。

当频道定位越清晰，就越符合YouTube后台的权重的判定标准，就越容易受到观众的欢迎，并且受到系统的推荐；如果频道定位混乱、内容繁杂，则就不容易获得系统的推荐。因此，这就凸显了频道定位的重要性。

术语解释

> **Vlog**：Vlog是一种视频形式，可以有两种定义，一种是"video log——视频日志"，另一种定义是"video of log——日志视频"。区别在于前面一种定义的重心是日志，本质上和文字日记、图片日记是一个形式，是用视频的形式承载日志的内容；而后一种定义则更在意视频，日志内容为视频服务。Vlog只是众多视频风格中的一款形式，是以日常记录为内容的视频。

（2）根据定位为频道确定一个让目标客户"触电"的名字。跨境企业YouTube频道的取名可以用公司名，也可以用品牌名。当品牌还不是那么有名的时候，建议在频道命名中将定位的结果很好地结合进去。比如"Blendtec's Will it blend？"是YouTube上非常火的频道，其中"Blendtec"就是品牌名，"Will it blend？"则是频道的定位。

另外，YouTube频道的名称还应该遵循以下原则。

● 简短而难忘：你希望人们记住你的频道名称，因为这会让他们更容易找到你并传播。较短的名字通常更容易黏在脑海中，所以尽量保持简短。

● 可读且理解：远离复杂的、难以阅读的单词，让你的频道名称容易被阅读和理解，朗朗上口的名字能让客户过目不忘。

● 巧用大写字母：如果你想出一个由多个单词组成的YouTube频道名称，则可以通过大写字母来区分单词。比如 CrashCourse=crashcourse，WonderWhy=wonderwhy，SoulPancake=soulpancake等。

（3）登录YouTube，创建属于你的频道。当我们做好频道定位及频道命名工作以后，我们就可以开始创建频道了。

首先，访问YouTube.com，右上角可以看到"登录"，点击"登录"，输入谷歌账户用户名与密码。登录后，点击人像图标，会出现一个下拉菜单，点击"您的频道"（见图8-44）。

根据定位来命名频道，设置完成后点击"创建频道"（见图8-45）。

创建以后，点击"自定义频道"（见图8-46）。

按照页面提示，添加频道图片（见图8-47），以及在每个模块中上传内容，频道即搭建完毕。

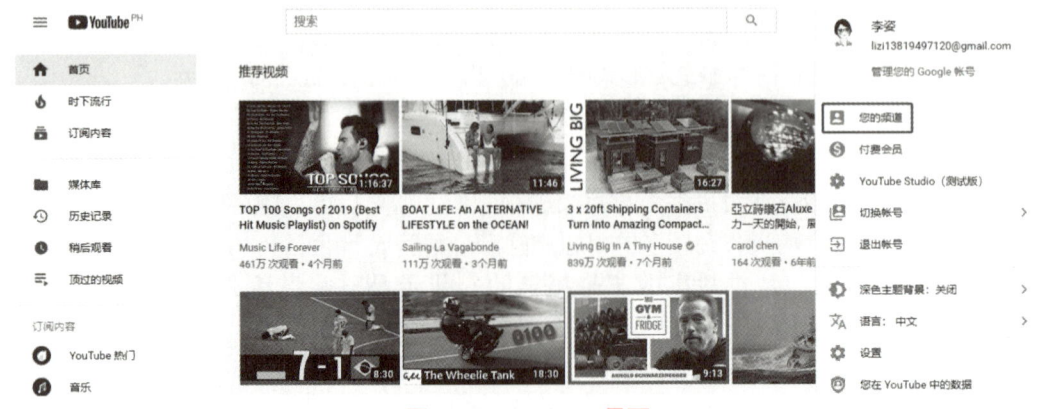

图8-44 YouTube界面

图 8-45 "创建频道"

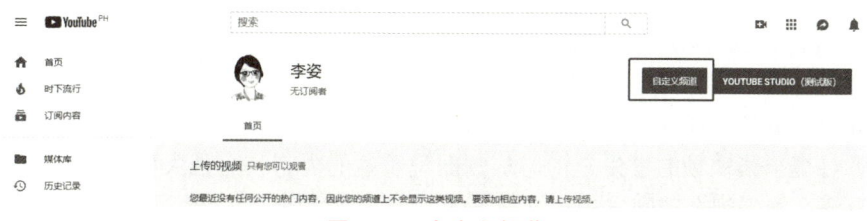

图 8-46 自定义频道

图 8-47 添加频道图片

4. 如何生产吸引海外受众的视频内容

在日常的 YouTube 运营过程中，对于跨境企业最大的挑战，就是如何持续生产吸引海外受众的视频内容。作为跨境企业和品牌对外展示的窗口，制作潜在客户最重视的视频内容很重要。

1）视频内容生产需遵循四大原则

想要吸引客户，跨境企业就需要制作目标受众想要观看的视频。在此介绍视频内容生产需遵循的"ABCD"四大原则。

A：Attract（吸引），也就是说，我们要吸引观众持续关注。要想在视频的开头就吸引住观众，构图、节奏、人物和音频元素发挥着尤为重要的作用。当下信息泛滥，观众的注意力是很有限的，因此一定要设法在前 5 秒内就抓住他们的注意力。

B：Brand（品牌），视频营销是海外传播品牌最好的方式之一。把品牌 Logo、产品或声音提示融入视频中对于传递跨境企业的品牌效果尤为显著。比如将品牌 Logo 融入视频中，或者将品牌 Logo 作为字幕、文字叠加层或持续显示的水印，也可以达到同样的效果。

还有一些方法可以让品牌变得与众不同，比如将品牌人格化或使用吉祥物来讲述品牌故事的独特方式，以及在视频中融入与品牌相关的独特颜色，潜移默化地向观众强化品牌形象等方法。

C：Connect（联系），当我们的视频吸引到观众的注意后，为了最终达到营销目标，必须让产品与观众建立联系，如可以通过情节来呈现故事，利用情节让观众对特定的产品功能产生兴趣，激发观众的好奇心，想方设法将观众的兴奋点和注意力转移到具体产品的特性和优惠上。

D：Direct（引导），我们要引导观众去做一些事情，比如在视频中增加号召性用语，明确引导观众应该采取的行动，如"访问网站""注册""立即购买"。还可以营造紧迫感，在报价中强调"限定"两字，例如，"限定时间"或"限定产品"等，都是不错的方式。

2）海外视频内容生产案例和思路

"90后"古风美食博主李子柒这几年在海外走红了。这个四川女孩的微博粉丝超2 100万，抖音粉丝超3 000万，海外社交媒体上的全球粉丝超700万，视频作品经常收获上百万乃至上千万的浏览量。仔细查看李子柒视频下的评论，有英语、日语、韩语、泰语等，而且一致表达了对李子柒视频的喜爱之情，从侧面说明她的内容具有强大的跨文化传播力。李子柒的视频为什么能受到全球网友的欢迎？

首先，李子柒的视频中没有台词，再加之她本人说话很少，这就突破了语言的局限性，让观看者专注于视频内容。反之，对于一些主打语言特色的中文视频，即便加上英文字幕，由于受众缺乏相似的文化背景和语言环境，理解上有困难，这些视频在海外的传播效果大打折扣。

其次，李子柒的视频内容差异化明显。在海内外，美食、田园生活的视频都容易传播，因为它切实满足了大众的心理需求。生活节奏快、竞争压力大的都市人总是希望在自然风光和原始劳作中得到慰藉。李子柒的视频另辟蹊径，成功描摹了一个大多数人求而不得的田园生活，独具风格的内容让她在视频竞争中脱颖而出。

此外，李子柒的视频满足了西方受众对中国乡村的想象。长期以来，由于缺少新闻报道和实际体验，中国乡村在西方世界有两种典型印象，要么是贫穷落后的，要么是诗意神秘的。李子柒的视频将东方诗意神秘的一面具象化展示出来，具有了独特的审美价值。

除了这一类返璞归真的视频之外，海外受众还喜欢什么样的视频内容呢？毕竟跨境企业进行海外视频营销的目的，还是为了品牌影响力的提升和产品销售量的提升，因此，我们专门寻找了一些企业和产品相关的海外视频营销案例，供跨境企业参考和借鉴。

（1）巧妙借助"How-to视频"的魅力。根据Google的统计数据，去YouTube上看视频的网民大部分是去学自己不会做的事（如帮助我修理家中、汽车或汽车上的东西），其次才是娱乐，排名第三的是学习新知识，如图8-48所示。

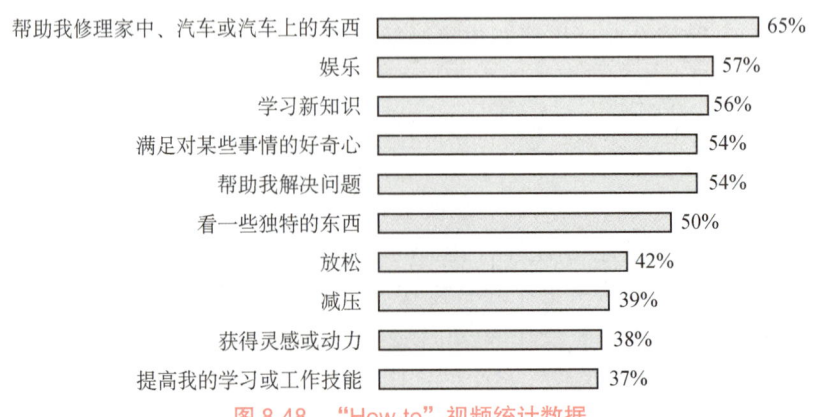

项目	比例
帮助我修理家中、汽车或汽车上的东西	65%
娱乐	57%
学习新知识	56%
满足对某些事情的好奇心	54%
帮助我解决问题	54%
看一些独特的东西	50%
放松	42%
减压	39%
获得灵感或动力	38%
提高我的学习或工作技能	37%

图8-48 "How-to"视频统计数据

同时我们在YouTube上的调查显示,"How-to"视频在所有内容分类下都是最受关注的,甚至超过了大热的音乐片段和游戏。比如我们在YouTube上搜索"how to tie a tie"(如何打领带),大约有14 100 000条结果,第一条视频7年内有3 978万次观看,如图8-49所示。

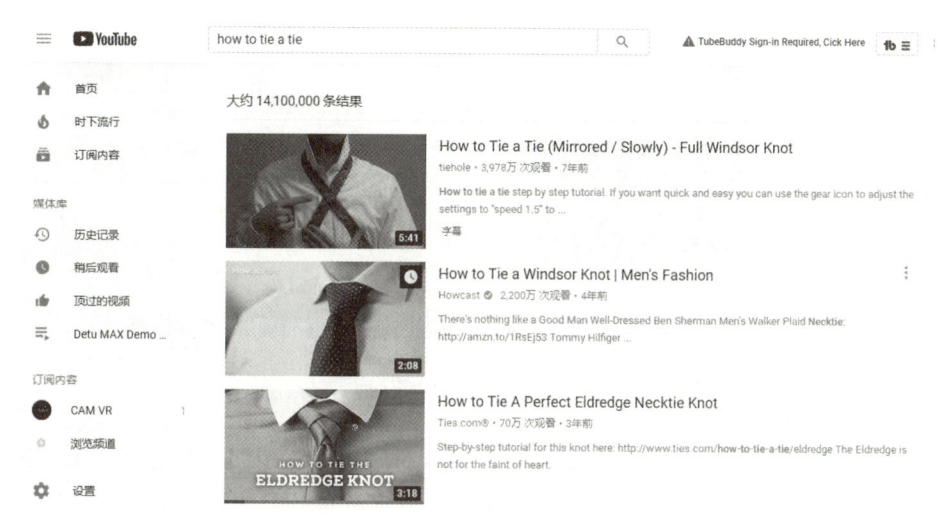

图8-49 "how to tie a tie"(如何打领带)搜索结果

跨境假发品牌UNice也是用"How-to"视频满足消费者痛点的。想加深粉丝和频道的链接,就需要了解粉丝的需求。UNice通过与一部分消费者沟通和市场调查,发现目标市场主要有两大主要诉求,他们就通过制作相对应的视频,吸引了粉丝的持续关注。

痛点1:去发廊做头发太贵了,自己戴假发又太难,怎么办?

解决办法:发布"How-to"视频(见图8-50),教用户在家也能轻轻松松地用UNice产品做造型。不仅如此,也鼓励买家上传自己的视频,分享自己的使用体验。

图8-50 发布"How-to"视频示例

痛点2:用户渴望获得流行的发型指导。

解决办法:用各种产品示例视频告诉用户什么发型现在最流行。

所以我们要抓住海外受众好学的心理,将我们的视频策划角度从陈述改为分享,将标题和标签改为"How-to"相关,可以大大提升视频的点击率。

(2)用"恶搞视频"来传播品牌。"Blendtec's Will it blend?"是YouTube上非常火的频道,如图8-51所示,从默默无闻,到靠视频营销带来Blendtec品牌每年500%的业绩增长,他们是怎么做到的呢?

图 8-51 "Blendtec's Will it blend？" 频道

美国公司 Blendtec 是销售搅拌机的，这家公司并不大，也没什么预算做广告。老板一直认为他们的产品质量很好，可是消费者并不知道。即便知道，他们也不敢下订单，毕竟这个品牌缺乏知名度。这个场景，很多跨境企业负责人一定也有似曾相识的感觉吧。

十年前，Blendtec 的 CEO Dickson 怀揣着 50 美元预算开始了视频制作，目的是提升品牌知名度。Dickson 想到了一个很好的点子来证明他的产品质量很好，那就是把各种各样的产品丢进 Blendtec 搅拌机，看看是否能把这些产品搅碎。从此，苹果系列产品几乎无一幸免，从各代 iPhone 到 iPad 都被这台机器搅碎过，还有其他流行的品牌手机、电脑配件、生活用品等，连万圣节的糖果也没有幸免……总之，能想到的热门产品统统被 Dickson 带进过实验室。

每个看过 Blendtec 视频的人，都会用"freaking crazy"来形容他们看到的。但是这种疯狂的"恶搞视频"确实为 Blendtec 品牌带来了极大的传播性。我们来看看 Blendtec 视频营销带来的成果：

- 每年 500%～700% 的订单增长。
- 2 亿的累计观看次数。
- 近百万的 YouTube 频道粉丝数。
- 网站流量增加 650%。
- 转化率提高 70%。
- 品牌几乎家喻户晓。
- 无数的自然外部链接。
- 无数的社交网络分享。
- ……

当然，跨境企业在选择"恶搞视频"的时候，还是要从自身的特点出发，确保在安全、无伤害的情况下进行，夸张的手法也要遵循适当的原则。

（3）用客户案例来打动潜在消费者。一直以来，用客户案例打动潜在消费者都是最好的传播内容，海外视频营销也不例外，如果有客户传递自己使用产品真实的评价和感受，那么对品牌的宣传会起到极大的推动作用。

为了初步建立和粉丝的关系，让粉丝了解 UNice 这个品牌的特点，UNice 策划了一个品牌活动，鼓励粉丝要"美丽、自信"："分享你和 UNice 的美丽故事——你是独一无二的，对自己的美要自信"（见图 8-52）。

这段视频因为说到了受众的心里，所以非常受欢迎，获得了 29.7 万次播放，成为 UNice 在 YouTube 上排名第二的热门视频。

图 8-52　分享你和 UNice 的美丽故事——你是独一无二的，对自己的美要自信"

同时，YouTube 上的 YouTube Creator（YouTube 上的自媒体发布者）成为 UNice 的"带货达人"，他们从 UNice 的展示产品、使用示范、保养方法等一系列的视频全方位诠释了 UNice 这个品牌。

另一个品牌 Anker 推出了著名的"Use Anker Instead"系列品牌类广告（见图 8-53）。广告深度洞察用户在不同场景，包括在家、在咖啡厅、在地铁里、在行车过程中，无法方便充电带来的尴尬，用路人、孩子、老人等不同角色的提醒点明主题，让大家不用费劲，直接用 Anker 的充电器就好。

图 8-53　"USE ANKER INSTEAD"系列品牌类广告

（4）利用互动让客户参与产生视频。海外视频营销很注重用户的参与感，通过互动让客户参与其中，自发地产生视频内容，是一种很有效的途径。2011 年，吉米·坎摩尔邀请观众在万圣节那天骗他们的孩子说，糖果都被爸爸妈妈吃光了，然后将孩子们的反应拍下来，发送给他，然后展示在"YouTube 挑战"频道里。结果，视频中的孩子们听到这个消息以后各种崩溃的反应成为一个巨大的亮点。这个系列视频和吉米随后几年设计的其他"YouTube 挑战"一道，已经累积了超过 3 亿次的点击量。吉米的成功秘诀说来也简单，他通过"YouTube 挑战"与观众互动，打破了隔在观众和电脑之间的那块屏幕。

（5）从账号本身的资源和定位出发，挖掘客户感兴趣的内容。这对于跨境企业来说，是比较容易操作的方式，可以从品牌或产品自身出发，去做一些客户感兴趣的视频内容。

比如在研究海外来华游客的分析报告时，我们发现吸引海外游客来中国的主要因素占比中，历史悠久的有 56%、名胜古迹的有 46%、东方风情的有 43%。那么如果我们要进行杭州旅游海外新媒体日常运营内容的规划，就可以借鉴这个数据，制作如图 8-54 所示计划。

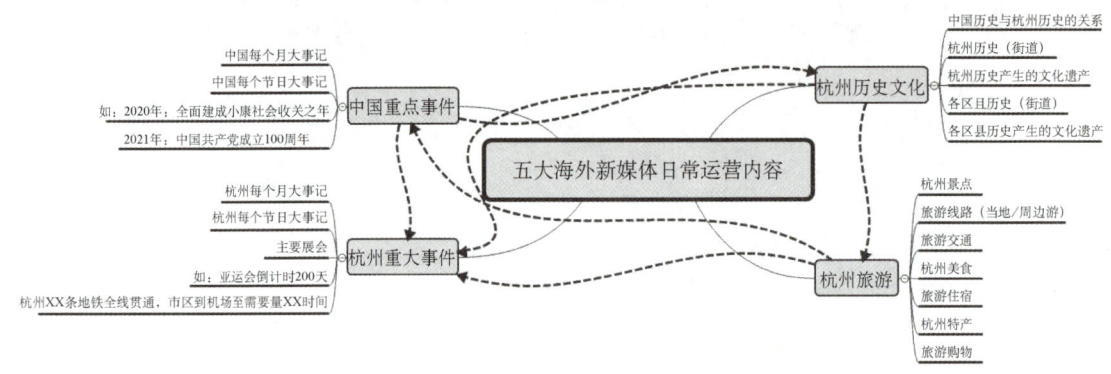

图 8-54　杭州旅游海外新媒体日常运营内容的规划

想一想

在 YouTube 平台上，每分钟有 400 小时时长的视频内容被上传。思考一下，跨境企业如何能够持续找到好的视频创意，在众多视频中脱颖而出呢？

5. 如何通过海外视频营销持续获得流量

在海外视频营销过程中，除了要制作高质量的视频内容，还要学习如何获得精准的流量，以及流量的转化。

提升流量的方式一般有以下两种：免费引流、付费引流。流量增长都不是一蹴而就的，需要巧妙地、持续地去获得各种各样的流量。

1）坚持做好视频和频道的日常运营，这是获得流量的基础

（1）如何命名视频标题？（字符限制：60 个）你的视频标题将直接影响点击率和排名，因此确保你取的标题要以一种简洁又吸引人的方式，突出关键字。

（2）如何撰写视频描述？（字符限制：5 000 个）YouTube 只显示视频描述的前 2~3 行（约 1 200 个字符），剩下的部分会被折叠，需用户点击才可展开，因此建议尽可能让前 2~3 行描述有吸引力，从而激励用户点击"展开"来了解更多信息。另外，视频描述的下半部分可以放上跨境企业独立站的链接、产品主页链接等，方便感兴趣的用户快速了解企业，并取得联系。

（3）如何使用标签？（标签个数：10~12 个）标签用于对视频进行分类，是向你的受众和 YouTube 平台介绍你视频内容相关性的重要信息。像产品关键字、行业关键字等都是好的选择，有利于用户在搜索关键字时能让你的视频出现在相对应的位置。

千万别妄想用不相关的标签来试图获取更多的浏览量，因为YouTube算法一旦识别出来你打上的标签与你的视频内容不相关，将会不利于你的视频流量。

（4）如何设置缩略图？缩略图（像素大小为1280px×720px，长宽比例为16∶9）：这是视频被点击前显示的图像。需选择一个高质量的、有吸引力的自定义封面来刺激用户点击并提高你视频的排名。在缩略图上添加关键字也是一种刺激用户点击的方式，比如缩略图统一都采用黑底+频道名称，这看起来是非常醒目的。

（5）英语字幕+母语配音。海外视频营销建议邀请当地人士进行母语配音，这样海外客户听起来会感到比较亲切。为了提升视频普及度，字幕可以选择相应的语种，也可以统一使用英语。

（6）提升用户互动率。受众的互动率对于视频推荐是非常重要的。所谓视频互动，就是观众给出的点赞、评论、分享、订阅等一系列的动作，而这些动作中，评论的比重又是最高的，远远超过了其他指标，因为评论代表了用户对于此视频的欣赏和互动。对于YouTube来说，能引起受众互动的节目肯定是好节目，会优先推送。

所以跨境企业在制作视频的时候，一定要在视频结尾提醒用户多多留言。比如在视频结尾增加这样的内容：今天的视频是否对你有帮助呢？如果是的话，请在留言区回复"是"。这样吸引观众互动的方式，很有效。

（7）保持更新和回复。YouTube不仅是视频网站，也是知名的社交媒体之一，与用户的互动非常重要。YouTube频道管理人员需要坚持每天登录YouTube，及时回复潜在用户的询问（建议不要超过12小时），不断向用户推荐新的视频。只有保证有源源不断的忠实用户及不断地更新与回复，才能把YouTube变成跨境企业的一个营销利器。

（8）利用分析工具准确判断用户意向。跨境企业要学会运用分析工具（如YouTube提供的YouTube Analytics）来监控流量的来源和去向，鉴定有哪些用户从哪些渠道观看了你的视频，看完视频之后的用户有没有跳转到其他网页，用大数据判断视频的推广效果，推测用户的采购意向，以精细分析来调整下次的YouTube视频策划，优化下次的视频推广效果。

2）巧用海外视频营销，转化免费流量

作为一家跨境企业来说，我们首先要利用好免费流量，这个时候视频营销就是一种很好的方式，下面分应用场景做一下说明。

（1）视频应用场景——独立站。独立站是企业的门面，也是视频营销最好的转化通道之一，所以首先我们要把视频放到独立站上，提供给用户观看。

● 【公司介绍】把视频放到公司介绍中，用户可以全方位、多角度地看到跨境企业的实力，更有说服力。

● 【产品介绍】产品的生产过程，或者产品的外观、使用场景展示等方面的视频，可以让用户更直观地了解企业的产品。

● 【服务案例】国外用户很注重服务案例，跨境企业可以和已经合作的用户沟通，把他们合作后的好评拍摄成一段短视频，然后放到独立站上。

● 【FAQ视频】用视频的形式做FAQ，可以更直观地解答用户问题，更具吸引力。

不要直接把视频放到网站上，这样会影响独立站的加载速度，建议在独立站上放视频的缩略图，在图片上加入视频在YouTube上的链接。而且可以直接放YouTube首页或某一板块的链接，这样方便用户查看更多相关视频，甚至可以引导用户订阅你的YouTube频道。

（2）视频应用场景——客户沟通。在日常沟通中，客户经常会找跨境企业要一些产品图册、公司介绍等内容，如果双方不能见面，这个时候企业的视频就显得尤为重要。跨境企业可以在沟通过程中，将 YouTube 频道的链接定期直接发给客户，或者直接印在名片上，或者加在邮件的签名档里面，及时提醒客户有最新的视频可以观看，大大提升沟通效率。

（3）视频应用场景——展会。在国内外参展或参加活动的时候，跨境企业可以播放相关视频，更好地吸引客户驻足观看和现场交流。同时在现场，也可以策划一些小活动，吸引客户订阅公司的 YouTube 频道，让客户可以通过视频持续关注公司的动态。

（4）视频应用场景——社交媒体。除了 YouTube 以外，跨境企业在运营其他社交媒体的时候，也要注意多使用视频营销，比如 Facebook、LinkedIn、Twitter 等社交媒体发布动态的时候，除了文字、图片内容，也可以加入视频。

3）精准投放 YouTube 广告，稳抓 YouTube 流量红利

据谷歌营销商学院报道，广州敏视数码科技有限公司（STONKAM）成立于 2003 年，十多年来致力于研发、生产和销售智能车载电子产品，是全球细分领域顶尖的视觉方案供应商。2015 年开始正式启用 STONKAM 商标，如何扩大 STONKAM 品牌覆盖面和市场占有率，如何让 STONKAM 新产品在市场上获得更多的机会成为重要课题。与此同时，如何将 STONKAM 的品牌形象与"创新"结合起来，也是企业营销战略的重中之重。

为提高新商标的海外知名度，STONKAM 先是向现有客户投放谷歌展示广告和搜索广告。直到 2017 年，STONKAM 意识到视频营销的大趋势并开启 YouTube 官方频道，这成了企业获取更多流量的突破口。

第一步：STONKAM 首先主攻打造有品牌特点的官方频道，集中品牌宣传和产品展示，如图 8-55 所示。视频生动的展现方式弥补了图文的不足，将产品的复杂技术形象地展示给潜在客户。同时，产品的研发过程和生产流程的视频记录，也进一步让创新型的企业形象得到了提升。创建和经营一个内容丰富的官方视频频道是获取采购商信任的有效途径，也为后续的视频广告推广建立了基础。70%的采购商通过视频来辅助进行采购决策，视频中呈现的厂房、生产工艺、生产流水等真实的细节更容易构建采购商对供应商的信任。

图 8-55　STONKAM 频道

第二步：B2B 买家从搜索到采购，整个决策过程需要和品牌进行 12 次互动才能完成。为了缩短采购决策周期，STONKAM 加大在视频广告的投入，分别使用了视频发现广告、TrueView 行动号召广告和再营销广告，增加潜在客户对品牌的信任度并促进询盘转化。

效果：STONKAM开启在YouTube视频营销之路后，更多客户认识了STONKAM并对产品产生兴趣，2019年STONKAM的视频观看次数同比上升9倍，观看时长同比上升8倍，多个产品视频观看量超过百万，品牌知名度大大提升。谷歌广告为STONKAM带来询盘增长的同时，每次转化费用也下降了35%；借力谷歌广告，公司业务保持着每年15%的增长。

从STONKAM案例当中，我们看到了视频广告巨大的魅力，接下来我们重点来了解一下视频广告的投放流程和多种表现形式。

需要说明的是，视频广告并不等于YouTube广告。YouTube不仅是全球最大的视频网站，同时它也是全球第二大的搜索引擎，因此YouTube平台上面不仅有视频广告，还有搜索广告、展示广告、购物广告等其他的广告形式，因此跨境企业要分清楚两者不同的概念。

（1）视频广告的主要形式。

① Masthead广告。打开YouTube首页，出现在最上方的较大型广告，就是Masthead广告了。这种黄金地段的广告占据着首页最显眼的位置，需要通过与谷歌官方广告部门联系购买。这个广告位非常昂贵，并且有一定的花费门槛，通常只有大型企业在推新产品时才会考虑使用，当然，因为位置非常醒目，因此能覆盖的人群也是最多的。图8-56所示的是一加手机在新品发布的时候，投的Masthead广告。

图8-56　Masthead广告

② Bumper广告（见图8-57）。这是一种时长6秒的全新视频广告格式，出现在主视频中并且不可跳过，适用于移动设备，能有效提升广告的覆盖范围和展示频率。在肯德基或麦当劳发布新品的时候，他们经常会用到Bumper广告。

图8-57　Bumper广告

③ TrueView广告。TrueView广告是YouTube首创的广告机制。TrueView直译过来就是"真实观看"。在YouTube中展示的视频广告，用户可以选择在5秒后跳过广告，只有当广告主投放的广告被播放到一定时长或者播放完成之后或者用户点击了广告中的元素，才会被算作一次真实观看，继而向YouTube平台支付相应的费用。也就是说如果广告被用户跳过，投

放者不需要向YouTube平台付款。

TrueView广告在Google强大的账户体系和数据分析能力的支持下，很大程度上实现了广告主、用户和视频平台之间的三赢。

对于广告主而言，TrueView的形式使得品牌广告能以效果计费，可以不断优化投资回报率（ROI）。广告主有理由相信观看广告超过一定时间而不"跳过"的用户是对广告和产品真正感兴趣的用户，为这一次曝光付费是值得的，且可通过Google账户体系追踪用户并继续投放广告或优惠券，后续有很高概率促成转化。相对地，选择"跳过"的用户大概率是对广告没兴趣的用户，广告主避免了为无效的广告曝光付费，更可进一步细化用户画像，优化广告投放方案。

对于用户而言，TrueView广告赋予了用户更多的选择权，带来了更好的用户体验。传统上，观看贴片广告是用户为免费看视频内容所付出的代价。这种方式理性上可以接受，但确实降低了用户的感受度。TrueView广告将用户对广告的注意力价值和视频内容本身的质量剥离。用户可以直接对不想看的广告选择"跳过"，从而建立了直接的情感反馈，有效提升了用户对视频广告及视频平台的体验感。这充分体现了Google"一切以用户为中心"的价值观。

对于视频平台而言，TrueView广告可以带来更高的收入。表面上看，TrueView广告的付费模式会使得视频平台损失很多广告曝光收入，但在引入足够的竞争后，会发现TrueView触发了良性循环，可以长期提高视频平台的收入。

TrueView广告有很多种表现形式，这里列举几种，如图8-58所示。

图8-58 TrueView广告

我们具体介绍一下TrueView in-Stream Video视频前贴片。系统会在YouTube影片播放前或播放期间放送这类影片广告。广告播放5秒后，观众可选择略过广告或是继续观看。只有在观众观看广告的时间到达30秒时，或者点击广告里面的元素，广告主才需要付费。如果广告长度不到30秒，则会在广告播完后向广告主收费。

（2）视频广告编辑工具（见图8-59）。为了给广告主更好的视频推广体验，谷歌推出了多种实用的视频编辑和推广工具，让广告视频制作的门槛不再高不可攀。

① YouTube广告样板工具（见图8-60）。利用YouTube广告样板工具，广告主可以查看广告在电脑端、移动端等多个格式下的展示效果。只需上传视频，选择预览，并分享广告样板，即可进行展示或审查。

② YouTube Video Builder。谷歌官方推出的视频制作工具，该工具就像视频制作的傻瓜相机一样，让广告主最迅速、最轻松地实现视频编辑。可以使用库中的音乐作为配乐，将静态的图片、文本或Logo直接制作成动画，根据素材和想传达的内容从提供的排版里自由选择，并且可以定制颜色和字体，导出一段短视频素材。

图 8-59　视频广告编辑工具

图 8-60　YouTube 广告样板工具

③ Creative Canvas。在这个视频资源库中，广告主可以找到丰富的影音素材，不管是制作 TrueView 插播广告还是构建 VR 视频，广告主都可以通过该资源库来获取灵感并完成作品。

④ Director Mix（见图 8-61）。该工具可以帮助广告主实现大规模定制。通过上传一个视频，再替换文本、图像和声音等元素，为 YouTube 上的受众定制千人千面的广告内容，更加精准推送。

（3）视频广告应用案例。

B2C 案例——大疆品牌圣诞节海外视频营销案例。

● 目标：提升目标客户的品牌兴趣度及购买率。

● 目标客户：购买消费级电子产品的大众客户，进一步细化目标客户以后，定位在那些女性送礼人群，因为她们一般会在圣诞节选择消费级电子产品送给她的老公或男朋友。

● 挑战一：找到送礼人群。

送礼人群是个巨大群体，怎么在圣诞节期间，从茫茫的互联网上找到这些送礼人群呢？

图 8-61　把客户搜索的关键字和看到的广告语进行匹配

- 挑战二：让送礼人群转粉大疆。

对于大部分的消费者，如果没有额外的信息恰到好处地刺激他们，他们在选购岁末礼物时只会想到传统的一些礼品选项，比如游戏机、咖啡机、健身器材等，大疆应该如何提醒他们："嘿，其实大疆无人机也是很好的选择呢？"因此，找到这些人后，要用更有趣的方式展现大疆，让消费者眼前一亮，激发他们对大疆的喜爱，这很重要。

所以要吸引到原来对大疆品牌认知度比较低的这部分人，一定要找对切入口，找到好平台。"送礼选大疆"是切入口，平台是YouTube。大疆和Google共同策划的圣诞送礼营销，就这么拉开了帷幕。

- 营销关键一：关键字定位送礼人群。

Google帮助大疆总结了送礼人群会搜索的关键字，包含咖啡机、滑板、游戏机、耳机、键盘等品类，这些品类和大疆部分产品价格相当，所以送礼人群可能会转买大疆。通过这些关键字设定，就定位到了人群。

- 营销关键二：利用YouTube做好假日营销。

大疆针对旗下4款产品，做了4个长度为十几秒的视频广告，作为YouTube广告素材。主要使用YouTube TrueView广告，为了让客户更容易被吸引，Google把客户搜索的关键字和看到的广告语做了匹配（见图8-61），共生成了80多个定制化版本，真正做到了千人千面。比如，当有人在YouTube上搜索PS4游戏机时，Google就已经记录下这部分人的行为，那么在她看YouTube视频时，就会在视频开始前看到"不要给他送游！戏！机！了！用大疆赢得他的心，看看他会有多惊喜吧"。她仿佛能看到自己丈夫拿到一个大疆Mavic无人机时手舞足蹈的样子。对应地，还有"不要送咖啡机""不要送健身器""不要送耳机"等版本的视频，都会有针对性地投放到搜索过这些关键字的消费者面前。

- 视频营销成果：本轮广告提升了大家对大疆的品牌兴趣度，美国网友对大疆品牌兴趣度提升了11.9%，非美国网友的兴趣度提升达到了17.3%。大疆在YouTube频道上的每个视频下面都有粉丝热烈地讨论和反馈。

4）用好新兴的海外营销方式，玩转YouTube网红营销

这几年，YouTube网红营销逐渐兴起，越来越多的跨境企业在海外营销中开始尝试与网红合作。比如付费让网红制作引人入胜的视频，并以某种方式将企业的产品融入其中；比如游戏公司经常付费让玩家试玩他们的新游戏，然后将精彩视频上传到玩家自己的YouTube频道上进行传播。

接下来，让我们一起来看看成功的YouTube网红营销的流程和秘诀。

（1）为网红营销设定明确的目标。任何营销都需要先明确目标，跨境企业和网红双方都需要清楚地知道他们的营销目标，这些目标将对合作过程中制作的每个视频产生影响。你的目标会强烈影响你的网红人选，你需要选择能够帮助你实现目标的网红，而不是拥有众多粉丝的网红。

（2）选择适合你的YouTube网红。为你的品牌或产品选择合适的网红非常重要。思考一下，你的目标受众可能会把时间花在哪些网红的YouTube频道上？那么，这些网红就是你应该优先考虑的人选。同时，你的预算也将影响你的网红人选，你需要在有限的预算范围内寻找最合适的人员。另外，选择与你的品牌文化相似的网红也很重要，例如，迪士尼不可能选择任何对家庭或儿童不友好的网红。不要只追求受欢迎的、知名的网红，因为他们可能和你的品牌价值观并不相符。

（3）与网红的粉丝互动。在网红营销的过程中，跨境企业也需要参与进去。比如和观众讨论你的产品，可以在视频下方的评论中加入讨论，准备好回答任何问题，不管问题有多刁难；比如在你自己的社交频道上分享此视频，让更多的人参与进来等。

（4）网红营销应用案例。

① Anker是怎么做YouTube红人营销的？

中国全球化品牌50强上榜品牌Anker在2012年就开始发展社交媒体红人推广了，主要方式是和电子类、科技类垂直领域的网红合作，免费寄产品给他们使用，引导网红测评产品，发送到自己的博客或者社交媒体网站上获得用户关注，或者与网红进行推荐分成的合作，进而吸引大批粉丝。比如在YouTube知名开箱博主Unbox therapy的主页搜索Anker，可以查到合作的视频有40多条，说明他和Anker是保持长期合作的。

进一步分析我们发现，Anker主要合作的网红粉丝数从几千到上百万的都有。很多跨境企业在选择网红的时候，可能会直接跳过几千、几万粉丝量的网红，但是其实这些网红的粉丝黏性和忠诚度反而是非常高的。另外，Anker网红营销的视频几乎都是和开箱测评有关的，虽然开箱测评已经是被玩烂的带货模式，但是Anker的产品比较适合做开箱测评，视频时长大概在5～20min，观看量在几万到几百万不等。

② SHEIN采用大小网红"双管齐下"的营销策略。说到SHEIN（见图8-62），美国Z世代里没什么人是不知道的，毕竟SHEIN已经两次打败Nike，在美国青少年最喜爱的零售商中位列第二，仅次于亚马逊。

而且仅在TikTok上，#shein标签就获得了62亿次观看，此外SHEIN品牌名还出现在了其他70多个热门话题标签中。在Instagram上，SHEIN旗下的10个相关账号覆盖了全球200多个国家和地区，粉丝数量共计达3 000万人。

SHEIN作为销售服装、家庭用品及宠物用品等品类的DTC垂类品牌，联盟营销也玩得风生水起，百万神秘"雇佣军"为SHEIN贡献了10%的流量，是SHEIN达成百亿美元年销售额背后不可忽视的一支生力军。SHEIN的联盟营销计划申请通道已在官网开启，世界各地的粉丝网红申请通过之后，就可以在自己的社交媒体账号中发布帖子并附上产品链接进行品牌推广，每成交一单都会获取10%～20%的佣金。因此，SHEIN的Instagram账号既能发布来自Addison Rae这类TikTok超级网红的内容，也会转发一些由粉丝数量只在2 000～50 000的微型网红所创作的推广内容，可谓是一个大小网红一把抓的"双管齐下"营销策略。

图 8-62　SHEIN

6. 提升海外视频营销效果的关键指标

当跨境企业已经在 YouTube 上建立了自己的频道，然后也开始定期更新频道内容到频道里，同时还在通过各种方式进行视频引流，那么恭喜你，已经走上了海外视频营销之路。接下来要做的事情，除了持之以恒外，还需要了解 YouTube 算法，跟踪提升视频效果的以下这些关键指标。

（1）展示次数。展示次数是指你的视频被客户能够看到的次数。如果视频展示次数很高，但观看次数不多，你可能需要改进视频封面缩略图和视频标题，让它们对潜在粉丝更具吸引力。

（2）流量来源。通过 YouTube 算法控制面板（见图 8-63），你可以了解整个频道和每个视频的最优流量来源，如果你的视频通过 YouTube 某些关键字搜索带来了高质量流量，则可以进一步优化视频关键字。这样，用户在 YouTube 搜索相关关键字的时候，就能搜到你的视频，以吸引高质量的观看量。如果你从某个渠道获得了巨大流量，便可增加此渠道的推广投入，也可以寻找类似渠道进行推广尝试效果。

Traffic source	Watch time (minutes) ↓	Views	Average view duration	Average percentage viewed
YouTube advertising	1,031,752 (66%)	864,420 (81%)	1:11	82%
YouTube search	180,019 (12%)	55,210 (5.2%)	3:15	41%
External	132,872 (8.5%)	69,867 (6.6%)	1:54	45%
Suggested videos	132,204 (8.5%)	41,797 (3.9%)	3:11	45%
Channel pages	20,914 (1.3%)	9,817 (0.9%)	2:07	32%
Playlists	18,821 (1.2%)	6,024 (0.6%)	3:07	58%
Browse features	18,134 (1.2%)	5,694 (0.5%)	3:11	42%
Other YouTube features	9,662 (0.6%)	2,798 (0.3%)	3:27	40%
Direct or unknown	9,450 (0.6%)	6,421 (0.6%)	1:28	21%
Playlist page	4,946 (0.3%)	2,038 (0.2%)	2:25	35%
End screens	600 (0.0%)	86 (0.0%)	6:58	38%
Video cards and annotations	394 (0.0%)	196 (0.0%)	2:00	33%
Notifications	31 (0.0%)	15 (0.0%)	2:05	43%

图 8-63　YouTube 算法控制面板

（3）观看时长。从单一的视频来看，观看次数的多少应该是判定视频成功与否的一个重要指标。但单纯地分析观看次数，其实并不能提供更多信息来提高YouTube视频质量。因为互联网上标题党骗点击的风气盛行，容易造成观看次数虚高的现象。因此YouTube不会给观看次数太多权重，而且将"观看次数"完全从控制面板的侧边菜单中删除，取而代之的是"观看时长"。观看时长=观看次数×平均观看时长，由此可见，平均观看时长也是一个非常重要的衡量标准。

（4）点赞数和点踩数。点赞和点踩都是粉丝对你视频最直观的反馈，如果视频有很多点踩数，那么就需要分析解决几个问题：视频内容是否和标题匹配？目标受众是否精准？视频质量和视频上传频率是否让粉丝失望？此外，你还可以从一些评论中找到原因，这样能够快速发现问题并进行改进。

（5）评论监控。评论是衡量粉丝参与度的重要依据之一，我们可以关注哪些人在评论，他们评论了什么内容。点击YouTube控制面板下数据分析的评论页面，就能看见评论的频率和日期，你还能看到每个视频的评论总数。进入评论板块，寻找机会与粉丝进行互动并获得高质量的反馈，引导粉丝了解自身品牌或观看其他视频。此外，还可以将你的某个评论置顶，引导粉丝进入相关网址，这能大大增加点击转化率。

（6）粉丝黏度。在YouTube数据分析面板的粉丝黏度页面，你可以看到粉丝是在视频的什么时间停止观看的，有了这一信息，你很容易就能找出视频是在什么时候失去粉丝的，以及是什么原因导致他们离开的，这些信息能帮助你在以后创作视频时规避类似错误。

总之，在数字经济时代，线上对线下渠道融合、替代的趋势已经不可逆转，海外视频营销已经逐渐成为跨境企业构建品牌出海内容，与海外目标客户进行深度互动的重要阵地。本单元通过理论知识和案例分析，向大家详细讲述了海外视频营销的概念、发展、思路和方法，希望对跨境企业迈出海外视频营销第一步有所帮助。

案例解读

视频营销的核心之一，是视频内容的吸引力。在视频内容的创意上，切勿为了满足创意需要，损害了消费者的利益。

2017年7月17日，奥迪二手车投放的一则视频广告引发众怒。在这段34秒的广告中，一位身份为婆婆的人物，在结婚典礼现场，粗鲁地检查儿媳妇的鼻子、耳朵、牙口，最后做出OK手势。随后出现奥迪二手车介绍界面，广告配音"重要决定必须谨慎""奥迪二手车在线4S店，官方认证才放心"。该广告片一经投放，便因涉嫌侮辱女性、物化女性引来轩然大波。

2021年1月，全棉时代因发布一则被指侮辱女性、消费女性的卸妆巾广告，而被网友骂上热搜。这则广告的标题是《防身术》，广告片里，一位漂亮女子在深夜被尾随，她灵机一动，从包里掏出一盒全棉时代卸妆巾，当尾随黑衣男的手搭上女子肩头的一刹那，迅速卸完妆后回头与歹徒对视，因为"太丑"而把歹徒吓跑。广告最后，女子拿着卸妆湿巾说广告词，称赞这款产品让卸妆一"布"到位。该卸妆巾宣传广告一经上线便迅速引发网友的不满，并质疑该广告故事情节"不尊重女性""侮辱女性"。一周之内，关于#全棉时代#的微博相关话题阅读量已经达到1.3亿，讨论数达5.8万。

奥迪和全棉时代这两个"创意"，从提出方案到执行策划再到传播，经过了层层讨论和把关，最终还是"冒犯"到众多消费者，因此视频内容的策划和创意，值得我们深思。

> **敲黑板**
>
> 本单元主要介绍了如何通过视频营销获取海外流量,捕获精准客户,总结如下:
> 1. 通过数据分析精准了解海外买家需求,搭建和运营海外视频平台视频频道/专区。
> 2. 开展海外视频营销,借助视频的形式,生产好的内容,精准地吸引目标受众人群。
> 3. 借用海外视频平台,结合视频广告投放,持续获得精准流量,实现营销目标转化。

练 习 题

一、单项选择题

1. 广告客户利用已经掌握的用户个人信息与Facebook用户进行匹配,来定位Facebook用户的一种定位方式,这样的广告受众叫(　　)。

    A. 核心受众　　　B. 自定义受众　　　C. 类似受众　　　D. 其他受众

2. 根据思科视觉网络指数报告,到2022年,视频流量将翻两番,视频将占所有IP流量的(　　),高于2021年的75%。

    A. 90%　　　　　B. 85%　　　　　　C. 82%

3. 在YouTube上的调查显示,(　　)在所有内容分类下都是最受关注的,甚至超过了大热的音乐片段和游戏。

    A. 搞笑视频　　　B. 电影剪辑视频　　C. "How-to"视频

4. 视频标题将直接影响点击率和排名,因此确保取的标题要以一种简洁又吸引人的方式,突出(　　)。

    A. 卖点　　　　　B. 关键字　　　　　C. 品牌名

5. 可以帮助广告主实现大规模定制广告内容的工具是(　　)。

    A. YouTube Video Builder　　　　　B. Director Mix
    C. Creative Canvas　　　　　　　　D. Alex

二、多项选择题

1. 视频内容生产需遵循的四大原则是哪些?(　　)

    A. Attract(吸引)　　　　　　　　　B. Brand(品牌)
    C. Connect(联系)　　　　　　　　　D. Direct(引导)

2. 独立站是企业的门面,也是视频营销最好的转化通道之一,那么我们可以把视频放到独立站的哪些模块里面,提供给客户观看呢?(　　)

    A. 公司介绍　　　B. 产品介绍　　　　C. 联系方式　　　D. 服务案例

3. 视频广告有哪些广告形式?(　　)

    A. Masthead广告　　　　　　　　　B. TrueView广告
    C. Bumper广告　　　　　　　　　　D. 搜索广告

4. 选择适合你的YouTube网红,一般要注意以下哪些方面?(　　)

    A. 网红是否粉丝数足够多　　　　　　B. 网红是否适合你的产品
    C. 网红是否契合你的品牌价值观　　　D. 网红是否漂亮

5. 以下哪些是提高视频效果的关键指标？（　　）
A. 展示次数　　　　　　　　　　B. 点赞数和点踩数
C. 流量来源　　　　　　　　　　D. 粉丝黏度

三、判断题

1. 社交媒体营销指使用社交媒体平台与受众建立联系，以建立公司的品牌，增加网站流量并增加销售，社交媒体营销可以支撑起企业品牌塑造的渠道。（　　）

2. YouTube是全球最大的视频网站，同时也是全球第二大的搜索引擎。（　　）

3. 在设置YouTube视频标签的时候，可以使用不相关的标签来获取更多的浏览量。（　　）

4. Bumper广告是一种时长6秒的全新视频广告格式，出现在主视频中，是可以跳过的。（　　）

5. 在网红营销的过程中，选择粉丝数越多的网红，对品牌的宣传力度越大。（　　）

四、案例分析题

1. SHEIN是国内著名的B2C跨境电商品牌，起家于女性快时尚。以女装为主体业务，2015年，SHELN收购深圳库尚，完善移动互联领域的布局；收购MAKEMECHIC，大幅提升北美市场占有率，早在2016年，其全球销量便达到16.2亿人民币。SHEIN善用海外社交媒体建立品牌，推广产品的特点。SHEIN的账号遍布Facebook、Twitter、Instagram、YouTube，SHEIN的众多渠道账号中，Facebook的粉丝规模最高。据统计，2019年在Facebook上发帖2 456篇，SHEIN在坚持做Facebook的pagelike广告投放，效果类广告投放规模为SHEIN带来了可观的粉丝转化。目前，SHEIN的Facebook主页粉丝规模高达12 953 626。

问：SHEIN在社交媒体Facebook上如何做营销工作？

2. 为了进一步提高知名度并吸引更多流量，跨境品牌Tecno（传音）和运营商一起策划了一场以"猜中曼城欧冠夺冠，传音Spark6 128G手机退全款"的TikTok·KOL话题营销活动赛事，并在官号创建#MCFCwinsTecnoRefunds的品牌Hashtag。不仅如此，为了增强参与度，主办方还邀约了8位哥伦比亚籍网红配合发声，KOL身着球衣，运球后从画面右侧踢出，发起挑战并@下一位KOL及5个粉丝爱好者，后续还可以融入自己的创意点，进行不一样的视频内容制作，非常简单又有趣，吸引了许许多多的年轻玩家参与。

显而易见，TikTok上的用户对此类的挑战赛非常感兴趣，UGC（用户原创内容）视频产出80支，KOL视频曝光量480W+，营销话题曝光量高达1 400W+，最终助力Tecno新品Spark6手机完成销售目标，也为其探索了TikTok短视频传播的新方式。

根据以上Tecno品牌的TikTok短视频营销案例，你认为配合活动选择网红，最重要的标准有哪些？

参考文献

1. 速卖通大学. 跨境电商视觉呈现[M]. 北京：电子工业出版社，2018.
2. 速卖通大学. 跨境电商数据化管理[M]. 北京：电子工业出版社，2016.
3. 速卖通大学. 跨境电商运营与管理[M]. 北京：电子工业出版社，2017.
4. 速卖通大学. 跨境电商：阿里巴巴速卖通宝典[M]. 北京：电子工业出版社，2014.
5. 肖旭. 跨境电商实务[M]. 北京：中国人民大学出版社，2020.
6. 郑辉英，周淑华，代丽华. 跨境电子商务[M]. 长沙：湖南教育出版社，2020.
7. 叶杨翔，施星君. 跨境电子商务B2C实务[M]. 北京：高等教育出版社，2019.
8. 叶鹏飞. 亚马逊跨境电商数据化运营指南[M]. 北京：中国铁道出版社，2020.
9. 凯文·阿洛卡著. 刷屏：视频时代的疯传法则[M]. 侯交茜，何语涵译. 北京：中信出版集团，2018.
10. 杰克·西瑟斯，罗杰·巴隆. 广告媒体策划[M]. 北京：中国人民大学出版社，2006.
11. 艾·里斯，杰克·特劳特著. 定位[M]. 邓德隆，火华强译. 北京：机械工业出版社，2018.
12. 曹磊，张周平. 跨境电商全产业链时代[M]. 北京：中国海关出版社有限公司，2019.
13. 速卖通大学：http://daxue.aliexpress.com/.
14. 雨果网：http://www.cifnews.com/.
15. 亿邦动力：https://www.ebrun.com/.